Anton Huonder

Deutsche Jesuitenmissionäre des 17. und 18. Jahrhunderts

Anton Huonder

Deutsche Jesuitenmissionäre des 17. und 18. Jahrhunderts

ISBN/EAN: 9783743677647

Hergestellt in Europa, USA, Kanada, Australien, Japan

Cover: Foto ©ninafisch / pixelio.de

Weitere Bücher finden Sie auf **www.hansebooks.com**

Deutsche Jesuitenmissionäre

des 17. und 18. Jahrhunderts.

Ein Beitrag zur Missionsgeschichte und zur deutschen
Biographie.

Von

Anton Huonder S. J.

(Ergänzungshefte zu den „Stimmen aus Maria-Laach". — 74.)

Freiburg im Breisgau.
Herder'sche Verlagshandlung.
1899.
Zweigniederlassungen in Wien, Straßburg, München und St. Louis, Mo.

Inhaltsverzeichniß.

Einleitung.

„Es ist schwer zu entscheiden," so schreibt St. J. Neher[1], „welche Nation des katholischen Europa in früherer Zeit am thätigsten und erfolgreichsten für die Missionen gewirkt habe, da hier Italiener, Deutsche, Spanier, Portugiesen und Franzosen gleichberechtigt um den Vorrang stritten. Jedenfalls muß man aber, wenn man den ganzen Erfolg der Missionsthätigkeit ins Auge faßt, den Spaniern im Verein mit den Deutschen einen Vorzug zuerkennen, da sie die großartigsten und dauerndsten Erfolge errungen haben. Ein großer Theil von Amerika und ein Theil Oceaniens (richtiger Indonesiens) ist durch Spanier und Deutsche bekehrt worden. Namentlich war es Oesterreich und unter seinen Provinzen vorzüglich Böhmen, das eine unzählige Menge von Missionären in die Neue Welt gesendet hat, so daß die Hälfte der Jesuitenmissionäre in Amerika, auf den Philippinen, Marianen und Karolinen aus Deutschen, namentlich Oesterreichern, bestand[2]. Erst als die politische Loslösung Deutschlands von Spanien stattfand, und noch mehr nach Aufhebung des Jesuitenordens, wurden die französischen und italienischen Missionäre vorwiegend."

Diese Worte Nehers dürften manchen überraschen. Sie weisen hin auf eine noch viel zu wenig gewürdigte Thatsache. Zwar ist ja allgemein bekannt, daß in den Missionsgebieten des fernen Ostens und Westens schon früh auch deutsche Apostel gearbeitet und geblutet haben, aber wenige dürften ahnen, wie bedeutend ihre Zahl, wie gesegnet ihr Wirken und wie beliebt und geschätzt sie waren. Was P. Pachtler („Das Christenthum in Tonkin

---

[1] Der Missionsverein oder das Werk der Glaubensverbreitung (Freiburg, Herber, 1894) S. 12.
[2] Diese Angabe ist übertrieben, wie sich später ergeben wird.

und Cochinchina" [Paderborn 1861], Vorrede) von Hinterindien hervor-
hebt, gilt so ziemlich für alle übrigen Länder. „Eine Lücke war aus-
zufüllen: die Thätigkeit der deutschen Glaubensboten in Cochinchina im
18. Jahrhundert, und zwei große Männer, die Patres Siebert und Koffler,
mußten nach Verdienst in helleres Licht gesetzt werden. Ueberhaupt
nehmen Deutsche in der Missionsgeschichte Hinterasiens
eine ehrenvolle Stelle ein, und es ist hierin noch manches
zu thun übrig."

Wenn wir hier der deutschen Missionsarbeit in älterer Zeit rühmend
gedenken, so sind wir selbstverständlich weit davon entfernt, den Verdiensten
anderer Nationen zu nahe zu treten. Es steht ja außer allem Zweifel,
daß die romanischen Völker seit dem Zeitalter der Entdeckungen auf diesem
Gebiete es allen andern zuvorgethan, und daß in diesem Jahrhundert die
Franzosen die unbestrittene Führerschaft übernommen haben. Erst in den
letzten Jahrzehnten ist auch Deutschland in einen edlen Wettbewerb mit-
eingetreten. Dieses erfreuliche Erwachen deutschen Missionseifers legt es
doppelt nahe und macht es zu einer Art Pietätspflicht, daß wir uns auch
der Verdienste der ältern deutschen Missionäre wieder erinnern.

Freilich sind es bloß die deutschen Jesuiten, die wir in den
Kreis unserer Darstellung hineinziehen, weil für sie allein die Quellen uns
zugänglich waren. Viel glänzender würde der Antheil Deutschlands an
der Christianisirung Amerikas und Asiens hervortreten, wenn wir zeigen
könnten, was auch deutsche Benediktiner, Dominikaner, Franziskaner, Kapuziner, Karmeliten ꝛc. als Apostel gewirkt. Vielleicht daß unser schwacher Versuch die Anregung gibt zu ähnlichen Forschungen in den Annalen und Archiven anderer Orden. Eine kleine
Vorarbeit in dieser Richtung brachte schon vor Jahren der „Kalender für
katholische Christen" (Sulzbach, Jahrg. 1889, 119; 1890, 102; 1891,
122; 1892, 130), wo unter dem Titel „Katholische Missionäre aus Bayern"
schon eine stattliche Anzahl Namen aus dem Franziskaner-, Benediktiner-,
Karmeliter-, Kapuziner-, Jesuitenorden ꝛc. gesammelt sind.

Trotz aller Bemühung war es selbst innerhalb der von uns gezogenen
Grenze nicht möglich, auf den ersten Wurf eine abschließende Vollständig-
keit und Fehlerlosigkeit zu erzielen. Man weiß ja, wie die Stürme, die
am Ende des vorigen Jahrhunderts über die Gesellschaft Jesu hereinbrachen,
auch die Quellen ihrer Geschichte zum Theil vernichteten oder in alle Winde
zerstreuten. So wird eine weitere Forschung noch manche Berichtigung
und Ergänzung bringen müssen.

Immerhin ist es uns gelungen, aus gedruckten und ungedruckten Quellen im ganzen an die achthundert deutsche Jesuitenmissionäre namhaft zu machen, die hauptsächlich zwischen 1670 und 1770 in den überseeischen Missionsgebieten [1] gewirkt haben, und von denen die weitaus größere Zahl so gut wie unbekannt ist. Die biographischen Daten mußten, um den uns gesteckten Rahmen nicht zu überschreiten, vorderhand auf das kürzeste Maß beschränkt bleiben. Doch wurden alle aufgefundenen Belegstellen genau vermerkt, um so etwaigen weitern Arbeiten über einzelne Missionäre die Bausteine zu liefern.

Bei der Bedeutung mancher dieser Männer muß es billig wunder-nehmen, wenn ein Werk wie die „Allgemeine deutsche Biographie", das seinem Programm gemäß alle jene Männer berücksichtigen will, „in deren Thaten und Werken sich die Entwicklung Deutschlands in Ge-schichte, Wissenschaft, Kunst, Handel und Gewerbe, kurz, in allen Zweigen des politischen und Culturlebens darstellt", selbst an Namen wie Kögler, Herdtrich, Gogeisl, Terenz, Bayer, Bischopinck, Hanz-leben, H. Roth, Baegert, Havestadt, A. Eckart und so vielen andern achtlos vorbeigegangen ist. Und doch hätten sie nicht bloß als treffliche Missionäre, sondern auch als Sprachforscher und Gelehrte ebensogut oder mehr als hundert andere, denen die Spalten der „Biographie" sich weit geöffnet, ein Plätzchen verdient, um so mehr, da sie vielfach selbst in aus-ländischen biographischen Werken, wie z. B. in der Biographie Universelle und in der Cyclopaedia of American Biography (New York 1888 ff.), die ihnen gebührende Beachtung gefunden haben.

Mit Recht glauben wir daher unsere Arbeit einen bescheidenen „Bei-trag zur deutschen Biographie" nennen zu dürfen.

Was die literarischen Leistungen der deutschen Missionäre betrifft, so hätte in vielen Fällen füglich ein einfacher Hinweis auf die Bibliothèque de la Société de Jésus. Nouv. édit. par Carlos Sommervogel (Bruxelles 1890 ss.) genügt. Doch empfahl es sich, wenigstens kurz die hauptsächlichsten literarischen Erzeugnisse zusammenzustellen, um so eine Vor-stellung zu geben, wieviel diese deutschen Missionäre auch auf wissenschaft-lichem Gebiete geleistet haben. Zugleich ergab sich so die Gelegenheit, manche gewiß willkommene Ergänzung zu dem großen bibliographischen Werke nachzutragen.

---

[1] Die nordischen Missionen in Skandinavien und Rußland (Moskowitische Mission) blieben vorläufig unberücksichtigt.

Noch ist zu entscheiden, was unter dem Namen „deutsche Jesuitenmissionäre" einzubegreifen ist. Name und ursprüngliche Herkunft kann
hier natürlich nicht allein bestimmend sein. Wir finden ja auch heute
in den deutschen Ordensprovinzen viele, aus deren fremdländischen Namen
man mit Unrecht auf fremde Nationalität schließen würde.

Wir nehmen zunächst den Begriff „Deutschland" selbstverständlich in
dem Sinn und Umfang, den er im 16. bis 18. Jahrhundert hatte,
und rechnen also als deutsche Jesuitenmissionäre alle Mitglieder der
ehemaligen deutschen Ordensprovinzen, nämlich der oberdeutschen (Germania Superior), der österreichischen (Austria), der oberrheinischen
(Rhenana Superior), der niederrheinischen (Rhenana Inferior) und der
bayrischen. Desgleichen gehören hierher die Angehörigen der böhmischen
Provinz (Bohemia), 1623 errichtet, da dieselbe bekanntlich außer Böhmen
und Mähren ganz Schlesien und Sachsen umfaßte und größtentheils, zu
etwa zwei Drittel, aus deutschen Elementen bestand[1]. Von den Trägern
czechischer, polnischer, ungarischer, kroatischer Namen sind diejenigen aufgeführt, die in den Berichten ausdrücklich als „Missionarii teutscher Nation"
genannt werden und oft mit Emphase sich selbst als solche einführen.
Mehrere sind auch hinzugenommen worden, deren deutscher Charakter außer
Zweifel steht, obschon die Zugehörigkeit zu einer deutschen Provinz sich
nicht erweisen ließ. Der damals so häufige Austausch zwischen den Provinzen macht die Zuweisung oft schwierig.

Es gäbe ein herrliches Bild, wollten wir diese deutschen Männer
und ihr Wirken, Land für Land durcheilend, in zusammenfassender Darstellung schildern und den Antheil messen, den sie an der Christianisirung
jener Welttheile genommen haben. Dies mag später einmal geschehen.
Für den Augenblick müssen wir uns aber begnügen, im ersten Theil
einige Hauptmomente, die zur Charakterisirung des Missionswesens jener
Zeit besonders wichtig erscheinen, hervorzuheben und gleichsam als Einleitung zu unserer bio-bibliographischen Liste im zweiten Theil voraus-
zuschicken.

Was wir bieten, soll nur ein bescheidener Baustein sein zu einer
kritischen, auf Quellenforschung beruhenden Geschichte der Missionen. Kaum
ein anderes Gebiet der Kirchengeschichte ist bei uns in Deutschland bislang

---

[1] Siehe die „Karte . . . der deutschen Assistenz S. J. im Jahre 1725" in
Pachtler, Ratio Studiorum . . . S. J. vol. III, Beilage (Monumenta Germ.
Paedag. vol. IX).

so wenig bebaut worden wie dieses. Und doch wären gerade hier noch ganz ungeahnte Schätze zu erschließen und vielfach eine terra incognita neu zu entdecken.

*   *   *

Noch bleibt mir die angenehme Pflicht, denjenigen meiner Mitbrüder, die mich in meiner Arbeit besonders unterstützt haben, hier öffentlich meinen herzlichsten Dank auszusprechen. Er gilt vor allen den beiden hochw. PP. Joh. Bapt. van Meurs und Bernh. Duhr. Ersterem verdanke ich ganz wesentliche Hilfe bei der Vervollständigung und Berichtigung der biographischen Angaben meiner Liste; letzterer hat in uneigennützigster Weise mir eine Reihe werthvoller handschriftlicher Verzeichnisse und Notizen aus den Archiven von Wien, Simancas u. a. zur Benutzung überlassen, und beide haben mir auch sonst in liebevollster Weise geholfen.

Erster Theil.

1. Die erste Aussendung deutscher Jesuiten.

Ueber ein Jahrhundert lang ruhte das Missionswerk in den neu entdeckten Ländern Amerikas, Asiens und Afrikas hauptsächlich auf den Schultern Spaniens und Portugals. Daneben stellten zunächst Italien und die Niederlande, die ja theilweise zur spanischen Krone gehörten, die meisten Missionäre, während Frankreich erst seit dem Beginn und das durch die Glaubensspaltung so hart geprüfte Deutschland erst gegen Ende des 17. Jahrhunderts ausgiebiger sich am Missionswerk betheiligten. Das an Aposteln einst so reiche England und das unglückliche Irland gaben auf lange Zeit hinaus fast gar keine Glaubensboten mehr ab. Was hier im allgemeinen gesagt ist, gilt im besondern auch von der Gesellschaft Jesu, deren Gründung gerade in den Beginn der neuen Missionsepoche hineinfiel und die von Anfang an die Heidenmission als eine ihrer Hauptaufgaben betrachtete. Die Jesuiten der romanischen Länder und der Niederlande waren die ersten und lange Zeit fast die einzigen, die den Orden auf dem Missionsfelde vertraten. Erst viel später folgten ihnen auch die deutschen Ordensgenossen nach[1]. Der Grund dieser Verzögerung war zunächst die geringe Zahl deutscher Jesuiten und die geistliche Noth des eigenen Vaterlandes. Erst 1556 hatte der Ordensstifter eine eigene ober- und niederdeutsche[2] Ordensprovinz errichtet; 1563 schied sich die österreichische, 1564 die

---

[1] In seiner Synopsis Annalium S. J. in Lusitania ab anno 1540 usque ad annum 1725 (Augustae Vindel. 1726) gibt P. A. Franco eine interessante Liste: Catalogus Virorum S. J., qui ad propagandam fidem ex Lusitania ad Indias regiones navigarunt ab anno 1541 usque ad annum 1725, welche in etwa das Verhältniß veranschaulicht. Die Gesamtzahl der Jesuiten, die in dieser Zeit allein über Lissabon in die Missionen gingen, betrug 1714. Davon waren Portugiesen 1093, Spanier 85, Italiener 322, Franzosen 22, Belgier und Niederländer 35, Deutsche 53; von den übrigen 84 sind einige Polen, 4 Engländer, 2 Irländer und solche ohne nähere Angabe. Uebrigens begann erst nach 1725 der stärkere Zuzug von Deutschen nach den portugiesischen Missionen. Der Weg in die spanischen Kolonien ging natürlich über die spanischen Häfen, nur nach den Philippinen anfangs über Lissabon-Goa.

[2] Der Schwerpunkt der niederdeutschen lag aber anfangs in Belgien.

rheiniſche (Rhenana) davon ab. Die Zahl ihrer Mitglieder wuchs anfangs
nur langſam [1], und die Bedürfniſſe der deutſchen Kirche, zumal die von
allen Seiten erfolgende Nachfrage nach Collegien, waren ſo groß, daß man
nicht bloß keine Leute für die Miſſionen abgeben konnte, ſondern ſelbſt auf
Zuzug und Hilfe aus den romaniſchen Provinzen angewieſen war.

Konnte man ſich aber auch nicht an dem Heidenapoſtolate betheiligen,
ſo machte ſich doch die Begeiſterung und der Zug nach den auswärtigen
Miſſionen, der dem Ordensinſtitut ſo weſentlich war, von Anfang an auch
in den deutſchen Provinzen bemerkbar. Der ſelige Petrus Caniſius, erſter
Provincial der oberdeutſchen Provinz, wandte neben ſeiner großen Lebens-
aufgabe in Deutſchland auch der äußern Miſſionsthätigkeit ſeines Ordens
das lebhafteſte Intereſſe zu. Er ſelbſt erklärt ſich wiederholt bereit, nach
„Indien“ zu gehen [2]. Mit Eifer lieſt er die Miſſionsbriefe, die aus
Indien, Afrika, Braſilien u. ſ. w. einlaufen, läßt ſie in den Häuſern
ſeiner Provinz rundgehen, freut ſich, daß dieſelben durch den Druck weiter
zugänglich gemacht werden, und hebt den Nutzen hervor, den ihre Leſung
auch in Deutſchland bewirken würde [3]. Noch mehr; trotz des empfind-
lichen Mangels an Kräften in der eigenen Provinz faßte er den Entſchluß,
wenigſtens einige deutſche Jeſuiten jetzt ſchon nach „Indien“ zu ſenden,
und bot dem damaligen Vicarius Generalis der Geſellſchaft Jeſu, P. Sal-
meron, dieſe Erſtlinge an. „Möge der Herr dieſes Opfer unſerer Provinz
annehmen, welches nicht das letzte ſein wird, um die Geſellſchaft
Jeſu in den indiſchen Miſſionen zu unterſtützen.“ [4] Die übrigen jungen
Leute, die ſich gemeldet, ſeien noch nicht hinlänglich erprobt für eine ſo
wichtige Beſtimmung.

Das Opfer wurde nicht angenommen. Am 3. Januar 1562 kam
von Rom der Beſcheid, daß dieſes Jahr keine Miſſionäre mehr nach
„Indien“ abgingen, und daß die deutſche Provinz vorderhand überhaupt

---

[1] Im Jahre 1586 zählte die Germania Superior 218 Mann (alles eingerechnet), die Austria 243, die Rhenana 310: 1592: Germania 281, Austria 300,
Rhenana 350; 1607: Germania 422, Austria 389, Rhenana 476 (Litterae annuae
1586. 1592. 1607).

[2] „Indien“ bedeutet, um dies hier ein für allemal zu bemerken, nach dem
damaligen Sprachgebrauch ohne Unterſchied ſämtliche Miſſionsgebiete in den ſpaniſch-
portugieſiſchen Kolonien Amerikas und Aſiens, und „nach Indien gehen“ war gleich-
bedeutend mit „in die Miſſionen gehen“.

[3] Cf. *Braunsberger*, B. Petri Canisii Epistulae et Acta I, 119. 147. 263.
269. 293. 304; II, 69. 206. 259. 263. 269. 281. 680.

[4] Brief vom 13. Dec. 1561, mitgetheilt von P. O. Braunsberger.

keine ihrer Mitglieder in die äußern Missionen senden
solle, da sie in Deutschland selbst nothwendiger seien[1].
Bei diesem Entscheid blieb es denn auch auf längere Zeit hinaus, und der
Hamburger P. Joh. Hermes (siehe unten die Liste von Brasilien) ist der einzige
deutsche Jesuit, den wir vor 1616 in den Missionen nachweisen können.

Inzwischen erhielten die Briefe aus „Indien", die von den Thaten
der übrigen Ordensbrüder in den fernen Heidenländern Kunde gaben, den
apostolischen Eifer wach, und es brauchte bloß einen äußern Anlaß, um
die stille Gluth mächtig zu entfachen.

Diese Anregung brachte 1615 der berühmte belgische Missionär
P. Nikolaus Trigault (Trigautius)[2], der, seit 1605 in China thätig,
nunmehr nach Europa zurückgekehrt war, um für die chinesische Mission
neue Arbeiter und Unterstützung zu werben.

Auf seinem Rundgang an den katholischen Fürstenhöfen brachte ihn
der Weg auch in die bayrische Hauptstadt. Er fand am kurfürstlichen
Hofe die freundlichste Aufnahme. Namentlich war der alte Herzog Wilhelm ein eifriger Leser der Missionsbriefe und liebte es, mit den Missionären über ihr Wirken sich zu unterhalten. Mit regem Interesse lauschten
auch der Kurprinz Maximilian, der spätere Kurfürst, und seine Brüder
und Verwandten den Berichten über das Wunderland China, die Sitten
seiner Bewohner, den Fortschritt, den das Christenthum dort machte. Reiche
Unterstützung und das Versprechen weiterer Förderung der Mission waren
die Frucht des Besuches[3]. Natürlich kehrte P. Trigault auch in den
deutschen Ordenshäusern ein und weckte hier überall die schlummernde
Gluth zu hellen Flammen. „Viele in der Provinz", so schrieb P. Ferdinand Reinmann an den General in Rom (1. Februar 1616), „verlangen sehnsüchtig, in die Missionen geschickt zu werden."[4]

Eine ganze Fluth von Briefen und Bittgesuchen ging nach Rom an
den Ordensobern, und dieser Bittsturm hielt das ganze Jahrhundert hindurch und darüber hinaus noch an[5].

---

[1] Mitgetheilt von P. O. Braunsberger.
[2] Geboren zu Douai 3. März 1577.
[3] *Kropf*, Hist. Prov. Germ. Sup. Dec. VIII, n. 59 sqq.
[4] Handschr. in Privatbesitz.
[5] Noch findet sich in Privatbesitz eine reiche Sammlung solcher handschriftlicher
Bittbriefe von Patres, Fratres und Brüdern, welche dieser mächtigen Sehnsucht
nach den Missionen in ergreifender Weise Ausdruck geben. Allein aus der oberdeutschen Provinz sind nicht weniger als 438, aus der oberrheinischen (die Rhenana
wurde 1626 in eine Rhenana Superior und Inferior getheilt) 140, aus der nieder-

Dies beweist, daß die deutschen Jesuiten schon damals keiner andern
Nation an Missionsbegeisterung nachstanden. Aus der großen Zahl der
Bewerber wurden aber vorläufig nur vier ausgewählt: Andreas Agricola
aus Engen im badischen Seekreis, Kaspar Rues aus Haunstetten bei
Augsburg, Ferdinand Reinmann aus Meran in Tirol und Michael Durst
aus Augsburg. Der erste ward für Paraguay, die übrigen für Peru
bestimmt (*Kropf* l. c. n. 262).

„Es ist unglaublich," so schrieb Fr. Johann Irling, 24. Januar 1616,
aus Ingolstadt an den P. General Mutius Vitelleschi, „mit welchem Jubel

---

rheinischen 182 Briefe dieser Art aus den Jahren 1610—1730 erhalten. Da in
manchen auf schon früher geschriebene Bittgesuche hingewiesen wird und viele verloren gingen, so dürfte die wirkliche Zahl noch ungleich größer sein. Die Oesterreicher und Böhmen blieben nicht zurück, so daß die Gesamtzahl dieser sprechenden
Zeugnisse deutschen Missionseifers in die Tausende gehen dürfte. Manche dieser
Missionsaspiranten schrieben mit steigender Wärme drei-, vier-, fünf-, acht-, neun-,
zehn- und mehrmal. Manche griffen in ihren alten Tagen noch einmal auf den
Lieblingsgedanken ihrer Jugend zurück. Alle nur denkbaren Gründe im Himmel
und auf Erden werden aufgeboten, um die Gewährung des innigsten Herzens-
wunsches zu erlangen. Alles in ihnen, schreiben sie, dränge sie unwiderstehlich auf
den Missionspfad, Tag und Nacht lasse ihnen der Gedanke keine Ruhe, der Ruf
Gottes, die Noth der armen Wilden, alles rufe sie mächtig über die Meere. Manche
haben in Krankheit und Noth ein Gelübbe gemacht, sich den Missionen zu weihen.
Ein Michael Staubacher, der von 1643—1646 neunmal immer dringender gefleht,
sendet dem P. General sein mit Blut geschriebenes Gelübde. Oft kehrt der Gedanke wieder: man sage, Deutschland selber sei ein „zweites Indien" (quod nos
domi nostrae alteram Indiam haberemus), allein das hindere doch nicht, daß
wenigstens einige Deutsche den Spuren des hl. Franz Xaver folgten. Dieser habe
ja Belgier und Deutsche besonders für Japan als die geeignetsten bezeichnet.
Manche berufen sich darauf, daß der Gedanke an die Missionen sie in die Gesellschaft geführt, andere machen ihre Kenntnisse in der Musik, Mathematik, Astronomie,
im Baufach u. s. w. geltend, die ja in jenen Ländern, besonders in Asien, so große
Dienste leisteten. Ein schlichter Laienbruder, Johann Stengele aus Bayern, läßt
schreiben, er selbst könne nicht lesen noch schreiben, wohl aber für Christus leiden
und arbeiten. Er habe auf seinen weiten Wanderschaften durch Deutschland die
härtesten Beschwerden ertragen gelernt, sei im besten Alter und eine echte deutsche
Kraftnatur, wie man sie bei den Wilden gerade brauchen könne. Andere banken in
Ausbrücken des höchsten Jubels für die endliche Gewährung ihrer Bitte oder für
die ihnen gemachte Hoffnung. Jedes Rundschreiben der Generale, das zum apostolischen Eifer ermunterte, jeder Besuch eines Missionsprocurators aus China,
Amerika rc. in Deutschland hatte eine neue Hochfluth von Bittgesuchen zur Folge.
Unter den Bittstellern finden sich eine Reihe klangvoller Namen, wie Tobias Lohner,
Franz Hallauer, Leonard Lerchenfeld, Friedrich v. Spee, Athanasius Kircher, Jakob
Contzen rc. Der heiligmäßige Volksmissionär P. Philipp Jeningen meldete sich
noch als Sechzigjähriger für „Indien". Wir lassen im Anhang wenigstens die eine
oder andere Probe folgen.

die außerordentliche, am 23. Januar hier eingelaufene Botschaft Ew. Paternität, durch welche vier aus den vielen trefflichen jungen Leuten dieses Hauses für die Reise nach Indien bestimmt und ausersehen wurden, das ganze Colleg erfüllt hat. O ewig denkwürdiger Tag! Die Obern sahen sich gezwungen, bezüglich der Regel des Stillschweigens ein Auge zuzudrücken, damit die über= strömenden Gefühle des Herzens einen Ausweg fänden. Keiner konnte mehr ein Buch anrühren, keiner den gewohnten Geschäften nachgehen, keiner sich ruhig halten; ein Gedanke beherrschte alle, ein Wort war in aller Munde, eines be= schäftigte alle: die unglaubliche Wohlthat, welche durch die Aussendung jener glücklichen vier Mitbrüder unserer Provinz und diesem Colleg zu theil geworden. Traurig waren nur jene, die ihren eigenen Herzenswunsch noch unerfüllt sahen. Sie klagten laut ihre Unvollkommenheiten und still alles an, was etwa schuld sein mochte, daß eine so große Gnade ihnen noch vorenthalten blieb. Darunter gehöre auch ich Unwürdiger. . . ."

Und nun schüttet er mit jugendlicher Beredsamkeit sein ganzes Herz aus und fleht und bittet, daß doch auch er wenigstens hoffen dürfe.

Kaspar Rues, einer der glücklichen Auserwählten, schreibt am 31. Ja= nuar 1616 einen innigen Dankbrief:

„Ich weiß gar nicht, wo ich anfangen soll. Ich bin so voll des Jubels und außer mir vor Freude. Wahrhaft beseligt hat mich Ew. Paternität durch die so frohe Botschaft. Ich weiß auch nicht, was ich auf Erden Lieberes hätte vernehmen können. Ja ich gehe, ich fliege, wohin der gute Gott, wohin der heilige Gehorsam mich ruft. Nicht schrecken mich die blutige Mörderhand, nicht vermögen weder die Fluthen des unermeßlichen Oceans noch die wilden, grau= samen Sitten der Barbaren mich einen Augenblick in meinem Vorhaben wankend zu machen. . . ."

Er dankt aus frohester Brust und verspricht, täglich für Se. Paternität ganz besonders zu beten. Dann beschreibt er, mit welch väterlicher Güte und Freigebigkeit die Obern für die Ausrüstung der Reisenden Sorge trügen und mit welch herzlicher Theilnahme alle Mitbrüder sie umgäben. In der Nachschrift fügt er noch bei, daß ein junger Mitbruder, J. Kling, ihn gebeten, wenigstens mit einer Zeile für ihn Fürsprache einzulegen, damit auch er recht bald den Abgehenden folgen dürfe.

In den zwei Jahren 1615—1616 gingen allein aus dem Colleg von Ingolstadt etwa 40 Bittgesuche an den General. Zwei andere junge Deutsche, P. Johann Terenz (eigentlich Schreck) aus Konstanz und P. Jo= hann Alberich, sollten im folgenden Jahre P. Trigault nach China folgen. Der Erstgenannte erreichte sein Ziel und wurde der verdienstvolle Vor= läufer des bekannten P. Adam Schall; Alberich starb auf der Fahrt mit vier andern Genossen an der Ruhr.

Das Feuer der Begeiſterung, das dieſe erſten Ausſendungen an=
gezündet, erhielt neue Nahrung durch einen Brief des Spaniers P. Johann
Vasquez, der als Miſſionsprocurator die vier oben Genannten mit nach
Amerika genommen hatte. Er habe, ſo ſchrieb er, dieſe Deutſchen ſchon auf
der Reiſe ſo ſchätzen gelernt, daß er dringend wünſche, bald noch mehr
ſolcher Leute aus Deutſchland zu erhalten[1]. Daß die Obern dieſem
Wunſche nicht willfahren konnten, wird von Kropf[2] ausführlich begründet.
Gewiß ſei dieſer Eintritt der deutſchen Provinz in die Heidenmiſſion an
ſich überaus wünſchenswerth und würde Gott das Opfer ſolcher Männer
dem eigenen Lande zweifellos entgelten. Allein der Zeiten Noth im deutſchen
Vaterlande, das ſelbſt ſeeleneifriger Männer ſo dringend bedürfe, ließe es
bei der ohnehin noch verhältnißmäßig geringen Mitgliederzahl der Provinz
als geboten erſcheinen, dieſen Drang nach den auswärtigen Miſſionen
vorderhand noch zu zügeln und beſſere Zeiten abzuwarten.

Dieſer Anſicht war auch der heiligmäßige P. Jakob Rem, damals
Miniſter in Ingolſtadt. Auf die Kunde von der Abreiſe der vier erſten
deutſchen Miſſionäre ſoll er bemerkt haben: „Warum gehen ſie in jene
entlegenen Länder? Die Zeit iſt nahe, wo wir in Deutſchland ſelber ein
Indien haben werden, für welches die Zahl der Arbeiter, die jetzt in der
Provinz ſind, nicht ausreichen wird.“[3]

Als P. Kaſpar Lechner, der ſich ſelbſt für Indien gemeldet, den hoch=
angeſehenen Gottesmann fragte, was er über dieſe Anmeldungen denke,
äußerte er ſich wiederum im gleichen Sinne. An ſich, ſo ſagte er, ſei dieſer
Eifer ja ſehr lobenswerth; „dennoch kann ich die Sache, aufrichtig ge=
ſtanden, nicht billigen“. — „Warum nicht?“ — „Weil wir ſo unſere
Provinz der Hilfskräfte berauben. In 20 Jahren wird die katholiſche
Religion in Deutſchland wieder ein ſolches Wachsthum haben und werden
überall aus allen Ständen und Klaſſen ſo zahlreiche Bekehrungen erfolgen,
daß beim Mangel an Weltclerus auch die Unſrigen nicht ausreichen werden,
um alle irrenden Schäflein in Chriſti Hürde zu bringen.“[4] Der Aus=
gang beſtätigte dieſes prophetiſche Wort.

Auch in Rom ſchloß man ſich dieſer ſo wohlbegründeten Anſchauung
an, und ſo können wir, ſoweit unſere Quellen reichen, von 1600 bis
1620 nur 11, von 1620 bis 1670 nur etwa 20 deutſche Miſſionäre in
den beiden „Indien“ nachweiſen.

---

[1] *Kropf* l. c. n. 264.   [2] Ibid.
[3] Vgl. Hattler, Der ehrw. P. Jakob Rem (Regensburg 1881) S. 184 f.
[4] „Sodalis Parthenius“ (Diling. 1628) l. 1, c. 9, n. 8.

Inzwischen hatte sich die Mitgliederzahl der verschiedenen deutschen Provinzen so stattlich vermehrt[1] und hatten die kirchlichen Verhältnisse im Vaterlande sich derart gekräftigt, daß einer stärkern Betheiligung an den Arbeiten des Ordens jenseits der Meere von dieser Seite kein Hinderniß mehr entgegenstand.

Dafür trat aber ein anderes Hemmniß dazwischen, nämlich die argwöhnisch ablehnende Haltung der spanisch-portugiesischen Regierung gegen die Zulassung ausländischer Missionäre in den Kolonien beider Mächte. Die Sache wirft ein so interessantes Licht auf die Missionsverhältnisse älterer Zeit überhaupt und greift so bedeutungsvoll auch in das Wirken der deutschen Missionäre ein, daß wir sie etwas eingehender erörtern müssen.

2. Das spanisch-portugiesische Patronat.

Es würde uns viel zu weit führen, wollten wir hier die geschichtliche Entwicklung des spanisch-portugiesischen Patronats in den zwischen beiden Kronen getheilten Ländern jenseits der Meere auch nur in den Hauptumrissen zeichnen und dasselbe nach seinen Licht- und Schattenseiten würdigen.

Es genüge darum, kurz an die bekannte Thatsache zu erinnern, daß die Päpste, wie Martin V., Nikolaus V., Calixtus III., Alexander VI., Leo X., Paul III., IV. und V., Gregor XIII. u. s. w., den spanischen und portugiesischen Königen die weitgehendsten Rechte und Privilegien einräumten, welche denselben auch auf die Regelung der innerkirchlichen Angelegenheiten, wie Kirchenzehnten, Gründung und Besetzung von Bischofssitzen, Canonitaten rc., sowie auf das gesamte Missionswesen in jenen Ländern den tiefgreifendsten Einfluß gewährten (vgl. Hist. et Memorias da Academia R. de Sciencias de Lisboa [1825, 4°], vol. IX, p. 239 sg.).

Diesen Rechten entsprach von seiten der beiden Kronen die heilige Pflicht, die christliche Religion in den neuen Besitzungen nach Kräften zu schützen, die nothwendig gewordenen Bisthümer, Kapitel, Seminarien rc. zu botiren und für die Aussendung und Ausstattung einer hinlänglichen Anzahl Missionäre Sorge zu tragen[2].

[1] Im Jahre 1650 zählte die Germania Superior 637, die Rhenana Superior 288, die Rhenana Inferior 493, die Austria 800, die Bohemia (1623 von der Austria abgetrennt) 611 Mitglieder, zusammen also 2829 deutsche (zum Theil slawische) Jesuiten.

[2] „Wir befehlen Euch", schreibt Alexander VI. 4. Mai 1493 an den spanischen König, „im Namen des heiligen Gehorsams, auf die genannten Festländer und Inseln tüchtige, gottesfürchtige Männer zu senden, die fähig und geeignet sind, die Einwohner besagter Gebiete in der katholischen Lehre und guten Sitte zu unterrichten."

Solange die spanisch-portugiesischen Könige von wahrhaft christlichem Geiste durchdrungen und im unbestrittenen Besitze der neuen Eroberungen blieben, brachte das Patronat zweifellos manche Vortheile, und es ist anzuerkennen, daß beide Kronen für die Christianisirung Amerikas und Asiens Großartiges geleistet haben.

Es war aber mit den Kronprivilegien die große Gefahr verbunden, daß die Kirche in den Missionsländern zu sehr in Abhängigkeit vom Staat gerieth, daß dieser ihre freie Bewegung durch bureaukratische Bevormundung hemmte und schließlich, wenn er nicht mehr willig oder nicht mehr im stande war, seine Verpflichtungen einzulösen, an den ihm zugestandenen Rechten zum Schaden der Kirche und ihrer Missionen festhielt. Es ist ja bekannt, welches Unheil später zumal das portugiesische Padroado über die indische Missionskirche brachte.

Uns interessirt hier speciell die Beziehung, in welcher die Missionäre zur Krone standen. Von ihrer Seite hatten die spanischen und portugiesischen Könige die Verpflichtung übernommen, stets eine hinreichende Zahl von Glaubensboten in die beiden „Indien" zu senden, für ihre Ueberfahrt Sorge zu tragen und sie bei ihren Arbeiten und Gründungen auch durch jährliche Subsidien zu unterstützen. In der That fuhr kaum je eine spanisch-portugiesische Flotte über den Ocean, die nicht Missionäre mit an Bord führte.

Dagegen beanspruchte die Krone nun auch das Recht, Zahl und Auswahl der Missionäre näher zu bestimmen oder doch zu controliren. Ja selbst den Weg schrieb sie ihnen theilweise vor. So hatte Portugal sich das Privileg erworben, daß alle Missionäre, die für Ostasien bestimmt waren, ihren Weg ausschließlich über Lissabon nähmen. Da diese Bestimmung mit der Zeit sehr unbequem und hinderlich wurde, hob Paul V. sie auf Bitten Philipps III. von Spanien[1] durch Breve vom 11. Juni 1608[2] auf, und Urban VIII. bestätigte 22. Februar 1633 diese Entscheidung[3]. Die Zeiten hätten sich geändert und das Wohl der Missionen verlange diese Zurücknahme eines Privilegiums; es stehe darum allen Ordensobern frei, ihre Missionäre auf jedem beliebigen Wege nach

---

[1] Die Krone Portugals war bekanntlich 1580—1640 mit der spanischen vereint.
[2] „Sedis Apostolicae providentia", Bull. S. C. de Prop. Fide I (Romae 1839), 143; die Aufhebung war thatsächlich schon durch Clemens VIII., Breve vom 12. December 1600 („Onerosa pastoralis officii cura", Bull. Roman. X [Romae 1867], 631), geschehen.
[3] „Ex debito pastoralis officii", Bull. S. C. de Prop. Fide I, 81.

Oftindien, Japan und die Philippinen zu senden [1]. Aber kaum hatte Portugal 1640 seine Selbständigkeit wieder erlangt, so bestand es auch wieder trotz der päpstlichen Entscheidungen auf seinen Privilegien. Auf Anregung P. Adam Schalls und mit Zustimmung des Ordensgenerals hatten 1661 der Deutsche P. Johann Grueber und der Belgier P. Albert de Dorville sich von Peking aufgemacht, um statt des weiten, unsichern Seeweges einen kürzern Landweg quer durch die Tartarei, Tibet, Nordindien, Persien und Kleinasien zu finden [2]. Der Versuch gelang. In Lissabon war man aber über den neuen Plan wenig erbaut. In einem Briefe vom 17. Juli 1664 an den Ordensgeneral P. Paul Oliva beklagt sich Alfons VI. (1656 bis 1667) bitter darüber, daß die Missionäre gegen den alten Brauch und gegen den Willen der Krone statt über Lissabon auf andern Wegen nach „Indien" gingen, und droht mit Entziehung seiner Huld und Gnade [3].

In ähnlicher Weise ging der Weg in die spanischen Kolonien ausschließlich über die spanischen Häfen Sevilla und Cadix.

Es ist nach dem Gesagten nicht zu verwundern, daß die beiden Kronen auch bezüglich der Auswahl der Missionäre, insbesondere hinsichtlich deren Nationalität, ihre Wünsche geltend machten und sich dabei von politischen Erwägungen mehr leiten ließen, als im Interesse des Missionswerkes lag.

Dabei spielte die Rivalität der beiden Mächte eine wichtige und wenig ansprechende Rolle. Ging doch dieselbe so weit, daß, wenigstens im allgemeinen, Spanien keine portugiesischen und Portugal keine spanischen Missionäre in seinen Gebieten wünschte. Ein bezeichnendes Beispiel dieser Art berichtet u. a. Charlevoix in seiner „Geschichte von Paraguay". Danach mußten die portugiesischen Patres, die auf den Ruf des Bischofs von Asuncion, Franz Victoria O. P., aus Brasilien herbeigeeilt waren, schon bald wieder umkehren. „Man konnte nämlich unter keinen Umständen erwarten, daß der Königliche Rath von Indien darein einwilligen werde, in dem Staate Sr. Katholischen Majestät Missionäre zuzulassen, die nicht seine rechtmäßigen Unterthanen wären, noch daß der Hof von Lissabon es

---

[1] Etiam per alias vias quam per Lusitaniam libere et liciti mittere possint et valeant. Später schärfte Clemens X. („Iniuncti nobis coelitus", 23 Dec. 1673, Bull. S. C. de Prop. Fide I, 190) noch einmal diese Bestimmung ein. Schon diese öftere Wiederholung beweist, wie hartnäckig Portugal an seinen „Privilegien" wie an unveräußerlichen Rechten festhielt.

[2] Vgl. darüber v. Richthofen, China I, 671.

[3] Siehe den Brief im Anhang.

auf sich nähme, einem Lande, das nicht zur Krone Portugals gehörte, Missionäre zu verschaffen."[1]

In betreff der übrigen Ausländer bestanden zunächst keine Schwierigkeiten für die Unterthanen jener Länder, die, wie Mailand, Neapel, Sicilien, Sardinien und die Niederlande, seit Karl I. (V.) zur spanischen Krone gehörten. So finden wir denn von Anfang an zahlreiche italienische und auch belgische Jesuiten in den Kolonien beider Kronen.

„In den beiden Anfangs des 17. Jahrhunderts getrennten ostindischen Provinzen Goa und Malabar", so schreibt Müllbauer[2], „arbeiteten schon damals neben portugiesischen Missionären zahlreiche Mitglieder anderer Provinzen. Diese Ausländer mußten indes nach dem bestehenden Patronatsrechte Portugals alle dem König den Eid der Treue schwören und sozusagen ihre Nationalität aufgeben. Bereits auf der [indischen] Provincialcongregation von 1575 war die Frage aufgeworfen worden, ob man in Europa beantragen solle, daß nur portugiesische Jesuiten nach Indien gesendet würden. Man einigte sich aber dahin, im Mutterlande die Bitte zu stellen, so viele Mitglieder der Gesellschaft als möglich, und zwar auch aus andern Provinzen Europas, zu schicken."[3]

Französische Jesuiten wurden indes in den spanischen Kolonien nur ganz vereinzelt zugelassen, was sich aus der politischen Spannung, die jahrhundertelang zwischen den beiden Ländern bestand, wohl erklärt. Es ist interessant, zu hören, wie ein Franzose selber sich darüber äußert. „Warum", so schreibt P. Dominicus le Jeunehomme in seiner Relation d'un voyage à Lisbonne en 1627[4], „hat man schon vor zehn Jahren Schwierigkeiten gemacht, nicht bloß Franzosen nach Ostasien zu senden, sondern selbst Italiener, falls sie nicht Unterthanen des Königs waren? Ich antworte: einiger Briefe wegen, welche von den Unsrigen in wenig

---

[1] Histoire du Paraguay I (Paris 1756), 208 s. Ueber die portugiesische Handelspolitik und ihre engherzigen Bestimmungen vgl. u. a. *E. Carel*, Vieira, sa vie et ses œuvres chap. 3 (Paris, ohne Jahreszahl).

[2] Geschichte der kathol. Missionen in Ostindien (München 1851) S. 85.

[3] Illud quoque visum est in deliberationem vocandum, *an alios praeter Lusitanos* expediret in Indiam ex Europa Socios mitti: ubi summo omnium acclamatum consensu, non modo *ex aliis quibusvis provinciis* cum gratiarum actione excipiendos libentissime, sed etiam invitandos rogandosque, et supplicandum Patri Generali, ut, quando una provincia Lusitania nequaquam sibi ipsi Brasiliaeque et Indiarum tot tamque amplis regionibus posset sufficere, nullo modo Spiritui Sancto Dominoque messis Operarios in messem mittenti, praecludi aditum sineret (*Sacchini*, Hist. S. J. p. iv. 93).

[4] Manuscript im ehemaligen Collége de Clermont, herausgeg. von P. Aug. Carayon S. J.: Docum. inéd. concern. la Comp. de Jésus III (Poitiers 1864), 54.

kluger Weise geschrieben und nicht bloß hier in Portugal, sondern auch vom Rathe in Indien gelesen worden waren. Dies Verbot ist nun in Bezug auf die Italiener und die Unterthanen des Kaisers cassirt worden; Franzosen will man aber vorderhand immer noch keine. Warum nicht? *Pronum est cogitare.* Was Westindien angeht, so macht man, weil es gut gedeckt ist und nur sehr wenige Engländer, Holländer und Franzosen dort sind, keine Schwierigkeit, wie P. Crespo (der Procurator der westindischen Missionen) mir versicherte." [1]

Seit Ludwig XIV. (1643—1715), der mit seinen weitausschauenden Kolonisationsplänen die portugiesischen Interessen in Ostindien bedrohte, wurde die Abneigung gegen die französischen Missionäre und ihre argwöhnische Ueberwachung noch gesteigert [2].

Was nun die Missionäre der deutschen und österreichischen Länder angeht, so standen ihrer Zulassung an sich keine politischen Bedenken im Wege. Auf dem spanischen Throne saßen ja seit Karl I. (V.) die Habsburger (1516—1700), und zwischen dem österreichischen Hause und den beiden Kronen Spaniens und Portugals herrschten im allgemeinen die besten Beziehungen. Gegen die ersten deutschen Jesuiten, die im Beginn des 17. Jahrhunderts vereinzelt in die Missionen gingen, wurden darum auch, soviel wir wissen, keine Schwierigkeiten erhoben. Allein die unglückseligen politischen Verwicklungen Spaniens, zumal unter Philipp IV. (1621—1665), die Aufstände im Innern und in den italienischen Besitzungen und vor allem die immer gefährlichere Rivalität der fremden Seemächte machten die Regierung sehr argwöhnisch gegen alle Ausländer und führten zu allerlei büreaukratisch-engherzigen Beschränkungen. Dieselben hielten nicht bloß das Missionswerk in seiner Entwicklung auf, sondern schädigten auch die spanischen Kolonien selber, wie der gelehrte Exjesuit Abbé Dobrizhoffer in seiner bekannten „Geschichte der Abiponer" [3] mit Bezug auf die La Plata-Länder eingehend darlegt.

Im Jahre 1644, so führte er aus, sei der damalige Missionsprocurator von Paraguay, P. Johann Pastor, nach Europa gereist, um neue Verstärkung zu holen.

---

[1] Weiter oben S. 17 hatte Le Jeunehomme berichtet, daß die portugiesische Flotte nicht alle Missionäre mitnehmen konnte. Es wurden daher zuerst die Castilianer (Spanier) zurückgestellt, „weil diese leichter umkehren konnten und weil man dieselben weniger gern mitziehen sah; denn die Portugiesen wollen in ihrem Indien keine Spanier".

[2] Ein Beispiel dieser Art bei *Franco*, Synopsis Annalium S. J. in Lusitania (Aug. Vindel. 1726) 427, 8. [3] Wien 1783, III, 129 ff.

Er habe auch thatſächlich „aus verſchiedenen Provinzen eine für den Unterricht ſo vieler Wilden hinlängliche Anzahl Jeſuiten zuſammengebracht, die mit
ihm nach Paraguay ſchiffen ſollten. Allein eben wie er mit ſeinen apoſtoliſchen
Gehilfen zu Cabix unter Segel gehen wollte, hätte der Königliche Staatsrath zu
Madrid ein Verbot ergehen laſſen, kraft deſſen kein Ausländer nach Paraguay
geführt werden durfte. Die übrigen, deren die meiſten Prieſter waren, hätten
daher wieder nach Italien, Deutſchland, die Niederlande ꝛc., kurz, in ihr Vaterland geführt werden müſſen, und er wäre mit wenigen ſpaniſchen Jünglingen,
die nach der bei uns vormals eingeführten Gewohnheit erſt nach vielen Jahren
zu Prieſtern geweiht werden konnten, nach Paraguay geſegelt, ungeachtet die
Provinz [von Paraguay] wegen ihrer vielen Kolonien einen unbeſchreiblichen
Mangel an Prieſtern hatte. Wie betrübend mag dieſer Anblick für den P. Paſtor
geweſen ſein! Da er die bereits zur Ernte reifen Früchte aus Mangel an
Schnittern zu Grunde gehen ſah, konnte er ſich der Thränen nicht enthalten.
Das Verbot der Großen in Madrid, welches alle Fremden von Paraguay
ausſchloß, war von äußerſt verderblichen Folgen auch für die Spanier ſelbſt.
Hätte P. Paſtor ſeine ausländiſchen Ordensgenoſſen aus Deutſchland, Italien
und den Niederlanden mit ſich nach Paraguay gebracht, ſo zweifle ich nicht,
daß ſie ſchon damals die Abiponer, Mokobier und Tobas zu Chriſten und
zu Unterthanen des Katholiſchen Königs gemacht hätten, anſtatt daß man ſie
wegen Mangels an Prieſtern beinahe ein ganzes Jahrhundert in
ihrer Wildheit laſſen mußte, während welcher Zeit ſie in dem ganzen Lande
weit und breit als Feinde, und zwar meiſtens als ſiegreiche Feinde, herum-
ſtreiften, wie aus allem bisher Geſagten erhellet. Durch das vergoſſene Blut
ſo vieler Spanier und ihre beſtändigen Siege von Tag zu Tag mehr ver-
wildert, ſchlugen ſie in den folgenden Jahren die Freundſchaft der Spanier
und die Taufe beſtändig aus, wiewohl unſere Patres keine Gelegenheit, ſie
zahm zu machen, unbenutzt ließen, und deshalb öfters ſelbſt ihr Leben in
Gefahr ſetzten.

„Doch erfahren wir auch hier wiederum, daß ſich der Sinn der Menſchen
mit den Zeiten ändert. Da das eben nicht ſehr volkreiche Spanien für ſeine
ausgedehnten Kolonien in Amerika nicht genug Prieſter abgeben konnte, ſo
entſchloß ſich der Madrider Hof, auswärtige Jeſuiten, denen es vorher den
Eintritt in Paraguay verboten, nicht nur dahin einzuladen, ſondern ſelbſt auf
königliche Koſten dahin bringen zu laſſen zum ſichtlichen Vortheil der Monarchie.”

3. Zulaſſung ausländiſcher Miſſionäre.

Trotz dieſer Abſonderung der Nationen und trotz des gegenſeitigen
Mißtrauens gelangten doch mit der Zeit deutſche Miſſionäre in faſt alle
Miſſionsgebiete, wenn auch die ſpaniſch-portugieſiſchen Kolonien ihr haupt-
ſächlichſtes Arbeitsfeld blieben. Zunächſt gelang es den vereinten Bemühungen der Päpſte, Ordensobern und Miſſionsprocuratoren, allmählich
die Bedenken der ſpaniſchen Regierung gegen die Zulaſſung ausländiſcher

Missionäre zu heben. In einem Rundschreiben vom 29. November 1664 an die Provinzen meldete der derzeitige Ordensgeneral der Gesellschaft Jesu, Paul Oliva, diese günstige Wendung.

„Ich erhalte aus Spanien erfreuliche Kunde. Sie wird wie ein Trompeten-stoß viele der Unsrigen anregen, sich für die Missionen von Spanisch Westindien zu melden, d. h. für Paraguay, die Philippinen, Mexico, Peru, Chile und Neu-Granada. Seit Jahren war der Zugang zu jenen Gebieten allen andern außer den Spaniern verschlossen. Nun erhalte ich von verschiedenen Seiten die briefliche Nachricht, daß der Indische Rath Sr. Majestät nach Aufhebung der frühern Bestimmung auch ausländische Ordensgenossen in die indische Mission zulassen wolle, mit der nähern Bestimmung, daß der vierte Theil einer jeden Mission aus Unterthanen des Katholischen Königs sowie des Kaisers und irgend eines Fürsten aus dem österreichischen Hause bestehen dürfe. In diese Er-laubniß sind somit fast alle eingeschlossen, welche zur österreichischen, böhmischen, flandro-belgischen, gallo-belgischen Provinz gehören, sowie jener Theil der ober-deutschen Provinz, welcher unter den österreichischen Erzherzögen von Innsbruck steht. Ja man sagt mir, daß dasselbe auch für die Unterthanen aller andern Fürsten gelte, welche mit dem Haus Oesterreich befreundet sind. Ich wollte Ew. Hochwürden an meiner Freude über diese frohe Kunde theilnehmen lassen, damit alle diejenigen, die der große Hausvater dahin ruft (und alle Mitglieder der Gesellschaft sind ja dessen Kinder), jener der Reise schon nahen Ernte Hilfe bringen. Damit aber alles mit rechter Auswahl geschehe, sollen jene, welche von jenem Verlangen entflammt sind, Ew. Hochwürden ihren Namen angeben, und Sie werden die Liste mir zusenden mit dem Beifügen, was Sie über jeden Einzelnen, seine Fähigkeit und seine geistigen und körperlichen Anlagen urtheilen. Denn daß in jenen Ländern ebensowohl eine starke Gesundheit wie eine starke Tugend erforderlich ist, lehrt die Erfahrung täglich klarer. Diejenigen aber, welche zwar gleichfalls ein heiliger Eifer nach jenen weiten apostolischen Wander-pfaden drängt, die aber der heilige Gehorsam, d. h. die Hand Gottes, in der Provinz zurückhält, sollen sich zu Hause als das bewähren, was sie draußen zu sein wünschten — als wahre Xaverii." [1]

Man kann sich denken, welchen Jubel diese Nachricht in den deutschen Provinzen erregte. Von dieser Zeit ab datiren denn auch die regelmäßigen Sendungen deutscher und österreichischer Jesuiten, erst in kleinerer, dann in jährlich wachsender Anzahl. Doch hatten sie immer noch auf lange Zeit hinaus mehr oder minder mit einer gewissen Abneigung und allerlei klein-lichen Plackereien von seiten der spanischen Büreaukratie zu leiden, und oft genug kam es vor, daß sie, bereits in Spanien angelangt und sich am Ziel ihrer Wünsche wähnend, unverrichteter Dinge in die Heimat zurück-kehren mußten.

---

[1] Handschrift in Privatbesitz.

Um ihren Charakter als Ausländer zu verdecken, pflegten daher im
Anfang manche, wahrscheinlich auf den Rath der spanischen Missionsprocuratoren, ihren dem castilischen Ohre so frembartig und rauh klingenden
deutschen Familien- und Ortsnamen durch einen volltönenden spanischen
zu ersehen. Näheres über diese Namensänderung erfahren wir u. a.
aus einem Briefe „des gottseligen P. Caroli Boranga, aus der Oesterr.
Provinz" [1].

„Bevor ich das Schiff besteige," schreibt derselbe am 21. März 1681 aus
Acapulco (Mexico), „muß ich Euer Ehrwürden unsere neue Spanische Nahmen,
mit welchen wir in das Königliche Protocoll eingetragen seynd, ansagen: P. Andreas
Mancker heißt nunmehro P. Alphonsus de Castro de Viennas; Ich aber Juan
Bautista Perez natural de Calabajul, das ist, naturalisirt auf Bilbili in Arra-
gonien; P. Joannes Tilpe wird genannt P. Luis Turcotti, natural de Nissa
de Austria; P. Augustin Strobach hingegen P. Carolus Xavier Calvanese de
Calva natural de Milan [2]; P. Theophilus de Angelis führt den Nahmen
P. Juan de Loyola, natural de Azpeithia de Biscaya."

Aehnlich verfuhr man in Portugal. Oft genügte es auch wohl, den
deutschen Namen zu übersetzen und z. B. Kerschpaumer in Cereso, Sonnenberg in Montes zu verwandeln oder ihm sonst durch kleinere oder größere
Aenderungen spanisches oder portugiesisches Gepräge zu verschaffen, indem
man beispielsweise Bürgin zu Borges, Herdtrich zu Henriquez machte. Nicht
selten warf man den Familiennamen ab und behielt bloß zwei Taufnamen
mit oder ohne Beisatz. „Dem Patri Andreae Wolffgango Koffler haben die
Portugiesen den Nahmen verändert", schreibt P. Boym [3], „und Andream
Xavier genannt." „Die Spanier", so schreibt P. Ernst Steigmiller aus
Santa Fe de Bogotá, 30. September 1724, „haben meinen Nahmen in
etwas beschnitten und mich Herneltum Esteymiller zu nennen beliebet." [4]

Glücklicherweise unterschrieben die Patres sich in ihren Briefen meist
immer noch mit ihrem ehrlichen deutschen Namen, z. B. „Joannes Tilpe, der
Ges. Jesu Missionarius. Mit meinem spanischen Nahmen Ludovicus Turcotti
von Nissa genannt", oder „Andreas Mancker, der G. J. Missionarius, mit
meinem Spanischen Nahmen Alphonsus de Castro genannt" [5], und so öfters.

Aber selbst wo der deutsche Name blieb, wurde er in spanisch-
portugiesischer Aussprache und Niederschrift oft bis zur völligen Unkennt-
lichkeit so verballhornt, daß erst anderweitige Anzeichen auf die richtige
Spur führen müssen. So wurde beispielsweise Stumpf zu Eslum, Dobriz-

---

[1] Siehe „Welt-Bott" Nr. 2.   [2] Mailand war damals spanisch.
[3] „Welt-Bott" Nr. 13, 45.   [4] Ebb. Nr. 229, 2.   [5] Ebb. Nr. 3 u. 12.

Hoffer zu Dubrisofrer, Stancel zu Eſtancél, Ginzel zu Guinſol, Henis zu Enis, Jentſchle zu Jensque, Kobl zu Kobell, Konſag zu Gonſago, Koppf zu Koph und Kephet, Leitenberger zu Leytemberg, Perret zu Perez oder Perius, Peſchle zu Pesqui, Pfefferkorn zu Fefelscolt, Sedlmayr zu Soto Mayor, Steffl zu Stephel, Strobl zu Eſtrobél, Wieſer zu Biſer, Weiden=felt zu Uncidenfeld u. ä. m. Aus Xenodoſen, Chespue, Filiscus u. a. iſt ſchon gar nicht klug zu werden. Aehnliches gilt von den deutſchen Orts=namen. Viele Räthſel dieſer Art bleiben für den Augenblick noch ungelöſt.

In Bezug auf die Angehörigkeit zu einem unter Oeſterreich ſtehenden Lande brauchte man es übrigens nicht ſo genau zu nehmen, da die ſpa=niſchen Beamten bei ihren mangelhaften geographiſchen Kenntniſſen darüber ſich ſelbſt nicht klar waren.

Einige recht intereſſante Mittheilungen über dieſe ganze Angelegenheit macht der biedere Tiroler P. Anton Sepp von Rechegg in ſeiner „Reiß=beſchreibung" (Nürnberg 1698) S. 154 ff. Er landete mit dem bayriſchen Ordensgenoſſen P. Anton Böhm am 6. April 1691 in Buenos Aires und eröffnete die lange Reihe von deutſchen Apoſteln, die auf dieſem geſegneten Arbeitsfelde von Paraguay ſo Großes wirken ſollten. Sie gewannen durch ihre muſikaliſchen Leiſtungen und ihr munteres Benehmen ſofort die Liebe der ſpaniſchen Patres.

„Fragten uns gleich, aus was für einer Provinz wir wären und woher es doch komme, daß die Provinz Germaniae superioris bißhero kein einziges Subjectum oder Missionarium in dieſe Indios geſchicket. Wie es dann auch alſo in der Sach iſt; denn hier ſeynd aus allen Provinzen, ſogar Gallo=Belgica, die halb franzöſiſch, einige Patres von Anfang biß jetzigen Zeiten geweſen. Alleinig, ſo redeten ſie von unſerer heiligen Provinz, hat es das An=ſehen, daß ſelbige entweder gar zu geſperrig, oder die Indien nicht ſchätzen oder keine Indianiſche Candidatos und Prätendenten habe. Welche alle drey Puncten mit gebührlicher Modestia wir widerleget, ſprechend: Die einzige Urſach deſſen ſeye, daß wir gar wenig Collegia und folgends Subjecta haben, die immediate dem Hauß Oeſterreich unterworfen. Sie widerſetzen: Ob dann nicht das ganze Römiſche Reich Kaiſerlicher Faktion? Wir bejahten es. Wann dieſem alſo, ſagten ſie, und unſere Collegia im Römiſchen Reich, was hindert dann, daß dieſe nicht geſchickt werden: inſonderheit, weilen das Hauß Spanien nicht nur alleinig Oeſterreichiſch, ſondern auch Kayſeriſch: die Bayern aber belangend, nunmehro ganz Kayſeriſch, zu Oeſterreichiſch und Spaniſch wegen ihrer Durch=laucht Maria Antonia."[1] Man ſei alſo in der oberdeutſchen Provinz nicht

---

[1] Maria Antonia (geb. 18. Jan. 1669, geſt. 24. Dec. 1692) war die Tochter Kaiſer Leopolds I. und ſeit dem 15. Juli 1685 mit Maximilian Maria Emanuel, drittem Kurfürſt zu Bayern, vermählt.

recht informirt, wenn man meine, bloß unmittelbare Unterthanen Oesterreichs würden in die Mission zugelassen. „Es seyn Bayern, Schwaben, Schweizer, Pfalzer u. s. w., ist ebensoviel als wären es Tyroler, ja Wiener: man giebet in Hispania auf dieses ganz und gar nicht Achtung. Ja, die Spanier bestinguiren gar die Nationes nicht von einander, weilen alles zu dem Römischen Reich und Teutschland gehörig, wie sie sagen: Genug ist, daß die, so wir ad Indios schicketen, seyen Provinciae Germaniae superioris, und nicht Franzosen, welche Nation alleinig in Hispania verhaßt und ausgeschlossen wird."

Auch zu dem gewiß unschuldigen Manöver der Namensänderung, das oft eine köstlich komische Seite hatte, bringt er einen Beitrag.

In der Meinung, daß er als Bayer und nicht unmittelbarer österreichischer Unterthan bei den spanischen Beamten auf Schwierigkeiten stoßen könnte,

„ware mein lieber Pater Antonius Böhm überaus sorgfältig, daß man ihn für keinen Amberger oder Pfalzer ansehete, und darumben nicht etwan möchte von Indien ausgeschlossen werden; veränderte also in etwas den Namen [und setzte] Antonius Adami Bohemi; Adam von seinem gnädigen Herrn Vattern seeligen; dazu Montipolitanus, d. h. ein Amberger aus Innsbrugg; heißet ebensoviel als Venetia von München. In einer andern Information, so man allezeit nacher Madritt dem Königl. Rath von denen Missionariis Namen und Herkommen überschicken muß, ward er also geschrieben: P. Antonius Adami Bohemi Montipolitanus Ratisbonae in Tyroli natus, anno... Wer lachen will, der lache. Ich und mein geliebter Pater Antonius lacheten ein gutes Stück herab, und hatten einen guten Muth. Dieses ware in der Sach selber ein Fehler; denn der Pater Procurator Indiarum, damit er nicht so viel unterschiedliche Nomina der Länder schreiben müßte, setzte die Patres einer Provinz alle unter einem Nomine Patrio; weilen aber unsere zwey Nomina gleich bey einander und mich ex Tyroli schriebe, mußte der gute Pater auch ein Tyroler seyn, und zwar von Regenspurg."

Trotz dieser und anderer Chicanen, von denen wir weiter unten noch mehr erfahren, war man froh, daß wenigstens die Hauptsache erreicht war und der Zulassung deutscher Missionäre keine grundsätzlichen Schwierigkeiten mehr in den Weg gelegt wurden. Freilich dauerte es noch Jahrzehnte, bis auch die letzten Reste der alten büreaukratischen Maßregelungen und Einschränkungen fielen, und es bedurfte von seiten der Päpste[1], der Ordens-

---

[1] In einem Breve „Adeo nobis cordi est" (Romae 26 Aprilis 1695) empfiehlt beispielsweise der Papst Innocenz XII. dem Wohlwollen des spanischen Königs Karl II. den aus Paraguay kommenden P. Ignaz Frias und bittet, diesem die Vollmacht zu ertheilen, neue Missionäre mitzunehmen, von denen die Hälfte Spanier, die übrigen spanische Unterthanen in Italien oder Unterthanen des österreichischen Kaiserhauses seien (Synopsis Act. S. Sedis in Causa S. J. [Lovanii 1895] 418, 21).

und Miſſionsobern immer wieder neuer drängenden Vorſtellungen und Bitten, ſo oft es ſich um nothwendige Verſtärkungen des Miſſionsperſonals handelte.

Namentlich drohte der ſpaniſche Erbfolgekrieg (1701—1714) nach dem Tod des letzten ſpaniſchen Habsburgers, Karl II. († 1. November 1700), den deutſchen Miſſionären aus den am Krieg betheiligten Ländern abermals einen Riegel vorzuſchieben. Es war vornehmlich der beredten Fürſprache der königlichen Beichtväter, die einen großen Einfluß bei Hofe beſaßen, zu danken, daß die engherzigen Bureaukraten im Indiſchen Rathe nicht durchdrangen. Noch liegen in dem königl. Archiv von Simancas zahlreiche dieſe Angelegenheit betreffende Actenſtücke [1]. Beiſpielsweiſe findet ſich darunter das Original-Gutachten [2] des frühern Beichtvaters Sr. Katho- liſchen Majeſtät, P. Juan Martinez de Ripalda, vom 22. März 1702, in welchem er für die Zulaſſung acht deutſcher Miſſionäre folgende Gründe geltend macht: 1. die Obern und die Arbeitsgenoſſen ſeien Spanier; 2. dieſe Deutſchen würden ja doch voneinander getrennt ſein; 3. es ſeien ſehr gute Religioſen (son sujetos de grande espíritu y religion).

Die Bitte ſcheint jedoch damals nicht gewährt worden zu ſein. In einem andern Gutachten des Beichtvaters vom 16. October 1711 wird nämlich geſagt: Er habe das Gutachten des Staatsrathes in betreff von ſechs neuen Miſſionären für Chile geleſen (vier aus Bayern, einer aus der Schweiz, einer aus Genua). Der Staatsrath berufe ſich auf eine Ent- ſcheidung von 1702, welche dahin gelautet, daß den a ch t deutſchen Miſſionären die Abreiſe nicht zu geſtatten ſei. Die Gründe der Ver- weigerung in beiden Gutachten ſeien, daß ein Geſetz für Indien (d. h. die ſpaniſchen Kolonien) verbiete, Nicht-Spanier dahin abzuſenden. Dieſe Beſtimmung ſei aber nicht ausführbar, da Spanien allein nicht hinreichend Leute habe. Das bewieſen ſchon die Mühe und die vielen Unkoſten, welche die Procuratoren der Miſſionen aufwendeten, um anderswoher Kräfte zu gewinnen, was ſie gewiß nicht thun würden, falls genug in Spanien ſelbſt zu finden wären. Uebrigens habe der König ſchon oft von jenem Geſetze dispenſirt.

Der zweite Grund des Staatsrathes für ſeine Weigerung laute, die fremden Miſſionäre ſeien in betreff ihrer loyalen Geſinnung für die ſpaniſche Krone nicht verläßlich. Darauf ſei zu erwidern: Man könne ja Ausländer nehmen, die einer befreundeten Nation zugehörten; auch die Bayern machten

---

[1] Wir verdanken die folgenden Mittheilungen der Güte unſeres Mitbruders P. Bernhard Duhr, der längere Zeit am Archiv von Simancas gearbeitet hat.

[2] Simanc. Grac. y Just. Leg. 686.

keine Schwierigkeit, weil ſie für ihren Kurfürſten [1] und gegen Oeſterreich ſeien. Dazu komme, daß die Deutſchen im allgemeinen Leute von robuſter Conſtitution, vorzügliche Arbeiter, voll Eifer und Befähigung ſeien, die fremden Sprachen zu lernen. Stets wären die Leute dieſer Nation, die nach Indien gegangen, ſehr hoch geſchätzt worden als unermüdliche und ausgezeichnete Miſſionäre [2]. Deshalb möge die Regierung dem Geſuche willfahren.

In der That konnte Spanien allein unmöglich den gewaltigen Anforderungen genügen, welche ſeine Patronatspflichten ihm auferlegten. Je mehr das Miſſionsfeld ſich erweiterte, deſto empfindlicher wurde der Mangel an hinreichenden Miſſionskräften gefühlt. Im Jahre 1701 gingen zwei chileniſche Procuratoren nach Rom.

„Ihr vornehmſtes Geſchäft“, ſo ſchreibt der Böhme P. Suppetius an den Provincial der böhmiſchen Provinz, „beſteht in dem, daß ſie aus Europa ſoviel geiſtliche Gehülffen aus unſerem Orden hieher bringen, als ſie immer werden erlangen können. Darum ich, als dermal ein Glied dieſer Chileniſchen Provinz, nicht hab unterlaſſen ſollen, Euer Ehrwürden zu bitten, aus ihrer ſo volkreichen Provinz der unſerigen mit einigen Apoſtoliſchen Recruten zu Hülff zu kommen.

„Erwehnte unſere Provinz allhier, beſtehet dermal (1701) in 150 Perſonen, unter welchen Spanier, Wälſche, Franzoſen, Teutſche, Niederländer, Oeſterreicher, Böhmen, Sardinier, Sicilianer, Neapolitaner, Mayländer, Portugeſen, mit einem Wort, einige aus faſt jeglicher Europäiſcher Provinz (die Polniſche und Lithauiſche allein ausgenommen) durch das Band geiſtlicher Liebe oder Apoſtoliſcher Gemeinſchaft ſich zwar vereinbaren, aber wegen ihrer geringen Zahl einem dermaſſen wichtigen Werk, als wir vor uns haben, auf keine Weiſe gewachſen ſind, geſtaltſam dieſe Provinz biß über die Magellaniſche Meer=Enge erſtrecket.“

Aus der einheimiſchen Jugend ſei ſchwer einen hinreichenden Nachwuchs ſich heranzuziehen, da die meiſten jungen Leute ſich der Militär= oder Kaufmanns=Carriere weihten. Er ſelbſt ſei nun Novizenmeiſter geworden und habe vierzehn junge Leute, theils Spanier und Wälſche, theils Peruaner oder andere Amerikaner, unter ſich — eine ganz ungewöhnlich große Zahl. — Er erneuert dann nochmals die Bitte, den chileniſchen Procuratoren entgegenzukommen und „ihnen mit tauglichen jungen Leuten aus der böhmiſchen Provinz an die Hand zu gehen“ [3].

„Wenn auch,“ ſo berichtet P. Franz Xavier über die neue Miſſion von Sonora in Nordmexico, „ein ganz Provinz Jeſuiter aus Europa ſolte in ſelbe

---

[1] Einer der Kronprätendenten war bekanntlich der Kurprinz von Bayern, den Karl II. ſelbſt durch Teſtament zum Erben eingeſetzt hatte, der aber vor ihm ſtarb.

[2] Añado que universalmente los Alemanes son de complexion robusta, grandes trabajadores, zelosos y muy dociles para aprender lenguas estrangeras, y he oydo hacer siempre grande estimacion de los de aquella nacion que han pasado a Indias como de infatigables y excelentes Misioneros.

[3] „Welt=Bott“ Nr. 70, 38 f.

Gegend kommen, würden alle insgesamt Arbeit genug finden; welches ich nur derwegen hab melden wollen, damit ich in einigen die bereits in ihrem Herzen glimmende Begierde zu denn Missionen mehr anblase." [1]

In einem Briefe aus Andoa (Marañon) vom 3. Jänner 1728 drückt P. Franz Xaver von Zephyris, ein Oesterreicher, seine Freude über die guten Nachrichten aus Paraguay aus, fügt aber hinzu:

„Ich wünsche zwar der Paraguarischen Provinz Glück zu dem Wachstum, so dieselbe durch den mühesamen Schweiß dieser neuen Aposteln aus Teutschland erwerben wird; doch wäre zugleich mein Verlangen, daß auch unsere Missiones an dem Marañon mit einem und dem andern teutschen Gehülffen vermehrt wurden, derer Abgang die Sach allhier schon so weit gebracht hat, daß uns in dieser Gegend in Krafft des Heil. Gehorsams biß auf weitern Bescheid verbotten ist, neue Heyden um der Bekehrung willen aufzusuchen, oder unsere Christenheiten weiteres auszustrecken, und letzlich uns in solche Ort zu verfügen, in welchen wir vermuthlich unser Leben in Gefahr setzen werden: massen unsere Obern billig besorgen, es mögten gegenwärtige Missionen, falls sie unserem Eiffer den Zügel nicht kürzer hielten, in wenig Zeit all ihrer Priestern beraubt werden: da doch dermalen unmöglich ist, dergleichen Abgang zu ersetzen; woraus ein gänzlicher Abfall der neu-bekehrten Heyden und völliger Untergang deren Christenheiten am Marañon erfolgen wurden. Es gibt zwar in der Provinz Quito tapffere Männer gnug, nahmentlich die Patres Schindler, Maroni und Brentano, welche immerfür bey den Obern um die Missionen eiffrigst anhalten, und dannoch biß zur Ankunfft Frisch-Apostolischer Recruten aus Europa nicht können erhört werden, weil es auch unsern Collegiis an der Zahl nöthiger Schul-Lehrern und anderer Arbeitern gebricht. Die gröste Ursach, warum ich so jung und bald meinen Zweck erlangt hab, beruhet meistens in dem, daß ich vor meiner Ankunfft in Indien, bereits all meine Studia vollendet habe." [2]

Die überaus günstigen Berichte, die über die deutschen Missionäre fortwährend einliefen, machten so guten Eindruck, daß ihrer Zulassung auch unter den spanischen Bourbonen (seit 1701) keine ernstliche Schwierigkeit mehr entgegengestellt wurde.

Ein Gutachten des Staatsrathes, datirt Madrid 19. November 1715, hält dafür, daß dem Ersuchen des Generalprocurators der Provinz Paraguay, sechzig Missionäre aus Europa kommen zu lassen, stattzugeben sei.

Eine ähnliche Eingabe der Provinz Quito um zwanzig Missionäre für die Marañon-Mission wird gleichfalls befürwortet (1. September 1715).

Im selben Jahre erneuerte Philipp V. in einem Schreiben an den General der Gesellschaft Jesu die bereits früher gegebene Erlaubniß, daß

---

[1] „Welt-Bott" Nr. 212, 42.   [2] Ebd. Nr. 390.

derselbe künftig auch aus andern Provinzen, wie Polen, Bayern (damals oberdeutsche Provinz), Belgien, dem Kirchenstaat, Venedig, Genua, überhaupt ganz Italien, Priester, Scholastiker und Laienbrüder in die Kolonien senden dürfe. Ausdrücklich ausgenommen wurden jedoch das Königreich Neapel und das Herzogthum Mailand, eine Clausel, die sich aus der damaligen politischen Situation leicht erklärt [1].

„Wir haben es R. Patri b'Abenton, Ihro Majestät des Königs in Spanien Beicht-Vattern, zu dancken, daß er bei dem Hof zu Madrit denen Teutschen, auch sogar benenjenigen, die aus Kaiserlichen Erb-Ländern gebürtig seyend, die Erlaubniß wieder, wie vor Altem, nach beyden Spanischen Indien auf die Missiones zu gehen ausgewürckt hat. Der erste Teutsche Jesuiter, welcher sich dieser erneuerten Freyheit bedienet hat, ist P. Michael Choller, aus unserer Oesterreichischen Provintz, welcher mit 27 Andern größten Theils Teutschen Missionariis zu Genua den 13. Heumonat 1722 unter Segel gegangen ist." [2]

Im folgenden Jahre waren unter der zahlreichen Schar apostolischer Arbeiter, die nach „Indien" abging, abermals vierundzwanzig Deutsche und Oesterreicher.

Völlig freie Bahn schuf endlich der 12. Artikel des berühmten „Endurtheils über das, was in den Missionen und Dorfschaften der Indianer in den Statthalterschaften von Paraguay und Buenos Aires, soweit dieselben unter der Obsorge der Jesuiten stehen, zu beobachten ist", 17. September 1743 [3]. Der Artikel lautet:

„An letzter Stelle werde ich in Kenntniß gesetzt, eine der gegen die Väter der Gesellschaft vorgebrachten Beschuldigungen bestehe darin, daß sie in ihre Missionen auch ausländische Ordensgenossen zögen. Demgegenüber erinnere ich, daß sie dies auf Grund königlicher Bewilligungen gethan, und daß ich selbst durch Decret vom 17. September 1737 dem General des Ordens (R. P. Franz Retz) die Befugniß zugestanden habe, daß bei jeder neuen Sendung von Missionären in meine indischen Besitzungen der vierte Theil deutsche Ordensgenossen sein dürften. Ich habe nämlich in Erfahrung gebracht, daß dieselben bei jeder Gelegenheit ihre loyale Gesinnung bewährt, und daß im Jahre 1737 der

---

[1] Vgl. Peramas (De Vita et Moribus XIII Virorum Paraguaycorum [Faventiae 1793] p. 409, Anm.), der eine Abschrift dieses Decretes im handschriftlichen Nachlaß des Missionärs P. Michael Marimon vorfand.

[2] „Sammelbrief österreichischer Missionäre, geschrieben von Carthagena in Amerika, 21. März 1724", im „Welt-Bott" Nr. 210, 36.

[3] Das Decret, datirt von Buenretiro 28. Dec. 1743, findet sich deutsch im Anhang von „Das glückliche Christenthum in Paraguay ... von L. A. Muratorio". Wien, Prag, Triest 1758; spanisch-französisch bei Charlevoix, Hist. du Paraguay III, Pièces Justificatives CCXXI.

P. Thomas Werle, ein Bayer, der mit 4000 Guaraniern an der Belagerung der Kolonie del Sacramento theilnahm, von einem feindlichen Büchſenſchuß getroffen fiel. Im übrigen habe ich mit Bezug darauf es für gut befunden, den Patres bei der Auswahl der Miſſionäre, zumal wo es ſich um Unter: thanen fremder Seemächte handelt, die größte Vorſicht zu empfehlen."

Jedes Jahr ſah nun die Zahl deutſcher Apoſtel in allen Ländern der ſpaniſchen Krone ſich mehren, war doch von allen fünf ſogen. Aſſiſtenzen, aus welchen der Jeſuitenorden ſich zuſammenſetzte, die deutſche bei weitem die zahlreichſte. Während 1750 die drei Aſſiſtenzen von Frankreich, Por: tugal und Italien mit ihren 17 Provinzen 8730 Mitglieder zählten, war die deutſche mit 10 Provinzen (dazu gehörten freilich auch Polen, Eng: land, Irland und die Niederlande) 8749 Mann ſtark, bildete alſo faſt zwei Fünftel der ganzen Geſellſchaft Jeſu (22 500 Mann). Sie konnte alſo ohne Schaden ein ſtarkes Contingent zu den Miſſionsländern ſtellen[1].

Wir haben im vorausgehenden vornehmlich die ſpaniſchen Kolonien be: rückſichtigt. Was die unter portugieſiſchem Patronate ſtehenden Gebiete betrifft, ſo ſcheinen wenigſtens für Oſtaſien gegen die Zulaſſung deutſcher Miſſionäre keine beſondern Schwierigkeiten gemacht worden zu ſein. Nach Braſilien dagegen, beſonders nach den Miſſionen des untern Marañon, kamen deutſche Miſſionäre in größerer Anzahl erſt ſeit der Mitte des 18. Jahrhunderts.

Ueber die Veranlaſſung erfahren wir Näheres aus dem für unſern Gegenſtand überhaupt ſehr lehrreichen Werke v. Murrs: „Reiſen einiger Miſſionäre der Geſellſchaft Jeſu in Amerika, ſpeciell aus ,des Herrn P. Anſelm Eckart . . . Zuſätzen zu Pedro Cudenas Beſchreibung der Länder von Braſilien'"[2]. Eckart erklärt hier, wie es kam, daß er und ſein Mit: bruder P. Meiſterburg nach den portugieſiſchen und nicht nach den ſpaniſchen Miſſionen kamen, zu welchen ſich die meiſten Deutſchen ſonſt verfügt hätten.

---

[1] 1750 zählte die oberdeutſche Provinz (Germania Sup.) 1060 (202 Prieſter) Mitglieder, die oberrheiniſche (Rhenana Sup) 497 (240), die nieder: rheiniſche (Rhenana Inf.) 772 (398), die öſterreichiſche 1772 (751), die böhmiſche 1239 (673), Summa: 5340 deutſche Jeſuiten. Bezeichnend für die ſtarke Betheiligung des deutſchen Elementes iſt folgende Stelle aus einem hand: ſchriftlichen Briefe des P. Joſeph Lenz (Rhenana Inf.) aus Sevilla 9. März 1750: Illud ridiculum, quod cum pro more nuper coram Gaditano [Cadix] Magiſtratu recenſendi eſſent transmarini Miſſionarii, *risus fuerit tantus germanorum numerus*, ut nonnisi petita *singillatim* Madrito facultate, permittendum putaverint tot extraneis hominibus transitum ad suas Americanas colonias. Servet Deus regem, qui credit *jesuitas apostolos esse, atque adeo totius mundi cives*.

[2] Nürnberg 1785, II, 467 ff.

„Davon war P. Rochus Hundertpfund, aus der oberdeutſchen Provinz, die Urſache. Er ward 1749 von der Viceprovinz Maranhão [Marañon] und Pará Geſchäfte halber nach Liſſabon geſchickt, zu der um dieſe Zeit regierenden Königin Maria Anna von Oeſtreich, wegen langwieriger Krankheit des Königs Don Joan V. Dieſe gottſelige öſtreichiſche Princeſſin[1] fragte den P. Hundertpfund, in was für einem Stande ſich die Miſſionen ſeiner Viceprovinz befänden. Er antwortete, ſie ſtünden zwar ziemlich wohl; ſie könnten aber noch mehr floriren, wenn mehr Miſſionäre, beſonders deutſche, da wären. Hierauf ließ die Königin an den General der Societät, P. Franciscus Retz, ein Schreiben ergehen, und begehrte von ihm zwölf deutſche Patres. Im Jahre 1750 kamen ſchon zween aus der niederrheiniſchen Provinz in einem Schiffe von Amſterdam zu Liſſabon an, nämlich P. Laurentius Kaulen und P. Anton Meiſterburg, welche in demſelben Jahre mit P. Hundertpfund nach America abſegelten. 1752 landeten von Genua in einem engländiſchen Schiffe noch zween andere Patres in dem Hafen von Liſſabon an, P. Martin Schwarz aus der oberdeutſchen Provinz und P. Anſelm Eckart aus der oberrheiniſchen am 19. Auguſt, und am 31. October gemeldeten Jahres wurde die Zahl mit vier aus der öſterreichiſchen Provinz vermehrt. Dieſe waren P. David Fay, P. Henricus Hoffmayer, P. Johann Nepomuc Szluha und P. Joſeph Kayling. Alle ſechs fuhren das folgende Jahr 1753 mit der portugieſiſchen Flotte nach Maranhão ab.“

Ihnen folgten bald zahlreiche andere deutſche Ordensgenoſſen nach; aber leider zogen ſich ſchon die düſtern Wolken zu jenem Sturme zuſammen, der ſie im Jahre 1758 ſo grauſam aus ihrem Wirken herausreißen ſollte.

Ein ähnliches Geſchick traf wenige Jahre darauf die ſpaniſchen Miſſionen. Mit einem Schlage wurden die herrlich blühenden Miſſionen der Geſellſchaft Jeſu in Mexico, Südamerika, in Oſtindien, China und den Philippinen der Vernichtung anheimgegeben und rund 3300 opferfreudige und tüchtige Miſſionäre dem Weltapoſtolate der Kirche entzogen[2].

---

[1] Sie war die Tochter Kaiſer Leopolds und mit Johann V. vermählt ſeit 27. Oct. 1708.

[2] Eine Liſte vom Jahre 1760 gibt folgende Ueberſicht über die Miſſionen der Geſellſchaft Jeſu.

Portugieſiſche Miſſionen.	Miſſionäre.	Spaniſche Miſſionen.	Miſſionäre.	Franzöſiſche Miſſionen.	Miſſionäre.
Goa	160	Peru	526	Franz. Antillen	54
Malabar	47	Chile	242	Canada	50
Japan (Tonking, Cochinchina).	57	Neu-Granada	193	Griechenland	23
China	54	Mexico	572	Syrien	17
Braſilien	445	Paraguay	303	Perſien	7
Marañon	146	Quito	209	China	23
		Philippinen	126	Indien	22
	909		2171		196

Summe: 3276.

Ueber das tragiſche Ende der Geſellſchaft und die Rolle, welche die deutſchen Miſſionäre in dieſem ſchmerzlichen Schlußacte in den Kerkern von San Julian, Puerto de Santa Maria ꝛc. ſpielen, ließe ſich ein ergreifendes Buch ſchreiben [1].

Trotz der regen Betheiligung der deutſchen Jeſuiten am Miſſionswerk iſt immerhin feſtzuhalten, daß, wenigſtens was die Zahl angeht, der Löwenantheil bis zum Ende den Spaniern und Portugieſen verblieb.

Nach den officiellen Liſten betrug die Geſamtzahl der allein aus den ſpaniſchen Kolonien i. J. 1767 gewaltſam deportirten Jeſuitenmiſſionäre 2617. Davon waren nur 277 Ausländer, alſo noch nicht einmal der vierte Theil, wie das Decret Philipps V. (ſ. oben) es geſtattete [2]. Aehnlich war das Verhältniß in den portugieſiſchen Kolonien, ſoweit ſich dies aus den unvollkommen erhaltenen Theilliſten [3] erſehen läßt. In einzelnen Miſſionsgebieten jedoch, wie in Paraguay, Chile und beſonders in den Miſſionen am obern und untern Marañon [4], ſowie in Nordmexico (Sonora, Tarahumara) und Niedercalifornien bildeten deutſche Miſſionäre einen ſehr bedeutenden Bruchtheil. Viele Miſſionen in den genannten Gebieten verdanken deutſcher Miſſionsarbeit ihre Gründung oder in erſter Linie ihre günſtige Entwicklung und Blüthe.

In die unter franzöſiſchem Protectorate ſtehenden Miſſionen des Orients kamen, ſoviel wir finden konnten, deutſche Patres erſt ziemlich ſpät und nur vereinzelt. Ein Hauptgrund, ſie dorthin zu ziehen, war die

---

[1] Vgl. u. a. Duhr, Pombal, 35. Ergänzungsheft zu den „Stimmen aus Maria-Laach“, Freiburg 1891. v. Murr, Geſchichte der Jeſuiten in Portugal. Nürnberg 1787. *Carayon*, Docum. inéd. XI (Poitiers 1865), Doc. 1; XVI, 307 ss. 353 ss. *A. Weld*, The Suppression of the Society of Jesus in the Portug. Dominions. London 1877.

[2] So wenigſtens nach Peramas (l. c. p. 411 Anm.). Eine Liſte von Simancas zählt 114 Deutſche auf. Viel günſtiger würde jedoch das Verhältniß, falls in der Liſte die Miſſionäre im engern Sinn des Wortes, d. h. jene in den Heidenmiſſionen, von denen, welche in den Collegien und Städten unter der weißen oder Miſchlings-Bevölkerung wirkten, getrennt würden, da die Deutſchen und Niederländer das erſtere Arbeitsfeld beſonders ſich ausbaten und mit Vorliebe dafür verwendet wurden.

[3] Bei v. Murr, Geſchichte der Jeſuiten in Portugal II, 182 ff.; ergänzt durch einige handſchriftliche Verzeichniſſe in Privatbeſitz.

[4] „Dieſe weitläufftige Weltgegend [Marañon] iſt eigentlich derjenige Weingarten, den Gott unſern Teutſchen Jeſuitern allein ſcheinet vorzubehalten, nachdem dieſelbe durch ihre ſtandhafte Gedult die erſte Beſchwehrnuſſen längſt überwunden, ja die erſte Saat mit ihrem Blut angefeuchtet haben“ („Welt-Bott“, Vorrede zum 11. Theil).

religiöse Verlassenheit der zahlreichen in türkischer Sklaverei seufzenden
deutschen Gefangenen. In einem Brief vom 29. August 1693 aus
Würzburg bittet P. Friedrich Geiger (Rhen. Sup.) den Ordensgeneral
um die Mission bei den Türken. Er habe von P. Jakob Abelmann,
dem ehemaligen Beichtvater der französischen Kronprinzessin (wahrscheinlich ist Maria Anna, Tochter des Kurfürsten von Bayern, gemeint, die
seit dem 7. März 1680 mit dem Dauphin Ludwig, Sohn Louis' XIV.,
vermählt war), gehört, der französische Provincial wünsche dringend, in die
Mission des Orients auch deutsche Patres zu schicken, da sich in der Türkei
Tausende von katholischen Christen fänden, die aus Ungarn, Oesterreich
und andern Nachbarländern dorthin in die Sklaverei geschleppt worden
seien und keinen Geistlichen hätten, der sich ihrer annehmen könne. Aehnlich schildert P. Paul Tafferner, früher Beichtvater (?) bei der kaiserlichen
Gesandtschaft in Konstantinopel, in einem Briefe (1668?) an den Ordensgeneral die Lage der gefangenen Deutschen, Ungarn, Slawonier in düstern
Farben und bittet bringend um Hinsendung deutscher Patres [1].

Nach den Vereinigten Staaten endlich wurden erst seit der
zweiten Hälfte des 18. Jahrhunderts, wohl wegen der bereits zunehmenden
deutschen Einwanderung, einige deutsche Patres abgeordnet. Sie waren
mit die ersten deutschen Priester in den Vereinigten Staaten und gehören
zu den hochverdienten Pionieren der amerikanischen Kirche [2].

4. Missionsreisen in älterer Zeit.

Wie reisten die deutschen Missionäre damals nach Amerika und Asien?
Die Beantwortung dieser Frage führt uns ein interessantes Stück Missions-
und Culturgeschichte aus älterer Zeit vor Augen und darf daher nicht
ganz übergangen werden.

---

[1] Handschrift in Privatbesitz. Vgl. die Schrift: Caesarea Legatio, quam
mandante Aug. Rom. Imp. Leopoldo I. ad Portam Ottomanicam suscepit . . .
Exc. D. Walterus, S. R. I. Comes de Leslie. . . . Viennae 1668. 1672. Deutsch:
D. Röm. Kayf. May. Leopoldi I. an den großen Türken Sultan Mehmet Cham . . .
anno 1665 . . . abgeordnete Bottschafft. Wien 1672; Breslau 1680.
[2] Recht interessante Einzelheiten über die damaligen Seelsorgsverhältnisse in
Maryland, Pennsylvanien 2c. und die Verdienste dieser ersten deutschen Priester finden
sich im „Pastoralblatt, herausgeg. von mehreren kathol. Geistlichen Nordamerikas"
(St. Louis), Jahrg. VII (1873) S. 47 ff.; Jahrg. VIII (1874) S. 6 ff. „Im
Jahre 1774 gab es bloß 16 Missionäre in Maryland und Pennsylvanien, alle
(Ex-)Jesuiten" (ebb. 1873 S. 77).

1. **Ausgangspunkt** der Seereise war und blieb für die portugiesischen Kolonien Lissabon, für die spanischen Kolonien von 1503 bis
1720 Sevilla, dann infolge der Versandung des Guadalquivir bis 1748
fast ausschließlich Cadix[1]. Diese Hafenorte, in denen der gesamte portu-
giesisch-spanische Schiffsverkehr sich concentrirte, bildeten also das nächste
Reiseziel der deutschen Missionäre. Der Weg dahin ging für Oesterreicher
und Süddeutsche gewöhnlich über Tirol, quer durch Norditalien nach
Genua und von hier in der Regel auf französischen oder englischen Schiffen
nach Sevilla-Cadix bezw. Lissabon. In späterer Zeit reisten zumal die
norddeutschen Jesuiten nicht selten nach den Nordseehäfen und segelten auf
deutschen und holländischen Schiffen nach Spanien und Portugal[2]. Dort
galt es, die nächste Schiffsgelegenheit nach den beiden Indien abzuwarten.
Sie war selten genug. Der ganze Handels- und Schiffsverkehr Spaniens
und Portugals mit ihren Kolonien stand bekanntlich unter strengster staat-
licher Controle und wurde hauptsächlich durch die jährlich ein- bis zweimal
abfahrenden königlichen Galeonenflotten besorgt. Erst seit 1720 kam dazu
die regelmäßige Absendung von sogen. „Registerschiffen", die aber, wie es
scheint, schon mit Rücksicht auf die geringere Sicherheit von den Missionären
nur selten benutzt wurden[3]. Die Missionäre mußten also geduldig eine dieser
seltenen Fahrgelegenheiten abwarten. Die Folge war, daß inzwischen sich in
den Abfahrtshäfen eine große Anzahl Passagiere sammelte und die Schiffe
dann entweder überfüllt oder ein Theil der Reiselustigen bis zur nächsten
Fahrt zurückgestellt wurden. So kam es, daß manche deutsche Missionäre
in Spanien oder Portugal volle ein bis zwei Jahre sich gedulden mußten.
Immer und immer wieder kehren in ihren Briefen die bittersten Klagen
über diese heillosen Verschleppungen ihrer Abreise wieder. So harrten
beispielsweise P. Martin Schmid mit seinen Begleitern vom 11. September

---

[1] „Der gesamte Verkehr [des Mutterlandes mit den Kolonien] wurde von
1493—1503 über Cadix, von 1503 bis zum Anfang des 18. Jahrhunderts über
das entlegene Sevilla geleitet. . . . Hier mußte jedes abgehende oder ankommende
Schiff sich besichtigen lassen und seine Waren einnehmen oder ausladen. . . . Von
1720 an verlegte man die Centralstelle wieder nach Cadix" (Zimmermann, Die
Kolonialpolitik Portugals und Spaniens [Berlin 1896] S. 426). Vgl. Bluntschli,
Deutsches Staatswörterbuch V, 637 f., aus dem Zimmermann geschöpft.

[2] Vgl. u. a. „Welt-Bott" Nr. 508, 108; Nr. 198, 21 und oben S. 30.

[3] Erst 1748 wurden die Galeonenflotten abgeschafft und erst 1765 der west-
indische Handel freigegeben. Vgl. Bluntschli a. a. O. S. 639. *La Fuente,*
Hist. Gener. de España XIII, 346. Ausführliches über das spanische Seewesen
jener Zeit „Welt-Bott" Nr. 528.

1726 bis zu Weihnachten 1728, P. Kropf mit seinen Gefährten vom 3. August 1729 bis zum 16. November 1730, P. J. B. Rossi mit andern gleichfalls ein volles Jahr auf eine Fahrgelegenheit.

„Unsere Mitgefährten", so schrieb P. Rossi 31. Juli 1730 aus Cadix, „seynd nach derer von Quito Abreise von Seviglia anhero nach Cadix in unsere Wohnung beruffen worden, damit wir miteinander auf die nächste Gelegenheiten nach Vera Cruz und Buenos=Ayres lauern. Etwelche haben ihr letztes Examen daselbst ausgestanden, andere hingegen wohlbedacht verschoben. Unsere Procuratores seynd zwar nach Capella, wo der Hof dermalen sich aufhält, abgereiset, um einen Königlichen Befehl auszuwürcken, vermög dessen wir ohne längern Verzug nach Indien sollen befördert werden; gleichwie herogegen diese Sach von dem geheimen Staats=Secretario Herrn von Patinho abhangt (der sich ihren Beginnen mit jenen Worten: nescitis quid petatis: ihr wisset nicht, was ihr begehrt, stets widersetzt), also ist unschwer zu schließen, daß wir uns in Europa noch länger werden gedulden müssen, absonderlich da des Königs Beicht=Vatter ebenmäßig von seinem für uns bezeugten Eyfer abstehet." Zwar fehlte es nie an Schiffsgelegenheit, allein „die Schiff=Capitaine wollen obgedachten Herrn Patinho nicht vor den Kopf stossen, oder sie begehren für jede Person anstatt 500 ohne Scheu 800 Gulden" [1].

Außer den hier angedeuteten Ursachen hatten die Verschleppungen noch einen andern Grund.

Seit dem Verluste der „Armada" war das spanische Uebergewicht zur See unwiederbringlich dahin. Immer mehr traten England, Holland und Frankreich mit Spanien und Portugal in Concurrenz. Ihre kühnen Seefahrer benützten die fast beständigen politischen Conflicte mit den beiden Kronen, um einen gewinnreichen Kaperkrieg in Gang zu halten. Hunderte von spanischen und portugiesischen Schiffen wurden abgefangen, und seit dem Ende des 16. Jahrhunderts mußte die spanische Galeonenflotte sich stets auf solche Begegnungen gefaßt machen. Die Holländisch=westindische Gesellschaft allein nahm von 1623 bis 1636 nicht weniger als 547 Prisen, von denen beispielsweise eine einzige einen Werth von $11\frac{1}{2}$ Millionen Gulden repräsentirte [2]. Diese zunehmende Unsicherheit der Meere beeinflußte natürlich auch die Missionsfahrten in sehr unliebsamer Weise.

„Wir seynd", so schreibt P. Matthias Strobel 15. Februar 1727 aus Sevilla, „bereits unserer 80 Missionarii beysammen, welche alle nach verschiedenen Spanischen Landschafften in Ost= und West=Indien befördert werden ... Wir können nicht ehender nach Indien segeln, bis nicht die Englische Flott, so

---

[1] „Welt=Bott" Nr. 448, 103.

[2] *Barlaeus*, Hist. rerum in Brasilia et alibi nuper gestarum (1647) p. 45.

dermalen den Spanischen Fahrzeugen aufpaßt, sich wird zurückgezogen haben, sintemal kein Kauffmann einige Waaren auf die Schiff laden und sich in Gefahr setzen will, zugleich was er noch auf der Silber=Flott und noch zu Hauß übrig hat, zu verlieren. Gott verleihe denen Europaeischen Potentaten fein bald ein standhafften Fried, auf daß wir das Zihl unsers Beruffs desto geschwinder erreichen mögen." [1]

Uebrigens ging diese unfreiwillige Mußezeit den deutschen Missionären nicht verloren. Die jüngern Ordensmitglieder setzten in den spanischen Collegien ihre Studien fort, andere halfen in den Schulen und alle übten sich in der Landessprache, so daß sie gewöhnlich schon an Bord und bei ihrer Ankunft in den Missionen sofort Beicht hören und predigen konnten.

„Zu Sevilla", so schreibt der Oesterreicher P. Johann Ratkay 1680, „haben wir uns die zwey Jahre hindurch, als wir dort seynd aufgehalten worden, uns in der Stern=Kunst, in der Mathematic und andern fürwitzigen Wissenschaften nicht allein geübt, sondern auch allerhand Tändelwerk zu einem künftigen Vorrath eigenhändig verfertiget und verschiedene Handwerk getrieben. Etliche aus uns machten Compaß oder Sonnen=Uhren, andere hingegen Futteral darüber, diese nähten Kleider aus Pelzwerck zusammen, jene lerneten Flaschen und andere Spengler=Arbeit löthen; einer verlegte sich auf das Wasserbrennen, der andere auf die Bildhauer=Kunst oder Drehebanck, damit wir nur mit der= gleichen Waaren und Wissenschaften die Gemüther dern wilden Heyden ein= nehmen und die Wahrheiten des Christlichen Glaubens ihnen desto leichter mögten einflössen." [2]

Freilich sank der ganze Vorrath dieser schönen Sachen bei einem Schiffbruch dicht vor dem Hafen von Cadix auf den Meeresgrund.

2. Missionshospize. Es lag nahe, für die zahlreichen durch= reisenden Missionäre in Cadix ein eigenes Absteigequartier zu schaffen. Ueber dieses Hospitium indicum erfahren wir Näheres aus einem Briefe des P. Joseph Wilhelmi (25. Juli 1741).

„Die Indianischen Missionarii, sowohl welche aus Europa in Indien, als welche aus Indien in Europa abreisen, haben da (im Hafen S. Mariae bei Cadix) ein schönes Absteigequartier, welches erst vor zehn Jahren auf all= gemeine Kosten deren Indianischen Provinzen ist aufgebauet worden. Es wird gemeiniglich die Herberg deren Indianischen Missionarien ge= nennet. Das Haus hat vier Stockwerk und mehr als 80 Wohn=Zimmer, welche aber zuweilen nicht erkleclich seynd, alle ankommende Indianische Gäst bequem zu bewirten. Wir haben dermalen nebst denen gewöhnlichen vier Hauß= Inwohnern, welchen ein gebohrener Indianer aus dem Reich Peru als Oberer vorstehet, nur 10 Gäst, in allen eine Anzahl von 15 Personen angetroffen,

---

[1] „Welt=Bott" Nr. 609, 125.   [2] Ebd. Nr. 28, 97.

die aber durch unsere, und deren, die bald auf uns folgen sollen, zahlreichere
Ankunft also anwachsen wird, daß wir, glaub ich, weil unsere Abreis vielleicht
möchte weiter hinaus gezogen werden, um diesem Hauß nicht zum Last zu seyn,
in andere umliegende Städt und Collegia werden eingetheilt werden.

„Es soll jüngsthin von Rom der Befehl unseres Wohl-Ehrwürdigen P. Generals an die Obere dieser Provinz angelangt seyn, daß sie die Abtheilung
deren neuen Indianischen Missionarien, besonders deren Teutschen, alsobald vor
die Hand nehmen, und selbe in solche Häuser verlegen sollen, wo sie die
Spanische, auch in Indien höchst nöthige Sprach aus dem Grund erlernen
möchten." [1]

Aehnliche Hospize fanden sich in Lissabon [2] und Mozambique, je
eines in Mexico [3] und Goa, d. h. an all den Zwischenstationen, wo die
Missionäre günstigen Wind und eine der seltenen Fahrgelegenheiten für
die Weiterreise abwarten mußten.

3. Musterung. Da die Anstellung und Sendung neuer Missionäre zu den Pflichten des Patronats gehörte und die Krone für jeden
Einzelnen eine bestimmte Jahressubvention versprach, so wurde natürlich
über die Missionäre genau Buch geführt. Darum mußte vor der Ein-
schiffung „Revista", d. h. Musterung, gehalten werden, damit ja keiner
unbefugterweise sich einschleiche.

„Einige Wochen zuvor," berichtet darüber P. Joseph Wilhelmi, „als wir
von unserer Peregrina [so hieß sein Schiff] den Besitz nahmen, mußten wir
nach hergebrachtem Gebrauch durch die Musterung gehen, und uns zu Cadix
in dem Collegio, in Gegenwart unseres P. Procuratoris und mehr anderer
Hauß-Inwohner, einem eigents zu diesen Verrichtungen bestimmten Schiff-
Commissario vorstellen, welcher unsere Tauf- und Zu-Namen, Alter, Geburts-
Städt und Länder, die Gestalt unsers Angesichts und Bestellung des übrigen
Leibs genau zu Papier bringen, wir aber ihm für diese unsere Abcontrafaiung
jeder drey Reichs-Thaler zur Belohnung aufzehlen mußten." [4]

Noch genauere Angaben macht über dieselbe Angelegenheit der Bayer
P. Joseph Kropf S. J. [5]

---

[1] „Welt-Bott" Nr. 654; vgl. Nr. 528, 42 u. a.

[2] Hier diente die Residenz S. Borgia für die Procuratoren der transmarinischen
Missionen und die durchreisenden Patres. Ebendort war ein Noviziat für die
Missionen von Goa, Japan und China. Cf. *Carayon*, Docum. inéd. IX, 51.

[3] „Das Landgut S. Borgiae, unweit Mexico auf eynem freyen Feld gelegen,
und die gemeinsame Herberg der neu aus Europa ankommenden Philippinischen
Missionarien ist, bis diese durch das so genannte Schiff von China endlich in die
Philippinischen Eyländer selbst überbracht werden" („Welt-Bott" Nr. 657, 88; vgl.
Nr. 537, 41; Nr. 108; Nr. 109; Nr. 413 u. a.).

[4] „Welt-Bott" Nr. 657, 63.

[5] Reis-Beschreibung, im „Welt-Bott" Nr. 528, 44.

„Es kamen von Cadix 2 Herren Beamte in unser Behausung und namen mit uns die Revista vor, d. i.: es mußte sich ein jeder aus uns darstellen, erstlich sein Vatter=Land, Dioeces und Alter angeben; darnach ob er Priester, Student, Bruder oder Noviz wäre, ansagen, und endlich sich wohl betrachten lassen, damit seine Leibes=Stellung, Gesichts=Aussehung und Haar=Farb von denen Beamten genau mögte zu Papier gebracht werden. Das Papier, oder Register, worinn alles dieses aufgezeichnet worden, übergibt man sofort dem Schiff=Capitän, damit zu verhüten, daß sich ja niemand ohne Königliche Er= laubniß zu Schiff begeben und mit in Indien abgehen möge. Denn sollte da einer mit eingeschlichen kommen, müßte er gewärtig seyn, entweders an die Galeeren angeschmiedet, oder unter die Indianische Kriegs=Besatzungen geworffen zu werden. Die Missionarii aber müssen dessentwegen auch durch dergleichen Revista passiren, damit der König versichert werde, daß nicht mehr Missionarii ad Indias abgehen, als seine Mayestät zugelassen. Und ist die Aufzeigung des über die Revista gemachten Registers und abermalige Revista auch in Indien vonnöhten, wollen anders die PP. Procuratores für die mitgebrachte missiones das gewöhnliche Almosen erheben."[1]

4. Reisekosten. Die Ueberfahrt auch auf der spanisch=portu= giesischen Flotte war für die Missionäre, wenigstens in späterer Zeit, keineswegs kostenfrei, vielmehr bildete der Fahrpreis auch damals schon einen der schwersten Jahresposten der Missionsprocuren. Auf jeden Mis= sionär rechnete man in Spanien durchschnittlich 2000 Thaler Reise= und Ausstattungskosten. Beispielsweise zahlte P. Andreas Strobl aus der oberdeutschen Provinz 1737 für die Ueberfahrt von Genua nach Lissabon (12. December bis 15. Januar) dem protestantischen Schiffspatron über 500 Gulden für die Ernährung, die dazu noch herzlich schlecht war[2].

Die Ueberfahrt von Lissabon nach Goa kostete die Patres (7 deutsche und böhmische Priester, 2 portugiesische Scholastiker und 1 österreichischer Bruder) 3200 Gulden. Dabei hatten sie jedoch das Privileg einer „ob= schon engen, doch sehr gut gelegenen Wohnung im obern Theil des Schiffes", und das andere, daß sie auf besondere Anordnung des Königs die bessere Kost der Schiffsbeamten bezogen[3].

„Für einen jeden, der nach Paraguarien gewidmet ist," bezeugt P. Matthias Strobel, „muß unser Procurator dem Schiffer samt der Kost 350 pesos, sage 700 Gulden, der Schiffer hergegen dem König so vielmal 25 Groschen oder 5 Realen de Plata erlegen, als viel Spannen Platz auf dem Schiff gezahlt werden."[4]

---

[1] Nur auf Vorweisung der „königlichen Anordnungen" hin durften die Beamten den Missionären die „Nothdurfft" verabreichen. Vgl. „Welt=Bott" Nr. 17, 52 u. a. [2] „Welt=Bott" Nr. 641, 3. [3] Ebd. Nr. 642, 8. [4] Ebd. Nr. 509, 125.

Den P. v. Laimbeckhoven und seine Gefährten kostete die Fahrt von Genua nach Liffabon 200 Rheinifche Gulden[1], obfchon ihre Lagerftatt einem „Todten-Sarge" glich. Auf der Fahrt von Liffabon nach Goa kam allein der Preis für die Kajüte (für 9 Mann) auf 2500 Gulden[2]. Dem Kapitän der „Peregrina", die 1744 den P. Jofeph Wilhelmi mit andern für Mexico und die Philippinen beftimmten Miffionären (im ganzen 40: 19 Patres, 14 Scholaftifer, 7 Brüder) nach Mexico bringen follte, „waren", fo fchreibt P. Wilhelmi, „für unfere Verpflegung 12000 Reichsthaler auf-gezählt worden". Und doch hielt der Kapitän fie fehr fchlecht.

„Zu Mittag wurde uns eine gar geringe, zu Nachts aber gar keine Speis auf die Tafel gefetzet; 2 Fläfchlein Wein für 40 und des Waffers auch fo wenig, daß der zweyte Trunk auf mich nicht gereichte."[3]

Ueberhaupt war die Ueberfahrt bei dem Stande der damaligen Schiff-fahrt und den mangelhaften Einrichtungen nichts weniger als eine Ver-gnügungsreife.

5. Befchwerden und Gefahren der Schiffahrt. Bei der Seltenheit der Fahrgelegenheiten waren die Schiffe meift ftark überfüllt, oft fanden fich 300, 400, 500, 600, 800, ja bis 1000 Paffagiere an Bord, dichtgedrängt wie Heringe, fo daß an Bequemlichkeit nicht zu denken war. Sehr häufig verbarben auf der monatelangen Fahrt die Nahrung und das Waffer und trat, zumal bei Windftillen und ähnlichen widrigen Zwifchenfällen, die mit der Segelfahrt unzertrennlich verbunden waren, der bitterfte Mangel ein[4]. Kein Wunder, daß oft anftectende Krankheiten ausbrachen und das ganze Schiff zum Spital und die Miffionäre zu Krankenwärtern wurden. Eine große Zahl auch deutfcher Miffionäre ftarb fo bereits an Bord im Dienfte der Kranken, z. B. die PP. Aigenler, Amrhyn, Wilhelm Weber, Wilhelm Meyer u. a. Schiff-brüche waren geradezu an der Tagesordnung; die eine Angabe, daß von 1686 bis 1727, alfo in rund 40 Jahren, 113 Jefuitenmiffionäre durch

---

[1] Reiß-Befchreibung S. 7.   [2] „Welt-Bott" Nr. 554, 66.
[3] „Welt-Bott" Nr. 657, 66. Vgl. u. a. v. Laimbeckhoven, Reiß-Be-fchreibung S. 61. „Welt-Bott" Nr. 27, 72; Nr. 31, 101; Nr. 438, 78; Nr. 509, 123; Nr. 528, 44; Nr. 529, 111; Nr. 554, 55; Nr. 555, 66 u. a. Eine Aus-fendung von 80 für Südamerika beftimmten Miffionären, die Weihnachten 1723 dahin abfegelten, kam auf rund 80 000—90 000 Gulden (nach heutigem Geldwerth etwa 200 000 Mark) zu ftehen. Sie wurden theils vom König theils von der Miffion gezahlt („Kathol. Miffionen" 1876 S. 91).
[4] Ueberdies konnte der deutfche Magen im allgemeinen „fich in die Spanifche Kuchel gar nicht fchicken" („Welt-Bott" Nr. 438, 66).

Schiffbruch ihr Leben verloren, ist bezeichnend genug [1]. Beispielsweise ging 1719 die ganze für Südamerika bestimmte Schar, 40 Mann, in der Nähe der Canarischen Inseln unter. Unter ihnen waren fünf Patres aus der oberdeutschen Provinz [2]. Im Jahre 1744 scheiterte ein Schiff bei der Insel Santa Catharina an der brasilianischen Küste, wobei vierundzwanzig Missionäre, unter ihnen P. Türck aus Altkirch (Elsaß), P. Paul Waib aus Kaltern (Tirol) und P. Joseph Tolpeit aus dem Pusterthal, ertranken [3].

Dazu kam die große Unsicherheit der Meere, die häufigen Zusammenstöße mit Seeräubern oder holländischen, englischen, französischen Kapern. 1725 wurden beispielsweise zwei „indische Procuratoren" auf der Fahrt nach Europa von Engländern gefangen, völlig ausgeraubt, „doch zu einer sonderbaren Gnad unweit Carthagena an das Land gesetzet" [4]. 1733 fiel ein portugiesisches Schiff maurischen Seeräubern in die Hände, die unter andern Gefangenen auch vier Patres und einen Magister in die Sklaverei nach Mequinez bei Marokko führten und erst gegen ein ungeheures Lösegeld (für jeden wurden 25 000 Cruzados [5], 10 englische Doggen u. a. m. gefordert), das der König von Portugal erlegte, freigaben. Das spanische Schiff, das u. a. die deutschen PP. Johann Wilhelm, Weiß und Würsch 1744 nach Mexico führen sollte, stieß bei Cuba mit englischen Kapern zusammen, wurde nach längerem Kampfe überwunden, ein Theil der Mannschaft und Missionäre zeitweise auf einer öden Felseninsel ausgesetzt und später nach Jamaica gebracht. Nach vielen Leiden und Abenteuern erreichten die Patres nach etwa sieben Monaten ihr Ziel [6].

Oft hielt die Furcht vor den fremden Kapern die spanische Silberflotte und Handelsschiffe wochen- und monatelang in den Häfen fest. „Die verdrießlichsten Hindernisse", schreibt z. B. P. Anton Spedbacher 5. Aug. 1685 aus Puerto Bello, „verursachen uns die französischen und englischen Kaperschiffe, welche mit ihren 14 Raubschiffen im besagten Sud-Meer kreuzen." [7]

Die Flotte wurde daher meist von einer Anzahl Kriegsschiffe zum Schutze begleitet. Oft genug ist in den Briefen von ängstigenden Zusammenstößen und Alarmscenen beim Auftauchen feindlicher Segel die Rede [8].

---

[1] v. Weiß, Weltgesch. (1. Aufl.) XII, 94. Vgl. „Welt-Bott" u. a. Nr. 31, 100; Nr. 40, 61. 65; Nr. 283, 80; Nr. 392, 116; Nr. 528, 57; Nr. 558, 43.
[2] „Welt-Bott" Nr. 172, 46; Nr. 206, 51; Nr. 207, 31.
[3] Lang a. a. O. S. 87. „Welt-Bott" Nr. 657, 64.   [4] „Welt-Bott" Nr. 283, 80.
[5] 1 Cruzado = 1 fl. 24 kr. damaliger Währung.
[6] „Welt-Bott" Nr. 657.   [7] Ebb. Nr. 19, 55.
[8] Vgl. u. a. „Welt-Bott" Nr. 27, 72 ff; Nr. 28, 80; Nr. 30, 87; Nr. 102, 41; Nr. 210, 36; Nr. 509, 125; Nr. 528, 67 u. a.

6. **Seelsorge an Bord.** Trotz aller Entbehrungen, Leiden und
Gefahren bot sich während der langen Fahrt den Missionären reichlich
Gelegenheit, ihren apostolischen Eifer zu üben. In der Tagesordnung an
Bord der spanischen und portugiesischen Schiffe kam auch die Religion voll
und ganz zur Geltung. Früh am Morgen, so schildert u. a. P. Johann
Ratkay das Reglement, wurde der Kapitän geweckt und der Befehl zur
Ablösung der Nachtwache erbeten. Trommeln schlugen dann Reveille, das
Segelwerk wurde gerichtet, dann folgte die heilige Messe oder wenigstens
das öffentliche Morgengebet, welches von allen, vom Kapitän bis zu den
Schiffsknechten hinab, gemeinsam täglich verrichtet wurde. Um 9 Uhr war
Frühstück, um 4 Uhr Mittagsmahl. Nach Sonnenuntergang erfolgte das
Zeichen zum Abendgebet, unter welchem auch die Lauretanische Litanei und
das Salve Regina gesungen wurden[1]. Sonn- und Festtage wurden so
feierlich als möglich begangen. Selbst die Frohnleichnamsprocession fand
statt; Kapitän und Offiziere gingen mit brennenden Kerzen, an vier
Altären wurde der Segen gegeben, die Kanonen krachten, Fahnen und
Wimpel wehten[2].

„Alle Tage", berichtet P. Franz Xavier, „lasen wir wenigstens 3 heilige
Messen, hielten auch theils bey der Cajuten für den Adel, theils in dem Schnabel
(Vordertheil) für das gemeine Volk sehr viel Predigt. Alle andern Tage
legten wir öffentlich die christliche Lehr aus, hörten unzählige Beichten mit er-
folgtem Gruß des hl. Altar-Sakraments." Alle Abend war Rosenkranz und
Salve. „Alle 10 Tag stellten wir eine neue Andacht an, deren jegliche 9 Tag
in einem Stück gewährt hat zu Ehren verschiedentlicher Heiligen."[3] In der
Fastenzeit war nach P. Joseph Bonani täglich Predigt, die Ceremonien der
heiligen Karwoche fehlten auch nicht und das ganze Schiffspersonal, eine ganze
Pfarrgemeinde, ging zur Osterbeicht und Ostercommunion. „Und ich kann
versichern, daß besagte Kirchen-Gebräuche auf dem Schiff mit nicht geringerer
Andacht und Pracht als in jeglicher Kirche gehalten wurden, das hl. Grab
ausgenommen, weil außer dem hl. Meß-Opfer verboten ist, das allerh. Altar-
Sakrament aufzubewahren."[4]

Noch mehr. Fast regelmäßig bei längern Fahrten hielten die Patres
für das Schiffspersonal förmliche Volksmissionen.

„Um aber", berichtet beispielsweise P. Andreas Mancker, „auf die Flotte
und auf unsere Reise zurückzukehren, so haben wir nebst häuffig gehaltenen
Predigen und Christlichen Lehren eine öffentliche Mission auf unserem Schiff
angestellet, und solche nach vielen Tagen hindurch angestellten Predigten und

---

[1] „Welt-Bott" Nr. 28.   [2] Ebd. Nr. 701, 17 ff. u. a.
[3] Ebd. Nr. 212, 41.   [4] Ebd. Nr. 150, 2.

Andachten an Mariae Geburt [8. September 1680] mit einer Lob-Red und geſungenen Hoch-Amt feyerlich beſchloſſen, unter welchem, um den vollkommenen Ablaß zu gewinnen die meiſten (nur einen oder den andern ausgenommen) nach vorgegangener Beichte communiciret haben: welches ſie auch vorher an S. Ignatii-Tag [31. Juli] und an Portiunculae Kirchweyhe [2. Auguſt] gethan hatten." [1]

„Unter Wegs", ſo P. Adam Gilg, „ſtellten wir eine acht-tägige Miſſion mit täglicher Predig und Chriſtlicher Lehr ſamt andern Andachten an, zu welcher Beſchluß alle, ſo ſich auf unſerem Schiff befanden, gebeichtet und auf St. Ignatii unſeres Stiffters Tag den göttlichen Frohnleichnam empfangen haben; welches Feſt wir mit erſter und anderter Vesper, Hoch-Amt, Los-brennung dern Stücken, Ausſteckung dern Flaggen und einem Schauſpiel, ſo die Botts-Leut Abends hielten, hochfeyerlich begangen haben." [2]

7. Reiſerouten und Entfernungen. Wir können uns heute, im Zeitalter des raſchen und bequemen Verkehrs, kaum mehr eine Vor-ſtellung machen von den Beſchwerden und Mühſalen der Seefahrten alter Zeit. Eine kurze Angabe der hauptſächlichſten Reiſerouten nach Amerika und Aſien und ihrer Entfernungen wird uns dies am klarſten machen und bietet zudem ein nicht geringes culturgeſchichtliches Intereſſe.

Der Weg in die weſtindiſchen Miſſionen.

Nach Mexico fuhr jährlich wenigſtens eine Galeonenflotte von durch-ſchnittlich 24 Segel. Sie ſegelte über (Portorico, Domingo) Havana (Cuba) nach Veracruz. Von hier aus ging der Landweg auf dem Rücken von Maulthieren ins mexicaniſche Hochland [3].

Die für die Provinzen Neu-Granada und Quito beſtimmten Miſſionäre fuhren mit der weſtindiſchen Galeonenflotte, durchſchnittlich 27 Segel ſtark, zunächſt nach Cartagena, dem ſpaniſchen Haupthafen des Karaiben-Meeres. Von hier trat man theils auf Barken, theils im Sattel den ſehr beſchwerlichen Waſſer- und Landweg nach Quito oder Santa Fe de Bogotá an [4].

---

[1] „Welt-Bott" Nr. 30, 85.
[2] Ebb. Nr. 33, 107; vgl. Nr. 116; Nr. 150, 2; Nr. 160, 74; Nr. 172, 74; Nr. 283, 89; Nr. 438, 67; Nr. 528, 59 u. a.
[3] Beiſpiele. P. Joh. Ratkay: ab Cadiz 11. Juli 1680, an Portorico 18. Aug., Veracruz 15. Sept.; ab Veracruz 23. Sept., an Mexico 10. Oct. (Reiſezeit 91 Tage). — P. Adam Gilg: ab Cadiz 30. Juni 1687, an Mexico 5. Oct. (97 Tage). — P. Jof. Bonani: ab Cadiz 28. Juli 1717, an Portorico 6. Sept., Veracruz 15. Oct. (49 Tage).
[4] Beiſpiele. P. Nikol. Schindler braucht von Graz nach Quito 14 Monate ("Welt-Bott" Nr 282); P. Franz v. Zephyris von Cadiz bis Quito 8 Monate ("Welt-Bott" Nr. 283); P. Jak. Elder von Cadiz nach Cartagena vom 21. Dec. 1723 bis

233

Nach Chile und Peru war der Weg in der ersten Periode außerordentlich beschwerlich. Von Cadiz ging es zunächst nach Cartagena, wie oben; von hier zu Schiff nach Puerto Bello am Isthmus, dann auf Reitthieren quer über die Landenge nach Panama, dann mit Küstenfahrern in 40 bis 50 Tagen nach Payta (Peru), weiter auf Maulthieren nach Truxillo und Lima, von wo die Chile-Fahrer abermals zu Schiff oder Land ihr Ziel zu erreichen suchten. Allein dieser „Todesweg über Panama" und die berüchtigte Fahrt längs der „Südsee"-Küste kostete so furchtbare Opfer und war so unsicher und beschwerlich, daß man sich später, seit dem Anfang des 18. Jahrhunderts, entschloß, die für Peru und Chile bestimmten Missionäre über Paraguay zu schicken [1].

Nach Paraguay (Chile und Peru) segelte alle ein bis zwei Jahre eine kleine spanische Galeonenflotte direct auf Montevideo oder Buenos Aires. Von hier zogen dann (in späterer Zeit) die für Chile und Peru bestimmten Missionäre auf Ochsenkarren quer durch die Pampas, die einen westlich nach Mendoza und von dort über die Anden nach Santiago in Chile, die andern in nordwestlicher Richtung quer durch Tucuman über Santiago del Estero, Salta, Jujuy bis Potosi u. s. w. nach Hoch-Peru [2].

17. Febr. 1724, also 58 Tage, was recht günstig war („Welt-Bott" Nr. 328). Acht Oesterreicher, die 4. Juni 1722 von Graz abreisen, langen über Innsbruck, Görz, Triest, Venedig, Padua, Verona, Mailand, Pavia am 3. Juli in Genua an; ab Genua 9. Juli, an Cadiz 15. Aug.; ab Cadiz 31. Dec. 1723, an Cartagena 19. Febr. 1724; also von Graz bis Cartagena (den Aufenthalt in Spanien abgerechnet) 122 Tage. — P. Heinr. Richter: ab Cadiz 24. Sept. 1684, an Cartagena 28. Nov.; ab Cartagena (Landweg) 25. Dec., an Popayan 6. Juni 1685, in Pasto 21. Juli, in Ibarra 15. Aug., in Quito Ende August; also von Cadiz nach Quito 337 Tage, die kleinern Aufenthalte eingerechnet.

[1] Siehe „Welt-Bott" Nr. 230 u. a. P. Brandt, der mit andern Jesuiten 1656 den Todesweg über Panama nahm, erzählt, daß in Puerto Bello und auf dem Landweg nach Panama bereits fünf Patres, darunter drei Deutsche, dem Fieber erlagen. In Puerto Bello starben von der Mannschaft einer Flotte einmal 1600 Mann. Vom Rector von Panama erfuhr P. Brandt, daß auf der Küstenfahrt nach Peru die meisten Missionäre umkämen („Welt-Bott" Nr. 27).

[2] Siehe Werner, Missions-Atlas (Freiburg 1885) Nr. 26 und 27. — Beispiele. P. Adolf Skal: ab Cadiz 13. Dec. 1733, an Montevideo 22. März 1734 (95 Tage). — P. Anton Sepp: ab Cadiz 17. Jan. 1691, an Buenos Aires 6. April (76 Tage). — Br. Michael Herre: ab Wien 10. Juni 1722, an Cadiz 8. Sept. 1722; ab Cadiz 21. Nov. 1722, an Buenos Aires 29. März 1723; ab Buenos Aires (Landweg) 2. Aug. 1723, an Mendoza 15. Dec. 1723; ab Mendoza 21. Jan. 1724, an Santiago 4. Febr. 1724; also von Wien nach Chile 604 Tage (Aufenthalt eingerechnet). — P. Domin. Mayr: ab Buenos Aires 10. Sept. 1717 (80 Ochsen, 400 Meilen durch Pampas), an Santa Fé 2. Oct., an Santiago del Estero 24. Oct.

Nach Brasilien dauerte die Fahrt von Lissabon nach Bahia andert-
halb bis zwei Monate [1].

Der Weg nach Ostasien.

Nach den Philippinen ging die Fahrt anfangs den gewöhnlichen
portugiesischen Seeweg über Ostindien, später jedoch, d. h. bereits zur Zeit,
da auch deutsche Jesuiten dahin zu ziehen begannen, regelmäßig über Mexico.
Die „Philippenser" ruhten dann in dem Hospitium indicum San Borgia
in der Nähe der mexicanischen Hauptstadt aus und warteten die Abfahrt
der Flotte ab, die jährlich einmal zwischen Acapulco an der mexicanischen
Westküste und Manila verkehrte. Die Fahrt von Acapulco nach Manila
dauerte durchweg drei Monate [2].

Die Haupt-Etappen des Weges nach den portugiesischen Besitzungen in Vorder- und Hinterindien waren Moçambique an
der afrikanischen Ostküste, wo gewöhnlich „überwintert" wurde, um die
günstigen Winde abzuwarten, dann Goa, die Metropole von Portugiesisch
Indien und Centrum der Missionen Ostasiens [3].

Nach China ging anfangs der Weg gleichfalls über Moçambique-
Goa, was die Reise außerordentlich verzögerte. Der deutsche Pater Kastner
bemühte sich mit Erfolg, der portugiesischen Regierung eine directere Route
zu empfehlen [4], die mit Umgehung von Moçambique oder wenigstens von
Goa direct von der Südspitze Afrikas aus auf die Sunda-Inseln zu hielt

---

an Jujuy 20. Nov.; ab Jujuy 24. Dec. 1717, an Potosi 11. Jan. 1718; ab Potosi
1. Febr., an Oruro 18. Febr., an Santa Cruz de Sierra 9. April: genau zwei
Jahre seit der Abreise aus Dillingen („Welt-Bott" Nr. 167).

[1] Beispiel. P. Franz Wolff: ab Lissabon 30. April 1738, an Bahia
24. Juni 1738 (55 Tage).

[2] Beispiele. P. Lorenz John: ab Acapulco 31. März 1732, an Manila 15. Juli
(106 Tage). — P. Jos. Bonani: ab Mexico (Landweg) 4. März 1718, an Acapulco
17. März; ab Acapulco 30. März, an Philippinen 16. Juni (104 Tage). — P. Jos.
Wilhelmi: ab Acapulco 21. März 1745, an Marianen 29. Mai (69 Tage, sehr günstig).

[3] Beispiele. P. Andr. Strobl brauchte von Lissabon nach Goa 17 Monate, da
der Aufenthalt in Moçambique volle 10 Monate dauerte („Welt-Bott" Nr. 642, 0). —
Br. Christ. Matter: ab Lissabon 8. April 1709, an Goa 12. Sept. 1709 (158 Tage).

[4] Plurimus fuit [P. Kastner] in suadenda navigatione ad insulam Timor
dictam, quam sciebat breviorem petentibus Sinas e Lusitania. Non parvas vicit
difficultates; ac tandem obtinuit, ut recta Macaum e Lusitania naves irent: cum
ad tempus, qui e Lusitania contendebant ad Sinam, prius attingerent Goam, et
non nisi secundo anno inde vela faciebant in Sinam. Hanc noxiam ambagem
vitarunt Lusitani, P. Castnerii consilio annis sequentibus adhaerentes. Utilissi-
mum docet experientia (*Franco*, Synopsis p. 424).

und zwiſchen ihnen hindurch nach Macao führte. Dieſe Aenderung be-
deutete für Miſſionäre und Miſſion einen wichtigen Vortheil und über
ein halbes Jahr Zeiterſparniß. Immerhin kommt man heute raſcher um
die Welt herum als damals von Europa nach dem fernen Reich der Mitte[1].

5. Miſſionsalmoſen in alter Zeit.

Auch in den Miſſionen ſpielt der nervus rerum eine weſentliche
Rolle. So iſt es immer geweſen, und die Frage: „Woher ſollen wir

---

[1] Beiſpiele. Alte Route: P. v. Laimbeckhoven: ab Genua 30. Oct. 1735,
an Liſſabon 16. Nov.; ab Liſſabon 25. April 1736, an Moçambique 28. Sept.
1736; ab Moçambique 16. Aug. 1787, an Goa 19. Sept. 1737; ab Goa 6. Mai
1738, an Malacca 29. Juni; ab Malacca 9. Juli, an Macao 31. Juli 1738.
Alſo Liſſabon-Goa: 223, Goa-Macao: 86 Tage, ſomit Liſſabon-China: 309 Tage. —
P. E. Fribelli: ab Liſſabon 8. April 1704, an Kap der guten Hoffnung 29. Juli (mit
Uebergehung von Moçambique), an Goa 4. Oct. 1704; ab Goa Ende Mai 1705,
an Macao 8. Aug. 1705; alſo Liſſabon-Goa: 179, Goa-Macao: 81, Liſſabon-China:
260 Tage. — P. B. Müller: ab Liſſabon 17. April 1717, an Macao 27. Mai 1718,
alſo 372 Tage. — Eine intereſſante Angabe, die hierher gehört, findet ſich im Reichsarchiv München (Jesuitica in genere Nr. 278):

Iter Sinense — Ingolstadio-Pekinum.

	Gradus	Mill. german.
Ingolstadio-Genuam	7	105
Genua-Ulyssiponem	25	375
Ulyssip.- ad Promontorium bonae spei .	114	1710
A Promontorio b. sp. Goam . .	78	1170
Goa-Malacam	24	360
Malaca-Macaum . . .	20	300
Macao-Quantuum (Kanton) .	4	60
Quantuo-Nanguinum (Nanking)	17	255
Nanguino-Pekinum . .	7	105
	296	4440

Dazu der Vermerk: Hoc iter *pedestri via* absolverit intra 15 menses, si quotidie
10 milliaria germ. percurrerit. — Neue Route: P. Karl Slaviczek: ab Liſſabon
13. März 1716, Kap der guten Hoffnung 2. Juni (direct weiter nach den Sundas),
an Sunda-Straße 31. Juli, an Macao 30. Aug. („nachdem wir 24 Wochen, 1 Tag
und 12 Stunden ohne Umſchweife, ohne jemals auszuſteigen, auf dem Meere gefahren ſind“); alſo Liſſabon-China: 170 Tage. — Man vergleiche damit einmal die
heutigen Routen, z. B. der franzöſiſchen Miſſionäre. Nach dem Atlas des Missions
de la Société des Missions Etrangères (Lille 1890) brauchen die Miſſionäre mit
den Messageries Maritimes von Marſeille nach Pondicherry 23 Tage, nach Singapore
25—28, nach Hongkong 32—35, nach Schanghai 36—40, nach Süd-Japan 40 bis
42 Tage. Und erſt der Unterſchied der modernen bequemen Schiffseinrichtung gegen
die der alten unpraktiſchen Galeonen!

das Brod nehmen?" ist ja auch heute im Munde aller Missionäre.
In der Periode der spanisch-portugiesischen Herrschaft über die weiten
Ländergebiete Asiens und Amerikas war diese Unterhaltsfrage der Missionen wenigstens zum großen Theil dadurch gelöst, daß die beiden Kronen
kraft ihrer Patronatspflichten die Aussteuer und Unterstützung der Missionäre übernahmen. Auf Jahrhunderte hinaus haben die Könige Portugals und Spaniens dieser Pflicht in hochherzigster Weise entsprochen
und Milliarden für das Werk der Glaubensverbreitung gespendet [1]. Es
wird die Aufgabe eines zukünftigen Geschichtschreibers der katholischen Missionen sein, diese wichtige Thatsache besser, als bisher geschehen ist, ans
Licht zu ziehen [2]. Unzählige Male kehren auch in den Briefen der deutschen
Missionäre die Ergüsse wärmster Anerkennung dieser königlichen Munificenz
wieder. „Der König von Spanien", so schreibt 1628, um wenigstens
das eine oder andere Beispiel anzuführen, der Oesterreicher P. Joh. Ratkay,
„gibt einem jeglichen neugekommenen Missionario 300 Thlr. Almosen,
mit welchen er sich ausstaffiren und einrichten muß. Eben so viel hat ein
Missionarius von der Königl. Kammer zu seiner jährlichen Auskunfft." [3]
„Für einen Unterhalt", so P. Kaspar Pöck aus Neu-Granada, „hat mir
samt meinen 3 Gesellen der königl. Rath ein jährliches Einkommen von
400 Pataconen oder Reichsthalern nebst 6 Spanischen Soldaten als Leib-

---

[1] Nach *Gons. d'Avila*, Teatro eclesiástico de las Indias occident. t. I, Vorrede, zählte die Kirche des spanischen Amerika schon 1549 1 Patriarchenstuhl, 6 Erz-
bisthümer, 346 Beneficien, 2 Abteien, 840 Klöster. Man nehme dazu all die
Kirchen, Spitäler, Collegien, Universitäten 2c., alle gegründet und reich dotirt durch
die Krone.

[2] Im Wiener Staatsarchiv, Filiale (Oesterr. Acten, Geistl. Archiv Nr. 419),
findet sich ein Epitome Rei Numariae, quam Reges Hispaniae dicatam habent in
Missionarios S. J. in India alendos. Es schließt: Omnes denique impensae,
quas singulis annis plerumque facit Rex Hisp. in bonum singularum Provinciarum quas Soc. Jesu in Indiis habet, explent hanc summam:

In Nova Hispania	. . . . . .	57 100
„ Philippin.	. . . . . -	42 500
„ Novo Regno (Neu-Granada) . .	80 400
„ Peru	. . . . . .	6000
„ Paraquaria	. . . . .	28 925
„ Chile .	. . . .	4325
	Summa:	219 250 Scutata argentea,

nach unserem heutigen Geldwerth eine wirklich königliche Spende. Nicht umsonst
hatte 1646 die achte Generalcongregation der Gesellschaft (Decr. 38) eine besondere
Dankadresse an den katholischen König votirt für die großmüthige den überseeischen
Missionen der Gesellschaft gewährte Unterstützung.

[3] „Welt-Bott" Nr. 28, 81.

schützen angewiesen, mit Versprechen bey dem Catholischen König auszu-
würden, daß 40 Missionarii aus unserer Societät auf Königl. Unkosten
daselbst ins künfftige gestellt und vor dies wilde Volck eine Stadt gebaut
werde."[1] Für die californische Jesuitenmission warf Philipp V. jährlich
6000 Thaler aus, „womit eine nicht geringe Zahl Apost. Arbeiter erhalten
werden kann"[2]. Se. Königl. Majestät von Portugal wird von P. Neugebauer in einem Briefe von 1746 einfachhin „der Stifter und Vater
aller dieser Missionen" (Ostasiens) genannt[3].

Man darf aber ja nicht glauben, diese königlichen Zuwendungen
hätten die Missionäre aller Sorgen enthoben und für alle Bedürfnisse aus-
gereicht. Nichts wäre irrthümlicher. Zahlreiche Stellen aus den Briefen
der Missionäre belehren uns vom Gegentheil. Die Ausgaben für die
weiten See- und Landreisen verschlangen allein schon riesige Summen.
Dazu kamen die oft fast unerschwinglichen Preise für die verschiedenen
nothwendigen Ausstattungsgegenstände und jene Artikel, welche in die noch
wilden, weit entlegenen Missionsgebiete eingeführt werden mußten[4].

Der allmähliche Niedergang der portugiesisch-spanischen Macht im
Kampfe gegen die jugendkräftigen und unternehmenden Seemächte England
und Holland, der Verfall des Handels u. s. w. ließ die königlichen Finanzen
und damit die Hauptquelle der Missionsunterstützung mehr und mehr ver-
siegen. Besonders hart mitgenommen wurden seit der Mitte des 17. Jahrhunderts die Missionen in Portugiesisch Ostasien. Immer mehr mußte hier
Portugal vor den Holländern und Engländern zurückweichen. Ehedem
fanden die Missionen des fernen Ostens eine gute Stütze an Goa.

„Aber von der Zeit an," so schreibt 1743/1744 P. Joseph Neugebauer aus
Cochinchina, „da der an der Goanischen Küsten streiffende Marata der Japonischen Provinz, unter welche auch die Mission von Cochinchina gehöret, mit

---

[1] „Welt-Bott" Nr. 18, 55.
[2] Ebd. Nr. 72, 39. Vgl. „Nachrichten aus Californien" S. 99 f. 203 f.
220. 262 u. a. [3] „Welt-Bott" Nr. 715, 99.
[4] Beispielsweise kam in Paraguay ein Quintalcentner Eisen von Buenos Aires
nach P. Sepp auf 16 Aurei, eine Elle Leinwand auf 4 und mehr alte Reichsthaler,
eine Spitzenalbe auf 120 Reichsthaler zu stehen. In Chile zahlte man für eine Elle
Tuch 8—10 Thaler („Welt-Bott" Nr. 46, 39); nach P. Pfefferkorn, der in seinem
interessanten Buche „Sonora" diese Frage ausführlich behandelt (I, 412 ff.), kostete
z. B. in Mexico eine Elle Leinwand 4 Florin; in Lima ein Hemb 10 Pesos
(= 23 Gulden 30 Stüber); ein Hufeisen in Mexico kam auf 10 Gulden 14 Stüber,
in Sonora (Nordprovinz) eine Elle grober Leinwand auf 31 Gulden 2 Stüber,
ebendort eine Maß Wein auf 10 Gulden 10 Stüber, im Innern von Neu-Granada
eine halbe Ohm sogar auf 250 Gulden u. s. w.

benen allbortigen Landgütern fast alle Einkünfte räuberisch entzogen hat, reichet der P. Superior unserer Mission jedem Missionario nebst 15 Bouteillen Weins zum hlg. Meß=Opfer und so vielen Mehls, als die sogenannten Hostien zu backen erklecklich, jährlich zu seiner und der Seinigen Unterhaltung 140 Gulden, mit welcher Summa er sich Kost und Kleidung anschaffen, Haus= und Kirchen=Geräth erhalten, seine Catechisten, Schüler und Bediente kleiden, ernähren und für sie dem König den gewöhnlichen Kopf=Zins entrichten muß. Von mir kann ich in Wahrheit sagen, daß ich weder jemalen in einem Collegio noch auf meiner ganzen Reise so arm und mühselig gelebt, als ich jetzt in meiner Mission lebe." [1]

Es lag nahe, daß sich die Missionäre in ihrer Nothlage anderweitig nach Hilfe umsahen, und daß die ausländischen, beispielsweise die deutschen und niederländischen Jesuiten mit besonderem Vertrauen an ihre deutschen Landesfürsten sich wandten [2]. Dies führt uns auf eine interessante und wenig bekannte Thatsache, nämlich den Antheil des katholischen Deutschlands jener Zeit, besonders seiner Fürsten, an dem Missionswerke unter den Heiden.

1. Das österreichische Kaiserhaus. Das Haus Oesterreich zählte von Anfang an zu den größten Gönnern und Wohlthätern der Gesellschaft Jesu. Bald erstreckte sich diese kaiserliche Huld auch auf die Missionsarbeit derselben in fernen Ländern. „Schon Unserem erlauchten Großvater und Vater, Ferdinand II. und Ferdinand III. hochseligen Andenkens," so schrieb 17. September 1664 Kaiser Leopold I. an den Ordensgeneral P. Paul Oliva [3], „war es ein Herzenswunsch, daß das Evangelium Christi unter den Heidenvölkern so weit als nur möglich verbreitet werde, besonders aber in dem unermeßlichen Reiche von China. Deshalb hat auch vor 10 Jahren Ferdinand III. eine Summe dafür ausgeworfen, 1000 Gulden jährlich, daß Väter der Gesellschaft Jesu in jene Mission geschickt und in derselben unterhalten werden könnten." [4]

---

[1] „Welt=Bott" Nr. 709, 71.

[2] An eine Missionsunterstützung im großen aus den untern Kreisen der Bevölkerung war in früherer Zeit nicht zu denken. Das gewöhnliche Volk wußte von den Missionen nur wenig. Es bestanden keine billigen Missionszeitschriften, welche das Interesse weckten und in weite Kreise trugen. „Die allgemeine Mitbetheiligung der Laienwelt an dem weltumspannenden Missionswerk der Kirche ist das charakteristische Merkmal der neuern Missionsgeschichte" („Katholik" 1898 I, Heft 2, S. 110). An Stelle der Fürsten und Prälaten ist heute das Volk getreten.

[3] Der Brief steht in deutscher Uebersetzung in den „Stimmen aus Maria-Laach" LVI (1899), 123 ff. Das Original siehe unten im Anhang.

[4] Diese 1000 Gulden wurden aus der Salz= und Biersteuer in Böhmen erbracht. Leopold I. erlaubte, daß die Summe eine Zeitlang der hartbedrängten

Unter Leopold I. finden wir den ersten Versuch, die deutschen
Missionäre in China unter ein eigenes kaiserlich deutsches
Protectorat zu stellen. Der Plan dazu wird in dem eben an-
gezogenen Schreiben ausführlich dargelegt. Da der Seeweg nach China
über Portugal-Goa, so führt der Kaiser aus, durch die Holländer gesperrt
werde und die zum Unterhalt jener Mission bestimmte Summe ohne offen-
bare Gefahr des Verlustes über das Meer nicht gesendet werden könne,
so sei es ersprießlicher, daß die deutschen Missionäre künftig den Landweg
durch Rußland oder die Türkei und Persien nähmen, den ja mehrere
Patres schon mit Erfolg eingeschlagen hätten. Dementsprechend solle die
kaiserliche Subvention unter deutscher Verwaltung bleiben und für diese
Landreise verwendet werden. Um die Ausführung des Planes „für die
Zukunft noch fester zu verbürgen, erklären Wir Uns durch Gegenwärtiges
zum Begründer und Protector der Fundation für besagten Landweg".
Gleichzeitig werde er (der Kaiser) die Sache auch dem Heiligen Vater dar-
legen lassen, damit etwa sich erhebende Hindernisse (von seiten der Krone
Portugals) durch die Autorität des Heiligen Stuhles beseitigt werden.

Rücksichten auf die leicht erregbaren Empfindlichkeiten der Krone Portugal (s. oben S. 17) und die noch immer bestehenden großen Schwierigkeiten des Landweges [1] hielten den Ordensgeneral P. Oliva für jetzt zurück,
auf diese so weitblickenden wie edelsinnigen Gedanken des Kaisers einzugehen. Er konnte sich aber nicht versagen, in einem vertrauten Briefchen

---

ungarischen Mission zugewandt wurde. Dann ging sie wieder regelmäßig nach
China, soviel wir wissen, bis zur Mitte des 18. Jahrhunderts. Dem Verlangen
der österreichischen Missionäre 1717, daß dieses österreichische Geld ihnen auch besonders zu gute komme, wurde jedoch nicht entsprochen, vielmehr bestimmte der
General, daß es den Ordenssatzungen gemäß wie andere Almosen in die gemeinsame chinesische Missionskasse gehe (handschriftl. Urkunde in Privatbesitz).

[1] Ueber den Landweg nach China siehe im 2. Theil s. v. Gruber, P. Johann.
Wie außerordentlich schwierig der Landweg nach Ostindien war, ersieht man aus
der „Ostindianischen Reisebeschreibung des Herrn Joh. Kaspar Schillinger", Nürnberg
1707; abgedruckt im „Welt-Bott" Nr. 93. Schillinger schloß sich den Patres Weber,
Mayer, Hanzleden an. Die Haupt-Etappen der Route waren folgende. Ab Augsburg 3. Oct. 1699 (über Innsbruck, Trient, Venedig, Ferrara, Bologna, Florenz,
Pisa) nach Livorno; ab Livorno 3. Nov. 1699, an Alexandrette 15. Dec.; ab
Alexandrette (Karawane) 19. Dec. 1699, an Aleppo 26. Jan. 1700, an Murasch
am Euphrat 1. Febr.; dann quer durch Armenien, Persien an den Persischen Meerbusen, an Ormuz Ende Oct. 1700, ab zu Schiff 3. November. Auf der Fahrt starben
die beiden Patres Mayer und Weber; Schillinger und Hanzleden landen in Surat
auf indischem Boden; von hier zog Hanzleden weiter nach Goa, wo er Anfangs 1701
anlangte. Die sehr beschwerliche Reise hatte also über ein Jahr gedauert.

an den kaiserlichen Beichtvater P. Müller (1. November 1664) seiner Bewunderung Ausdruck zu geben über „jenes große Herz, das des Kaisers
Brust beseele", und das „unter einer so erdrückenden Last von Sorgen
noch Raum finde für so väterliche, so hochherzige, so seeleneifrige Absichten
und Pläne" [1].

Dem Kaiser Leopold I. als dem großen Gönner der chinesischen Mission sind denn auch zwei der ersten bedeutendern Schriften deutscher Patres
über China gewidmet: die Sinensis Historia, Decas I (Monachii 1658),
des P. Martin Martini und die Historica Narratio de initio et progressu Missionis S. J. apud Chinenses ... ex litteris R. P. Adami
Schall (Viennae 1665). In beiden (Epist. dedicatoria) wird der hoch-
herzigen Munificenz des österreichischen Kaiserhauses der gebührende Tribut
der Dankbarkeit dargebracht. Auch Athan. Kirchers Prachtwerk: China
Monumentis illustrata (Amstelod. 1667), ist Leopoldo I Munifi-
centissimo Mecenati dedicirt. Das lebhafte Interesse Leopolds I. an
der chinesischen Mission bezeugt u. a. der Oesterreicher P. Hieron. Franchi.
„Ihre Römische Kayserliche Majestät", so schrieb er 28. October 1706
aus China, „hatte bey der Urlaubs-Audientz allergnädigst befohlen, öfters
zu schreiben und dieselbe mit Sinischen Nachrichten zu ergötzen." [2]

Auch Joseph I. (1705—1711) verwandte sich (14. April 1706) im Namen
des Papstes Clemens XI. beim Zaren Peter dem Großen zu Gunsten der
deutschen Missionäre in Moskau und bat um freien Durchlaß der für China
bestimmten Jesuiten [3], da dieselben auf dem Seeweg viele Zeit verlören und oft
gar nicht ans Ziel gelangten [4]. „Nicht allein ich," meint P. Franchi (20. Oct.
1710), sondern auch sehr viel andere Missionarii in Sina halten dafür, daß an
Erhaltung des Allerdurchlauchtigsten Ertz-Hauses Oesterreich die Ruhe gesamter
Christlichen Kirchen und dieser Sinischen Mission gelegen seyn." [5]

Der Gedanke eines kaiserlichen Missions-Protectorats der deutschen
Missionäre in Ostasien erhielt eine neue Anregung und Grundlage, als
Oesterreich unter Kaiser Karl VI. (1711—1740) durch Gründung der
Kaiserlich ostindischen Handelscompagnie von Ostende auch

---

[1] „Stimmen aus Maria-Laach" a. a. O.

[2] „Welt-Bott" Nr. 104, 50.

[3] Handschriftl. Copien des kaiserlichen Schreibens und der zusagenden Antwort
des Fürsten Menschikow (20. Oct. 1706) in Privatbesitz. Vgl. auch Clementis XI
P. M. Epistolae et Brevia selectiora (Romae 1729) col. 2235 sq.

[4] Von 1655—1660 kamen nicht weniger als achtzehn Jesuiten auf der Seereise nach China um (*J. D. Gabiani*, Increment. Sin. Eccles. Viennae 1673).

[5] „Welt-Bott" Nr. 108, 53.

eine Seemacht zu werden versprach [1]. Der Aufschwung Hollands und Englands, welche durch ihren Seehandel gewaltigen Reichthum und Einfluß errangen, reizte zur Nachahmung. Der Friede von Utrecht (1713) hatte die spanischen Niederlande mit ihren Nordseehäfen an Oesterreich gebracht. Die Gelegenheit, sich von dem lästigen Handelsmonopol Englands und Hollands unabhängig zu machen und von Ostende aus selbständige Verbindungen mit Ostasien anzuknüpfen, war günstig. Der unternehmende Generalstatthalter der österreichischen Niederlande, Prinz Eugen, befürwortete den Plan mit Wärme. So bildete sich zuerst mit kaiserlicher Genehmigung ein Privatconsortium von englischen, in Belgien angesiedelten Kapitalisten, denen bald brabantische und flandrische Kaufherren sich anschlossen. Von 1715 an fuhren ihre Schiffe in jährlich wachsender Zahl unter kaiserlicher Flagge nach Ostindien. Ihr glücklicher Erfolg ermunterte den Kaiser zu weiterem Vorgehen. Am 16. Juni 1722 unterzeichnete Karl VI. die Acte, durch welche die Ostendesche Handelsgesellschaft ins Dasein trat. Die Gründung zeigte sich lebensfähig. An verschiedenen Hafenplätzen, wie in Coblon, fünf Meilen von Madras, an der Küste von Bengalen, in Kanton, wurden Factoreien angelegt. Die Geschäfte gingen glänzend. Ein Handelsvertrag und eine Art Alliance mit Spanien versprach der Gesellschaft den festen Rückhalt an eine größere Seemacht. Allein die bald wieder erwachende Eifersucht Spaniens und Portugals zerstörte im Verein mit dem Handelsneid Englands und Hollands schon bald wieder die Hoffnungen, welche Kaiser Karl VI. an diese Lieblingsschöpfung geknüpft hatte. Der Wiener Vertrag vom 16. März 1731 löste die Ostendesche Handelsgesellschaft wieder auf.

Bei den deutschen Missionären hatte die nationale Gründung das lebhafteste Interesse und den größten Jubel erweckt.

„Auf dieser Reise" (von Brasilien nach Lissabon), so schreibt P. Joh. Günzel 7. September 1720, „ist uns mitten auf dem Meer ein mit Römisch-Kayserlicher Flaggen prangendes Ostendisches Schiff begegnet, auf welches unsere Capitana oder [portugies.] Haupt-Schiff einen scharfen Stück-Schuß gethan, hiemit aber dasselbe sich uns zu stellen gezwungen hat. Mich freuete der Anblick gedachter Flaggen desto mehr, je weniger man vor Zeiten sich hätte einbilden dürffen, daß jemals ein dergleichen Schiff mit dem Wappen des Allerdurchlauchtigsten Hauß von Oesterreich deutscher Nation auf dem großen Welt-Meer sich würde sehen lassen." [2]

„Die Ostendische Schiff," schreibt P. Stöcklein in der Vorrede zum 8. Theil des „Welt-Bott", „so bald sie mit Römisch Kayserlichen Flaggen zu Macao und

---

[1] v. Arneth, Prinz Eugen III, 125 ff Dumont, Corps univ. diplom. VIII. 2, 44 ss. 114 ss. Vgl Krones, Gesch. Oesterreichs IV, 127 f. 461 493.
[2] „Welt-Bott" Nr. 207, 31.

Canton zum erstenmal erschienen, haben bey manchen Neidern zwar ein großes Aufsehen, bei denn Teutschen, Böhmischen, Niederländischen und Welschen Missionariis aber, welche bißher bey andern Europaeischen Nationen nicht ohne Beschwerde sich hatten einbetteln müssen, eine unbeschreibliche Freud erweckt, wegen geschöpfter Hoffnung, fürhin, gleich andern Catholischen Priestern, in China ihres eigenen allerhöchsten Monarchens, verstehe Ihro Röm. Kayserlicher Majestät Caroli VI. allergnädigsten Schutz unmittelbar zu genießen.

„Die Ostendischen Schiff-Capitaines haben gleich Anfangs aller Missionarien Hochachtung und Liebe gewonnen, als sie nicht allein diser Apostolischen Männer Brief und Päcklein richtiger, dann alle andere, an behörige Orth beförderet, sondern auch bereits vil Ober= und Niderteutsche Priester gar willig hin und hergeführt haben."

„Den 13. Juli 1718", berichtet der Oesterreicher P. Balth. Miller (13. September 1718) aus China mit sichtlicher Befriedigung, „ist zu Canton ein Schiff aus denen Oesterreichisch=Kayserlichen Niederlanden, der Printz Eugenius genannt, mit denen Flaggen Ihro heutiges Tags Glorwürdigst regierenden Römisch=Kayserlichen Catholischen Majestät Caroli VI. mit zweyen Priestern unserer Gesellschafft glücklich angelangt. Es waren 2 Niederländer, und die Nachrichten von den glorreichen Siegen Ihrer allerhöchst gedachten Kayserlichen Majestät über die Türken erweckten unter den Teutschen allgemeine Begeisterung."[1]

„Etliche Europaeer freilich", bemerkt ein anderer Oesterreicher, P. Joh. Batovsky (Brief aus Kanton, 9. April 1723), „sehen die Kayserlichen von Ostende in diesen Haafen [Kanton] eingeloffenen Schiff mit scheelen Augen an: obschon dieselbe die Sinische Mission nicht wenig beförderen. Solcher Unwillen kommt theils von einer Sorg her, Ihro Römische Kayserliche Majestät mögten (gleichwie es die meisten Missionarii, zumalen aus Wälsch=Teutsch= und Niderland wünschen) die Sinische Mission in dero Allerhöchsten Schutz nemmen, theils von einer Begierde, das Gewerb mit Ausschliessung aller anderen Nationen an sich zu ziehen."[2]

Von den andern Gliedern des kaiserlichen Hauses, die sich um die Missionen und besonders die „Missionarii teutscher Nation" verdient gemacht, müssen besonders zwei edle Fürstinnen hier namhaft gemacht werden: Maria Anna[3], die Tochter Kaiser Ferdinands III. und zweite Gemahlin König Philipps IV. von Spanien, und Maria Anna[4], Tochter Kaiser Leopolds I. und Gemahlin König Johanns V. von Portugal. Erstere war die Hauptwohlthäterin der Mission auf den Marianen, welche „ihren Nahmen von ihrer mildreichen Stiffterin ererbt haben"[5]. Die Mission

---

[1] „Welt=Bott" Nr. 160, 43.   [2] Ebd. Nr. 200.

[3] Geb. 8. Nov. 1644, gest. 16. Mai 1696.

[4] Geb. 9. Sept. 1683, vermählt 27. Oct. 1708.

[5] Brief des P. Joseph Bonani vom 27. Mai 1719 („Welt=Bott" Nr. 151, 3).

war sehr schwierig und entbehrte der nothwendigen Mittel. Da wandte sich P. San Vitores an die Königin und hielt um „eine zulängliche Stiftung an. Welches er auch von Dero dem Haus von Oesterreich angeborenen Gottseeligkeit leicht und reichlich erhalten". Auf ihren Befehl (18. April 1673) wies der Marquis de Manceta, Vicekönig von Mexico, der Mission aus der königlichen Kasse eine Jahressubvention von 3000 Pesos zu. Weiter gab sie Ordre, eine Garnison zum Schutz der Mission auf die Inselgruppe zu legen, ließ durch den Statthalter von Manila für die Missionäre ein eigenes Schiff bauen, damit sie leichter von Insel zu Insel die frohe Botschaft tragen könnten, und schärfte den hohen Beamten ein, keine Opfer zu scheuen, um diese ihre Mission in jeder Weise zu fördern [1].

Womöglich noch freigebiger und liebevoller nahm sich die Königin Maria Anna von Portugal der Missionen und ihrer lieben deutschen Missionäre an. P. Johann Siebert in Cochinchina nennt sie in einem Briefe (31. Juli 1745) an die Gräfin Fugger „eine mildreicheste Mutter aller Missionen" [2]. Alle deutschen Missionäre, die über Lissabon reisten, empfing sie oft wiederholt zur Audienz, nahm sie in der liebevollsten Weise auf und sorgte mütterlich für alle ihre Bedürfnisse. P. Baucke nennt sie bei Gelegenheit, wo er von dieser Audienz erzählt, „eine wahrhaft heilige Frau, welche durch ihre Tugend und Frömmigkeit zeigte, welchem Hause sie entsprossen" [3].

„Wenn jemahlen," so äußert sich der Oesterreicher P. Gottfried v. Laimbeckhoven, der 1735 vor der Abreise nach China die Königin sah, „so wünschte ich mir anjetzo Worte genug, um in etwa die Huld-, Freund- und Leutseligkeit, mit welcher uns diese durchlauchtigste Königin empfangen, an den Tag zu geben. Ihr ganzes Ansehen war ein lauter Anmuth, ihre Rede aber ein ungemeine und recht österreichische Güte." [4]

Sie war es, welche die ausgiebigere Sendung von deutschen Missionären nach Brasilien veranlaßte [5], dieselben dort und im fernen Ostasien in wirksamster Weise unterstützte und mit ihnen theils persönlich theils durch ihren Beichtvater P. Joseph Ritter einen regen Briefwechsel unterhielt [6].

---

[1] Ausführlich „Welt-Bott" Nr. 539, 63 ff. [2] Ebb. Nr. 711, 79.
[3] Baucke, Ein Jesuit in Paraguay. Herausgeg. von A. Kobler (Regensburg 1870). S. 16. 19. 25. Vgl. „Welt-Bott" Nr. 566, 84; Nr. 151, 3; Nr. 508, 113.
[4] „Neue umständl. Reiß-Beschreibung" (Wien 1740) S. 31 ff.
[5] Siehe oben S. 30.
[6] Briefe von Missionären an die Königin aus Vorder- und Hinterindien und China „Welt-Bott" Nr. 634. 646. 648. 713; an ihren Beichtvater ebb. Nr. 646

Immer und immer wieder kehren in den Missionsbriefen die Ergüsse wärmster Dankbarkeit gegen die königliche Wohlthäterin wieder, die jede Gelegenheit benützte, um ihren Schützlingen eine Freude zu machen[1]. Einen sehr wichtigen Dienst erwies sie denselben u. a. dadurch, daß sie, um ihnen die schwierige Correspondenz zu erleichtern und zu sichern, „dem jährlich nach Macao segelnden Compagnie-Schiff anbefohlen hatte, alle Briefe und Paquetten deren Missionariorum, ohne Entgeld aufzunehmen und nach Lissabon zu überbringen"[2].

2. Das bayerische Fürstenhaus. Neben dem österreichischen Kaiserhaus waren die Fürsten Bayerns die größten Wohlthäter der deutschen Jesuiten daheim und in den fernen Missionen. Schon Herzog Albert V. († 1580) zeigte lebhaftes Interesse an den Missionen der Gesellschaft Jesu, las mit Freude die ihm vom sel. Petrus Canisius zugesandten Briefe aus Indien und ließ dieselben übersetzen, damit auch seine fromme Gemahlin Anna (Tochter Kaiser Ferdinands I.) sie lesen könnte[3]. Der Besuch des P. Trigault 1616 am kurfürstlichen Hofe in München[4] weckte dort die lebhafteste Theilnahme für die chinesische und japanische Mission. Herzog Wilhelm V. „der Fromme" warf zu deren Unterstützung mit fürstlicher Freigebigkeit einen Jahresbeitrag von 500 Gulden aus[5]. Herzog Maximilian

---

647. 649. 650. 681. 687. 710. 714. 617; Briefe der Königin an Missionäre ebb. Nr. 639, 126. v. Murr, Gesch. der Jesuiten in Portugal S. 200 f.

[1] „Welt-Bott" Nr. 723, 145; 639, 126 u. a.

[2] „Welt-Bott" Nr. 723, 145. Mit der Correspondenz der Missionäre stand es damals bei den gewaltigen Entfernungen, den seltenen Fahrgelegenheiten und dem unvollkommenen Postwesen sehr schlecht. Einige Angaben mögen genügen. Zunächst gingen ungezählte Brief- und Postsachen theils durch Kaperschiffe oder andere Ursachen verloren. So klagt z. B. P. Anbr. Strobl, daß vier seiner Briefe an die Königin von Portugal nicht angelangt seien („Welt-Bott" Nr. 646, 22; vgl. 391, 110). Oder die Briefe trafen mit ungeheurer Verspätung ein. P. Steigmiller im Innern Neu-Granadas erhielt einen vom 3. Juli 1726 aus Graz datirten Brief am 23. Sept. 1727; P. Joseph Bonani auf den Marianen einen Brief von Triest, datirt 26. Sept. 1735, im Juli 1740; P. Joh. Siebert am Hof von Cochinchina ein Schreiben der Gräfin Fugger, datirt 29. Oct. 1742, erst am 28. Jan. 1745, u. ä. m. Ein Grund dieser Verzögerung war nach P. v. Hallerstein die Nachlässigkeit der portugiesischen Post, „als welche schon öfters die ihr aufgebürdete Briefschaften ziemlich langweilig und unsicher an Ort und End überbracht, wie es nicht unlängst unser altbetagte P. Ernbertus Fridelli erfahren, dem ein vor 13 Jahren in Europa geschriebener Brief erst heuer 1740 zur Antwort überreicht worden" („Welt-Bott" Nr. 588, 93).

[3] Braunsberger, B. P. Canisii Epist. et Acta II, 281. 292[1].

[4] Siehe oben S. 11.

[5] Reichsarchiv München, Jesuitica in genero fasc. 16, n. 276.

schenkte für die Mission eine kostbare Büchersammlung und einige für den
Kaiser von China bestimmte Präsente, wahre Wunderwerke mechanischer
Kunst[1]. Maximilian I., der erste Kurfürst von Bayern (seit 25. Februar 1623), bestätigte 16. März 1626 die von seinem Vater ausgeworfene
Jahresrente von 500 Gulden[2]. Die Zahlung wurde auch unter den Nach-
folgern regelmäßig fortgesetzt, mit Ausnahme der Kriegsjahre 1632 bis
1652. Unter dem 26. September 1654 erneuerte die Kurfürstin von
Bayern ausdrücklich die Bewilligung[3]. Sie dauerte fort, bis Kurfürst
Max Emanuel 1687 sie wegen der großen Kriegsausgaben endgiltig ab-
stellte[4]. Dafür gewann die Mission eine andere große Wohlthäterin an
der Gemahlin des kinderlosen Herzogs Maximilian Philipp († 20. März
1705), Mauritia Febronia geb. de la Tour d'Auvergne. Dieselbe bestimmte
1703 eine Jahresrente von 200 Gulden zum Unterhalte eines Missionärs
in China[5], vermachte in ihrem Testament von 1705[6] 50 000 Gulden zur
„Fundation einiger Missionäre in China" und in einem Codicill vom
10. Juli 1706 weitere 10 000 Gulden für den „Bau eines kleinen Se-
minariums". Das Legat wurde wegen eines Formfehlers vom Reichs-
gericht als null und nichtig erklärt, allein den Bemühungen des Generalprocurators der indischen Missionen, P. Franz de Fonseca, gelang es 1717,
das Legat in causas pias aufrecht zu erhalten und dessen Ausbezahlung
durchzusetzen[7]. Auf derselben Reise gewann P. de Fonseca am Kurfürsten
von der Pfalz in Neuburg einen neuen Gönner der Missionen[8].

Die Missionäre bezeigten auch hier ihre Dankbarkeit dadurch, daß sie
die über China erschienenen Werke ihren hohen Gönnern widmeten[9] und

---

[1] *Kropf*, Hist. Prov. Germaniae Super., Dec. VIII, 50 sqq. v. Lipowsky,
Gesch. der Jesuiten in Bayern II, 125. Riezler, Geschichte Bayerns IV, 630.
Münsterberg, Bayern und Asien im 16., 17. und 18. Jahrh. (Zeitschr. des
Münchener Alterthumsver., Neue Folge VIII [1894] 13 ff.).

[2] Reichsarchiv München a. a. O. fasc. 16, n. 276. Lang (Gesch. d. Jesuiten in
Bayern, Nürnberg 1819, S. 84) sagt: „Für China soll Kurfürst Max I. über
30 000 Gulden bar hergeschenkt haben." (?)

[3] Freyberg, Gesch. der bayer. Gesetzgebung III, 158.

[4] Münsterberg a. a. O. S. 20.

[5] Reichsarchiv München a. a. O. fasc. 16, 200.

[6] Ebd. — Vgl. Söltl, Die frommen und milden Stiftungen der Wittels-
bacher (Landshut 1858) S. 109; sonst weiß Söltl von diesen Missionsstiftungen
kaum etwas zu melden.

[7] *Franco*, Synopsis Annalium S. J. 457, 12.   [8] Ibid.

[9] So widmet z. B. P. Nikol. Trigantius (Trigault) ein Werk De Christianis
apud Japonios triumphis . . . libri 5 (München 1623) „ad Serenissimos utriusque
Bavariae duces Guilielmum Parentem, Maximilianum, Ferdinandum, Albertum

sie durch Zusendung von chinesischen und japanischen Kunstwerken und interessanten Raritäten zu erfreuen suchten[1].

3. **Auch zahlreiche andere deutsche Fürsten und Herren** er-wiesen sich als Gönner und Freunde der Missionen. Die Thatsache be-weist, wie lebhaft das Missionsinteresse, wenigstens in den gebildeten Kreisen, damals schon war.

Unter den **geistlichen Fürsten** ist an erster Stelle Ferdinand Frei-herr von Fürstenberg, Fürstbischof von Paderborn und Münster[2], zu nennen. Ein Schüler und großer Freund der Jesuiten, ein inniger Verehrer des hl. Franz Xaver, Apostels von Indien, wandte er der Missionsarbeit der Gesellschaft Jesu daheim und in den überseeischen Ländern die wärmste Theilnahme und thatkräftigste Förderung zu. 1682 stiftete er aus seinem Vermögen auf ewige Zeiten die bedeutende Summe von 101 740 Thalern, welche jährlich 5087 Thaler Zinsen trugen, zum Unterhalt von 36 Mis-sionären in fünfzehn Missionen: acht in Deutschland, sechs im Norden, dessen Apostol. Delegat er war, endlich eine[3] in Indien und Japan. Das Schreiben, durch welches er der zur Wahl eines neuen Ordens-

F. F. F." Er dankt in der Widmungsvorrede für die großmüthige Unterstützung: „testatum volo Christiano orbi universo ... toti posteritatis memoriae ... quam pronis animis ad Sinensem expeditionem Serenissima Bavarorum Ducum familia magnitudinem suam inclinavit" etc. Mehrere andere den Kurfürsten ge-widmete Missionsschriften bei Münsterberg a. a. O.

[1] Was Münsterberg a. a. O. gegen die jesuitische Herkunft der meisten dieser noch heute in der königlichen Residenz, im Nationalmuseum, im Münzcabinet, auf den königlichen Schlössern zu Nymphenburg 2c. sich befindlichen und zum Theil sehr werthvollen chinesisch-japanesischen Kunstwerke vorbringt, beweist wenig. Die Aussagen der alten Etiketten werden durch eine aprioristische Späterdatirung der Kunstwerke — was ist problematischer als solche Datirungen, zumal ostasiatischer Producte! — gewiß nicht aufgehoben. Ein reger Verkehr zwischen Hof und Missio-nären wird ja zugestanden, ein gegenseitiger Austausch von Geschenken ist erwiesen. Wenn die Patres beschreiben die ihrigen als demüthige Gaben der Armut bezeichnen, so folgt daraus nichts gegen deren wirklichen Kunstwerth. Es liegt doch gewiß nahe, daß die ostasiatischen Fürsten die herrlichen Geschenke des bayerischen Hofes durch entsprechende Gegengaben erwiderten und diese durch die Missionäre ver-mittelten. (Beiläufig bemerkt, sollte Münsterberg wissen, daß Wilhelm V. von Bayern noch nicht „Churfürst" war.)

[2] Geb. 21. Oct. 1626, seit 1661 Fürstbischof von Paderborn, seit 1678 Fürst-bischof von Münster, starb 26. Juni 1683. Papst Innocenz XI. rief bei der Todes-nachricht aus: „Wir haben eine große Zierde der Kirche verloren." Vgl. F. J. Micus, Denkmale des Landes Paderborn. Paderb. 1844.

[3] „Welt-Bott" Nr. 99, 39 wird genauer angegeben: „acht Missionarios für das Reich Sina auf ewig zu stiften".

generals in Rom versammelten zwölften Generalcongregation diese großartige
Stiftung ankündigt, ist ein herrliches Zeugniß seines wahrhaft apostolischen Herzens [1].

„Endlich", so schreibt er mit Bezug auf die Mission im fernen Osten,
„habe ich von Ferdinand Verbiest, Vice=Provincial in Eurer Gesellschaft in dem
ungeheuren Chinesischen Reiche, einen Brief erhalten, in welchem er beklagt, daß
unzählbare Seelen, die zur Aufnahme der göttlichen Gnade bereit seien, aus
Mangel an Verkündern des hl. Evangeliums daselbst, auf ewig in bedauerns=
würdiger Weise verloren gehen. Indem der oben erwähnte Lehrer der Völker
[St. Paul] uns diese Worte zuruft: ,Wie sollen die Menschen an den glauben,
von welchem sie nicht gehört haben? Wie sollen sie hören ohne Prediger?
Wie sollen diese predigen, wenn sie nicht gesandt werden?' da glaubten wir
den P. Franz Xaver, unsern besondern und liebevollsten Patron, der mehr aus
Sehnsucht, den Griechen das Evangelium zu predigen, als von der Krankheit
überwältigt, starb, dieselbe Mahnung wiederholt uns zurufen zu hören. Darum
haben wir diesen erwähnten 14 heiligen Missionen die 15. Chinesische und
Japanesische hinzugefügt, damit jenen im fernsten Osten wohnenden, aber
des Lichts des wahren Glaubens beraubten Völkern aufgehe die Sonne der
Gerechtigkeit und der Glanz des ewigen Lichtes, Christus Jesus, zu welchem
nach dem Zeugniß der Heiligen Schrift der himmlische Vater sprach: ,Ich habe
dich gegeben zum Licht der Völker, damit du mein Heil seist bis zum Ende
der Erde.'"

Das Schreiben wurde in öffentlicher Versammlung vorgelesen, und
sogleich votirte die Generalcongregation ein inniges Dankschreiben und sagte
in der ganzen Gesellschaft heilige Opfer und Gebete für den hohen Gönner
an [2]. Als der edle Fürstbischof dieses Antwortschreiben erhalten, verrichtete
er das heilige Opfer am Altare, auf welchem ein Papier lag, das u. a.
folgende eigenhändig geschriebene Worte enthielt: „Damit die chinesische
und japanische Mission glücklichen Erfolg habe und recht große Früchte
bringe, opfere ich zweitausend heilige Messen auf." [3]

Auch P. Verbiest in China spricht dem ausgezeichneten Wohlthäter
in einem sehr schönen, vom 9. October 1684 aus Peking datirten Schreiben
im Namen der ganzen Mission seinen tiefgefühlten Dank aus. Er habe
den Brief auf den Knieen geschrieben, als ob er persönlich vor dem Fürst=
bischof sich befände, und biete ihm als kleine Gegenspende u. a. die
25 000 Rosenkränze an, welche die Christen Pekings für ihren hohen
Gönner beten wollten [4].

[1] Micus a. a. O. S. 66 ff.
[2] Constit. S. J. Decreta Congr. Gen., Congr. XII, d. 27.
[3] Micus a. a. O. S. 68.   [4] Handschrift in Privatbesitz.

Der Fürstenbergischen Stiftung erging es wie so mancher andern. Sie wurde, wenigstens zeitweise, gegen die Absicht des Schenkgebers zu andern frommen Zwecken verwendet, aber 1708 von dem Fürstbischof Franz Arnold v. Metternich ihrer ursprünglichen Bestimmung zurückgegeben [1].

Als einen Wohlthäter der ostasiatischen Missionen lernen wir auch den Kurfürsten Clemens August [2] von Köln kennen, der als kurbayerischer Prinz eigentlich schon oben zu erwähnen war. In einem Schreiben vom 10. Januar 1736 aus Macao bezeichnet P. Philipp Sibin S. J., Visitator der chinesisch-japanischen Provinz, es als seine Schuldigkeit, ihm, dem Fürsten, als dem besondern Wohlthäter der Gesellschaft Jesu und zumal der chinesischen Mission, Nachricht über deren Stand zu geben [3].

Als eine wahre „Mutter der deutschen Missionäre in Ostasien" erwies sich unter andern hochadeligen Damen vor allen die Frau Maria Theresia Gräfin von Fugger zu Wellenburg, geborene Truchseß zu Zeil. Eine Reihe von deutschen Missionären in China und Hinterindien stehen mit ihr im regsten Briefwechsel, senden ihr Berichte über den Stand der Missionen, danken für die empfangenen Wohlthaten, geben Rechenschaft über deren Verwendung [4], senden ihr Geschenke [5].

---

[1] Der Vermittler dieser Transaction war auch hier der rührige General-Procurator der indischen Missionen P. Franz de Fonseca (siehe oben S. 54). Er hatte den portugiesischen Grafen Villa Mayor auf dessen Brautwerbung um die österreichische Kaisertochter Maria Anna für Johann V. von Portugal als Beichtvater begleitet. Auf seiner Rückreise „non solum conduxit secum 8 egregios Missionarios pro India, sed in suo reditu iter per Monasterium Westphalorum instituens accepit a Celsissimo S. R. I. Principe Francisco Arnoldo de Metternicht [sic] Episc. Paderb. et Monast. 5700 florin. Ex fructibus legati, quod piissimus et Celsissimus Princeps Ferdinandus de Fürstenberg fundaverat pro missionibus Sinensi et Japonensi, qui multos annos contra pium Fundatoris mentem ac expressam in Tabulis fundationis voluntatem aliis operibus sanctis piisque fuerunt applicati" (*Franco*, Synopsis p. 429).

[2] Geb. 17. Aug. 1700, Sohn des Kurfürsten Ferdinand von Bayern, wurde schon 19. Dec 1715 Fürstbischof von Regensburg, 6. März 1715 Bischof von Münster, 27. März 1715 von Paderborn, 9. März 1722 Coadjutor von Köln und 12. Nov. 1723 Kurfürst und Erzbischof von Köln. Er erhielt später noch die Bisthümer Hildesheim und Osnabrück und starb zu Koblenz 6. Febr. 1761.

[3] Brief bei v. Lipowsky a. a. O. II, 336, IV.

[4] Briefe an Gräfin Fugger im „Welt-Bott" Nr. 684. 690. 693. 706. 711. 721. 722.

[5] Aus einem im Wiener Staats-Archiv (Geistl. Angel. Nr. 415) aufbewahrten Briefe des P. Ignaz Ponschab aus Burghausen in Bayern vom 26. Jan. 1753 nach Böhmen erfahren wir u. a., daß die PP. Koffler aus Cochinchina und Bahr aus Peking „an die Gräfin de Welleburg (zu München) eine 203 Pfund schwere

„Es haben", so schreibt z. B. P. Johann Walter 1747 aus Peking an Gräfin Fugger, „viele freygebige Wohlthäter die milde Hände ausgestreckt, ihre Armuth [gemeint ist die Residenz der Patres in Peking] zu unterstützen und ihr, in gegenwärtigen betrüblichen Umständen [es war das blutige Verfolgungsjahr] erfreuliche Hülf zu leisten. Ihre Majestät, die Durchlauchtigste Königin von Portugal: der Durchlauchtigste Prinz und Erzbischof zu Praga: Seine Excellenz, der Vorsteher des Indianischen Raths und vormaliger Abgesandter am Pekingischen Hof, haben aus Portugall: viele aus unserem Teutschland, ein namhaftes Almosen heuer anhero übermachet..." Euer Hoch-Gräfliche Excellenz wollen dem zeitlichen reichen Almosen, um welches wir uns höchst verbunden erkennen, auch das geistliche beysetzen und die dermalen so bedrängte Chinesische Kirch, Gott, in ihren heiligen Andachtsübungen, eifrigst anbefehlen."[1]

In einem Briefe vom 15. November 1744 aus Peking an die Gräfin gibt P. Florian Bahr auf deren Anfrage nähere Auskunft über das Werk der chinesischen Findelkinder. Die nothwendigen Mittel würden durch freiwillige Gaben gedeckt. „Es haben sich in Europa mildherzige Gutthäter gefunden, welche zu diesem Ziel jährliches Almosen nach China übermachen. Unter diesen seynd einige Hochadelige Damen, deren Namen ich da, weilen es mir von ihrer Demut also gebotten worden, nicht ohne Zwang verschweige. Eine derselben [gemeint ist die Gräfin] ist Euer Hoch-Gräflichen Excellenz nur gar zu bekannt, und ist eben diejenige, die mir und Patri Walter aus einer immerfort dauernden Freygebigkeit jährliche gewisse Geld-Summen anschaffet, mit welcher wir das heilige Werk beständig befördern, ja von Jahr zu Jahr höher treiben können. Ihr und allen übrigen Wohlthätern mag zum Troste dienen, daß sie mit ihrem mitleidigen Almosen, allein dieses Jahr, eintausend siebenhundert neun und achzig Kindern das ewige Leben erkauffet haben."[2]

Um 1747 entschuldigt sich P. Florian Bahr in einem nicht näher datirten Briefe bei seinem Ordensbruder P. Ulrich Probst, „Dompfrediger bei St. Moritz in Augsburg", daß er ihm nicht schon früher gedankt. Wohl habe er von seiner „mächtigen Wohlredenheit" und seinen „saftigen Predigten" viel Ruhmwürdiges gehört, aber nicht gewußt, daß er sich derselben „auch zum Nutzen eines in der äußersten Welt-Gränzen verborgenen Missionarii" bedient hätte, zumal er ihn früher kaum näher gekannt habe.

Kiste voll höchst interessanter und kostbarer Merkwürdigkeiten geschickt hatten, die wohl würdig wären zu Geschenken an die Fürsten und selbst an den Kaiser. Man brauche mehr als einen Tag, um all die Wunderdinge zu betrachten" (vgl. dazu oben S. 55, Anm. 1). Als Gegenleistung sei von München aus eine andere Kiste an die genannten Patres abgegangen, mit europäischen Geschenken, die in jenen Ländern gute Dienste leisten würden.

[1] „Welt-Bott" Nr. 600, 46. [2] Ebd. Nr. 648, 100 f.

„Jetzt da ich von Rom aus versichert worden, daß ich und unsere ganze Mission dem kräftigen Vor=Wort Euer Ehrwürden, großen Theils jene sonder= baren Guthaten zu danken hätten, mit welchen uns einige hohe Gönner, diese Jahre her, so mildthätig überhäuffet, habe ich nicht unterlassen wollen, für selbes unser schuldigst=verbundene Danksagung, mit all möglichster Erkenntlich= keit, in Gegenwart abzustatten."

Er bittet dann, seinen innigsten Dank den „großmüthigen Gönnern" zu vermitteln, mit dem Versprechen, täglich beim heiligen Meßopfer derselben ge= denken zu wollen. „Insonderheit überreiche ich Euer Ehrwürden sechs heilige Meß=Opfer zu einem geringen Zeichen meiner unterthänigsten Erkenntlichkeit, für jene mildthätige Hand, aus deren Güte ich neulich einen Wechsel von fast 360 Rheinischer Gulden erhalten hab, und wie man mir die angenehmste Hoff= nung macht, künftighin alljährlich erhalten werde. O! warum haltet man uns die Namen unserer so großen Wohlthäter so lang und sorgfältig verborgen? Warum legt man uns ein so hartes Stillschweigen auf, daß es uns nicht ein= mal erlaubet seyn solle, die Frag zu stellen, wem wir für so ausnehmende Freigebigkeit unsere schuldigste Danksagung zu leisten hätten?" Vielleicht irre er aber nicht, wenn er annehme, daß diese neue große Wohlthat von derselben „Hoch= und Wohlgebohrenen Reichs=Gräfin" herstamme, deren Gewissensführer P. Probst sei und die mit ihm „alle die Jahre seiner Anwesenheit in China einen beständigen Briefwechsel zu führen sich würdige. Wenn dem also, würde mir eine ganz besondere Freud seyn, sofern mich Euer Ehrwürden durch einige Zeilen dessen versicherten, von dieser Hochadelichen Gutthäterin aber zur Er= füllung aller vorigen Gnaden auch diese erbitten würden, daß mir sie, als welche ich in meinem Gemüt allzeit als eine meiner größten Wohlthäter er= kennet, in meinen Briessen für eine solche dankbar zu verehren gnädigst erlaubet werde; dann daß ich mich dessen bishero, nicht ohne Zwang enthalten, ist nicht aus Undank, sondern Ehrforcht: nicht aus Vergessenheit, sondern Gehorsam geschehen.

„Unterdessen wollen Euer Ehrwürden, deme als geistlichen Vatern etwas mehreres erlaubet seyn wird, Seine Hoch=Gräfliche Excellenz mit meinem Worte der erste als eine Chinesische Gutthäterin betiteln, Ihr das obgemachte Geschenk deren Heil. Meß=Opfern demütigst anerbieten, und sich in meinem Namen für so viele reiche, andächtige und seltsame Geschenk: für die kostbare Casel und Antipendium, für die künstlich=gefaßte Reliquiarien, für die aus Bein, Holz, Glas und Silber, von Europaeischen Meistern verfertigte Kunst= Stücke ꝛc. ꝛc. in aller Unterthänigkeit bedanken. Es dienen mir diese letztere nicht allein für große Mandarinen und Königl. Personen, bey welchen ich mit Europaeischen Spiegeln und Feder=Blumen schon manchmal große Ehr auf= gehebet, sondern ich hoffe, daß zu seiner Zeit, Seine Majestät unser Kayser selbst, an dergleichen Geschenken ein gnädigstes Wohlgefallen zu tragen, be= lieben werden."[1]

---

[1] „Welt=Bott" Nr. 602, 88 f.

Der Pater gibt dann ausführlich und ins einzelne gehend an, wie er die Almosen und Geschenke zur Ehre Gottes und zum Heil der Seelen verwendet habe.

Im selben Briefe spricht P. Bahr von 114 Unzen Silbers, die er von einem Wohlthäter, wenn er nicht irre, aus Augsburg, erhalten habe, und gibt auch über deren Verwendung genaue Auskunft.

Nach „Europaeischen Kunstsachen", wie Kreuzlein, Bildchen, „Ablaßpfennigen", Glasperlen, Kunstwerken u. dgl., die zu Geschenken an Fürsten und Große und an die neu bekehrten Christen sich eignen, ist in den Missionsbriefen häufig Nachfrage.

„Es hat mich", so schreibt z. B. P. Andreas Strobl 17. April 1737 aus Lissabon an seinen Bruder, regulirten Chorherrn O. S. Aug. zu St. Andreä, „schon öfters gereut, daß ich mir in unserem Teutschland keine Vorsehung von allerhand Spiegel=, Fern= und Vergrößerungs=Gläsern: von verschiedener Berchtolsgabner=Arbeit gemacht habe, angesehen, durch solche Kleinigkeiten, ihnen [sich] die Missionarien in denen Barbarischen Ländern, öfters die Freyheit das Evangelium zu predigen, oder die Sicherheit von feindlichen Nachstellungen erwerben können."

Er bittet seinen Bruder, ihm bei Gelegenheit einen Vorrath nach Indien nachzuschicken[1]. P. Florian Bahr (15. November 1744) gibt auf eine diesbezügliche Anfrage der Gräfin Fugger ein langes Verzeichniß dieser Dinge, die in China sich nützlich erweisen. „Dergleichen seynd SackSpiegeln, Messerlein, Scherlein, Gläser und zinnerne Fläschlein ... Kupferstich, besonders illuminirte ... Kreuzlein, Ringlein, Rosenkränz und was immer aus Glas und Bein nach Europaeischer Art etwas zarter gearbeitet ist."[2]

Als besondere Wohlthäter der chinesischen Mission werden außer den Angeführten aus dem Adel noch genannt u. a. der Dompropst von Olmütz Graf v. Kolowrat[3], „Se. Hochfreiherrliche Excellenz Herr Baron v. Engelshoffen, commandirender General im Temeswarer Bannat"[4] u. a. Neben dem hohen Adel und den reichen Prälaten kamen für die Missionäre, wenigstens vereinzelt, ihre Verwandten und die Bekannten aus dem engern Heimatskreise in Betracht, die durch Briefe für die Missionen interessirt wurden und freigebig für deren Bedürfnisse beisteuerten.

---

[1] „Welt-Bott" Nr. 641, 6.
Ebd. Nr. 684, 101; vgl. Nr. 105, 51; 163, 47; 199, 23; 212, 42; 444, 92; 510, 131; 589, 98; 617, 83; 640, 129 u. a.
[3] „Welt-Bott" Nr. 155, 18. [4] Ebd. Nr. 586, 78.

„Des Herrn Bürgermeisters von Herestorf", so schreibt 9. März 1750 der Rheinländer P. Joseph Lenz von Sevilla aus nach Köln, „unvergleichliche und bis an der Welt End sich erstreckende Gutthätigkeit werde einstweilen an dem Altare erwiedrigen, bis mir Gelegenheit wird gegeben werden, auch unschuldige Indianer für selbe betten zu lassen."[1]

Der Schweizer Patriziersohn P. Philipp Segesser verlangt in einem Briefe (1. August 1731) aus Nordmexico an seine Familie in Luzern eine Menge Gegenstände für die bevorstehende Einrichtung seiner Mission: Haus- und Feldgeräthschaften, Bestandtheile für eine Sägemühle, für Käsebereitung, Gemüsesämereien, Gegenstände zu kleinen Geschenken für die Indianer, alles Dinge, die im Lande selbst nicht oder nur sehr theuer zu erhalten seien. Die 350 Thaler vom König und was er von Hause mitgebracht und in Guadiana erhalten, seien zum großen Theil durch den Ankauf von Maulthieren und die Reisekosten aufgezehrt worden. Auch eine Flinte zu Schutz und Jagd erbat er sich. Alles sollte in eine Kiste verpackt an Don Juan Felipe de Anfa in Genua, einen Bruder des Commandanten der Provinz Sonora, gesendet werden. Es vergingen drei volle Jahre, bis diese Kiste am Ort ihrer Bestimmung ankam. Sie war geöffnet, zum Theil ihres Inhaltes entledigt und brachte die dreieinhalb Jahre alten Briefe. Eine andere Kiste mit nützlichen Dingen war vier bis fünf Jahre unterwegs gewesen[2].

Natürlich vergißt der Pater nicht, durch Zusendung von fremden Raritäten seine Gutthäter zu erfreuen.

Auch die heute so alltäglichen Missionscollecten in der Heimat waren dazumal, wenn auch in kleinem Maßstabe, schon im Schwung. Zunächst verfehlten die in regelmäßigen Abständen nach Rom gehenden sogen. Missionsprocuratoren nicht, die Zeit ihres Aufenthaltes in Europa zu solchen Rundgängen, namentlich an den Fürstenhöfen, auszunützen. Ein Beispiel hatten wir oben an P. Trigault. Einen echten Missionsbettler finden wir in dem Thüringer P. Wilhelm Weber. Für die malabarische Mission bestimmt, war er 1696 bereits nach Lissabon gekommen. Hier lernte der Procurator der Mission den praktischen und unternehmungslustigen Deutschen so schätzen, daß er ihn für den rechten Mann hielt, die geplante Neugründung einer Mission in Calicut in die Hand zu

---

[1] Handschrift in Privatbesitz.
[2] „Die Berichte des P. Ph. Segesser aus der Gesellschaft Jesu über seine Mission in Sonora, 1731—1761" (Kath. Schweizer-Blätter 1880, S. 868 ff.).

nehmen und dafür die nöthigen Mittel und Kräfte aufzubringen. Weber reiste also nach Rom, beſprach mit dem Ordensgeneral die Sache und erhielt alle nöthigen Vollmachten. Damit ausgerüſtet, „kehrte er nach Teutſchland zurück, durchwanderte einen guten Theil deren Donau- Maynund Rheinſtrömen, damit er nicht allein ſich einiger tauglichen apoſtoliſchen Mit-Arbeitern, ſondern auch mancherley Raritäten, und benöthigter GeldMitteln für eine ſo koſtbare Reis und Einrichtung vorgehabter Reſidenz bewerben möchte". Das ſei ihm denn auch gut gelungen, abſonderlich in ſeiner Vaterſtadt Erfurt, und ſo ſei er u. a. zu einem ziemlichen Vorrath an allem Zubehör gelangt, „als da ſind Brenn- Fern- und Klein-Gläſer, camerae obscurae, lucernae magicae, trigona, polygona, SonnenRing, Compaß, verſchiedene von koſtbarem Holz und Helffenbein gedrehete Büchſen mit allerhand Geometriſchen Obſervationen, die Höhe und Tieffe verſchiedener Körper abzumeſſen" u. ſ. w. Faſt zwei Jahre lang dauerte dieſe Bettelreiſe, und was das beſte iſt, es gelang ihm auch, „etliche taugliche Männer und Jünglinge für ſeine Miſſion zu werben" [1].

Damit ſchließen wir dieſes Kapitel. Es beweiſt unter anderem, wie ſchon damals in Deutſchland ein verhältnißmäßig weit verbreitetes und lebhaftes Intereſſe für das große Weltapoſtolat der Kirche beſtand und mit der Zunahme deutſcher Miſſionäre und deutſcher Miſſionsliteratur immer weitere Kreiſe erfaßte. Namentlich trug dazu eine Publication bei, welche man füglich als den alten Vorläufer unſerer heutigen „Katholiſchen Miſſionen" bezeichnen kann, nämlich die von P. Joſeph Stöcklein S. J. 1728 ins Leben gerufene Miſſionszeitſchrift „Der Neue Welt-Bott", heute noch eine der bedeutendſten und viel zu wenig gewürdigten Quellen für die Miſſionsgeſchichte des 17. und 18. Jahrhunderts.

6. Tüchtigkeit der deutſchen Miſſionäre.

Bekannt iſt, daß ſchon der hl. Franz Xaver für die Miſſionen von China und Japan deutſche und niederländiſche Patres verlangte.

„Es kam mir der Gedanke," ſo ſchrieb er 29. Januar 1552 an den hl. Ignatius, „Belgier und Teutſche, welche Spaniſch oder Portugieſiſch verſtünden, würden zu dieſer Miſſion [von Japan] ſich eignen. Beide Nationen können Strapazen ertragen und ſind von Natur und Erziehung abgehärtet. ..."

---

[1] „Welt-Bott" Nr. 93, 59.
[2] Leben und Briefe des hl. Franciscus Xaverius, herausgeg. von P. Eduard de Voß, Prieſter der Geſellſchaft Jeſu, II (Regensburg, Manz, 1877), 189.

Wenn diese nach Japan kämen, so könnten sie ausgezeichnet wirken und viele Frucht bringen." In einem Briefe vom 7. April 1552 an P. Simon Rodriguez kommt er darauf zurück: „Ich glaube, daß belgische und deutsche Priester der Gesellschaft sehr geeignet sind, die strenge Kälte jener Gegenden zu ertragen, weil sie schon seit vielen Jahren daran gewöhnt sind. Ich glaube, daß diese überhaupt mehr als andere für Japan und China sich eignen."[1]

Dieses Urtheil wiegt um so schwerer, da der Heilige immer und immer wieder betont, für die beiden Länder seien ganz besonders tüchtige Männer erforderlich.

Thatsächlich erwarben sich die deutschen Jesuiten später überall den Ruhm ausgezeichneter Missionäre und erfreuten sich einer ganz ungewöhnlichen Beliebtheit. Diese für uns Deutsche so ehrenvolle Thatsache steht durch zahlreiche Zeugnisse ganz außer Zweifel.

„Am Ende", so gesteht selbst Lang[2], „kamen die deutschen Missionarien zu einem großen Vorzug und Vertrauen."

„Die deutschen Missionäre", so schreibt auch J. Friedrich in seinen bekanntlich sehr feindseligen „Beiträgen zur Geschichte des Jesuitenordens" (München 1881) S. 35, „waren wegen ihrer Geschicklichkeit in den Arbeiten, ihres Eifers und ihrer Ausdauer gerade als Missionäre sehr geschätzt und gesucht, und es ist nur Autoren wie Crétineau-Joly die Schuld davon beizumessen, wenn er in seiner Geschichte die deutschen Jesuiten in den Missionen fast gar nicht kennt; er sieht überhaupt mehr auf die romanischen Jesuiten, über die ihm die Quellen leichter zugänglich waren[3]. Die Zeugnisse für die besondere Brauchbarkeit der deutschen Jesuiten in den Missionen sind vielmehr in den von mir durchgesehenen Briefen ziemlich zahlreich und stammen keineswegs bloß von deutschen Jesuitenmissionären selbst, sondern auch von ihren Vorgesetzten", die ja meistens Ausländer waren.

Wie sehr selbst die spanischen Könige die Loyalität der deutschen Missionäre anerkannten und auf Grund der gemachten Erfahrungen ihre Zulassung schließlich begünstigten, haben wir bereits gehört (vgl. oben S. 27 ff.)[4].

---

[1] A. a. O. S. 250.

[2] Gesch. der Jesuiten in Bayern S. 85.

[3] Mit Unrecht behauptet dagegen Friedrich (ebb.), daß auch der „Welt-Bott" Stöckleins die Briefe der oberdeutschen Provinz fast gar nicht kenne. Unsere Liste im zweiten Theile weist eine große Zahl derselben auf.

[4] Wie P. Duhr uns versichert, liegen in den Archivschätzen von Simancas noch eine große Anzahl officieller Zeugnisse zu Gunsten deutscher Missionäre. Dieselben waren uns leider noch nicht zugänglich.

1. **Deutsche Jesuiten als Missionsobere.** Besonders stark fällt die Thatsache ins Gewicht, daß in den spanisch-portugiesischen Kolonien eine verhältnißmäßig große Anzahl deutscher Jesuiten die höchsten und ehrenvollsten Posten bekleidete. Das ist um so mehr hervorzuheben, da anfangs der Ausschluß der Ausländer von solchen Aemtern förmlich stipulirt war (vgl. oben S. 25) und weder den Wünschen der Krone noch dem Geschmacke der Spanier und Portugiesen besonders entsprach. Noch am 17. Juli 1664 schrieb Alfons VI. von Portugal in dem schon (S. 17) erwähnten Briefe an den Ordensgeneral P. Goswin Nickel bezw. dessen Generalvicar Paul Oliva: „Ebensowenig kann ich es unterlassen, Ihnen zu sagen, daß man in meinem Reiche über die vielen aus- ländischen Visitatoren und Obern, die man in den dazu gehörigen Provinzen angestellt, ungehalten ist. Sie wissen, wie viele bedeutende Männer dieses Land, Gott sei Dank, hervorbringt. Mir dünkt, dieselben hätten Talent und Tugend genug. Wir möchten Ihnen deshalb dringend anbefehlen, in diesem Punkte Besserung eintreten zu lassen, damit diese so gerechte Klage einer ganzen Nation verstumme. Und da ich von Ihrer Klugheit und Ihrem Eifer erwarte, daß Sie alles so anordnen, wie der Dienst Gottes, das Wohl Ihres Ordens und mein Dienst es erfordern, so will ich mich nicht länger bei dieser Sache aufhalten.“

Wenn trotz dieser Vorurtheile und Einschränkungen dennoch eine be- deutende Zahl deutscher Patres mit den wichtigsten Aemtern betraut wurden und als Obere ganze Provinzen und Missionsgebiete leiteten, so verdankten sie dies eben nur ihrer ganz unzweifelhaften und hervorragenden Tüchtig- keit. Da diese Thatsache so wenig bekannt ist, so dürfte eine kurze Zu- sammenstellung wohl am Platze sein.

Visitatoren wurden in jener Zeit meist alle drei bis vier Jahre vom Ordensgeneral in die Provinzen diesseits und jenseits des Oceans gesandt, um in dessen Namen den Stand der Provinzen zu prüfen und etwa nöthige Reformen zu veranlassen. Ihre Vollmachten waren, be- sonders in den Missionsländern, sehr bedeutend und ihre Amtsdauer hier meist eine längere, da die schwierigen Verkehrsverhältnisse eine directe Ver- bindung mit dem Ordensgeneral erschwerten. Auf diesem hohen, wichtigen Posten finden wir eine ganze Reihe deutscher Jesuiten, beispielsweise die PP. v. Hallerstein, Hinderer (zweimal), Kögler (zweimal), v. Laim- beckhoven (L. war außerdem seit 1756 Bischof von Nanking und bald darauf Administrator der Diöcese Peking), Stumpf und Sibin in China; Zwerger in Hinterindien; Walter Victor auf den Marianen; Ducrue,

Hostell, Konsag, Neumann (dreimal), Segesser, Wolff, Franz (zweimal) in Mexico.

Als P r o v i n c i a l e [1] wirkten die PP. v. Hallerstein (zweimal), Kögler, Sibin und Bürgin in den chinesischen und japanischen (Vice-)Provinzen; Heipel und Zanzini auf den Philippinen und Marianen; Brentano in Quito; Hueber in Chile; Nußdorfer in Paraguay; Balthasar in Mexico. (Eine ziemliche Anzahl Deutscher versah auch das Amt eines sogen. Socius Provincialis, einer Art Secretärs und Beraters bei der Verwaltung der Provinz.)

M i s s i o n s - S u p e r i o r e n [2] waren die PP. Brayer, Julian, Schindler, Zurmühlen über sämtliche Missionen am obern Marañon (Quito) [3]; Perret und Pfeil am untern Marañon (Brasilien); Ducrue, Kapp, Kühn, Nentwich, Neumann in Mexico; Khuen in Chile; Betschon, Brigniel, Nußdorfer, Streicher, Strobl, Cuculin in Paraguay; Deistermann und Huetlin in Vorderindien; John, Bernhard Schmitz, Tilpe und Walter auf den Philippinen und Marianen, Schall und Koffler in China; Bürgin und Graff in Hinterindien.

Auch als G e n e r a l p r o c u r a t o r e n [4] der Missionen, die auf den Provincial-Congregationen aus der Zahl der tüchtigsten Patres ausgewählt und als Abgesandte und Bevollmächtigte der Provinzen zu der alle drei bis vier Jahre tagenden Procuratoren-Congregation nach Rom geschickt wurden, treffen wir eine Anzahl deutscher Missionäre an, z. B. die PP. v. Haimbhausen und Hueber aus Chile, Brentano aus Quito, Martini aus China u. a.

R e c t o r e n von Collegien und größern Ordenshäusern waren u. a. folgende dreißig deutsche Patres: Fridelli, Bahr, Miller in Peking; Bischopinck, Bremer, Hausegger, Zech in Vorderindien; Graff und Zwerger in Hinterindien, Fink, Pechtl, Bernhard Schmitz, Sonnenberg, Stainbeck, Urfahrer, Zanzini auf den Philippinen und Marianen; Rauber, Brigniel, Nußdorfer, Christmann, Orocz, Rechberg in Paraguay; Friedl, Haimbhausen,

---

[1] Die höchsten Obern ganzer Provinzen, unmittelbar unter dem Ordensgeneral stehend.

[2] An der Spitze größerer einer Provinz zugehörigen Missionsgebiete, vielfach mit den Vollmachten eines Vice-Provincials ausgestattet.

[3] Quito ist der alte Name für das heutige Ecuador.

[4] Diese Procuratoren sind wohl von denjenigen zu unterscheiden, welche die Geldgeschäfte der einzelnen Häuser oder Provinzen führten. Uebrigens waren deutsche Patres als tüchtige, solide Financiers auch für diesen verantwortungsvollen Posten sehr gesucht.

Kisling, Suppet in Chile; Azzoni in Quito; Stansel in Brasilien; Balthasar, Segesser in Mexico u. a. m.

Eine sehr große Zahl deutscher Patres finden wir sodann als Superioren oder Obere kleinerer Niederlassungen, Residenzen und namentlich von Reductionen. Beispielsweise waren nach einem „Catalogus deren Missionen und Missionarien an dem Fluß Uruguay und Parana" von 1738 in sechs von den siebzehn Reductionen am Uruguay deutsche Patres Vorsteher: in San Nicolás P. Sigismund Aperger, „ein Innsbrugger aus der Ober-Teutschen", in San Luis P. Innocenz Erber, „ein Labacher aus der Oesterreichischen", in San Juan P. Joseph Iberacker, „ein Salzburger aus der Ober-Teutschen", in San Xavier P. Joseph Brigniel, „ein Clagenfurter aus der Oesterreichischen", in Concepcion P. Tobias Petola, „ein Freyburger aus der Ober-Teutschen", in San José P. Matthias Strobel, „von Brugg an der Muhr aus der Oesterreichischen"; außerdem in Loreto, einer von den dreizehn Reductionen am Paraná, P. Franz Xaver Limp aus der Oesterreichischen Provinz [1]. Nach einer andern, von Wittmann (Allgem. Geschichte der katholischen Missionen II [Augsburg 1846—1850], 368 f.) mitgetheilten Liste der Moxos-Missionen (Peru) standen im Jahre 1752 von den zweiundzwanzig Reductionen vier oder fünf unter deutschen Obern. Noch günstiger wohl war das Verhältniß in den Missionen von Nord-mexico und Californien.

Nur kurz erwähnt sei, daß auch zum wichtigen Amte eines Novizenmeisters oder sogen. Instructors III. anni nicht selten deutsche Patres erwählt wurden (wir nennen u. a. die PP. Julian, v. Haimbhausen, Straßer, v. Hallerstein und Orocz), wie auch mehrere deutsche Jesuiten selbst von den spanischen Statthaltern und Bischöfen zu ihren Seelenführern und Berathern gemacht und mit ihrem besondern Vertrauen beehrt wurden.

„Es ist letzlich," so schreibt P. Franz v. Zephyris vom obern Marañon, Quito 9. März 1725, „was uns Frembling [Ausländer] belangt, leichter zu bewundern, denn auszusprechen, wie lieb und werth, ja in wie hohem Ansehen die teutschen Missionarii allhier seyen, als welche bereits von viel Jahren her zu Ober-Vorstehern unserer Missionen seynd bestellt worden. Was noch mehr ist, man hat dem P. Detre (P. Wilh. d'Etré war ein Belgier) sogar das Provincialat-Amt auftragen wollen, welches er hingegen aus tieffester Demut bey unserm P. Generali in Rom durch Abbitten von sich abgelehnt hat: womit sich die vornehmsten Provinz-Häupter so fern nicht abschröcken lassen, daß sie nun berathschlagen, ob nicht P. Grebner, ein ge-

---

[1] „Welt-Bott" Nr. 640.

borner Bayer, zu solcher Würde erhoben, P. Julian aber (ebenfalls aus der Oberteutschen Provinz) von denen Missionen zurückberuffen und auf die Theologische Cantzel solle erhoben werden; jetzt zu geschweigen, daß ihrer viel des Vorhabens seynd, den Patrem Zurmillen [P. Bernh. Zurmühlen, Rhen. inf.] in nächster Provincial-Versammlung zu erwählen und als Procuratorem nach Rom zu schicken. Ich zweiffle, ob ihr Teutsche bißfalls in euerem eigenen Vatterland so viel geltet, als in gegenwärtigen fremden Landschafften."[1]

Dieselbe Wahrnehmung machen wir in den Missionen von Ostasien. „Ich lade", so schreibt z. B. P. Neugebauer in einem Schreiben von 1746/49 aus Cochinchina, „zu diesen Arbeiten alle Ehrwürdige Väter und Brüder meiner liebsten Oesterreichischen Provinz, überhaupt aber alle von der Teutschen Nation ein, als welche, wie es die Erfahrenheit dieser unserer letzten Zeiten lehret, in diesen gegen Aufgang gelegenen heidnischen Ländern so fleißig und nutzlich gearbeitet hat und annoch arbeitet, daß sowohl unsere geistliche Ordens-Obrigkeiten, als auch die heidnische Kayser und König an ihrem ersprießlichen Fleiß ein vergnügliches Wohlgefallen zu tragen sich belieben lassen.

„Es mangelt uns an deutlichen Merkmalen dieser ihrer gütigsten Zufriedenheit nicht. Unser allerhöchster Ordens-Vater hat diese letztere Jahre die erste zwey Würdigkeiten eines Provincials und Visitatoris, beyder, der Sinisch- und Japonischen Provinzen, wechselweiß denen Patribus Ignatio Kögler, Philippo Sibin, Augustino Hallerstein, Godefrido Laimbeckhoven: das Amt eines Vorstehers der ganzen Mission in Tunkin und Cochinchina denen Patribus Wenceslao Palicžek und Jacobo Graff, allen von der teutschen Nation, aufgetragen. . . . Der mächtigste Kayser in China hat die zwei teutschen Missionarios, Patrem Kögler und Hallerstein, seinem Mathematischen Rath, als Häupter vorgestellet, andere aber, als P. Antonium Gogeisl, Florianum Bahr, Joannem Walter und Ignatium Sichelbart zu seinen Königl. Hof-Diensten von Macao nach Peking beruffen. Der jetzig und letzt verstorbene König in Cochinchina haben denen Patribus Joanni Siebert, Carolo Slamenski und Joanni Koffler, allen dreyen aus der Böheimischen Provinz, nebst der Verwaltung der Astronomie auch als Hof- und Leib-Medicis ihre selbst eigene allerhöchste Personen anzuvertrauen kein Bedenken getragen.

„Es gehet auch der Ruff, als ob Seine Königliche Majestät in Portugall, Stifter und Vater aller dieser Missionen, zwei teutsche Missionarios, Patrem Godefridum Laimbeckhoven, aus der Oesterreichischen, und P. Jacobum Graff, aus der Nieder-Rheinischen Provinz, bey dem Römischen Stuhl für die zwey Bistümer, das Nankinische in China, und das Cochinchinische, vorzuschlagen sich gewürdigt hätten, um einer ganzen Christlichen Welt vor Augen und an den Tag zu legen, was allerhöchstes Belieben sie an denen eifrigen Arbeiten dieser teutschen Aposteln trugen, und was großer Belohnung sie deren Bemühung würdig hielten. So werden in diesen Ländern heut zu Tag die Missionarii von der teutschen Nation geehret."[2]

---

[1] „Welt-Bott" Nr. 388, 98.   [2] Ebb. Nr. 715, 99.

Er hätte beifügen können, daß am Hofe von Peking keine andern Jesuiten sich der Gunst der Kaiser in höherem Grade erfreuten und von ihnen mehr ausgezeichnet wurden als der Kölner P. Adam Schall und der Bayer P. Ignaz Kögler.

„Es gebeyet", schreibt P. Stöcklein in der Vorrede zum 8. Theil des Welt-Botts, „der teutschen Nation zu sonderbahrem Ruhm, daß beide Sinische Kayser Schuntschi und Camhi Tartarischer Herkunft die Präsidenten-Stelle über ihr höchstes Mathematische Hof-Gericht zu Peking schier beständig einem teutschen Jesuiten, nemlich P. Abamo Schall, P. Ferdinando Werbiest (Belg.), P. Antonio Thoma (Belg.), P. Kiliano Stumpf und letzlich P. Ignatio Kögler anvertraut haben."

Dem gelehrten Sinologen P. Herdtrich setzte der Kaiser eigenhändig eine Grabschrift auf; dem Böhmen P. Ignaz Sickelpart ließ Kaiser Kian-lung zu dessen siebzigstem Geburtstag Auszeichnungen zu theil werden, wie sie sonst nur den angesehensten Reichsfürsten und Großwürdenträgern erwiesen wurden[1]. Der treuherzige Schweizer Br. Stadelin war ein Liebling des großen Kaisers Kanghi, der oft stundenlang in dessen Werkstätte verweilte und mit ihm sich unterhielt. Eine ähnliche Stellung nahmen die Deutschen PP. Siebert und Koffler am cochinchinesischen Hofe zu Huë ein.

2. Deutsche Missionäre als Künstler und Handwerker. Daß gerade die deutschen und neben ihnen besonders auch die niederländischen Jesuiten in allen Missionen so beliebt und, wie wir noch sehen werden, so gesucht waren, hatten sie ganz besonders ihrem praktischen Sinn und Geschick auch für die materielle Seite des Missionswesens zu verdanken. Man kann ohne Uebertreibung sagen, daß jene abgeschlossene Vollendung und wirtschaftlich-gewerbliche Blüthe, welche manche der südamerikanischen Missionen — einschließlich der berühmten Reductionen von Paraguay — im Laufe des 18. Jahrhunderts erlangten, erst durch die Mitwirkung deutscher und niederländischer Patres und Brüder ermöglicht wurde, und daß ihnen das Hauptverdienst dafür zukommt. Wir werden den Beweis für diese manchen überraschende Behauptung nicht schuldig bleiben.

Zur Erklärung muß zunächst darauf hingewiesen werden, daß in Spanien selbst seit dem Zeitalter der Eroberungen die einheimische Industrie immer mehr zurückgegangen war und die wirtschaftliche Lage eine

---

[1] „Kath. Missionen" 1878, S. 185.

immer traurigere wurde. Es ist hier nicht der Ort, auf die Ursachen dieser Zustände näher einzugehen. Die Thatsache steht fest und wird auch durch zahlreiche Berichte deutscher Missionäre, die in Spanien längere oder kürzere Zeit sich aufhielten, bestätigt.

„In Bezug auf Künste und Handwerke", so schreibt u. a. P. Michael Streicher noch um 1725 aus Sevilla [1], „herrscht hier in der ersten Stadt von ganz Spanien eine solche Rohheit, daß es Niemand glauben möchte, der es nicht sieht. Daher kommt es, daß die Spanier fast aller jener Dinge entbehren, welche nicht die Freigebigkeit der Natur oder die Betriebsamkeit der Ausländer ihnen gleichsam widerwillig aufdrängen. Einen Uhrmacher, der ‚Sackuhren‘ machte, gibt es in Sevilla nicht; unsere Laternen und Handlampen staunen sie gleichsam an wie Meerungeheuer. Die Büchereinbände sind im wahrsten Sinne barbarisch. . . . Wenn sie nach deutscher oder französischer Art gebundene sehen, bewundern und loben sie auch die Buchbinder, aber sie nachzuahmen fühlen sie keinen Antrieb; und fragt man sie, warum sie es nicht selbst so machen, so antworten sie: Die Spanier wollen keine so zierliche Arbeit als die Deutschen."

Die Uhren im Colleg und in der Stadt waren ohne Zeiger u. s. w. In einem Briefe des P. Franz Wagner vom 1. September 1735 wird gesagt, daß es aus Mangel an Druckereien wenig Druckwerke gebe; in Köln allein seien mehr Druckereien als in ganz Spanien . . ." Aehnlich spricht sich auch P. Matthias Strobel in einem Brief vom 15. Februar 1727 über den Rückstand von Industrie und Gewerbe in Spanien aus. „Kurz," so faßt er seine Ausführungen zusammen, „die Künsten [er meint die mechanischen] in Spanien stehen beynahe so hoch, als sie vor etwann hundert Jahren in Teutschland gewesen seynd." Infolgedessen machten ausländische, italienische, französische, auch deutsche Händler hier gute Geschäfte, indem sie ihre Waren weit über ihrem Preise losschlugen.

Es ist bei diesen Zuständen im Mutterlande gewiß nicht zu verwundern, wenn auch in den überseeischen Kolonien die wirtschaftlichen und gewerblichen Verhältnisse vielfach recht primitiv waren. Wie sehr dies z. B. in den La Plata-Ländern der Fall war, beweisen die einstimmigen Zeugnisse der deutschen Missionäre, die seit dem Ende des 17. Jahrhunderts nach Paraguay gingen.

P. Sepp, der im Jahre 1690 in Buenos Aires landete, gibt von der Hauptstadt der Kolonie folgende Beschreibung: „Die Häuser haben alle nur eine Contignation oder Zimmer-Stock, seynd nicht aus Holz noch aus Stein, sondern aus gewissen Erdschollen, Laim oder harten Lett-

---

[1] Abhandl. d. kgl. bayer. Akad. der Wissensch., III. Kl., XVI. Bd., 1. Abth. S. 29 ff.

Klotzen gebauet, können dahero kaum 7 Jahre lang dauern, fallen gleich
ein und zu Boden; die Dächer seynd aus Binsen." Die Jesuiten hätten
vor kurzem zuerst Kalk zu brennen und Ziegel zu machen angefangen und
die ersten soliden Bauten dieser Art aufgeführt[1]. Noch im Jahre 1723
nennt der Oesterreicher Br. Michael Herre die Stadt „einen schlechten
Ort". Sie habe nur drei Gotteshäuser. Nur die Domkirche sei aus
Ziegeln oder Brandsteinen und Kalk gebaut, „alle andern Gebäu aber
seien aus Flechten und Koth [Lehm] auf Schwalbenart gebaut".

Der an deutschen Fleiß gewohnte Bruder ist auf die einheimischen
Spanier schlecht zu sprechen. Sie unterscheiden sich von den übrigen Be-
wohnern in Aussprache und Kleidung, „nicht aber an der Kost und Wohnung, so durchgehends bettelhaft aussehen. Nichtsdestoweniger stellen sie
sich hoffärtig und stolz. Sie verachten alle Künsten; wer etwas verstehet
und gern arbeitet, wird verachtet als ein Sklav; wer hingegen nichts kann
und müßig geht, der ist ein Caballero oder Ritter und Edelmann...."
„Die Spanier wollen nur andern befehlen und selbst keine Hand an-
legen...." Das neue Colleg der Jesuiten sei „von einem deutschen
Jesuiter-Bruder, namens Kraus vor Jahren von Calch und Backstein
angelegt worden" und werde nun von einem mailändischen Bruder ver-
größert[2].

Nicht besser sah es in den andern Städten der Kolonie aus. Cordoba,
Asuncion, Santa Fé, Tucuman, Salta u. s. w., so versichert im Jahre
1729 P. Matthias Strobel, führten zwar den stolzen Namen „Städte",
glichen aber der Gestalt nach ebenfalls „Raitzischen Dörfern"[3].

Der Laienbruder H. Peschke versichert (18. Januar 1702), das Ordens-
gewand sei hier „von so grobem Faden, wie in Teutschland die schlechtesten
Kotzen oder Beth-Decken", und müsse das Zeug noch von Quito eingeführt
werden. Von Strümpfen wisse man nichts. Leinwand werde gleichfalls
aus Europa importirt und sei deswegen selten. Darum beständen „die
Hember aus baumwollenem Rupfen, welches gröber ist als Pack-Leinwand
und die Haut so stark aufreibt, daß wir keines Striegels bedürfen"[4].
Aehnlich stand es mit den meisten andern Handwerken und Industrie-
zweigen. Fast alles mußte von Spanien eingeführt werden und war deshalb unerschwinglich theuer. Bei dieser Lage der Dinge kann man leicht

---

[1] Reis-Beschreybung I, 13 f.   [2] „Welt-Bott" Nr. 438, 75 ff.
[3] Ebd. Nr. 510, 120. Aehnlich in andern Briefen.
[4] „Welt-Bott" Nr. 506.

begreifen, welch kostbares neues Element die in allen Handwerken und Künsten erfahrenen und mit praktischem Sinne und Geschick ungewöhnlich begabten deutschen und niederländischen Patres und Brüder den Missionen dieser Länder zubrachten.

Unter ihnen waren tüchtige Architekten. So baute beispielsweise Br. Johann Kraus u. a. das neue Noviziatshaus in Corboba und das neue Colleg in Buenos Aires „aus Kalch und Backstein"[1]. Der Münchener Br. Joseph Klausner war nach dem Zeugniß des Spaniers Peramas „der erste, der den Gebrauch von Zinngeschirren in Tucuman einführte zum größten Nutzen der Provinz"[2].

„Mein Haupt-Geschäfft", so schreibt er selbst an seinen ehemaligen Meister in München (19. März 1719), „ist mein von Euch erlerntes Handwerk, mit welchem ich oder vielmehr mein Lehrmeister durch mich unbeschreibliche Ehr und Danck einlegt, nicht allein zu Corbuba, sondern weit und breit in denen herumliegenden Landschafften; denn ich kann versichern, daß unsere Patres, wie auch die Indianer die Göttliche Vorsichtigkeit preisen, weil dieselbe ihnen einen Zinngießer hat zuschicken wollen und für denjenigen beten, welcher mich diese Kunst gelehrt hat." Das Land habe Ueberfluß an Zinn; aber niemand verstehe es zu bearbeiten. Die daraus gefertigten Gefäße würden wie Silber aufgewogen. Er habe, um alle die Collegien, welche vorher aus unglasirtem irdenem Geschirr gegessen hatten, mit „Schüsseln, Tellern, Salz-Büchslein und Kannen zu versehen schon bis 107 Centner Zinn verschmeltzet." Er unterrichte nun etliche Indianer in seiner Kunst, damit er um so eher in die heißbegehrten Indianermissionen komme, wo er auch das Amt eines procuratoris vertreten solle. Nebenbei treibe er allerlei „Nebenhandthierungen, in welchen ich zwar nur ein Stümpler bin, als eines Glocken-Gießers, Spenglers, Balbierers, ja sogar eines Küffers; weil an solchen Handwercks-Leuten dieser Orten ein allgemeiner Mangel ist".

Dies komme theils auf Rechnung der Unwissenheit, theils der Faulheit, „weil die Spanier zur Hand-Arbeit gar wenig Lust haben, infolglich dieselbe meistens denen Fremden, die Handwerker aber denen Teutschen überlassen"[3].

Aehnlich meldet Br. Bitterich 15. April 1710 aus Santiago (Chile):

„Mein Amt und Geschäfft betreffend habe ich allhier über die maßen viel für diese gantze Provintz Chile zu arbeiten, weil unsere Obern aller Orten Bild-Säulen, Altar und Gebäu zwar heftig verlangen, aber weder einen Bildhauer, noch Baumeister, die ihre Künsten gründlich verstünden, in diesen

---

[1] „Welt-Bott" Nr. 438, 75. [2] Peramas l. c. p. 425.

[3] „Welt-Bott" Nr. 108, 60 f.

Ländern auftreiben können." Er bittet barum seinen alten beutschen Provincial, den Ueberbringern bes Briefes, nämlich ben zwei chilenischen Missionsprocura= toren, die sich an ihn wenden würden, mit etlichen beutschen Jesuiten, besonders Brübern, ‚an bie Hand zu gehen' unb 2 Schreiner ober Tischler, 1 ober 2 Maurer unb 1 Bilbhauer zu senben, „weil in bieser Welt=Gegenb bergleichen junge Leute nicht zu finben, mithin bie Obern aus Noth gezwungen sinb, ungeschickte Leut, die weber Handwerck noch Kunst verstehen, noch einen steissen Beruf mitbringen, in die Societät aufzunemmen unb vielmal wieber zu entlassen" [1].

Ganz besonbers aber kam ber Zuzug von Deutschen den berühmten Rebuctionen von Paraguay zu gute. In fast hundertjährigem mühevollen Ringen hatten spanische unb italienische Jesuiten bie wilden Stämme am Paraná unb Uruguay aufgesucht, bekehrt unb in festen Ort= schaften angesiebelt. Die Gründung ber Rebuctionen ist ganz ihr Werk unb Verbienst, bie Frucht heroischer Opfer unb Mühen. Entsprechend ber einfachen, bebürfnißlosen Lebensart ber Spanier unb im Einklang mit ben oben kurz angebeuteten Verhältnissen ber ganzen La Plata=Kolonie trugen aber biese Rebuctionen noch am Enbe bes 17. Jahrhunberts, was ihre äußere Einrichtung unb ben wirtschaftlichen Betrieb angeht, im großen unb ganzen ein ziemlich schlichtes, nach beutschen Begriffen vielfach sogar ärm= liches Gepräge. Hier war noch ein großer Fortschritt möglich, unb baß bie Rebuctionen in ihrer letzten Glanzperiobe von 1700—1767 auch in materieller Hinsicht sich so herrlich entwickelten, ist in erster Linie bem praktischen Geschick unb unverbrossenen Fleiß ber ca. 120 beutschen unb zahlreichen niederländischen Missionäre [2] zu banken, bie in biesem Zeit= abschnitt hier wirkten.

Bezüglich ber jüngern Chiquitos=Mission besitzen wir bafür bas werth= volle Zeugniß bes Spaniers P. J. Peramas, eines ber besten Kenner ber Paraguay=Missionen, in seiner trefflichen Biographie bes Schweizers P. Martin Schmid aus Baar im Kanton Zug. Derselbe langte im Jahre 1729 in Paraguay an [3]. Um zu würbigen, was bie Mission biesem einen Manne verbanke, müsse man, so führt Peramas aus, wissen, in welchem Zustanbe sie sich bei seiner Ankunft befunben habe. Die ersten

---

[1] „Welt=Bott" Nr. 206, 31.

[2] Nach einer Liste bes P. F. Kiekens S. J. — Les Anciens Missionnaires Belges (Précis hist. 1879, 147 s.) — gingen von 1616 bis 1726 28 belgische Jesuiten nach Paraguay, bie Hollänber nicht mit einbegriffen.

[3] De Vita et Moribus XIII Virorum Parag. p. 422 sqq. Vgl. „Katho= lische Missionen" 1876, S. 89 ff.

Missionäre hätten all ihre Kraft darauf richten müssen, die wilden Stämme zu gewinnen und zur festen Ansiedelung zu vermögen. Diese ersten Ansiedelungen waren anfangs noch sehr primitiv (informia erant et vix aliud quam asylum quoddam, ubi qui convenerant instituebantur), gerade gut genug, um den bereits gesammelten Wilden als vorläufiger Zufluchtsort zu dienen, wo sie der eine der beiden Missionäre unterrichtete, während der andere auf neue apostolische Eroberungen ausging.

„Da so beide Tag und Nacht mit der vor allem nothwendigen apostolischen Arbeit beschäftigt waren, konnten sie nicht daran denken, den materiellen Fortschritt der Indianer zu fördern und ordentliche Bauten aufzuführen. Die Folge war, daß Kunst und Gewerbe entweder noch ganz barniederlagen oder doch sehr unentwickelt waren. Dazu kam, daß die Patres sich die nothwendigen Werkzeuge nirgendsher beschaffen konnten, da fürs erste ihnen jene Unterstützungssumme noch nicht ausbezahlt wurde, welche der Katholische König für die Indianerseelsorger ausgeworfen hatte.

„So ungefähr war der Stand der Chiquitos-Mission zur Zeit, als P. Schmid dahin kam. Durch ihn wurde das Angesicht der Indianerdörfer völlig verändert. Ein Mann von großem Talent und außerordentlich praktischem Geschick, faßte er gleich den Plan, keine Mühe zu scheuen, um die öffentliche Wohlfahrt zu fördern. Darum verwandte er alle Zeit, die ihm der Gottesdienst und die Seelsorge frei ließ, darauf, den Chiquitos die verschiedenartigsten Künste: Bildhauerei, Drechslerei, Zeichnen, das Schlosser- und Schmiedehandwerk und die übrigen Arbeiten in Holz und Metall, durch mündliche Unterweisung und praktisches Vormachen beizubringen."

Mit sichtlicher Begeisterung folgt nun Peramas dem deutschen Allerweltskünstler in die verschiedenen Werkstätten und zeigt ihn uns, wie er den Indianergesellen die verschiedenen Hantirungen beibringt. Von ihm lernten die Chiquitos die Kunst, zu weben, Bilder zu malen, Statuen zu schnitzen und zu polychromiren u. s. w. Er führte die nützliche Töpferkunst in der Mission ein und die Zinngießerei, die er wahrscheinlich von Br. Klausner erlernt hatte. Er baute die ersten Orgeln und goß die ersten Glocken. Er war der General-Uhrenmacher der Mission, der einzige, der die alten Uhren repariren und neue machen konnte. Um die Schlaguhren in den verschiedenen Stationen einheitlich zu reguliren, stellte er überall Sonnenuhren mit den nöthigen Tabellen auf. Damit die Missionäre auf ihren Reisen auch in der Nacht Zeit und Stunde wüßten — denn Taschenuhren waren damals selten —, construirte er in geistreicher Weise einen Apparat, welcher, aus zwei drehbaren Metallscheiben mit Zeiger und Zifferblatt bestehend, ihnen nach der wechselnden

Stellung der vier das Südliche Kreuz bildenden Sterne die Zeit annähernd
genau angab.

Sein größtes Verdienſt aber war, daß er der Miſſion ſtatt der bis-
herigen rohen, kunſtloſen Nothbehelfe die erſten würdigen und ſchönen
Kirchen gab. Die von St. Raphael, Concepcion, St. Xaver, St. Michael
baute er ſelbſt (letztere war nach dem Zeugniß Peramas wenigſtens
ſo ſchön als die von einem italieniſchen Architelten erbaute Kathedrale
von Santa Cruz de la Sierra), andere wurden nach ſeinen Plänen
von den aus ſeiner Schule hervorgegangenen Künſtlern gebaut und aus-
geſchmückt.

Was Schmid, Meſner, Knogler u. a. bei den Chiquitos, das waren
die PP. Sepp, Brigniel, Nußdorfer, Cierhaim u. ſ. w. für die Guaraniä-
Reductionen am Paraná und Uruguay, die PP. Baude, Klein, Dobrizhoffer, Lehmann u. a. für die Pampas-Miſſionen, unter den Macobiä,
Abiponern und andern Stämmen. Leider geſtattet der Raum es nicht,
dies ausgiebiger nachzuweiſen[1]. Einige Zeugniſſe müſſen genügen.

Beſonders werthvoll iſt dasjenige, das P. Michael Streicher um das
Jahr 1725 aus dem Munde des ſpaniſchen Generalprocurators der süd-
amerikaniſchen Miſſionen vernahm. In Paraguay, ſo ſagte derſelbe,
ſei nunmehr in jeder Beziehung, ſowohl in geiſtlichen wie auch in zeitlichen Dingen, ein zunehmender Fortſchritt zu erkennen. Das ſei, wie
er des öftern wiederholte, einzig den Deutſchen zu verdanken. Bereits denke man ernſtlich auch an die Errichtung einer Papier-
und Glasfabrik. Ein deutſcher Pater habe auch aus eigener Initiative
und ohne Koſten eine Druckerei eingerichtet, die ſich ſo bewähre, daß bereits verſchiedene kleinere und größere Werke daraus hervorgegangen ſeien."[2]

---

[1] Die ebenſo lehrreichen als anſchaulichen Berichte und Schilderungen eines
Sepp, Baude, Dobrizhoffer ſind ja in weiten Kreiſen bekannt.

[2] Aliqua de Missione nostra et Paraquariae provinciá addam ... dicam
autem aliqua, prout ex ore R. P. Procuratoris nostri, viri sane prudentis et
sancti, quique satis diu Missionibus insudavit, accepi. Ait is, messem copio-
sissimam nos exspectare, atque hos centum Missionarios (tot enim futuros,
omnibus computatis, mihi ipse dixit, licet res aliquo modo celanda sit) paucos
esse, dixit, pro copia messis, et necessitate, atque si mille secum afferret, omnium operam non utilem tantum, sed necessariam fore. Ait praeterea, sensim
in Paraquaria omnia meliora fieri, non in spiritualibus tantum, sed etiam in
temporalibus rebus. Artes plerasque erexerunt, *sed eas omnes Germanis* deberi,
saepius jam est fassus. Et modo nos serio meditamur de fabrica pro papyro
et vitro faciendo. Dixit etiam, *Germanum unum quandam typographiam parass*
proprio marte et industria, ac sine sumptibus, eamque tam utilem, ut jam modo

Aehnliche Anerkennung wie in Paraguay erwarben ſich die deutſchen Patres und Brüder in den andern Miſſionen Südamerikas.

So verdankte Chile den Aufſchwung und die Entwicklung einer einheimiſchen Kunſt und Induſtrie vor allem den Bemühungen der deutſchen Miſſionäre. Dies wird auch in ſpaniſchen Quellen ausdrücklich anerkannt.

In ſeinem großen, auf vielfach ganz neuen Archivalien beruhenden Werke Estudios críticos acerca de la Dominación Española en América ſchildert P. R. Cappa S. J. die Verdienſte Spaniens und beſonders auch der deutſchen Miſſionäre um die culturelle und wirtſchaftliche Hebung ſeiner ſüdamerikaniſchen Kolonien.

„Was die Geſellſchaft Jeſu angeht,“ ſchreibt er u. a.[1], „ſo war es namentlich Chile, das ihr auf dieſem Gebiete große Förderung verdankt. Der [Bayer] P. Carlos Haymhauſen ließ aus Deutſchland eine Anzahl Künſtler kommen und richtete auf der Hacienda von Calera bei Santiago verſchiedene Werkſtätten ein, aus welchen ganz vorzügliche Kunſtwerke hervorgingen, unter anderem ein prachtvolles Uhrwerk mit vier Zifferblättern, deſſen Glocken die Stunden und Viertel mit größter Genauigkeit ſchlugen und das 1765 in den Thurm der Jeſuitenkirche von Santiago kam.

„Ein anderes Meiſterwerk derſelben Künſtler war eine andere Uhr, die 1756 für die Sakriſtei der Kirche verfertigt wurde, die zwar von kleinerem Umfang war, aber durch einen ſinnreichen Mechanismus nicht bloß mit ſtaunenswerther Pünktlichkeit die Stunden zeigte, ſondern auch den Umlauf und die Phaſen des Mondes und die ſcheinbare Bewegung der Sonne in der Ekliptik darſtellte.“

An einer andern Stelle (S. 230) führt er folgendes Zeugniß des ſpaniſchen Hiſtorikers Barros Arana an. In den von P. Haymhauſen eingerichteten Werkſtätten zu Calera, 8 Stunden von Santiago, „wurden Glocken von einer Größe und Vollendung gegoſſen, wie ſie bisher in Chile unerhört geweſen. Andere machten feine Tiſchlerarbeiten, beſonders Kunſtmöbel für die Kirchen und Sakriſteien, von einer Solidität und Großartigkeit der Ausführung, welche die Bewunderung der Zeitgenoſſen erregten. Ebendort waren Webſtühle zur Herſtellung von Wollſtoffen und eine Schmiede in großem Stile eingerichtet. . . . Aus der geübten Hand von Goldarbeitern und Juwelieren gingen hier Leuchter, Cuſtodien, Monſtranzen, Kelche und andere zum Culte und zum Schmuck der Kirche beſtimmte Gegenſtände hervor, die mit Recht für Kunſtwerke erſten Ranges betrachtet wurden. . . . In Calera wohnten 3 Patres und 10 Laienbrüder. Von dieſen letztern waren 7 Deutſche: 2 von ihnen Wollweber, 2 Goldſchmiede, 1 Schloſſer und 1 Uhrmacher; der ſiebente war

---

libellos varios, imo et aliquos maiores impresserint (bei Friedrich a. a. O. S. 75 f.). Vgl. auch meine Artikel: „Der wirtſchaftliche Betrieb in den Reductionen von Paraguay“ in den „Katholiſchen Miſſionen“ 1894, S. 150 ff., und 1897, S. 155 ff.

[1] Industrias mecánicas, tom. VIII (Madrid 1892), 193 sg.

geiſtesſchwach. In der Sakriſtei der Kathedrale befindet ſich noch ein Schrank, der aus der Hauptkirche der Jeſuiten ſtammt und in welchem ſie ihren Kirchenſchmuck aufbewahrten: unter andern Kleinodien befand ſich darunter ein goldener Kelch von wunderbar vollendeter Arbeit. Außer andern hochfein ausgeführten Verzierungen ſah man die verſchiedenen Leidensſcenen des Herrn in ſo kleinen Dimenſionen dargeſtellt, daß ohne ein ſtarkes Vergrößerungsglas auch das beſte Auge die einzelnen Details nicht unterſcheiden konnte. Die Kathedrale beſitzt außerdem eine koſtbare Cuſtodie und eine Orgel, die beide aus den Werkſtätten der Jeſuiten hervorgegangen ſind."

Noch wärmere Anerkennung zollt ein anderer Spanier, P. Enrich[1], den Verdienſten der deutſchen Miſſionäre in Chile. Von ihm erfahren wir unter anderem, daß die erſte Waſſerleitung, welche Uſtariz aus dem Rio Maipo mit Waſſer verſorgte, der Prachtbau des Collegs in Concepcion, eine Reihe der ſchönſten Kirchen in Achao, Talca, San Fernando Quillota, San Juan de Cuyo, Valparaiſo ganz oder theilweiſe das Werk deutſcher Brüder, beſonders der drei Brüder Bitterich, Herre und Miller, waren, daß durch deutſche Brüder die kunſtgerechte Weberinduſtrie und die erſte Glasfabrik begründet wurde u. ſ. w.

Zahlreiche Zeugniſſe ließen ſich aus den andern Miſſionsgebieten Amerikas und Aſiens ſammeln. Immer wieder wird in den bringenden Bittgeſuchen um deutſche Miſſionäre ihre Tüchtigkeit in Künſten und Gewerben beſonders hervorgehoben[2].

---

[1] Hist. de la Comp. de Jesús en Chile (Barcelona 1891) II, 108 sgs. 194 sgs. 230 sg. 292 sg. 354.; IV, 355 u. a.

[2] Auch ſonſt werden in den Miſſionsberichten deutſche Landsleute aus dem Laienſtande erwähnt, die ſich durch ihr praktiſches Geſchick und ihre Kunſtfertigkeit einen Namen machten. So erwarb ſich der Bayer Georg Schippel (ein Propagandiſt) am Hof von Peking eine Stellung als Bildhauer („Welt-Bott" Nr. 295, 83). Der „tapfere Held, Herr Franz Freyherr von Gaſſenfels" oder Don Franciſco Alemão, wie die Portugieſen ihn nennen, erwirbt ſich in Goa durch ſeinen Gerechtigkeitsſinn, ſeine Kriegserfahrung und Tapferkeit einen ſolchen Ruhm, daß der Vicekönig „ihm, obſchon einem Ausländer, Dium, den Schlüſſel zu Indien und in dieſer Gegend die erſte und wichtigſte Veſtung, anvertraute, welches eine Sach ohne Beiſpiel iſt" („Welt-Bott" Nr. 586, 78; 587, 92). Die wichtigen Siege des portugieſiſchen Vicekönigs Marcheſe bi Laurical (um 1740) über die Holländer und die damit verbündeten eingeborenen Fürſten und die Eroberung mehrerer feſten Plätze war in erſter Linie „den neu erfundenen von Lisabon anhero gebrachten Geſchwind-Stuck [Schnellfeuergeſchütz] zu danken, welche unlängſt von einem Teutſchen, mit Namen Weinholz, zu dieſer Vollkommenheit ſind gebracht worden. Sie ſchießen in einer Minute wenigſtens 15mal. Dieſes ungewöhnliche Hagel-Wetter brachte den ſonſt zu ſtreiten wohlgeübten Feind bald in Unordnung und Zaghafftigkeit" („Welt-Bott" Nr. 636, 111).

Die beste Stütze der westindischen Provinzen, so schrieb bereits am 14. Januar 1699 der Generalprocurator der westindischen Missionen, P. J. Martinez de Ripalba, an den Provincial der oberdeutschen Provinz, bildeten die deutschen Ordensmitglieder; sie seien die tüchtigsten, unermüdlichsten, ausdauerndsten Arbeiter. Solcher Leute, besonders auch Brüder, welche gelernte Apotheker oder Chirurgen oder sonst in einem praktischen Fache beschlagen seien, bedürfe die Mission ganz besonders. Sie seien für die dortigen Collegien sowohl wie für die Missionsstationen unbezahlbar. Er habe in der Provinz Neu-Granada einen achtzigjährigen deutschen Bruder gekannt, der durch den Bau des Collegs und der Kirche von Santa Fé de Bogotá sich die größten Verdienste erworben habe. Danach sei es leicht verständlich, daß die Procuratoren ganz besonders darauf aus seien, Deutsche für die dortigen Missionen zu gewinnen[1].

Im Namen des Pater Visitators der Mission am Marañon bittet P. Alois Pfeil in einem Brief vom Jahre 1681 dringend, daß man doch zwei deutsche Laienbrüder oder Patres schicken solle, von denen der eine in der Baukunst, der andere in der Malerei beschlagen sei. „Ich habe hierüber dem Assistenten Deutschlands geschrieben, ohne speciell Ihre Provinz zu nennen; ich habe bloß angedeutet, daß die portugiesischen Patres zum Bau von Kirchen Deutsche oder Belgier wünschten, welche sie den wenig beliebten Italienern und allen andern vorziehen[2].

„Ich schreibe", meldete P. Stanislaus Arlet (2. September 1698) aus der Moxos-Mission (Peru), „unserm Wohl-Erwürdigen Patri-General nach Rom, er wolle doch aus väterlicher Gnad zween Schreiner und zwei Zimmerleut aus Teutschland samt einem Mahler aus Welschland hieher schicken."[3]

---

[1] Praecipua Indicarum provinciarum auxiliatrix societas Germanica est. . . . Germana profecto est nostrorum Alemanorum virtus, ut Societatis inter illustres viros tot enumeret martyres quot alumnos invexit ad gentiles. Infracta laboribus aerumnarumque patiens illa etiam est; . . . his enim (qui vel pharmacopoei, vel chirurgi, vel aliquo alio officio inservire valent) valde indigemus, et maximae utilitati Indiarum collegiis ac missionibus sua industria esse poterunt. Novi in provincia novi regni e Germania fratellum octogenarium, cui et ecclesiae et collegii Sancta-Fidensis fabrica debetur, insignisque ejusdem exstitit benefactor. His et proficuis adeo experimentis mirabitur nemo, Procuratoris animus si propendeat in Germanos, et quos nobis deus vere fecit esse germanos (bei Friedrich a. a. O. S. 86).

[2] quos prae Italis exosis ceterisque universis genio suo aptiores esse judicant (ebb.).

[3] „Welt-Bott" Nr. 441.

Aehnlich ſchreibt P. Zephyris aus der Miſſion von Quito (9. März 1725):

„Wann künfftighin Brüder aus Teutſchland nach Americam ſolten ge-ſchickt werden, iſt nöthig ſolche Männer auszuſuchen, welche entweder gute Apothecker oder Schreiner, Mahler, Baumeiſter, Bildhauer oder Uhrmacher ſeyen und ihre Kunſt meiſterlich beſitzen. Hingegen können die Schneider, Schmid, Schloſſer, Fleiſchhacker und dergleichen ſicher ausbleiben; denn ſolche Handwerck zu treiben würden allhier einem geiſtlichen Ordensmann und dem Orden ſelbſt für eine Schand ausgedeutet. Haushälter und Schaffner werden aus Spanien hieher verſchrieben. Was aber Sacriſtanen, Köch, Pförtner und Krankenwärter belangt, ſolcher wachſen gnug in America.“[1]

Aeußerungen dieſer Art kehren häufig wieder. Kein Wunder, daß die Miſſionsprocuratoren bei ihren Europareiſen mit Vorliebe nach deutſchen Brüdern ſich umſahen.

Im Jahre 1718 reiſten die PP. Caſtillo und Ovalle als Procuratoren für Chile nach Europa.

„Da einer ihrer Hauptaufträge darin beſtand, für die Miſſion tüchtige in Handwerken erfahrene deutſche Laienbrüder zu gewinnen, ſo führten ſie einen Brief von Br. Pitterich [Bitterich] an ſeinen ehemaligen deutſchen Provincial mit ſich, in welchem derſelbe um wenigſtens 5 Brüder: 2 Kunſtſchreiner, 2 Maurer und 1 Bildhauer, anhielt.“ Die Provinz habe Mangel an ſolchen Leuten und zähle im ganzen bloß rund 200 Mitglieder. Handwerker ſpaniſcher Herkunft ſeien im Lande ſelten, und ſo komme es, daß unter den im Lande eintretenden Brüdern nur wenige taugliche Männer ſich fänden, die treu im Berufe aushielten. „Die Empfehlung des guten Br. Bitterich hatte ſolchen Erfolg, daß die beiden Ab-geſandten aus Teutſchland nicht bloß 5, ſondern 18 neue Miſſionäre erhielten, davon bloß drei Patres, alle übrigen Brudernovizen und Brudercandidaten.“[1]

Im vorhergehenden Jahre, 1717, waren zehn deutſche Patres und vier Brüder nach Paraguay abgegangen. Da ihre Zahl noch immer nicht ge-nügte, beſtimmte der Ordensgeneral P. Franz Retz in einem Rundſchreiben an die deutſchen Provinzen (2. Februar 1732), man möge ſich auch nach Laien umſehen, die geſchickte Baumeiſter, Handwerker, Apotheker wären und Luſt für die Miſſionen zeigten, und dieſelben nach einem zweijährigen Noviziat in die Miſſionen ſchicken[3]. Thatſächlich wurden denn auch ſeit dieſer Zeit viele deutſche Brüder direct für die Miſſionen aufgenommen und oft noch als Candidaten über das Meer geſchickt.

---

[1] „Welt-Bott“ Nr. 284, 95.
[2] P. Enrich S. J., Hist. de la Comp. de Jesús en Chile II, 108, n. 4.
[3] Handſchrift in Privatbeſitz (ſiehe Anhang).

Als P. Karl v. Haimbhausen um das Jahr 1740 aus Chile als Missionsprocurator nach Europa kam, ließ er die andern Procuratoren ruhig Priester und Scholastiker werben, während er selbst fast ausschließlich sich eine ordentliche Zahl deutscher Brüder zu verschaffen suchte. Er bereiste zu dem Zweck die verschiedenen deutschen Provinzen und sah sich überall nach tüchtigen Handwerkern: Goldschmieden, Uhrmachern, Malern, Bildhauern, Zimmerleuten, Webern, Walkern und Apothekern um. Mehr noch; er ging in den deutschen Städten in den Werkstätten umher, knüpfte mit den Gesellen ein Gespräch an, erzählte ihnen von den Missionen, weckte in ihnen die Lust, mitzugehen, und brachte sie dann bis zu seiner Abreise in deutschen Noviziaten unter. Bei seiner Rückkehr im Jahre 1748 nahm er vierzig deutsche Jesuiten, meist Laienbrüder, mit [1]. Wir haben oben gesehen, was Chile ihnen verdankte.

Ueberzeugt von der Wichtigkeit dieser praktischen Künste und Fertigkeiten für den Missionsberuf, übten sich die angehenden jungen deutschen Apostel schon im voraus und suchten das eine oder andere Gewerbe zu erlernen. So heißt es beispielsweise von P. Wilhelm Weber aus Erfurt: „Mittlerweile (d. h. während seiner Studien, die er mit einem actus publicus schloß) unterließ er nicht, gleich nach dem Noviziat sich im Drehen [Drechseln], Reissen [Zeichnen], Glaßschleifen und dergleichen mechanischen Künsten wie nicht weniger in dem inbrünstigen Seelen=Eiffer aus Absehen der Ost=Indianischen Mission zu üben." [2]

3. Deutsche Apotheker. Mit der Arzneikunde scheint es durchweg in den spanisch=portugiesischen Kolonien nicht zum besten bestellt gewesen zu sein; zumal waren gelernte Apotheker sehr selten. Da die deutschen Missionäre auch auf diesem Gebiete sich gut beschlagen zeigten, so war bald die Nachfrage nach deutschen Apothekern sehr groß. So finden wir denn im 18. Jahrhundert eine hübsche Anzahl, fast in sämtlichen Missionen; so in Chile die Brüder Pausch, Saitor (Seither), Zeittler, Schmalpauer, Sterzl u. a.; in Paraguay P. Aperger und die Brüder Dalhammer, Heyrle, Jenig, Kornmayr, Christian Maier, Peschke u. a.; in Peru Joseph Mayer; in Mexico Steinefer, dessen treffliches Arznei= und Kräuterbuch auch den andern Missionären vorzügliche Dienste leistete [3]; auf den Philippinen die Brüder Camell, Haller, Riedl, Schenk u. a.; in Vorderindien die Brüder Matter und Jakob Müller [4]; in Hinterindien die PP. Koffler

---

[1] *Enrich* l. c. p. 116. 194. 289.   [2] „Welt=Bott" Nr. 98, 58.
[3] Sonora II, 404.   [4] „Kathol. Missionen" 1891, S. 137 ff.

und Slamenski; im Orient den geschickten Heilkünstler P. Richelius; und in Afrika Br. Höchstetter, P. Thomann u. s. w. Aber auch sonst besaßen sehr viele der deutschen Missionäre mehr oder weniger ärztliche Kenntnisse und verstanden es, sich in ihren Missionen kleine Hausapotheken anzulegen.

Anfangs scheinen gegen die deutsche Heilmethode vielfach Vorurtheile bestanden zu haben, die aber durch deren überraschende Erfolge bald überwunden waren.

„Nicht weniger", so meldet 8. März 1688 P. Kaller aus Mexico, „gelten allhier unsere Brüder-Apothecker, welche mit teutschen Artzneyen vielen Siechen aufhelffen, die von den Medicis als unheilbar verlassen wurden, indem sie für eine gewisse, aber in der That falsche Grund-Regul halten, die Teutsche Mediziner thäten hier zu Land mehr Schaden als Nutzen, folgens, da sie von ihrem Irrwahn nicht wollen abstehen, täglich erfahren müssen, daß gleichwie sie die Gottes-Aecker mit Leichen anfüllen, also durch die teutsche Artzney-Kunst unzählich viel, an denen sie verzweifeln, wieder aufkommen."[1]

Die von dem Bayer Br. Joseph Zeittler eingerichteten Apotheken in den Collegien von Santiago und Concepcion in Chile waren die einzigen des Landes. Als daher im Jahre 1767 die Vertreibung der Jesuiten erfolgte, hielt der Statthalter den deutschen Bruder noch vier Jahre lang im Lande zurück, „damit nicht die Hauptstadt einer so nothwendigen Anstalt beraubt würde" und der Bruder inzwischen einige Apotheker heranbilde, die an seine Stelle treten könnten[2].

„Die Pest", so schreibt Br. Klausner aus Corboba in „Paraguay", „hat vergangenes Jahr (1718) allhier bis 300 Meilen herum grausamlich gehaust und viel tausend Menschen hinweggenommen." Die Seuche sei durch die auf englischen Schiffen gebrachten Mohrensklaven eingeschleppt worden. „Sie würde in dieser Stadt noch mehr Leute aufgezehrt haben, wann nicht unsere Teutsche Patres dem überhand nehmenden Uebel mit Artzney-Mitteln gesteuert hätten, zumalen P. Aperger, ein Tyroler aus Innspruck, welcher die Stelle eines Arztes mit großem Glück und Lob vertretten hat; gestaltsam in diesen Ländern ein erbärmlicher Abgang sowohl an Heil-Mitteln als an Medici ist. Wer eine würcksame Purgation weiß zu machen, der wird als Artzney-Kundiger hoch in Ehren gehalten. Wann der Baber auf der sogen. Hunds-Kugel von München bey uns wäre, würde man ihm gewißlich seine Mühewaltung und Curen mit mehr Gold und Silber bezahlen, als er selbst wiegt."[3]
„Mir", meldet Br. Heinrich Peschke aus Paraguay (18. Januar 1702) „wurd die Apothecken übergeben, damit ich sie kunst-mäßig einrichte, anerwogen

---

[1] „Welt-Bott" Nr. 52, 73.　　　　　[2] Enrich l. c. IV, 357.

[3] „Welt-Bott" Nr. 168, 60.

vor meiner Ankunft diß Orts bißher kein gelehrter Apothecker war gesehen worden, sondern nur Bader und Balbierer. Deß-
halben finde ich der behörigen Sachen wenig; hergegen treffe ich einige ganz
unnöthige Possen an, die zum vorgesetzten Zweck nicht dienen." Der Apotheker
müsse hier zugleich den Arzt machen. Die Indianer und gemeinen Spanier
heilten sich mit Kräutern und fragten wenig nach den Apothekern. Um so
nothwendiger sei derselbe für die Ordensgenossen, da unter den jungen Leuten
viele die Luft nicht vertrügen und kaum einer anzutreffen sei, der nicht öfters un-
päßlich gewesen. Er müsse seine Kräuter selbst von mehr als 60 Meilen her
holen. Die Kräuter seien gar eigenartig und von wunderbarer Heilkraft. Bei
seinen Streifereien sei er schon zweimal einem Tiger-Thier begegnet, „allein der
allmächtige Herr, dem ich diene, hat ihm den Rachen versperrt". Bei der
Pestilenz im Jahre 1700 habe er die Patres auf ihren weiten und vielen Verseh-
gängen oft 15 bis 20 Meilen weit bei Sturm und Wetter und glühender Hitze
begleitet und den Pferden tüchtig die Sporen gegeben, um nicht zu spät zu
kommen. Es verlange ihn gar mächtig, in die eigentlichen Indianermissionen
zu kommen, allein als einziger Apotheker sei er im Colleg nothwendig. Hoffent-
lich kämen bald aus Europa andere Apotheker, daß er frei werde[1].

Einen besondern Namen erwarb sich als geschickter Arzt namentlich
P. Sigismund Aperger in Paraguay.

„P. Sigismund Aperger", meldet P. Franz Magg (3. März 1730), „ein
in diesem Lande berühmter Mann, hat sich durch seine glückliche Geschicklichkeit
in der Artzney-Kunst Aller Lieb und Hochschätzung zugezogen. Ich hab einen
Spanischen Pater von ihm sagen gehört: ‚Wenn dieser Teutsche nicht
gewesen wäre, wäre unser halbe Paraquarische Provinz aus-
gestorben.'"[2]

In Cochinchina war es der ärztlichen Kunst eines P. Siebert, Koffler,
Slamenski u. a. in erster Linie zu danken, daß die Patres überhaupt
noch am Hofe bleiben und den Verfolgungssturm jahrelang beschwören
konnten. Als 1743 zwei neue Jesuiten anlangten, aber kein Astronom
oder Mediciner, wie der König gewünscht hatte, zeigte sich dieser sehr
ungehalten. „Sage deinem Obern," so donnerte er P. Siebert an, „daß
ich, wenn ich nicht sogleich wenigstens einen Doctor erhalte, welcher
dir an die Seite gehen kann, entschlossen bin, auch die beiden jüngst angekommenen Priester nach Macao zurückzuschicken und den Europäern auf
ewige Zeiten den Zutritt in mein Reich zu verbieten." Glücklicherweise
gelang es, in P. Karl Slamenski, der ehemals als Wundarzt bei den
deutschen Reichstruppen gedient, und nach dessen baldigem Tod den Deutsch-
Böhmen P. Koffler als Leibmedicus an den Hof zu bringen. Letzterer

---

[1] „Welt-Bott" Nr. 506, 99 ff.
[2] Ebd. Nr. 558, 45. Vgl. Southey, Hist. of Brazil II, 338.

gewann durch viele glückliche Kuren das größte Vertrauen und wurde durch seinen Einfluß auf Jahre hinaus die Hauptstütze der Mission [1].

Hohes Verdienst erwarb sich auch der Apotheker Br. Chriſtoph Mattern zu Goa.

„Nun bin ich“, so schreibt er am 26. December 1710, „zu Goa und dieser Gegend der einzige Teutsche Jesuiter oder Jesuiter-Gehülff und der erſte teutsche Apotheker. Womit es aber schwer und langsam hergegangen, bevor ich in solchen Dienst beharrlich eingesetzt wurde. Maſſen 3 Provinzen immerfür vergebens um einen gelehrten Apotheker gebeten hatten, sage, die Goanische, die Malabarische und die Japonische oder vielmehr Siniſche.“ Der Streit sei durch den R. P. General Angelus Tamburini dahin geschlichtet worden, daß er (Br. Mattern) dem Colleg St. Paul in Goa zugewiesen wurde.

Mit köstlichem Humor und sehr anschaulich schildert er dann seine Thätigkeit. Zuerst räumte er mit den Resten der frühern Pfuscher-Apotheker auf, richtete im St. Paul-Colleg eine Apotheke und Infirmerie in großem Stile ein, „nach Anleitung der Augustana“. Die ihm von den Brüdern Sennel, Wodiezka und Streler in Böhmen „zugeklaubten arcana“ kämen ihm in Indien gut zu ſtatten. Alles Geschirr sei aus Porzellan, alle Instrumente aus Edelmetall. Er müsse mit Arzneien auch ein großes Nonnenkloster mit 150 Insaſſen versehen, „die vierteljährlich für 600 bis 700 Gulden vermediciniren“, item den Vicekönig, den Erzbischof und andere hohe Herrschaften. Die Ausgaben decke er mit dem Ertrag eines Cocosgartens, der jährlich seine 5000 Gulden einbringe. Es koſte ihn nicht wenig, die hier üblichen rohen und barbarischen Kurmethoden abzuthun, was nicht immer gelinge. P. de Coſta, ein gelehrter Theolog, sei geſtorben, weil er ihm nicht gefolgt habe. Die Purgirtränklein beſtünden ſonſt in einem ganzen oder halben Seidel, während er höchſtens drei bis vier Unzen gebe; und ſtatt der groben Brech- und Laxirmittel habe er sanfte Schweißmittel eingeführt, „welche übermaſſen wohl anſchlagen und der teutschen Heil-Kunſt großen Ruhm erwerben.“ ... „Gott wolle doch mehrerer Teutschen Apotheker (sie seyen gleich aus der Gesellschaft oder ledigen Standes aus der Welt) Herz rühren, damit sie aus Liebe des Nächſten hieher reisen. Sollten ihrer auch 6 auf einmal anlangen, würden alle Dienſt und Arbeit genug finden.“ [2]

---

[1] Pachtler a. a. O. S. 198 ff. 235 ff. u. a. „Welt-Bott“ Nr. 708. 710. 711 ff.
[2] „Welt-Bott“ Nr. 508.

Beiläufig sei hier die interessante Thatsache erwähnt, daß nicht wenige dieser deutschen Laienbrüder, die, wie namentlich die Apotheker und Architekten, von Haus aus eine gute Schulbildung mitbrachten und nicht selten auch lateinisch sprachen[1], in den Missionen später wegen ihrer allseitigen Tüchtigkeit zum Priesterthum befördert wurden. Wir nennen beispielsweise die Brüder Schmalpauer (Paraguay), Camell (Philippinen), Joseph Mayer (Peru), Mattern (Goa), Neugebauer (Cochinchina) u. a. m. Dies waren übrigens besondere Ausnahmen, da solche Beförderungen sonst durch strenge Bestimmungen verpönt waren[2].

4. Deutsche Musiker. Es ist bekannt, welch eine wichtige Rolle die Musik bei der Missionirung wilder Völker oft spielt, und wie sehr sie zur Veredlung der rohen Gemüther beiträgt. Auch in dieser Richtung haben namentlich die deutschen Patres, die ja dem Lande der großen Musiker angehörten, sich große Verdienste erworben.

„Die Paraguarier", so schreibt am 15. Juni 1729 P. Matthias Strobel, „haben diese [ausgezeichnete Leistungen in der Musik] und andere Wissenschaften nicht denen Spaniern noch Indianischen sondern denen Teutschen, Wälschen [d. h. italienischen] und Flammändischen Jesuitern, vorberst aber R. P. Antonio Sepp aus der Ober-Teutschen Provinz zu danken, welcher der erste die Harpffen, Trompetten, Tromben, Schallmeyer, Clarinen und Orgel eingeführt, auch hiemit ihm ein unsterbliches Lob erworben hat."[3]

Daß die edle Kunst in den spanischen Kolonien vielfach jämmerlich danieberlag, geht aus zahlreichen Berichten hervor.

„Die Priester und Studenten", schreibt P. Franz v. Zephyris 1724/25, „können unter denen plumpen Indianern mit der Mathematica keine Ehre einlegen; weil solche Wissenschaft keiner verstehet oder verlanget, wol aber mit der Musik, welche in West-Indien über alles geschätzt wird. Massen unserer Americanern Spiel nicht viel besser herauskommt, als wann Katzen und Hund miteinander zanken. Solches bestehet in liederlichen Leyren, Härpffen, Hackbretten, ungestimmten Geigen, und bruchhafften Trompeten, welche so schön

---

[1] Der eben erwähnte Br. Christoph Mattern hatte auf dem Schiff mit portugiesischen Mönchen, die zur Strafe nach Indien deportirt wurden, einen Disput. „Ich bediente mich hierzu", schreibt er, „der Lateinischen Sprach, so wir Böhmen hurtig reden, sie hergegen sehr langsam herausstammeln konnten" („Welt-Bott" Nr. 508, 112).

[2] Non expedit, ut Provincialibus in India detur facultas promovendi coadjutores temporales ad studia, etiamsi polleant ingenio (Everard. Goan. 1575; Brasil. 1576).

[3] „Welt-Bott" Nr. 500.

zuſammenſtimmten, daß man aus dem Schall offtmal die Gattung des In-
ſtrumentes nicht ausnemmen kann, ob es nemlich ein Seiten- oder Hornſpiel
ſeye, und ob daſſelbe geblaſen, geſtrichen oder geſchlagen werde." [1]

Als der ſchon genannte Tiroler P. Anton Sepp und ſein Reiſegefährte
P. Anton Böhm aus Amberg im Jahre 1691 als die erſten deutſchen
Miſſionäre in Buenos Aires eintrafen und im dortigen Colleg vorläufigen
Aufenthalt nahmen, wurden ſie von dem ſpaniſchen Provincial und den
übrigen Patres gleich gedrängt, eine Probe ihrer Kunſt zu geben.

„Schlagte ihnen alſo eines auf der großen, ſo ich von Augspurg, ein
anderes auf der kleinen Tiorba [2], ſo ich von Genua mitgebracht . . ., dergleichen
dieſe Patres noch nie gehört. Alsdann hat das liebliche Pſalterium vor allen
das Herz ihnen abgenommen. Ich ließe anfänglich mir keinen zuſehen, ſondern
mußten alleinig dem Gehör von weitem Platz geben, ſo ſie dermaſſen einge-
nommen, daß ſie ſich nicht mehr halten kunnten, gleich alle zuzulaufen, einige
lautere Ohren, andere lautere Augen ſeyn wollten. Nach dieſem blaſete ich
und der P. Antoni [Böhm] auf unterſchieblichen Flöthen, ſo ich zu Genua ge-
kauffet. Auf benen Violen ſtimmete ich auch ein wenig, gleichermaßen auf der
Trompa Marina [3], welche ich zu Gabiz hatte machen laſſen, meinem Brauch
nach wenig, von benen Patribus nichtsdeſtoweniger hoch geſchätzet und mit
ſonder geneigtem Gemüth aufgenommen." [4]

In den Reductionen hatten einige Niederländer, wie P. Johann Vaes
(† 1623) aus Tournay, einſtmaliger Hofmuſicus bei Erzherzog Albert,
ſchon in etwa vorgearbeitet. Aber erſt durch die deutſchen Patres wurde
die Kunſtmuſik in den Reductionen allgemein eingeführt oder auf einen
beſſern Fuß gebracht. P. Sepp wurden junge Indianer aus den verſchiedenen Miſſionen zum Unterricht zugeſandt. „Alle Patres ſind voll
Freuden", ſo ſchreibt er u. a., „und danken dem höchſten Gott, daß er
einmal nach ſo vielen Jahren einen Mann geſchickt, der die
Muſik in einen guten Stand brächte. Zur Dankbarkeit ſchicket
mir der eine da, der andere dort ein Fäßlein Honig, Zucker und ameri-
kaniſche Früchte zu." [5] In köſtlich anſchaulicher Weiſe beſchreibt er die
Fortſchritte und allgemein bewunderten Leiſtungen ſeiner indianiſchen Muſik-
kapelle. Andere deutſche Patres, wie Briegniel, Meßner, Schmid, Vaucke,

---

[1] „Well-Bott" Nr. 283, 95.   [2] Ein der Laute ähnliches Inſtrument.
[3] Tromba mar., ein einſaitiges Inſtrument, das faſt wie eine Trompete klingt.
[4] Reiß-Beſchreybung (Nürnberg 1698) S. 140 ff.
[5] Reiß-Beſchreybung S. 269. Vgl. S. 250 ff. Vgl. „Katholiſche Miſſionen"
1894, S. 202 f.

setzten später sein Werk fort. Letzterer zog einst, einer Einladung folgend, mit seinem von ihm gebildeten Indianer-Orchester — es bestand aus 20 Mann, von denen die ältesten etwa 16 Jahre alt waren — am Feste des hl. Ignatius nach Santa Fé, um in der Kirche des dortigen Collegs Vesper und Hochamt mit ihrer Kunst zu verherrlichen. „Ungeheuer war der Zulauf des Volkes, und auf allgemeinen Wunsch wurden die Musiker nicht auf dem gewöhnlichen Chor der Kirche, sondern im Mittelschiff, nicht weit vom Hochaltar, aufgestellt. Viele vornehme Spanier konnten sich beim Anblick dieser Knaben, die vor wenigen Jahren noch nichts von einem Gott gewußt, und jetzt den wahren Gott in seinem Tempel durch Musik verherrlichten, der Thränen nicht enthalten." Weitere Einladungen riefen die gefeierten Musiker bis zur Hauptstadt Buenos Aires. Bischof, Statthalter und das ganze Volk waren entzückt über die Leistungen; nur mit Mühe gelang es P. Baucke, den Plan, ihn und seine Kunst in Buenos Aires festzuhalten, zu vereiteln[1].

Was die PP. Sepp, Brigniel, Baucke u. a. bei den Guaranis und Malobis, das leistete der Schweizer P. Martin Schmid bei den Chiquitos. Selbst ein ausgezeichneter Musiker und Componist, bildete er die ersten ordentlichen Knabenchöre, lehrte sie singen, die verschiedenen Instrumente spielen, bildete sie aus und schickte sie dann in die übrigen Reductionen als Lehrer. Ihm und dem Böhmen P. Johann Meßner (seit 1736 bei den Chiquitos), seinem treuen Gehilfen, ist es nach Peramas zu danken, daß jede Chiquitos-Reduction einen Kirchenchor erhielt, dessen Leistungen selbst ein geschultes Ohr befriedigten. Nicht bloß sorgten sie durch zahlreiche eigene Compositionen für ein ausreichendes Repertorium, auch die Instrumente: Harfen, Flöten, Geigen ꝛc., gingen aus ihren geschickten Händen hervor. Von allen Seiten, selbst von Ober-Peru, schickten die spanischen Patres ihre Indianer zu diesem deutschen Meister in die Schule[2].

Aehnlich kam das deutsche Musiktalent den übrigen Missionen Amerikas zu gute[3]. Aber auch im fernsten Osten erwarb es sich Lorbeeren. Zwar war anfangs, so meldet der kaiserliche Hofmusicus in Peking P. Florian Bahr 3. November 1739 an die Gräfin Fugger, „meiner Erfahrenheit in

---

[1] Baucke (Kobler) S. 427 ff.; vgl. S. 579 ff.

[2] *Peramas* l. c. p. 430 sqq.

[3] Vgl. auch die interessante Notiz in den „Kath. Missionen" 1891, S. 259. Die noch heute bei den Moxos vorgefundenen Compositionen stammen sicherlich von den deutschen Missionären her.

der Music kein Anfrag gewesen, massen S. Majestät zu dieser Kunst keine Zuneigung zeigen"[1]. Vier Jahre später aber (19. October 1743) meldet P. Johann Walter an dieselbe Gräfin:

„Noch größere Ehr ist denen drey Vorstehern der Europäischen Music, dem hochw. Herrn Theod. Pedrini, Patri Floriano Bahr und mir widerfahren. Es ließen sich endlich S. Majestät belieben, die Lieblichkeit der Europäischen Music zu verkosten; zu welchem End er uns 18 seiner Hof=Junkern anvertrauet, die wir in der Europäischen Art, auf verschiedenen Instrumenten zu spielen, unterrichten sollten. Kaum hatten diese Lehrlinge ein und anderes Stück zu spielen erlernet, als sie der Kayser, theils zu erfahren, was sie unter unserer Anführung für einen Fortgang machten, theils zu hören, was doch die Europäische Music wäre, vor sich rufte und mit solcher Vergnügtheit spielen hörte, daß er Befehl ertheilet, denen Lehrlingen jedem ein gutes Stück Geld, uns Lehr=Meistern aber, jedem ein Stück Seiden=Tuch, so wir Damasc nennen, von der besten Gattung darzureichen."[2]

Allein nicht bloß in den praktischen und schönen Künsten, sondern auch auf höhern Gebieten zeichneten die deutschen Missionäre sich aus.

5. Die deutschen Missionäre und die Wissenschaft. Es war bekanntlich der goldene Schlüssel der Wissenschaft und Kunst, welcher den Jesuiten den Zugang zu den verschlossenen alten Culturreichen Ostasiens eröffnete. Das Ansehen, das sie an den Höfen von Peking, Cochinchina, im Reich des Großmoguls ꝛc. als Gelehrte sich erwarben, mußte vielfach als Vorwand und Stütze des eigentlichen Missionswerkes dienen.

„Diese Europaeische Künste", schreibt P. Joseph Neugebauer 1741 aus Cochinchina, „und Künstler [Mathematik, Mechanik, Astronomie, Malerei, Musik, Arzneikunde] seynd die einzige Stütze, die unser heiliges Christenthum, welches in diesem Reich immer auf wankendem Fuße stehet, aufrecht und die Gesinnungen des Monarchens gegen die Europaeer günstig und geneigt erhalten."[3]

Welch ehrenvollen Platz die deutschen Jesuiten auch auf diesem Felde sich erworben haben, zeigt schon ein Blick auf die unten folgende bio-bibliographische Liste, wo sich auch die nähern Belege für das Folgende finden. Es gibt wirklich kaum einen Wissenszweig, in welchem sie nicht gearbeitet und zu welchem sie nicht größere oder kleinere Beiträge, zum Theil anerkannt ausgezeichnete Leistungen[4], geliefert hätten. Stellen wir auch hier die bedeutendsten Namen in kurzer Uebersicht zusammen.

---

[1] „Welt-Bott" Nr. 629, 72. [2] Ebd. Nr. 680, 68. [3] Ebd. Nr. 705, 40.
[4] Schon das Gepräge, welches die Berichte deutscher Missionäre an sich tragen, beweisen ihren wissenschaftlichen Sinn und ihre scharfe, treue Beobachtung. Was Müllbauer (Gesch. der kathol. Missionen in Ostindien S. 262, Anm.) von den

Geographie und Kartographie. An den berühmten kartographischen Aufnahmen des chinesischen Reiches haben die deutschen Patres
Fridelli, v. Hallerstein, Kögler, Slaviczek, Hinderer, Tillisch und vor
allen Martini[1] keinen geringen Antheil[2]. Das Stromgebiet des gewaltigen
Marañon von seinen Quellen bis zur Mündung wurde von den deutschen
Patres Samuel Fritz, Brentano, Magnin, Maroni, Sluha, Szentmartonyi
erforscht und theilweise zum erstenmal kartographisch aufgenommen. Den
deutschen Patres Kino, Baegert, Konsag, Sedlmayr verdanken wir mit die
ersten und genauesten Beschreibungen und kartographischen Aufnahmen von
Niedercalifornien und Nordmexico. Die zum Theil umfangreichen und
eingehenden Reisebeschreibungen und geographischen Werke der PP. Tieffenthaler, Grueber, Veigl, Eder, Baegert, Pfefferkorn, Dobrizhoffer, Sepp,
Bayer u. s. w. haben heute noch ihren von Männern wie Ratzel, Waitz u. a.
anerkannten Werth.

In der mathematischen und astronomischen Wissenschaft
stellten die deutschen Provinzen nicht bloß in Europa, sondern auch in den
Missionen mit die bedeutendsten Vertreter, so die PP. Schall, Gogeisl,
Kögler, v. Hallerstein, Stumpf, Castner, Kirwitzer, Terenz ꝛc., sämtlich
am Pekinger Hof; die PP. Siebert, Koffler, Neugebauer in Cochinchina;

in den Lettres édifiantes veröffentlichten Briefen der französischen Jesuiten sagt,
gilt im selben Maße von denen der deutschen. „Sie stimmen im wesentlichen mit
denen der Portugiesen und Italiener überein, unterscheiden sich aber insofern von
ihnen, als sie näher auf die religiösen und politischen Verhältnisse, sowie auf die
Naturbeschreibung des Landes eingehen und in sehr anziehender und belehrender
Weise abgefaßt sind, während die italienischen und portugiesischen sich rein auf die
Thätigkeit der Missionäre beschränken und durch ihre Einförmigkeit manchmal
ermüden."

[1] v. Richthofen (China I, 674 ff.) nennt ihn den bedeutendsten Geograph
unter allen Missionären, „der selbst während des 18. Jahrhunderts nicht überboten,
kaum erreicht worden".... „Nicht ein einziger Missionär vor und nach ihm hat so
geflissentlich seine Zeit auf die Kenntniß des Landes verwendet wie er.... Sein
großes Werk (Novus Atlas Sinensis, Wien 1655) läßt schließen, daß er die meisten
Provinzen von China selbst durchwandert hat.... Es ist die vollständigste geographische Einzelbeschreibung von China, die wir besitzen. Martini ist [dadurch]
der Vater der geographischen Kenntniß von China geworden." Von der großen
geographischen Arbeit der Jesuiten urtheilt v. Richthofen, sie könne „im ganzen als
ein Meisterwerk bezeichnet werden". Das Hauptverdienst kommt den französischen
Jesuiten zu; doch haben auch die deutschen einen sehr bedeutenden Antheil daran.
Siehe ebb. S. 682. 688. 692.

[2] Vgl. u. a. Journal of the Royal Geogr. Society 1870, p. 298. v. Hell-
wald, Culturgesch. Bd. II. Zeitschr. der Ges. für Erdkunde zu Berlin XXVIII
(1893), 202.

Strobl und Tieffenthaler, welch letzterer eines der beſten ältern Werke über
Hindoſtan verfaßte, am Hofe des Großmoguls in Norbindien; endlich
P. Rueß in Peru und P. Stancel in Braſilien. Daß ihre Verdienſte von
der gelehrten Welt gewürdigt wurden, ließe ſich durch zahlreiche Citate
darthun.

„Dieſer Jeſuitenmiſſion in China“, ſchreibt z. B. Mädler, „muß
hier nothwendig Erwähnung geſchehen, denn obgleich ihr Hauptzweck ein
propagandiſtiſcher war, ſo hat doch dieſer Orden ... ſich namentlich auch
in China und in Oſtaſien überhaupt weſentliche Verdienſte um Förderung
der Himmelskunde erworben.“ [1] Er hebt dann die Arbeiten der einzelnen Patres hervor, ſo P. Hallerſteins, dem wir „beſonders gute cor-
reſpondirende Beobachtungen der Jupitertrabanten-Verfinſterungen verdanken
und deſſen Beobachtungen Souciet herausgab“; P. Köglers [2], deſſen Beobachtungen Simonelli in ſein großes Werk Scientia eclipsium ex imperio et commercio Sinarum illustrata (Luccae 1745) aufgenommen
habe. „Slaviczek und Jacques waren ſeine [Köglers] vieljährigen Mitarbeiter. Die Aufhebung des Jeſuitenordens, zuerſt 1759 in Frankreich, machten dieſen Sendungen ein Ende.“ „Das Hauptwerk Hallerſteins: Observationes astronomicae a PP. Societatis Jesu Pekini
Sinarum factae etc., enthält alle dort von 1717—1752 gemachten
Beobachtungen vollſtändig reducirt und iſt nach der von Hallerſtein nach
Europa geſandten Handſchrift von M. Rell in Wien 1768 herausgegeben worden. Außerdem beſitzen wir von ihm eine Methode für Berechnung der Mondabſtände, eine Darſtellung des ihm eigenthümlichen Ver-
fahrens, arithmetiſche Mittel ſo zu ziehen, daß die beſſern Beobachtungen
ein ihrer Güte entſprechendes Gewicht erhalten. Für China übernahm
er die Berechnung des Reichskalenders, den er wieder in beſſere Ordnung brachte. ... Die Zeit ſeines Directorats bildet die
glänzendſte Epoche der Jeſuitenmiſſion in China.... Bodes
Jahrbücher ſowie die Memoiren der Petersburger Akademie enthalten mehrere
ſeiner Beobachtungen.“ [3]

---

[1] Geſchichte der Himmelskunde I, 334 ff.; ausführlich bei Duhr, Jeſuitenfabeln (3. Aufl.) S. 245 ff.

[2] Ueber Kögler und ſeine Beobachtungen ſiehe die intereſſante Schrift:
Litterae Patentes Imperatoris Sinarum Kang-Hi sinice et latine. Cum interpretatione P. Ignatii Koegler S. J. (Ed. Christoph. Murr, Norimbergae 1802).
p. 30 sqq. Vgl. Duhr a. a. O. S. 247.

[3] Mädler, Geſchichte der Himmelskunde I, 339 f.

Ebenso warme Anerkennung spenden den deutschen Jesuiten in China, zumal den PP. Schall, Kögler, v. Hallerstein, Slaviczek, der große französische Astronom Lalande [1] und Montucla [2]. „Diese Gelehrten", so schreibt letzterer u. a., „begnügten sich nicht damit, die chinesische Astronomie nach den Grundsätzen der europäischen zu verbessern, sondern leisteten durch ihre Beobachtungen auch der Astronomie in Europa große Dienste."

Sprachforschung. Auch auf dem Gebiete der Sprachforschung finden wir manchen klangvollen deutschen Namen. Was Männer wie Hanxleden, Hanxleben, Bischoping, Roth, Bayer, Havestädt, Ducrue, Gilg, Steffl u. a. in dieser Richtung geleistet, zeigen die unten folgenden bibliographischen Angaben und die trefflich orientirende Schrift P. Dahlmanns [3]. Wir können nur das eine und andere Zeugniß anführen:

„Großen Ruhm", so schreibt Friedrich v. Schlegel (Sämtliche Werke VIII [Wien 1846], 277), „erwarb sich in diesem Fache [Sanskrit] der im Jahre 1699 nach Indien abgegangene Jesuit Hanxleden, der über 30 Jahre (1732 wird sein Tod gemeldet) in der malabarischen Mission arbeitete, selbst vieles in der altindischen und in der gemeinen Landessprache, in Prosa und in Versen, geschrieben, Sprachlehren und Wörterbücher darüber verfaßt, und dessen wahrscheinlich sehr reicher und gehaltvoller Nachlaß sich zu Rom befindet."

Fra Paolino a S. Bartolomeo nennt ihn den besten Kenner des Sanskrit, mit dem auch zu seiner Zeit noch kein Europäer sich messen könne.

„Wären seine Sanskritarbeiten", urtheilt Benfey (Geschichte der Sprachwissenschaft S. 335), „sogleich nach ihrer Abfassung veröffentlicht worden, so würden sie sicherlich in dem für sprachliche Forschungen so sehr enthusiasmirten vorigen Jahrhundert ein bedeutendes Ferment gebildet haben." [4]

„Noch ein anderer Jesuitenmissionär des 17. Jahrhunderts", schreibt M. Müller (Lectures on the Science of Lang. I, 175), „erwarb sich Kenntnisse im Sanskrit, Heinrich Roth († 1668). Während seines Aufenthaltes in Agra gelang es ihm, einen Brahminen zu überreden, daß er ihn die Sanskritsprache lehre, und nach sechs Jahren angestrengten

---

[1] Bibliogr. astronomique p 446 ss.; bei *Maynard*, Des études et de l'enseignement des Jésuites à l'époque de leur suppression 1750—1773 (Paris 1858) p. 259 ss.

[2] Hist. des mathématiques I, 470; bei *Maynard* l. c.

[3] Die Sprachkunde und die Missionen (Freiburg i. B., Herder, 1891).

[4] Vgl. auch Adelung-Vater, Mithrid. 4. Th., S. 56 Anm.

Studiums war er vollkommen Meiſter dieſer ſchwierigen Sprache geworden. Im Jahre 1666 finden wir ihn in Rom, und er iſt es, der uns die intereſſante Beſchreibung des Sanskritalphabetes entworfen, welche Athanaſius Kircher in ſeiner China Monumentis illustrata (p. 91. 156) veröffentlicht hat." [1]

Vielfach unterhielten die Patres, beſonders die Miſſionäre in China, einen regen wiſſenſchaftlichen Briefwechſel mit europäiſchen Gelehrten, ſowohl aus ihrem eigenen Orden, wie z. B. mit dem bekannten Polyhiſtor P. Athanaſius Kircher, dem Aſtronomen Hell, dem Geographen Heinrich Scherer ꝛc., als auch mit berühmten Laien, wie Leibniz [2], G. v. Murr, den Botanikern Linné und John Ray in London, den Orientaliſten Anquetil Duperron in Paris und Krußenſtein in Kopenhagen, den Aſtronomen Joſ. Nik. de l'Isle in Petersburg [3], Marinoni in Wien, Simonelli in Italien u. a. m., und lieferten ihnen werthvolle Beiträge und Aufſchlüſſe für ihre Studien und Werke. Beiſpielsweiſe ſtammt ein nicht unbedeutender Theil der Correſpondenzen und Mittheilungen zu G. v. Murrs bekanntem „Journal zur Kunſtgeſchichte und allgemeinen Literatur", 1775 bis 1789 (17 Bände), und „Neuem Journal zur Literatur- und Kunſtgeſchichte", 1798—1799 (2 Bände), aus der Feder deutſcher Miſſionäre, wie der PP. Caſtner und Kögler aus China, Werkmaiſter und Eckard aus Braſilien, Bayer aus Peru, Ducrue aus Mexico u. ſ. w. P. Kirchner gedenkt in ſeinen zahlreichen Werken [4] dankbar der ausgiebigen

---

[1] Dahlmann a. a. O. S. 18.

[2] Ueber ſeine Beziehungen zu den Jeſuiten in China vgl. u. a.: God. Guil. Leibnitii Epistolae . . . ed. Christ. Kortholtius (Lipsiae 1734, 1735, 1738), tom. II, Dissert. prooemialis § IX sqq.; über die Beziehungen der Jeſuiten zur Königl. Geſellſch. der Wiſſenſch. in London § XII; Briefe franzöſiſcher Jeſuitenmiſſionäre an Leibniz tom. III, 1 sqq. In Bezug auf die Gefahr, die durch den Ritenſtreit der Jeſuiten in China drohte, ſchrieb ſelbſt der feindſelige La Croze: Nuper dictum est, eos [Jesuitas] plane ejectos esse [ex China], quod certe nolim, vel ob *commercium eruditum*, cuius scintillae quaedam eorum operâ conservantur (ibid. II, 501).

[3] Le P. Slaviczeck, Jésuite de Bohême, mort en Chine le 24 août 1735 . . . avait fait une grande suite d'observations sur la libration de la lune; il écrivait à ce sujet à Bayer, en 1734, et lui promettait pour de l'Isle un cours entier d'observations et de doctrine sur la libration; il travaillait à faire graver une figure sur la lune; mais sa mort a fait perdre tout ce travail (*Maynard* l. c. p. 272 s.). Vgl. über die Correſpondenz mit de l'Isle Revue des questions histor. XXIX (1881), 494 ss.

[4] Vgl. China Mon. illustrata (Amstelod. 1667), Prooemium; Romani Collegii S. J. Musaeum P. A. Kircher S. J. (Amstelod. 1678) p. 3. 8. 23. 65 sq.;

Mitwirkung seiner gelehrten Mitbrüder in den Missionsländern, wie der PP. Martin Martini, Michael Boym (eines Polen), Philipp Marini, Johann Gruber, Heinrich Roth 2c.; desgleichen an zahlreichen Stellen P. Heinrich Scherer in seinem Atlas Novus (August. Vind. 1730).

Ueber den Verkehr mit der europäischen Gelehrtenwelt schreibt z. B. P. v. Hallerstein 28. November 1749 aus Peking:

„In dem Jahr 1745 haben uns S. Excellenz, Herr Baron von Korff, damaliger Vorsteher der Acabemie zu Petersburg, jetzt Gesandter am Schwedischen Hof, im Namen der ganzen gelehrten Petersburgischen Gesellschaft zu einem gemeinschaftlichen Brief=Wechsel, mit einer ausnehmenden Höflichkeit, eingelaben, auch mit 3 Kisten rarer, von selber Acabemie zum Druck beförderten gelehrten Werken freygebigst beschenket. Zufolg einer so unerwarteten Einlabung und Freygebigkeit, schickten wir, auf gemeinsame Unkosten unserer hiesigen 3 Häusern, deren jedes an der Petersburgischen Gab seinen Antheil genommen, eine Kiste mit Sinischen, theils Mathematisch, theils in anderer Materie von unseren Vorfahren herausgegebenen Büchern und einige wenige, doch genaue Beobachtungen, die wir damal bey Handen hatten, nach Petersburg, mit solchem Vergnügen dieser gelehrten Gesellschaft, daß sie, wie wir heuer vernehmen, sich entschlossen, durch die erste Caravanen oder Rußische Kaufleute unsere Bibliotheken mit einem neuen Vorrath Europäischer Bücher und besonders, einem neuen Atlas über Sibirien, zu vermehren. Wir erwarten dieses angenehme Geschenk, welches künftiges Jahr eintreffen wird, mit großer Begierd." Gleich darauf berichtet v. Hallerstein, wie auch der Secretär der Königl. Londoner Gesellschaft, Sir Cromwell Mortimer, im letzten Jahre in einem überaus schmeichelhaften Schreiben ihnen seine und seiner Collegen Dienste angeboten, „von uns aber, in aller Namen, verlanget, daß wir sie unserer Astronomischen Arbeiten theilhaftig machen möchten. Aus seiner Gnade haben wir heuer einen Tomum ihrer Transactionum Philosophicarum empfangen, und weylen wir nichts anderes bey Handen hatten, die von meinem Vorfahrer R. P. Kögler in das Sinische übersetzte Tafeln des Newton, samt einem Sinischen Buch von denen Logarithmis, Tangentibus, Secantibus u. s. f. zu einer wenigen Wiedergab nach London abgesendet." [1]

Endlich erwähnt er eines ähnlichen Anerbietens von seiten de l'Jsles.

Auch in einer andern Weise kam das Wissen und die Gelehrsamkeit deutscher Jesuiten den Missionsprovinzen zu gute. Mit Vorliebe wurden im 18. Jahrhundert deutsche Patres mit ihrer soliden wissenschaftlichen Durchbildung als Professoren der theologischen und philosophischen Fächer an den zahlreichen Seminarien, Collegien und Universitäten der Gesellschaft

Magnes sive de arte magnetica . . . (ed. III. Romae 1654) p. 314 sqq.; Oedipus Aegyptiacus (Romae 1652) tom. I, 396 sqq.
[1] „Welt=Bott" Nr. 698, 27.

Jeſu in Amerika und Aſien angeſtellt. So finden wir z. B. auf den hohen Lehrſtühlen in Peru die PP. Reinmann und Röhr; in Quito Azzoni; in Chile die PP. Haimbhauſen, Bobart und Hueber; auf der Univerſität von Cordoba (Paraguay) die PP. Orocz, Pfizer und Plantich; in Braſilien die PP. Perret, Stancel und Bellecius, letzterer ſpäter Theologieprofeſſor in Freiburg i. Br.; in Goa die PP. Obſtzierer und Przikril, einſt Kanzler der Prager Univerſität; in Ambulacata (Malabar) die PP. Biſchopink, Bremer, Jackeſch und Krening; in Manila als Lehrer des canoniſchen Rechts P. Märdl, „mit beſonderem Ruhm ſeiner Gelehrſamkeit". Uebrigens fanden ſich auch unter den übrigen Miſſionären genug Männer, die bereits auf hohen Kathedern geſeſſen[1]. Unter den jüngern Ordensmitgliedern, die ſeit der erſten Hälfte des 18. Jahrhunderts vielfach noch vor ihrer Prieſterweihe, oft ſchon als Novizen, in die Miſſionen geſchickt wurden, um dort ihre Studien zu vollenden und ſich die Landesſprache vollkommener anzueignen, fanden ſich glänzende Talente. Der jugendliche Fr. Lucas Bakranin, der leider ſchon vor ſeiner Abreiſe aus Spanien (1727) ſtarb, „ſetzte in Sevilla bei einer öffentlichen Diſputation als Objicient die ſpaniſchen Profeſſoren in Staunen und befreite ſie aus dem tief eingewurzelten Wahne, daß die ſpeculative Theologie außerhalb Spaniens nicht geachtet oder nicht ernſthaft betrieben werde und die dortigen Lehrer denen Spaniſchen Profeſſoribus nicht das Waſſer bieten könnten"[2].

Aehnliche Erfolge werden von andern deutſchen Scholaſtikern, wie Nikolaus Meges in Lima[3], Nikolaus Schindler und Paul Maroni in Quito, gemeldet.

„Wir", ſo ſchreibt der öſterreichiſche Pater Nikolaus Schindler, „vollenden hier [im Colleg zu Quito] zugleich unſere Studien. P. Maroni [gleichfalls Oeſterreicher] und ich, obwohlen wir ſolcher Ehr gar nicht verlangt, werden Theſen aus der gantzen Theologia öffentlich defendiren; welches allhier mit größtem Pracht, ja in Gegenwart aller Königlichen hohen Aemtern und Räthen: wie auch des Biſchoffs ſamt dem Domb-Capitel und aller Ordens-Geiſtlichen nebſt dem hohen Adel pflegt gehalten zu werden."[4]

---

[1] „Welt-Bott" Nr. 392; vgl. Baucke S. 703.

[2] „Welt-Bott" Nr. 334, 93.

[3] Amerik. Neu-aufgerichteter Mayerhof (Augsb. 1747) S. 145.

[4] „Welt-Bott" Nr. 282. Zu dieſen öffentlichen Diſputationen wurden ſelbſtverſtänlich nur die tüchtigſten Talente auserſehen. Bezeichnend iſt, was P. Adam Kaller 1686 aus Mexico ſchreibt: „Ich hab mittler Weile allhier meine Theologiam völlig zu Ende gebracht und das gewöhnliche Examen ausgeſtanden, hiemit aber erfahren, daß hier zu Land die geſchworene Examinatores es wolfeiler verlauſen als in Böhmen und Teutſchland" („Welt-Bott" Nr. 52).

Es war aber den deutſchen Miſſionären ſehr wenig um ehrenvolle Pro=
feſſuren u. dgl. zu thun. Ihr ganzes Sehnen ging nach den Indianermiſſionen,
und es war ihnen ein hartes Opfer, wenn ſie in den Collegien und Anſtalten
der Kolonialſtädte zurückbehalten wurden. So erging es z. B. dem jungen
Oeſterreicher P. Schindler nach einer glänzenden öffentlichen Disputation. Er
ſehnte ſich nach den Miſſionen des Marañon, aber er „hat ſich", wie ſein Mit=
bruder P. v. Zephyris ſchreibt [1], „wider ſeinen Willen den Weg ſelbſt verhackt,
weil er ſeine ſtattliche Eigenſchaften nicht verborgen, hieburch aber ſeinem Oberen
Anlaß gegeben, ihn vielmehr in der Provinz mit ehrenhafften Aemtern zu be=
ſchäfftigen, als auf die weit entlegene Miſſionen größten Theils begraben würden,
da er hingegen in denen Collegiis ſelbe zu größerer Ehre Gottes in das Werck
ſtellen und an den hellen Tag legen könnte. Wanns ich ſchließe, daß er ge=
waltige Pedarten anſchrauben müſſe, wann er ihm das Thor zu denen Miſſio=
nen auffſprengen will." [2]

„Mich anlangend," ſchreibt z. B. P. Ladislaus Oroez aus der öſterreichiſchen
Provinz (17. November 1730), „wohne ich in dem Haupt=Collegio zu Corduba
in dem Landſtrich Tucuman und bekenne zu meiner Schand, daß ich hierſelbſt
die Philoſophie (Zweifelsohne aus Verhängnuß Gottes, der hieburch meine
Sünden abſtrafft) vorzuleſen verdammt ſei. War es wohl der Mühe werth,
ſich aus Hoffnung der Martyr=Cron, aus Begierde das Evangelium denen
Heyden zu predigen und aus Verlangen, den heiligen Apoſteln im Leben und
Todt nachzufolgen, mit tauſenderley Lebens=Gefahr über Meer zu ſchiffen, damit
ich anſtatt Chriſti allhier den Ariſtotelem in Schulen verkündigte? Mir kommt
vor, Ew. Ehrwürden lachen hierzu: Ich hergegen meine." Nur der Gedanke,
daß Gott nichts beſſer gefalle als blinder Gehorſam, tröſte ihn. Es wird ihm
aber recht ſchwer, das Opfer zu bringen. „Ach", ſo ſchließt er, „wie ſchäme
ich mich, den preißwürdigen Titel eines Miſſionarii zu führen, indem ich in
der That keinen Apoſtel, ſondern ein Philoſophum ſpiele." [3]

6. Typen großer Miſſionäre. Gewiß wird es der Ruhm der
romaniſchen Völker bleiben, ſeit dem Zeitalter der Entdeckungen nicht nur
die meiſten, ſondern alles in allem auch die bedeutendſten Glaubensboten
geſtellt zu haben. Und was ſpeciell die Geſellſchaft Jeſu angeht, ſo ſind
Männer wie der hl. Franz Xaver und der ſel. Johann de Britto in Aſien,
der hl. Peter Claver und Anchieta in Südamerika, Jean de Brebeuf, Jogues
und Lallemant in Canada u. a. m. für alle Zeiten die Ideale wahrer Apoſtel.
Dieſe Südländer mit ihrem feurigen Muthe, ihrer unvergleichlichen Be=
dürfnißloſigkeit, ihrem flammenden Glaubensgeiſt waren zumal für die
erſte conquista espiritual, wie die Spanier das Miſſionswerk nannten,

---

[1] „Welt=Bott" Nr. 333, 91.

[2] „Welt=Bott" ebb. Aehnliche, oft rührende Schmerzensergüſſe ebb. 331, 83 ff.;
510, 131 u. a. Baucke S. 704.

[3] „Welt=Bott" Nr. 511, 132; vgl. Nr. 530, 113.

auch wie geschaffen. Indes haben die spätern Zeiten bewiesen, daß auch
Deutschland große Missionäre hervorbringen konnte. Männer wie Sepp,
Baucke, Arlet, Borinie, Fritz, Richter, Glandorff, Kino u. s. w. stellen sich
würdig neben ihre großen Vorbilder. Vor allem ist hervorzuheben, daß im
Laufe des 17. und 18. Jahrhunderts eine Reihe von besonders schwierigen
Missionsgebieten, wie die der Moxos (Peru), des obern und untern Maraðon
und die von Nordmexico und Californien, mehr und mehr den deutschen
und niederländischen Patres überlassen wurden, während die Spanier und
Portugiesen sich in dieser Periode vielfach lieber auf die Thätigkeit in den
Collegien und Städten concentrirten.

„So bald ein ausländischer Jesuiter hier ankommt,“ so schreibt P. Andreas Mancker 25. Februar 1681 aus Mexico, „wird er gleich auf die
Missiones befördert, derer diese Provinz allein 70 zehlet, in welchen sich nur
60 Patres befinden; ist also wegen Mangel der Priestern ein mercklicher Abgang
tauglicher Arbeitern, zumaln in Erwegung des weitsichtigen Bezirkes besagter
Missionen, welche tausend Meilen Weegs in ihrem Umfang begreiffen: ohne zu
rechnen eine neue jüngsthin entdeckte Landschafft von 300 Meilen, welcher man
das Evangelium verkündigen solte, wann nur Priester vorhanden wären. Zudem kommt noch eine andere erst neulich angefangene Mission in California,
von welchem großen Land man noch nicht wissen kan, ob es eine Insul seye
oder an ein anderes Erdreich angränze. Auf jeglicher diser Missionen ist nur
ein einziger Priester unserer Societät; weil Jhro Catholische Majestät bißher
keinen anderen Geistlichen auf benenselbigen haben dulden wollen. Die Länder
haben an Viehe und Früchten den größten Ueberfluß; die Luft ist an vielen
Gegenden mäßig wie in Teutschland, dessentwegen auch die Teutschen,
als welche der rauhen und kalten Luft gewohnet seynd, vor
andern dahin taugen. Die Landsprach ... ist nicht schwer zu lernen.
Vor so viel Missionen und Völcker würden 6000 Priester kaum erklecken.“[1]

Die schwierige Mission am obern Maraðon ruhte thatsächlich seit dem
Beginn des 18. Jahrhunderts vornehmlich auf den Schultern deutscher Missio-
näre. Ausführlich schreibt darüber u. a. der genannte P. Nikolaus Schindler
12. Februar 1725: Die neu angekommenen Missionäre, nämlich P. Paul
Maroni, P. Karl Brentano und er selbst aus der österreichischen Provinz,
P. Ignaz Michel und P. Adam Widman aus Bayern (Germ. Sup.) und
P. Leonhard Deubler vom Oberrhein, brannten vor Begierde, „je ehender
je lieber auf die Missiones an dem Fluß Marannon und an dem Napi-
Strom zu ziehen, und daselbst das Ziel unsers Berufs zu erreichen; mithin denen Teutschen Missionariis, so dasselbe weitschichtige
Feld bauen, zu Hülff zu kommen“. Von deutschen Missionären seien be-
reits da die PP. Samuel Fritz, Wenceslaus Breuer, Bernhard Zurmillen,

¹ „Welt-Bott“ Nr. 30.

Franz Rhen, Joh. B. Julian, Wilhelm Grebmer, Peter Gaßner und Franz Xaver v. Zephyris.

„Wir scheinen zwar unser zimlich viel zu seyn und bennoch ist diese Zahl weit zu gering, alle Missionen zu besetzen, deren manche aus Abgang Teutscher Priester verlassen seynd und gleichsam öde stehen. Von wannen kommt, daß seit dem glorwürdigen Tobt V. P. Henrici Richter, das ist seit anno 1695, die Völcker Pyros, Cunivos und Schibaros keinen Priester mehr gesehen haben. Sobald aber wir Teutsche allhier angelangt seynd, ist der alte Apostolische Mut wieder von dem Tod erstanden, indem unser aller insgesamt eintziger Wunsch ist, uns ohne Verschub zu eben denenjenigen Völckern zu verfügen, von welchen obgedachter Blut=Zeug und andere Missionarii seynd gemartet worden." [1]

Eine große Zahl von bisher verlassenen Indianerstämmen in Paraguay, Peru, Chile, am obern und untern Marañon, in Mexico und Californien und auf den Philippinen wurde zum erstenmal von deutschen Missionären aufgesucht und in den Bereich der Missionsthätigkeit gezogen, und sehr viele neue Missionen und Stationen in den erwähnten Gebieten und in China hatten deutsche Patres zu Gründern oder wurden von ihnen erst zur Blüthe gebracht. Ihre praktische Richtung und Solidität kam nicht bloß der materiellen und wirtschaftlichen Seite der Missionen zu gute, sondern charakterisirte auch ihre seelsorgerliche Thätigkeit. Nachdem P. Matthias Strobel in einem Briefe vom 15. Juni 1729 ausgeführt, wie ungünstig z. B. in Buenos Aires die Feier des Gottesdienstes und der Eifer im Empfang der heiligen Sacramente absteche, fährt er fort: „Auf denen Missionen aber gehet alles lebhaffter und eyffriger zu, gleichwie ohnedem aus anderen Brieffen bekannt ist: Weil nehmlich allda unsere teutschen und wälschen Priester die schönste Policey=Ordnung so wohl in geist= als weltlichem Wesen eingeführt haben." [2]

Die bekannten schönen Monographien der PP. Baucke, Sepp, Dobrizhoffer und die von P. Stöcklein gesammelten Briefe bestätigen überall, wieviel die Missionen auch in geistlicher Hinsicht dem Eifer und Geschick der deutschen Patres verdanken.

Sehr schön bezeugt dies unter anderem der Spanier Peramas in seiner oben citirten Biographie des Schweizers P. Martin Schmid, Missionärs bei den Chiquitos. Nach Aufzählung aller Verdienste desselben um die materielle Entwickelung der Missionen hebt er hervor, daß alles dies ihm nur Mittel zum Ziel gewesen, das Seelenheil der Wilden zu fördern und

---

[1] „Welt=Bott" Nr. 282, 87. [2] Ebd. Nr. 510, 131.

fie im heiligen Glauben zu feſtigen. Und nun ſchildert er eingehend den glühenden, unermüdlichen Seeleneifer, den apoſtoliſchen Muth und das heilig= mäßige Leben dieſes „Vaters der Indianer"[1].

Ganz außerordentliche Männer waren z. B. der Schleſier P. Staniš= laus Arlet und der Böhme P. Franz Borinie, beide gleichzeitig bei den Moxos (Peru) thätig. Der Peruaner Salbamando[2] nennt Arlet be= wundernd „einen der Jeſuitenmiſſionäre, die ſich am meiſten ausgezeichnet haben bei der Bekehrung und Civiliſirung der Indianer in der Moxoš= Provinz".

„P. Borinie", ſo ſchreibt P. Arlet, ſelbſt bemüthig ſeinem Mitbruder alles Lob zuerkennend, „wird von jedermann der Nahmen eines recht=Apoſtoliſchen Mannes beygelegt, den er beſtens verdient; allermaſſen er nur in einem Jahr mehr Reiſen, als ſonſt einer, verrichtet: Annebens auch ſehr viel unbekannte Länder, in welche vor ſeiner kein Miſſionarius jemalen kommen ware, entdeckt und durchwandert hat. Alte Miſſionarii können ſeinen brünſtigen und Helden= müthigen Eyffer nicht genug loben. Ich hab ein und den andern ſeufftzen gehört: Ach! ſagten ſie, wie macht uns dieſer einzige Prieſter aus Böhmen zu Schanden! welcher in ſo kurtzer Zeit bewerckt, was wir innerhalb ſo vielen Jahren nicht einmal zu verſuchen das Hertz gehabt! Unſer allgemeiner Oberſte, P. Antonius Orellana, da er einſtens mit mir von P. Borinie zu ſprechen kam, erhube ſeine Augen und Händ gen Himmel. Ach! ſagte er, mein Pater Stanislae: Warum ſchenkt uns euer heiliges Böhmen nicht zwölff dergleichen Männer? Ich hab dem allda beſtellten Provinzial, R. P. Emmanueli von Boye, weſſen Eyffer mir vielfältig iſt gerühmt worden, bittend geſchrieben, er ſolle doch mehr ſolche Miſſionarios hieher ſchicken. Beten wir dann, O liebſte Patres, daß Gott meinen Wunſch gewähre."[3]

Und wieder in einem andern Briefe: „Mein uralter Gefährt, P. Franciš= cus Borinie allein arbeitet im Wein=Garten Chriſti mehr als zwantzig andere Miſſionarii. Es ſcheint, Gott habe ihn zu dieſen Zeiten und in dem großen Motſcherland vor andern Prieſtern auserwählt zu einem außerordentlichen Bothen, welcher ſeinen Nahmen gegenwärtiger Heydenſchafft überbringen ſolle. Er hat bißher über hundert vorhin unbekannte Völcker, und zwar einige derer= ſelben in unzugänglichen Eylanden zwiſchen Pfül, Teichen und Wäſſern der erſte nicht allein entdeckt, ſondern auch zum gemeinſchafftlichen Leben und zur Heerd Chriſti gebracht. Darum hat ihm auch der Vice=König von Lima (welche Ehr ſonſt keinem Miſſionario jemals widerfahren iſt) durch einen abſonderlichen Brieff in Nahmen Seiner Catholiſchen Majeſtät gnädigſten und verbindlichſten Danck geſagt: Weil durch ſeine Apoſtoliſche Bemühung nicht allein das Reich Gottes, ſondern auch die Spaniſche Monarchie immer anwachßt, wiewohlen

[1] De Vita et Moribus XIII Virorum Parag. p. 435 sqq.
[2] Los antiguos Jesuitas del Perú. Biografías . . . (Lima 1882) p. 226.
[3] Brief vom 2. Sept. 1608 („Welt=Bott" Nr. 441).

P. Borinie seine Absicht lediglich auf das Seelen-Heyl ohne anderen Endzweck richtet. Der tapffere Apostel ist bißher schon zweymal mit Pfeilen zwar beschossen, jedoch von Göttlicher Obhut unverletzt beym Leben erhalten worden, damit er die Zahl seiner Schäflein erfülle....“ [1]

Von einem andern echt deutschen Missionär, dem Hannoveraner P. Franz Hermann Glandorff, lebt heute noch unter den Indianern Mexicos die Erinnerung an sein wunderbares Leben und Wirken fort. Tomochic in Tarahumara alta, sein Arbeitsfeld, lag in dem wildesten und abgelegensten Theile der riesigen Gebirgskette des nördlichen Mexico und war berüchtigt durch die Barbarei, Unwissenheit und Lasterhaftigkeit seiner Bewohner. Das ganze Gebiet wurde durch P. Glandorff in einen blühenden Gottesgarten verwandelt. Nach den vor dem bischöflichen Gerichte gemachten eidlichen Zeugenaussagen legte er in der rauhen Gebirgsgegend stets zu Fuß oft in unbegreiflich kurzer Frist ungeheure Strecken zurück, schritt trockenen Fußes über Ströme und Flüsse, heilte Kranke durch Ablesung des heiligen Evangeliums über dieselben. Große Sünder kamen fünfzig bis hundert Stunden weit her, um bei ihm zu beichten. Selbst in äußerster Armut und Bußstrenge lebend, sorgte er für seine Indianer wie eine Mutter und genoß ihr unbegrenztes Vertrauen. Sie nannten ihn fast nur „den Pater, der immer von himmlischen Dingen redet“. Noch heute weist die sprichwörtliche Redewendung: „Er trägt die Schuhe des Paters Glandorff“, auf die Legende zurück, wonach, „wenn der den Pater begleitende Indianer auf den im schnellsten Tempo ausgeführten Wanderungen ermüdete, der fromme Pater seine eigenen Sandalen auszog und sie dem Indianer gab, der dann sogleich wieder mit der frühern Leichtigkeit und Geschwindigkeit ihm folgen konnte, als habe er gar keine Ermüdung gespürt“. Von dem Ruf, den dieser deutsche Mann im ganzen Lande genoß, nur das eine oder andere Zeugniß. Der Franziskanerprovincial Fray Antonio Rizo, der auf einer Reise eigens einen Abstecher machte, um den berühmten Missionär zu sehen, sagte später: „Durfte ich wohl diese Gelegenheit versäumen, einen wahren Apostel kennen zu lernen? Glückliche Provinz, die solche Missionäre besitzt, selige Religion, welche unter ihren Kindern einen solchen heiligen Mann zählt!“ P. José de Chavarría, Generalvisitator der Missionen Nordmexicos, erklärte nach einem Besuche in Tomochic in seinem amtlichen Berichte an den Ordensgeneral: „er wünsche jetzt nicht mehr länger den heiligen

---

[1] „Welt-Bott“ Nr. 442.

Apostel Franz Xaver gekannt zu haben, nachdem er mit dem P. Glandorff Umgang gepflogen"[1].

Männer wie die angeführten stehen unter der Zahl der deutschen
Missionäre keineswegs vereinzelt da. Schon die kurzen biographischen
Notizen, die unten folgen, werden dies beweisen.

Nicht vergessen dürfen wir schließlich, wenigstens mit einem Worte
der deutschen Jesuiten zu gedenken, die ihr Leben als Blutzeugen be-
schlossen. Es sind unter andern die ehrw. PP. Andreas Koffler († 1651
in China), Kaspar Beck und Christoph Ruebl († 1684 am Orinoco),
Karl v. Boranga und August Strobach († 1684 auf den Marianen),
I. Maria Ratkay († 1685 in Mexico), Heinrich Richter († 1695 am
obern Marañon, Quito), Joh. Baptist Messari († 1723 in Tonking),
I. Kaspar Kratz, dessen Seligsprechungsproceß im Gange ist († 1737 in
Tonking), Hermann Engers († 1741 im Kerker, Tonking), Heinrich Ruhen
(† 1751 in Mexico).

7. Beliebtheit der deutschen Missionäre. Es ist nach dem
Gesagten gewiß nicht zu verwundern, daß die deutschen Missionäre schon
bald sich großer und allgemeiner Beliebtheit und Hochschätzung erfreuten.
Einige Zeugnisse hierfür wurden bereits früher angeführt. Eine kleine
Auswahl anderer mag noch folgen. Die deutsche Missionsarbeit älterer
Zeit ist ja lang genug todtgeschwiegen oder vergessen worden und darf
deshalb gewiß einmal etwas ins Licht gerückt werden.

„Es soll unseren allgemeinen Ordens=Vater" (A. R. P. Franz Retz),
so schreibt der Oesterreicher P. Ignaz Gößner am 4. August 1749 von Cadix
aus, „zartest gerühret haben, daß die Indianische Patres Procuratores für die,
absonderlich der Spanischen Cron unterworffene Missionen um neue Arbeiter
von der teutschen Nation, bittlich angehalten hätten, unter dem Vorwand,
daß eben diese Nation denen schweren Arbeiten dieses müh-
samen Berufs, vor anderen, gewachsen seye." Auch diesmal wurde
der größere Theil der „Teutschen Apostel" der mexicanischen Provinz überlassen
und für die folgenden Jahre mit Rücksicht auf die neue Mission in Californien
noch mehr in Aussicht gestellt. „Vielleicht wird der ruhmvolle Ruf, welcher
sich von der Heiligkeit und Wunderthaten eines Mexicanischen teutschen Apostels,
nemlich: Venerabilis Patris Hermanni Glandorff, aus der Unter=Rheinischen

---

[1] Vgl. Vortrag des Freiherrn Otto Engelbert v. Brackel, Mitglieds der Geograph.
mexican. Gesellschaft, gehalten in Cassel, abgedruckt im „St. Elisabeth=Blatt" 1894.
Nr. 518, S. 52. Hier hat ein deutscher Offizier dem deutschen Landsmann ein
schönes Denkmal gesetzt. Die dort mitgetheilten biographischen Daten beruhen auf
eingehendem Studium der Quellen.

Provinz, in Europa ausgebreitet, viele anreißen, daß sie ihr teutsches Vaterland verlassen, um an denen fruchtbaren Arbeiten dieses Heilig=mäßigen Manns einen Antheil zu nehmen und in seine glorreiche Fußstapfen einzutretten."[1] Aehnlich heißt es in einem Sammelbrief vom 1. Juli 1723 bis 21. März 1724, die Procuratoren beider Indien hätten „hefftig in Rom darauf gedrungen, daß wie vor diesen, also auch fürhin nach beyden Indien auf die schwehrern Missionen vor andern meistens Teutsche Priester geschickt würden, als von welchen man die Erfahrnus hätte, daß sie nach dem Beyspiel dern Aposteln durch ihre dapfere Stand=hafftigkeit und Gebuld allen Widerwärtigkeiten gewachsen seyen und weder denen Verfolgungen noch Trangsalen unter=liegen."[2]

„Die Erfahrenheit lehret uns," schreibt der Oesterreicher P. Nikolaus Schindler 1736, zu jener Zeit Oberer der Missionen am Amazonas, „daß in diesem mühesamen Weinberg des Herrn keine tauglichere Arbeiter, als eben die von der Teutschen Nation seynd, weßwegen auch diese von denen Spaniern vor anderen geehret, geliebet, und zu diesem großen Werck meistens bestimmt werden."[3]

„Ich kann nicht umgehen, zu bezeugen," meldet P. Innocenz Erber aus Sevilla, 15. Hornung 1727, „daß nicht allein die Spanische Jesuiter uns Teutschen Missionariis mehr Lieb und Ehr als allen andern unser Mit=Gefährten aus fremden Ländern erweisen: sondern auch die Indianische Procuratores einen Teutschen Priester für deroselben Missionen allen übrigen unvergleichlich vorziehen. Welches ich dernwegen hab melden wollen, damit diejenige aus unserer Oesterreicher=Provinz, so etwan zu solchem Apostolischen Leben einigen Lust haben, sich wegen widrigen Bericht, der gewißlich keinen Stich hält, nicht abschröcken lassen."[4]

Aehnlich bezeugt P. Anton Sepp: „Die Subjecta der ‚heiligen teutschen Provinz‘ scheinen, mich allzeit ausgenommen, für diese Indien besonders tauglich zu seyn und werden von denen hiesigen Obern vor allen andern gesetzt und auserwählet."[5]

Beziehen sich diese Zeugnisse vorwiegend auf Mexico und Südamerika, so bestätigen andere dieselbe Thatsache auch für die ostasiatischen Missionen.

„Meine Mitgesellen", so schreibt P. Anton Rauscher 1750 aus den Philippinen, „die vor, nach und mit mir, aus unserer hochschätzbaren Oesterreichischen Provinz in diese Eyländer herübergeschiffet, verdienen sich durch genaue Erfüllung aller Schuldigkeiten, sowohl bey ihrem Volk, als unseren Obern, großes Lob; sie arbeiten alle daraußen in dem Weingarten des Herrn mit unermüdeter Geflissenheit, wie länger, wie eifriger."[6]

---

[1] „Welt-Bott" Nr. 664, 125. [2] Ebd. Nr. 210, 38.
[3] Ebd. Nr. 565, 83. [4] Ebd. Nr. 334 § 2, S. 93.
[5] Reißbeschreybung I, 157. [6] „Welt-Bott" Nr. 665, 130.

P. Emanuel de Solorzano, Vice=Provincial der Marianen, dankt in einem Schreiben vom 20. Mai 1682 dem böhmiſchen Provincial für die beiden ihm geſandten Miſſionäre, die PP. Auguſtin Strobach und Johannes Tilpe. Die=ſelben leiſteten treffliche Dienſte. Er bittet um mehr ſolcher Miſſionäre[1].

„Es ſtritten“, ſo erzählt P. Neugebauer (damals noch Bruder) in einem Briefe aus Liſſabon (26. April 1737), „um uns [Deutſche] in die Wette fünf Indianiſche Procuratores: zwey zu Rom, welche für Malabarien und Japonien, einer zu Liſſabon, der für China und Mogor, einer an dem Maragnon, der für Braſilien, und endlich einer hier zu Genua, der für Peru um teutſche Miſſio=narios bittlich anhielten.“[2]

„Keiner“, ſo verſichert Br. Chriſtoph Mattern (Prov. Bohem.) aus Goa, 26. December 1710, „darff ſich beſorgen, er mögte in dieſen Ländern kein Amt noch Arbeit finden, demnach mir R. P. Provincialis geſagt hat, daß, wann auch 100 Missionarii aus Böhmen auf einmal hieher kommen ſolten, er ſie alle ohne Beſchwernuß accomodiren könnte: und fügte hinzu, daß er und ſeine Vorfahrer von der Böhmiſchen Provinz niemals wären betrogen worden. Darum lebe ich zu Goa ganz vergnügt, allwo mich jedermann lieb und werth hat.“[3]

„Ihr aber“, ſo beſchließt P. Heinrich Roth einen Brief aus dem Jahre 1664, „ſchickt aus unſerm Teutſchland mehrere Arbeiter in dieſen Wein=Garten (zunächſt ſcheint China gemeint), dann die Teutſchen und Niederländer thun es aller Orten denen übrigen Missionariis bevor und tragen zur Ehre Gottes das Sieg=Kränzlein davon.“[4]

Einen beſondern Grund, weshalb die Deutſchen vielfach beliebter waren, verräth uns P. Alois Pfeil in der braſilianiſchen Marañon=Miſſion. „Diejenigen,“ ſo ſchreibt er, „die aus den deutſchen Provinzen hierher kommen, ſind durchweg genehmer als die Portugieſen ſelbſt, einmal weil ſie unermüdliche Arbeiter und gleichzeitig von jedem Schatten des Ehr=geizes entfernt ſind.“[5] Der Haß der Indianer gegen die Spanier war ein anderer Grund, daß ſie ſich mit größerem Vertrauen den deutſchen Miſſionären zuwandten.

„Es iſt nicht zu beſchreiben,“ erklärt der Oeſterreicher P. Franz v. Zephyris in einem Brief aus Anboa (Marañon) vom 10. Juli 1727, „wie tödtlich unſere Indianer denen Spaniern abhold ſeyen, und wie gern ſie hergegen uns Teutſchen Prieſtern gehorſammen: ich ſage Teutſchen, geſtaltſam alle Missionarii

---

[1] Wiener Staatsarchiv (Filiale für geiſtl. Angelegenheiten) Nr. 419.
[2] „Welt=Bott“ Nr. 700, 10.   [3] Ebb. Nr. 508, 118.
[4] Ebb. Nr. 35, 114.
[5] Nam qui ex Germaniae Provinciis huc veniunt, ii fere Lusitanis sunt gratiores, tum quod laborum sint patientissimi, tum etiam quod vel ab umbra ambitionis sint remotissimi (bei Friedrich a. a. O. S. 35).

biser Länder (biß auf zwey) aus Teutschland herfprießen. Derowegen stehet nicht allein in geist= sondern auch in weltlichen Sachen aller Gewalt in unsern Händen, unerachtet uns weit lieber wäre, aller weltlichen Geschäfften uns zu enthalten."[1] Dieselbe Erscheinung bezeugt für Mexico P. A. Malinsky. „Jene," sagte er, „welche von benen Spaniern abstammen, werden Criolen be= namset und seynb gegen bie Ausländer, absonberlich gegen uns Teutsche, sehr freundlich."[2]

Das Gesagte dürfte genügen, um zu zeigen, welche Rolle die beutschen Jesuiten einst in Asien und Amerika gespielt, und baß unsere heutigen beutschen Missionäre in jenen Ländern in den Fußstapfen würdiger Vor= gänger wanbeln.

---

[1] „Welt=Bott" Nr. 889, 105.
[2] Brief vom 19. Juli 1781 aus Mexico („Welt=Bott" Nr. 537).

Zweiter Theil.

Verzeichniß deutscher Jesuitenmissionäre des 17. und 18. Jahrhunderts

mit kurzen biographischen und bibliographischen Daten[1].

I. Amerika.

A. Spanisches Amerika.

Provinz von Mexico.

Errichtet 1572, zählte (1619: 340; 1710: 508) 1750: 572 Jesuiten (330 Priester) und 45 Niederlassungen: 1 Profeßhaus, 23 Collegien, 1 Noviziat, 8 Seminarien und Convicte, 4 Residenzen, 8 Missionen. Die Provinz besaß an Indianermissionen. 1. Die Mission von Californien, 1683 begonnen, zählte 20 Reductionen. 2. Die Mission von Sonora mit ca. 23 Reductionen unter den Pimas, Opatas und Eudebes. 3. Die Mission von Tarahumara.

Im ganzen zählten die Jesuitenmissionen 1767 in Mexico 122000 christliche Indianer.

Hier wirkten:

Amarell, P. Max (Bohem.), ging 1686 nach Mexico, wirkte in Tecpari, Sonora (W.-B. Nr. 83, 110); Wiener Verz.).

Aschenbrenner, P. Theophil (Germ. Sup.), geb. 17. Nov. 1702, ingetr. in Ingolstadt (also wahrscheinlich ein Bayer) 28. Sept. 1724, in Mexico 1735—1738. Abreise nach Lang, Geschichte der Jesuiten in Bayern (Nürnberg 1819) S. 83, im Jahre 1735. Vgl. Sulzb. Kal. 1800, 104.

---

[1] An handschriftlichen Verzeichnissen lagen vor: Nomina PP. ac FF. qui ex Provincia Bohemiae S. J. ab anno 1678 in Indias transivere im Wiener Staatsarchiv, Geistl. Angel. Nr. 419 (Wiener Verz.); Syllabus PP. et FF. S. J., qui ex America advecti Portu Gaditano in navi Hispanica R. Elisabeth solverunt Italiam versus 15. Jun. 1768, in den *Miscell.* R. P. Ruffini S. J., Rect. Coll. Monacens. (in Privatbesitz); Relacion de los Exjesuitas muertos 1767—1782 de las 11 Provincias de España y India. *Simancas*, Grac. y Just. 684 (Sim.). — Außerdem wurde eine große Zahl von gedruckten und ungedruckten Katalogen der verschiedenen Provinzen und andere in Privatbesitz befindliche handschriftliche Quellen benutzt.

Baegert [Sim. Bergert], P. Jakob (Rhen. Sup.), geb. zu Schlettstadt (al. Kayſersberg) im Elſaß, geb. 22. Dec. 1717, eingetr. 27. Sept. 1736, ging nach Californien 1751 und wirkte dort bis zur gewaltſamen Vertreibung 1767. Nach Europa deportirt, lebte er in Neuburg an der Donau, wo er 29. Sept. (al. Dec.) 1772 ſtarb. (Lang 202; Sim.) — Schriften: Nachrichten von der Amerikaniſchen Halbinſel Californien. Mannheim 1771 und 1773. Auszüglich im Berl. Literar. Wochenbl. 1777, II, 625. Engliſche Bearbeitung in Smithsonian Instit. (Washington) 1863, 352 ff.; 1864, 378 ff. Vgl. Boletín de la Soc. de geogr. y estadist. de la Rep. de México (1872), IV, 31 sgs. 337 sgs. Murr, Journ. XII, 220. „Stimmen aus Maria-Laach" XXXIII, 172 f. Carayon, Doc. inéd. IX, 362. Vgl. Adelung-Vater, Mithrid. III, 3, 186 ff. Handſchr. Briefe, 4°. 271 S., in der Stadtbibliothek von Straßburg. Vgl. Sommerv. tom. VIII, col. 1724.

Balthaſar, P. Anton Johann, geb. 3. Mai 1692 zu Luzern (Schweiz) als Sohn des Luzerner Schultheißen Joh. Karl Balthaſar, trat zu Rom 27. Oct. 1712 in den Orden und ging 1719 nach Mexico. Er gründete mit P. Kino eine Reihe Miſſionen auf der Halbinſel Californien, war 1744 Visitator generalis, von 1750—1753 Provincial von Mexico, nachher Procurator der Miſſionen, ſtarb faſt vollſtändig und ſtarb als Rector emeritus des Colleg. Maximum S. Gregorii in Mexico 23. April 1763. (Vgl. Revue de la Suisse cath. 1878, 627. Katholiſche Schweizer-Blätter 1886, 367. 374; Mülinen, Helv. Sacra II [Bern 1858], 49; Fel. v. Balthaſar, Materialien zur Lebensgeſchichte berühmter Luzerner I, 66 ff. Manuſcript auf der Bürgerbibl. zu Luzern; Balthaſar: Hiſtor. Auffchriften 16; Kurzes handſchr. Leben im Beſitz der deutſchen Provinz; Adelung, Natürl. und bürgerl. Geſchichte von Californien III, 47. 57; Leu, Helvetiſches Lexikon II, 73; Supplement dazu von Holzhalb I, 118; Lutz, Moderne Biogr. ausgezeichneter Schweizer [Lichtenfteig 1828] 12 f.) — Schriften: Handſchr. Briefe und eine Relatione compendiosa delle conversioni per mezzo delle Missioni della Comp. di Gesù nel Regno della nuova Spagna, im Familien-Archiv der Balthaſar. Carta da edificatione. . . . (ſtatiſtiſcher Bericht über die Thätigkeit des Ordens in Mexico). 1737, 4°, 25 S.; 1751, 4°, 79 S. Mehreres ſ. bei Sommerv. s. v.

Bauer [Pauer], P. Franz (Bohem.), aus Prag, ſeit wenigſtens 1749 in Mexico, zur Zeit der Vertreibung in der Miſſion San Ignacio bei den „obern Pimas". (Sonora II, 340.) In den alten Kirchenregiſtern von San Francisco (im heutigen Arizona) findet ſich die Eintragung: „Am 21. Nov. 1751 erhob ſich die ganze Nation der Pimas; dies war der Grund, daß dieſe Kirche ohne Seel-ſorger blieb von jenem Datum ab bis zu dieſem Jahre 1754. Zur Bezeugung deſſen ſetze ich meine Unterſchrift: Francisco Pauer." Missions Cathol. 1879, p. 408.

Baur, P. Michael (Rhen. Inf.), findet ſich 1765 in Mexico. (Misc.; Cat.)

Benz, P. Anton, aus Dillingen, geb. 15. März 1717, eingetr. 9. Oct. 1733, ging 1749 nach Mexico, arbeitete in Sonora, ſtarb 1768 oder 1769. (Lang a. a. O.; Sulzb. Kal. 1890, 23.) — Schriften: Ein Brief vom 31. Mai 1752 im W.-B. Nr. 752.

Berens, Br. Johann, zur Zeit der Vertreibung in Mexico. (Misc.; Sim., hier als Pater angeführt.)

Biſchof [Sim. Biscofff], P. Johann Franz Xaver (Bohem.), aus Glaß in Böhmen, zur Zeit der Vertreibung Miſſionär in Californien. („Nachr. aus Californ." 312; W.-B. Nr. 657, 63; Sim.)

Braun, P. Barthol. (Rhen. Inf.), geb. 27. Juni 1717 zu Montabaur (Trier), eingetr. 22. Oct. 1736, ging 1749 nach Mexico, wirkte in Tarahumara, war Superior und Visitator der Mission, starb bei der Vertreibung auf der Meerfahrt 5. Dec. 1767. (Cat.) — Schriften: Carta del P. B. Braun, Visitador de la Provincia Tarahumara . . . sobre la apostólica vida, virtudes, y santa muerte del P. Franc. Hermano Glandorf. Mexico 1764, 4⁰, 33 p.

Ducrah [Ducreu, Ducrue], P. Benno (Germ. Sup.), geb. 10. Juni 1721 zu München (nicht Münster, wie Sommerv.), eingetr. 28. Sept. 1738, ging 1748 nach Mexico, wirkte 20 Jahre in Californien; zur Zeit der Vertreibung „Oberer aller Missionen von Guadelupe" („Nachr. aus Californ." 212. 307), Visitator der Missionen (Clavigero, Geschichte von Mexico, 4. Buch, 20. Kap.), kehrte 1769 in seine Vaterstadt zurück, wo er 30. März 1779 starb. (Sulzb. Kal. 1890, 25. Clavigero, Storia della Calif. II, 203.) — Schriften: Relatio expulsionis S. J. ex Provincia Mexicana et maxime e California a. 1767, bei Murr, Journ. XII, 217—267; Specimina linguae Californ., ibid. 269—274. Vgl. Murr, Nachr. von verschiedenen Ländern des spanischen Amerika II. Theil (Halle 1809), 489 ff.; Carayon, Doc. inéd. IX, 353 ss. Sommerv.

Eymer [Eumer], P. Wencesl. (Bohem.), geb. zu Melnick (Böhmen), eingetr. 26. Oct. 1678, ging 1691 nach Mexico und wirkte in der Tarahumara-Mission. (Pelzel, Böhmische, mährische und schlesische Gelehrte und Schriftsteller aus dem Orden der Jesuiten [Prag 1756], 130.) — Schriften: Ein Brief von 1696 im W.-B. Nr. 55; Auszug aus einem Brief von 1699, 31. März, in Scherer. Atl. Novus II, 90.

Favier, P. Joseph (Rhen. Inf.), geb. 24. Sept. 1706 zu Köln, eingetr. 20. Oct. 1723, wirkte bis etwa 1740 in Mexico. „Alle, die ihn hier gekannt, haben ihn sehr geliebt und wegen seines Seeleneifers hochgeschätzt" (W.-B. Nr. 657, 88; Nr. 654, 55). In den Cat. von 1740 steht er unter den Verstorbenen. — Schriften: Ein Brief von 1736 im W.-B. Nr. 744.

Fraibenegg [Froibenegg] (von), P. Georg (Austr.), geb. auf Schloß Pichelhoffen in Steiermark, trat in Wien ein, war Prof. der Rhetorik, ging März 1756 nach Mexico, war zur Zeit der Vertreibung Oberer der Mission Santa Cruz am Rio Mayo (Provinz Cinaloa), schmachtete in St. Julian, wo er noch vor Ausführung des durch Vermittlung der Kaiserin erlangten Befreiungsbefehles am 1. April 1775 starb. Ausführlicher Bericht über ihn in einer Note des Gesandten v. Lobkovitz an Grimaldi, Dec. 1774, in Sim., Est. leg. 5040, fol. 118 und 5042, 119. (Nach Cat. Par. wäre F. zeitweise in Paraguay gewesen.)

Gerstl, P. Adam (Austr.), geb. in Steiermark 12. Juni 1646, eingetr. 21. Oct. 1664, ging 1675 nach Mexico, erlitt vor dem Hafen von Cabiz Schiffbruch, bestieg ein zweites Mal das Schiff und langte endlich 1681 in Westindien an; starb um 1702 (?). — Schriften: Brief aus Puebla dos Angelos 1681 im W.-B. Nr. 31; der Brief enthält sehr interessante Aufschlüsse über Spanien und die Spanier zu jener Zeit.

Gerstlacher, P. Georg (Rhen. Sup.), zeitweise in Mexico thätig, später auf den Philippinen. (Siehe ebd.; Cat.; Misc.)

Gerstner [Gersner], P. Michael (Rhen. Sup.), aus dem Würzburgischen, seit 1755 in Mexico, wirkte besonders in Sonora (Saric), saß nach der

Baegert [Sim. Bergert], P. Jakob (Rhen. Sup.), geb. zu Schlettstadt (al. Kaysersberg) im Elsaß, geb. 22. Dec. 1717, eingetr. 27. Sept. 1736, ging nach Californien 1751 und wirkte dort bis zur gewaltsamen Vertreibung 1767. Nach Europa deportirt, lebte er in Neuburg an der Donau, wo er 29. Sept. (al. Dec.) 1772 starb. (Lang 202; Sim.) — Schriften: Nachrichten von der Amerikanischen Halbinsel Californien. Mannheim 1771 und 1773. Auszüglich im Berl. Literar. Wochenbl. 1777, II, 625. Englische Bearbeitung in Smithsonian Instit. (Washington) 1863, 352 ff.; 1864, 378 ff. Vgl. Boletin de la Soc. de geogr. y estadist. de la Rep. de México (1872), IV, 31 sgs. 337 sgs. Murr, Journ. XII, 220. „Stimmen aus Maria-Laach" XXXIII, 172 f. Carayon, Doc. inéd. IX, 362. Vgl. Adelung-Vater, Mithrid. III, 3, 186 ff. Handschr. Briefe, 4°. 271 S., in der Stadtbibliothek von Straßburg. Vgl. Sommerv. tom. VIII, col. 1724.

Balthasar, P. Anton Johann, geb. 8. Mai 1692 zu Luzern (Schweiz) als Enkel des Luzerner Schultheißen Joh. Karl Balthasar, trat zu Rom 27. Oct. 1712 in den Orden und ging 1719 nach Mexico. Er gründete mit P. Kino eine Reihe Missionen auf der Halbinsel Californien, war 1744 Visitator generalis, von 1750—1753 Provincial von Mexico, nachher Procurator der Missionen, erblindete seit vollständig und starb als Rector emeritus des Colleg. Maximum S. Gregorii in Mexico 23. April 1763. (Vgl. Revue de la Suisse cathol. 1878, 627. Katholische Schweizer-Blätter 1856, 367. 374; Müllinen, Helv. Sacra II [Bern 1858], 49: Fel. v. Balthasar. Materialien zur Lebensgeschichte berühmter Luzerner I, 66 f. Manuscript auf der Bürgerbibl. zu Luzern; Balthasar: Histor. Aufschriften 16; kurzes handschr. Leben im Besitz der deutschen Provinz; Adelung, Natürl. und bürgerl. Geschichte von Californien III, 47. 57; Leu, Helvetisches Lexikon II, 73; Suppl. Burr. von Holzhalb I, 118; Lutz, Moderne Biogr. ausgezeichneter [...] [...]berg 1826] 12 f.) — Schriften: Handschr. Briefe und eine [...] della conversioni per mezzo delle Missioni della Comp. [...] della nuova Spagna, im Familien-Archiv der Balthasar. Carta [...] handschr. Bericht über die Thätigkeit des Ordens in Mexico).

[...] S. Mehreres s. bei Sommerv. a. v.

[...] P. Franz (Bohem.), aus Prag, seit wenigstens [...] in [...] Vertreibung in der Mission San Ignacio bei [...] [...] II, 340 [...] In den alten Kirchenregistern von San [...] [...] findet sich die Eintragung: „Am 21. Nov. 1751 [...] [...] der Times; dies war der Grund, daß diese Kirche [...] [...] von einem Datum ab bis zu [...] 1754. Zu [...] [...] mit der Unterschrift: Francisco [...]

[...] P. Michael (Rhen. Inf.), [...]

[...] P. Anton, aus [...] [...] nach Mexico, [...]

[...] Kal. 1752 [...]

[...] 752.

Braun, P. Barthel (...
...rier), eingetr. 22. Oct. 173..., ging ...
...r Superior und Visitator der ...
...rt 5. Dec. 1767. (Cat.) — Schriften: ...
...la Provincia Tarahumara ... ...
...erte del P. Franc. Hermano Glandel. ...

Ducrah [Ducreu, Ducru]. P. ...
...zu München (nicht ...
...8 nach Mexico, wirkte 20 Jahr ...
...eter aller Missionen von ...
...er der Missionen (Clavigero. ...
...89 in seine Vaterstadt zurück, ...
...avigero, Storia della Calif. II. ...
...Provincia Mexicana et maxime ...
...7—267; Specimina linguae Calif... ...
...schiebenen Ländern des ...
...on, Doc. inéd. IX, 858 ...

Eymer [Eumer], P. ...
...etr. 28. Oct. 1678, ging ...
...ffion. (Pelzel, Böhmische, ...
...s dem Orden der Jesuiten [...
...6 im W.-B. Nr. 55; ...
...Novus II, 90.

Favier, P. Joseph ...
...Oct. 1723, wirkte bis ...
...en ihn sehr geliebt und ...
...Nr. 654, 55). In der Cat. ...
...riften: Ein Brief von ...

Fraibenegg [Froit... ...
...elhoffen in Steiermark, ...
...8 nach Mexico, war ...
...Rio Mayo (Provinz ...
...sführung des durch ...
...April 1775 starb. ...
...Lobkovitz an ...
...2, 119. (...

Gerst... ...
...Oct. 1660, ...
..., bestieg ...
...arb ...

...co. (Cat.) — Viel-
...umara. (Sim.)
...nach Mexico. (W.-B.
...), geb. 4. Mai ... Wien,
...exico (W.-B. ...

108 — Zweiter Theil.

Vertreibung im Cistercienserkloster zu Sandoval in Spanien gefangen bis 1780. Befreiungsacten zu Sim.; vgl. Pfefferkorn, Sonora II, 332 f. 840.

Gilg [span. Gil], P. **Adam** (Bohem.), geb. zu Römerstadt in Mähren 20. Dec. 1653, eingetr. 30. Sept. 1670, ging 1686—1687 nach Mexico, missionirte mit großem Eifer die Stämme der „Seren" und „Tepokas". (Kath. Schweizer-Blätter 1886, 360; Pelzel 119; Wiener Verz.) — **Schriften:** Verfaßte ein „Sprach-Buch" des Pima- und Eudeve-Idioms (Dahlmann, Die Sprachkunde u. d. Miss. S. 104) und entwarf eine Karte des Missionsgebietes. Zwei Briefe mit reichen Notizen über die Sitten der Indianer und die Mission im W.-B. Nr. 33 und 53. Handschr. Briefe Oct. 1687 und Febr. 1692 (10 Fol.) mit Kartenskizzen im Wiener Staats-Arch. (Fil.) 419; ein Brief aus Cadix, 20. Sept. 1686, in München; vgl. Friedrich, Beiträge 26.

Gill [Gil], P. **Max** (Rhen. Sup.), in Mexico bis zur Vertreibung (Misc.; Sim.; Cat.)

Glandorff, P. **Franz Hermann** (Rhen. Inf.), geb. 28. Sept. (al. 29. Oct.) 1687 zu Ostercappeln. al. Melle (Osnabrück), eingetr. 23. Mai 1708, seit 1717 in Mexico, wirkte hier vornehmlich in der Tarahumara-Mission (Guadelupe, Tomachic) 47 Jahre lang mit ganz außerordentlichem Eifer und Segen, das Urbild eines echten Apostels. Noch heute soll Gl. als der große Wundermann in der Erinnerung der von ihm einst missionirten Stämme fortleben (siehe oben S. 96). Man erzählte von diesem „heiligmäßigen Manne außerordentliche Dinge, welche Gott durch ihn gewirket hat und noch wirket". Gl. starb 9. Aug. 1763 in Tarahumara. (W.-B. Nr. 654, 55; vgl. Nr. 664, 125; Nr. 752. Vgl. Platzweg 178 ff.; Pfefferkorn, Sonora I, 196 Anm. Ménologe de la Comp. de Jésus. (Assistance de Germanie II [Paris 1898], 109; Vortrag des Freiherrn Otto Engelbert v. Brackel, Mitglied der Geograph. mexican. Gesellsch., abgedruckt im St. Elisabeth-Blatt [Cassel] 1894, Nr. 51 und 52; v. Mering und Reichert, Die Bischöfe und Erzbischöfe von Köln [1844], 518 ff.; Alegre, Hist. de la Comp. de Jesús en Nueva España III, 300; Handschr. Bericht von P. Georg Rhebis, dat. 4. Aug. 1749 aus Cadix, mit vielen Einzelheiten [in Privatbesitz]. Siehe auch oben unter Braun.) — **Schriften:** Zwei Briefe bei Platzweg, mehrere Schriftstücke im Arch. Prov. Germ.

Gleral, P. **Franz** (Bohem.), ging 1755 nach Mexico. (Cat.)

Gobl, Br. **Joseph** (Austr.), aus Wien, eingetr. 1746, Drechsler, in Mexico 1741—1760. (Cat.)

Goebel, P. **Joh. Joseph,** aus Schlesien, in Mexico zur Zeit der Vertreibung, saß später gefangen in Spanien. (Sehr interessante Actenstücke in Sim.)

Grazhoffer, P. **Johann** (Austr.), siehe Kratzhoffer.

Gummersbach [de Gumesbac bei Alegre], P. **Johann** (Rhen. Inf.), geb. 11. Nov. 1691 zu Köln aus vornehmer Familie, eingetr. 3. Mai 1712, ging 1723 nach Mexico, wirkte namentlich in der Stadt Mexico und Umgebung sehr segensreich (Se dedicó enteramente al cultivo de los indios en el Seminario de S. Gregorio: Alegre III, 261), wurde der „Vater der Indianer" genannt, gründete ein Zufluchtshaus für gefährdete Indianermädchen im Kloster Corpus Christi, starb 30. März 1736 im Rufe eines heiligen Ordensmannes. (Alegre l. c.; Hartzheim, Bibl. Col. 178.) — **Schriften:** Er übersetzte eine Reihe meist ascetischer Schriften ins Mexicanische, darunter zum erstenmal die Exercitia spiritualia des hl. Ignatius, gedruckt zu Puebla 1835 und 1841. Siehe Sommerv. s. v. Balthasar und tom. V, 78. Handschr. Brief siehe Anhang.

Haberl, Br. Georg (Germ. Sup.), geb. 1695, eingetr. 1722, nach Cat. Germ. Sup. 1753 in Mexico.

Haffenrichter, Joseph (Bohem.), kam 1755 nach Mexico. (Cat.)

Hellen [Helen], P. Everard (Rhen. Inf.), geb. im Mai 1673 (al. 1679) zu Xanten, eingetr. 5. Juni 1699, ging 1718 nach Mexico, wirkte seit 1719 in Californien, gründete 1720 die Reduction von Guadelupe, taufte in sechs Jahren über 1700 erwachsene Heiden, trat 1744 in den Ruhestand, „nachdem er denen Missionen in Californien mehr als 15 Jahre obgelegen" (W.-B. Nr. 657, 88), und starb 1757 zu Tepozotlan bei Mexico. (Clavigero, Stor. della Calif. II, 23 sgg.; Ménol. I, 163; Abelung, Geschichte III, 144 ff.)

Hinteregger, Br. (Austr.), aus Wien, eingetr. 1743, Baber (balneator), ging 1747 nach Mexico, war bis 1760 thätig. (W.-B. Nr. 664.)

Hlawa, P. Franz (Bohem.), aus Prag, ging 1755 nach Mexico, missionirte bei den Pimas, Nordmexico, starb 7. Sept. 1767 in Exleta bei der gewaltsamen Abführung. (Woodstock-Letters 1897, 415.)

Holub, P. Wenceslaus (Bohem.), kam 1755 nach Mexico. (Misc.; Cat.)

Hostell [Hostel, Hotel], P. Lambert, aus Münstereifel, geb. 16. Oct. 1706, eingetr. 18. Oct. 1725, ging 1735 nach Mexico, arbeitete 33 Jahre lang in der Mission von Californien, war 1745 Oberer der drei Reductionen St. Aloysius von Gonzaga, St. Johann Nepomuk und St. Maria Magdalena (Abelung III, 61), Visitator der Mission (W.-B. Nr. 657, 88). „Dieser heilig-mäßige Ordensmann, der 33 Jahre lang in diesem Lande mit großem Muthe gearbeitet, hinterließ [bei der Vertreibung] mit einer zahlreichen Menge durch seinen Eifer bekehrter Indianer das köstliche Andenken seiner Tugenden." (Carayon 368. Vgl. auch Clavigero II, 145; „Nachr. aus Californ." 312; Sim.: Cat.) Er kam nach der Vertreibung (1768) nach Deutschland zurück und starb in Paderborn nach der Aufhebung. — Schriften: Vier Briefe im W.-B. Nr. 760 bis 763; ein spanischer handschr. Bericht über die obengenannten drei Reductionen diente dem P. Venegas für seine Hist. de California. Vgl. auch Murr, Journ. XII, 235.

Hostinsky, P. Georg (Bohem.), ging, wie es scheint, 1686 nach Mexico, wirkte besonders in Tarahumara. (W.-B. Nr. 33, 110; Wiener Verz.) — Schriften: Schickt an den Pater General vier Abhandlungen über die Missionen, datirt San Tomas 1. Febr. 1722 (Handschr. in Privatbesitz). H. ist auch der Verfasser eines Buches Ophirium, das P. Ehmer nach Böhmen sandte.

Hüttl, Br. Anton (Bohem.), kam 1755 nach Mexico. (Cat.) — Vielleicht identisch mit

Hytl [Hütli], P. Anton, Missionär in Tarahumara. (Sim.)

Illing, P. Wilhelm (Bohem.), ging 1687 nach Mexico. (W.-B. Nr. 52, 73; Wiener Verz.)

Jnama v. Sternegg, P. Franz (Austr.), geb. 4. Mai 1719 zu Wien, eingetr. 14. Oct. 1735, ging um 1747 nach Mexico (W.-B. 664), wirkte in

Californien bis zur Vertreibung 1767, ein tüchtiger Naturforscher. Kehrte nach der Ausweisung in seine Heimat zurück, war hier in der Seelsorge thätig und starb zu Marschtrenk (?) 1782. („Nachr. von Californ." 67, 312; Sonora I, 317; Sim.) — Schriften: Brief von 1755 im W.-B. Nr. 759. Ueber seine naturwissenschaftlichen Werke siehe Clavigero, Storia della Calif. I, 266. 276.

Kapp [Kappus, Khappus] (von), P. Marcus Anton (Austr.), geb. zu Steinbüchel in der Krain April 1657, eingetr. 27. Oct. 1676, Missionär in Mexico in der Mission von Cucurpe (W.-B. Nr. 33, 110; Wittmann, Allgem. Gesch. der kathol. Mission II, 94), Superior der ganzen Mission von Sonora, starb 30. Nov. 1717. — Schriften: Brief von 1699 im W.-B. Nr. 56. Reiseberichte in der dritten und vierten Serie des Documentos para la hist. de México, Mexico 1853—1857 (siehe unten bei Kino). Vgl. Sommerv.

Keller [Köller, Kheller], P. Ignaz (Bohem.), aus Mähren, ging 1729 nach Mexico, starb 1759 in der Pimeria alta. (Sim., Eat. leg. 5040, fol. 118 und 5042, 119; Wiener Verz.; Alegre III, 245. 276; W.-B. Nr. 537; Cat.)

Kern, Philipp (Germ. Sup.), in Mexico 1735—1745. (Cat.)

Kino [Chino, Chinus, Kühn], P. Eusebius (Germ. Sup.), geb. 10. Aug. 1644 im Nonsbergschen (Anuanensis, Anaunensis) im ehemaligen Hochstift Trient, Welschtirol, eingetr. 20. Nov. 1665, Professor der Mathematik an der Universität von Ingolstadt, ging kraft eines zum hl. Franz Xaver gemachten Gelübdes 1687 nach Mexico, langte nach vielen Abenteuern (Schiffbruch) 1681 dort an, wirkte vorwiegend in Californien, dessen Mission er hauptsächlich begründete. Er erwirkte als Oberer (1686) durch seinen Einfluß beim Vicekönig eine wirksame staatliche Unterstützung des neuen Unternehmens, unternahm als Kosmograph des Königs von Spanien seit 1698 weite Forschungsreisen, bei denen er nach Clavigero über 20000 Meilen Weges zurücklegte, entdeckte die Mündung des Rio Grande, erforschte die Küste und stellte zum erstenmal fest, daß Niedercalifornien eine Halbinsel sei, drang nordwärts bis an den Rio Colorado, machte sorgfältige Kartenaufnahmen und gründete in den neu erforschten Gebieten eine Reihe Missionen (Pima Opata, Cocomaricopa, Yuna, Quinquina 2c.) und taufte angeblich zwischen 40000 und 50000 Heiden. Er starb 15. März 1711 zu St. Magdalena, nach einem handschriftl. Brief des P. A. Benz von den aufrührerischen Wilden erschossen. (Platzweg 171 ff.; ebendort das herrliche Zeugniß des Protestanten Semler aus dem „Hamburg. Corresp." 1880; Abelung III, 47 ff. 144 ff. u. a.; Lettres édif. V. Thl. [alte Ausg.], Vorwort; „Nachr. aus Calif." passim, besonders S. 198 ff.; Sonora, Vorrede. I, § 3 ff. II, S. 319 ff. u. a.; Missions Catholiques 1879, p. 307 ss.; A. v. Humboldt, Versuch über die politischen Zustände des Königreichs Neu-Spanien [Tübingen 1810] S. 227; Neumann, Geschichte der Vereinigten Staaten von Amerika III, 128; Gleeson, The Catholic Church in Calif. II, 84 u. a.; Clavigero, Storia della Calif. I, 167 sgg. 263 sgg.) — Clav. nennt K. u. a. primo motore e benefattore singolare di quelle Missioni; Wittmann, Allg. Gesch. b. kath. Missionen II, 94 ff.; Apostólicos afanes de la Comp. de Jesús (Barcelona 1754) p. 242 sgs. Alegre III, 54 sgs. und an vielen a. O.; Nekrolog S. 155 — am Schlusse dieses ehrenvollen Nachrufes heißt es: Hemos propasado los límites de un elogio histórico en lo que hemos dicho *de este grande hombre* lleva dos del dolor que nos causaba *no hallar en nuestro menologio memoria alguna de un varon tan insigne* y apenas algunas generalidades en las noticias de California y Afanes Apostólicos, que no bastaban para formar una idea tan grande como merecen sus virtudes; ähnlich erging es so vielen andern deutschen Missionären; Ménol. I, 238 s.; W.-B. Nr. 71, 32 u. a.) — Schriften: Brief mitgeth. von P. Gilg im W.-B. Nr. 33, 109; werthvoller Brief mit Karte in H. Scherers S. J. Atlas Novus II, 101 sqq. Handschriftlich existiren u. a.: Diario del Viaje hecho por las orillas del Rio Grande ...; Descripcion de la Pimeria alta; Paso por tierra á la California ... descubierto y anando y demarcado por el P. Eus. Fr. Kino, 1698—1701; Mapa del paso por tierra á la Calif., 1706 (Bericht über diese Forschungsreisen und kartograph. Arbeiten in den Mémoires de Trevoux 1703, 676; 1704, 1238 [„Le P. Kino (Jésuite Allemand et fort habile dans les Mathématiques) a dressé une Carte très-exacte de tout ce voyage"]; 1705, 745. Vgl. Recueil 5 des Lettres édifiantes); Viages á la nacion Pima en California en 1674 por los PP. Jesuitas Kino y Kappus, fol., 1834; Hist. de Sonora, citirt von P. Alegre in seiner handschriftl. Geschichte der Jesuiten in Mexico. Verschiedene werthvolle Berichte aufgenommen in Notes upon the first Discovery of California, Washington 1878; Docum. para la hist. de México, Ser. III (México 1856 sg.), 810 sgs. 814 sgs. 817 sgs. Astronomie: Exposicion Astronómica de el Cometa que el año de 1680 ... ha observado en la Ciudad de Cadiz el P. Eusebio Francisco Kino ... (México 1681). Näheres bei Sommerv.

Kirzel [Kürzel], P. Heinrich (Bohem.), zur Zeit der Vertreibung Missionär in Nordmexico, starb 23. Aug. 1767 bei der gewaltsamen Abführung in Aquatacan (al. Iztlan) in Mexico. „A German, surnamed El Santo" (Woodst.-Lett. 1897, p. 414). Middendorff (siehe unten) erzählt von ihm in seinem Tagebuch (II, 39): „Er war ein ganz kleiner Mann; aber von großer Geschicklichkeit und Tugend. Er pflegte täglich an acht Stunden im Gebete zuzubringen, war von den Indianern sehr geliebt und von allen wegen seiner Unschuld sehr geachtet; er starb im 45. Jahre seines Alters."

Klesinger, P. Johann (Bohem.), ging 1729/30 nach Mexico, starb aber auf der Reise auf der Insel Cuba 4. April 1731. (W.-B. Nr. 528, 102; Nr. 529, 112; Wiener Verz.)

Kloeber v. [spanisch: Claver], P. Emanuel (Rhen. Inf.), geb. 10. Jan. 1720 zu Mannheim, eingetr. 21. Oct. 1737, Professor der Rhetorik, ging 1749 nach Mexico, wirkte hier in der Mission St. Anna (Provinz Chinipa), 1767 deportirt, starb auf der Meerfahrt 8. Dec. 1767. (Cat.) — Schriften: Auszug aus Briefen im W.-B. Nr. 475.

Knapp, P. Alois (Germ. Sup.), geb. zu Rheinfelden (Kanton Aargau, Schweiz) 1720, eingetr. 1740, seit 1749 in Mexico (Lang: Quito), kehrte bei der Vertreibung nach Deutschland zurück und starb nach der Aufhebung der Gesellschaft 1775. (Lang a. a. O.; Arch. Prov. Germ.; Cat.)

Konsag [Konsad, Konschal, Consad, span. Consag oder Gonsago], P. Ferdinand (Austr.), geb. 2. Dec. 1703 zu Warasdin (Kroatien), eingetr. 22. Oct. 1719, ging um 1730 nach Mexico, wirkte seit 1732 in Californien (W.-B. Nr. 448 § 3), erforschte das Küstenland bis zum Rio Colorado, war Oberer von San Ignacio, später Visitator der ganzen Mission. Es wäre nicht leicht, führt Clavigero aus, alles aufzuführen, was dieser unermüdliche Mann trotz seiner schwächlichen Gesundheit geleistet hat. In ihm vereinigten sich der kühne Forscher und der seeleneifrige Missionär. Sein Name zähle unter den berühmtesten

Männern Californiens. Er starb 10. Sept. 1758. („Nachr. von Californ." a. a. O.; Clavigero, Storia della Calif. Einleitung 12. II, 132. 119 ff. und passim. Eine Biographie schrieb P. Fr. Zevaltos, Mexico 1764. Handschr. Docum. in Simancas, Est. leg. 5040, 118; 5042, 19; vgl. W.-B. Nr. 448, 110; Ménol. II, 202; Abelung a. a. O. III, 62 ff.; Alegre l. c. 286 sgs. 300; José Villaseñor, Teatro Americano l. 3, c. 39.) — Schriften: Brief von 1781 im W.-B. Nr. 743; über seine kartogr. Arbeiten Murr, Journ. XII, 234 Anm. Carta del P. F. C. de la Comp. de Jesús, Visitador de la Mis. de Calif., 4°, 43 p. (1. Oct. 1748). Diario de Californias (Paris 1767, 8°), aufgenommen in Apost. Afanes S. 891 ff. Bericht der Forschungsreise an den Rio Colorado in Burriel, Noticias de la Calif. III, 140. Karte des P. R. in Baegerts „Nachr. von Californ." Handschr. Hist. de las Mis. de Californ., aufgenommen in P. Venegas Gesch. von Calif. — Descripcion compendiosa de lo descubierto . . . de la Californ., por el P. F. Gonzago de la Comp. de Jesús 1746, Manuscr. im Brit. Mus. — Vgl. Sommerv.

Kratzhoffer [Grazhoffer], P. Johann (Austr.), ein Oesterreicher, kam um 1730 in die Mission, wirkte in Sonora, wurde von den Wilden vergiftet. (Vgl. Brief P. Stigers vom 11. Dec. 1734, im Arch. Prov. Germ.; W.-B. Nr. 537; Alegre III, 245.)

Lager, Br. Johann, in Mexico zur Zeit der Vertreibung. (Sim.)

Lautner, Br. Georg (Germ. Sup.), geb. zu Abersbach (?) 17. Oct. 1707, eingetr. 25. März 1738, ging 1742 nach Mexico. (Cat.)

Linck [Sim. Linch], P. Wenceslaus (Bohem.), geb. 29. März 1736 zu Joachimsthal in Böhmen, eingetr. 18. März 1754, ging 1755 nach Mexico, 1762 nach Californien, drang 1766 bis an den Rio Colorado vor, gründete und leitete die Reduction San Borgias, bekehrte an 2000 Heiden. 1767 deportirt. Wirkte später am Colleg in Olmütz, starb nach 1790. (Murr, Journ. XIII, 233; Carayon IX, 367; „Nachr. von Calif." 5 ff., wo ausführlich über seine Expedition an den Rio Colorado; vgl. ebb. 312; Davila, Continuacion de la hist. de la Comp. de Jesus de la Nueva-España, spricht im I. Bb. eingehend von L.'s apostol. Thätigkeit und schreibt ihm ein geschätztes Werk über Californ. zu; Clavigero rühmt ihn sehr und spricht von Tagebüchern, in denen er seine Reisen beschrieben: II, 147 ff.; 155 ff.; 171 ff.; 175 ff.)

Maisler, Br. Georg, Missionär in Mexico, erwähnt in einem Brief vom Jahr 1718 im W.-B. Nr. 174, 86 ff., war Koch und Apotheker.

Malet [Malcet], Br. Christian, kam 1755 nach Mexico. (Cat.; Sim.)

Mantinuas, P. Anton (Germ. Sup.), ging 1718 von Burghausen in Bayern aus nach Mexico. (Lang 86.)

Martini, P. Anton (Germ. Sup.), geb. 30. Sept. 1687 zu Trient, eingetr. 7. Sept. 1707, in Mexico 1718—1746. (Cat.; Wittmann 94 ff.)

Michel [Sim. Micel], P. (Br.) Andreas (Bohem.), aus Böhmen, seit 1755 in Mexico, wirkte bei den „untern Pimas" (Ures) bis zur Vertreibung 1767, wurde 1777 durch Vermittlung des österreichischen Gesandten aus seiner Haft in Spanien entlassen. (Sim., Est. leg. 5047; Sonora II, 340.)

Mibbendorf, P. Bernhard (Rhen. Inf.), geb. 14. Febr. 1723 zu Vechta in Oldenburg (al. Riesenbeck, Westfalen), eingetr. 21. Aug. 1741, ging 1754 nach

Mexico, wirkte in Sonora bis zur Vertreibung 1767, saß 6 Jahre gefangen im Kloster der Alcantariner zu Cerralbo (Spanien) bis October 1776. (Befreiungsacten in Sim.) Vgl. Sonora II, 382. — Schriften: Drei Briefe im W.-B. Nr. 755 bis 757. — „Aus dem Tagebuch des mexicanischen Missionarius Gottfried Bernhard Middendorff aus der Gesellschaft Jesu, geb. zu Vechta . . . in „Kathol. Magazin für Wissenschaft und Leben" (Münster 1844 ff.) I, 740 ff.; II, 21 ff. 179 ff.

Misalla (?), P. Kaspar, in Mexico zur Zeit der Vertreibung. (Sim.)

Nentwich, P. Johann, aus Schlesien, seit 1749 in Mexico, wirkte bei den Guaissabas (Sonora), starb 11. Sept. 1767 bei der gewaltsamen Abführung zu Exleta. „War ein ausgezeichneter Mathematiker und Superior der Mission gewesen." (Woodst.-Lett. 1897, 415; Sonora II, 341.)

Neuhaus, P. Andreas (Rhen. Inf.), geb. Juli 1683 in Ungarn (?) („Neovarin."), eingetr. 27. Sept. 1703, ging 1720 nach Mexico. (Cat.)

Neumann [Nehmann], P. Joseph (Bohem.), geb. zu Brüssel 5. Aug. 1648, studirte zu Olmütz und trat in die böhmische Provinz 24. Sept. 1663, ging 1678 nach Mexico, wirkte in Tarahumara (W.-B. Nr. 33, 110), war viermal Oberer in Neu-Biscaya und dreimal Visitator der Mission. „Er wußte mit bewunderungswürdigem Muthe die tobenden Leidenschaften der zügellosen Tarahumarer zu bezähmen, an deren Heil fast alle Missionäre verzweifeln wollten." Nach unbeschreiblichen Anstrengungen wurden allmählich gegen 16 000 dieser Wilden in Gemeinden gesammelt (siehe Wittmann, Allgem. Gesch. der kathol. Mission II, 92 ff.). N. gründete als Oberer der Tarahumara-Mission drei neue Stationen (W.-B. Nr. 52); 1731 heißt es von ihm: „Dieser liebe Alte ist bey denen Seinigen in größter Hochschätzung" (W.-B. Nr. 537). Er starb 1. Mai 1732 (W.-B. Nr. 610, 69; Wiener Verz.). P. Rauch verspricht W.-B. Nr. 610, 69 eine Biographie dieses „großen Missionarii". Wir wissen nicht, ob sie erschienen. — Schriften: Brief aus Tarahumara von 1686 im W.-B. Nr. 32; vgl. ebb. Nr. 30, 88 und Nr. 101; handschriftl. Bericht vom 29. Juli 1686 über die Tarahumara-Mission, 4 fol., im Wiener Staats-Archiv, Geistl. Angel. 410. Historia Seditionum, quas adversus Societatis Jesu Missionarios moverunt nationes indicae. Pragae 1730, 8°; bei Pelzel S. 103.

Neumayr, P. Karl (Bohem.), ging 1733 nach Mexico (Cat.; Wiener Verz.), wirkte seit 1745 in Californien, wird von Clavigero II, 155 ff. als ausgezeichneter Missionär und Allerweltskünstler: Architekt, Maurer, Schmied, Tischler, Arzt, gerühmt. Er starb 30. Aug. 1764 in San Borgias.

Nortiel (?), P. Franz, Missionär in Tarahumara zur Zeit der Vertreibung. (Sim.)

Och, P. Joseph (Rhen. Sup.), geb. 21. Febr. 1725 zu Würzburg, eingetr. 26. Sept. 1743, ging 1754 nach Mexico, wirkte besonders bei den Pimas (Sonora) bis zur Vertreibung 1767, kehrte dann nach Bayern zurück und starb Ende 1773 zu Würzburg. (Misc.: Sim.; Sonora II, 332. 340.) — Schriften: P. J. Och's . . . Nachr. von seinen Reisen nach dem span. Amerika, seinem dortigen Aufenthalt von 1754—1767, bei Murr, „Nachr. von verschied. Ländern des spanischen Amerika" (Halle 1809) I, 1—292.

Pauer, siehe Bauer.

Pechtler [Pechtl], P. Franz Xaver (Austr.), 1733 in Mexico. (Cat.)

Pfefferkorn [Sim. Fefelscolt], P. **Ignaz** (Rhen. Inf.), geb. 31. (al. 3.) Juli 1725 in Mannheim, eingetr. 21. Oct. 1742, ging 1754 nach Mexico, arbeitete in der Mission von Sonora bis zur Vertreibung, saß in Spanien gefangen in der Norbertiner-Abtei zu Rodrigo. (Interessante Befreiungsurkunden in Sim., Cat. Rhen. Inf.) — S c h r i f t e n : „Beschreibung der Landschaft Sonora samt andern merkwürdigen Nachrichten . . . Von Ign. Pf., eilfjährigem Missionar daselbst". 8°. 2 Bde. Köln 1794/1795.

Piller, Br. **Matthias Martinus** (Austr.) (Indensis Chartar. ?), in Mexico 1754—1760, nach der Vertreibung 1759—1777 in St. Julian (Lissabon) gefangen. (Cat.; Murr, Gesch. der Jes. in Port. II, 203.)

Plank, **Johann** (Bohem.), kam 1755 nach Mexico. (Cat.)

Rapicani [**Rapicati**, **de Rapicaneis**], P. **Alexander** (Rhen. Inf.), 1702 „von einem neapolitanischen Vater, in Schweden geboren, zu Bremen erzogen", eingetr. 19. Oct. 1724, ging 1735 nach Mexico, wirkte in Sonora (Batuco) bis zur Vertreibung, „war alt geworden in den Pueblos von Sonora, wo sein Andenken ihn lange überlebte". Er starb nach einer Angabe bei der gewaltsamen Abführung 3. Sept. 1767 auf dem Marsche an die Küste (Joannis A. Maneirae, Veracruciensis, de Vitis aliquot Mexicanorum, 3. vol., Bononiae 1792; vgl. Woodst.-Lett. 1897, 414), nach einer andern 1769 auf der Meerfahrt. (Cat.; Sonora II, 311; Middendorff, Tagebuch I, 793; II, 40.) — S c h r i f t e n : Brief von 1738 im W.-B. Nr. 745.

Ratkay, P. **Johann Maria** (Austr.), geb. 22. Mai 1647 aus adeligem Geschlecht in Pettau (Steiermark), eingetr. 13. Nov. 1664, einst Edelknabe am Hofe Leopolds I.; ging nach Mexico 1680, wirkte in der Mission von Tarahumara, starb 9. Nov. 1684 (al. 26. Dec. 1683), von den Indianern vergiftet. (W.-B. I. Thl., Vorr.; Wittmann 92; Ménol. II, 507; Bonbardi, Undeni Graecenses Academici suo sanguine purpurati . . . Graecii [1727], p. 124; Stöger, Scriptores Provinciae Austriacae S. J. [Viennae-Ratisbonae 1855], p. 292.) — S c h r i f t e n : Briefe von 1680 und 1681 im W.-B. Nr. 28 und Nr. 29.

Rauch, P. **Balthasar** (Germ. Sup.), ging 1717 über Genua nach Mexico (Lang a. a. O.), wirkte dort in der Mission von Tarahumara, wird wiederholt als tüchtiger Missionär und Sprachkenner sehr gelobt. (W.-B. Nr. 212; Wittmann 94 ff.; handschriftl. Brief P. Stigers in Privatbesitz.) — S c h r i f t e n : Siehe oben unter N e u m a n n.

Rebhts [**Rebhs**, **Rebs**, **Retz**], P. **Georg** (Rhen. Inf.), geb. 28. April 1717 zu Koblenz, eingetr. 20. Oct. 1733, ging 1748 nach Mexico, wirkte in Californien bis zur Vertreibung 1767, war Oberer der Reduction St. Gertrud, bekehrte an 2000 Indianer, hatte zur Zeit der gewaltsamen Abführung ein Bein gebrochen und wurde deshalb von seinen Indianern an die Küste getragen (Carayon IX, 362. 368). Er starb 8. April 1773 in Trier. (Cat.; Murr, Journ. XII, 227; „Nachr. aus Calif." 312; Sonora I, 136, II, 300, wo eine köstliche Scene aus seinem Missionsleben erzählt wird; Clavigero, Storia II, 133 sgg. 146 sgg.) — S c h r i f t e n : Handschr. Brief, datirt 4. Aug. 1749 aus Cadix (in Privatbesitz).

Retz, Br. **Georg**, zur Zeit der Vertreibung in Mexico. (Verzeichniß von Sim., vielleicht identisch mit dem vorigen.)

Ruhen [**Rhuen**], P. **Heinrich** (Rhen. Inf.), geb. Juli 1718 zu Borsum (Hildesheim), eingetr. 22. Oct. 1736, ging 1749 nach Mexico, wirkte bei den

Pimas (Sonora) und starb dort von den Wilden ermordet 1750 (al. 1751). (Platz-weg 190; „Nachr. von Calif." 279 — vgl. Kärtchen, wo der Ort der Ermordung verzeichnet; Sonora I, 22; II, 329 ff. u. a. — vgl. Karte; Missions Catholiques 1870, p. 399; Cat.)

Sacher, Br. Johann (Rhen. Sup.), in Mexico zur Zeit der Ver-treibung. (Misc.; Cat.)

Schenk, Br. Leopold (Germ. Sup.), aus Würzburg, wirkte zuerst auf den Philippinen (1731—1734), dann in Mexico als Apotheker. (Cat.; Sulzb. Kal. 1890, 14. 24.)

Sedlmayr [Sedelmair, de Soto Mayor], P. Jakob (Germ. Sup.), geb. 12. (al. 6.) Jan. 1703 in der Diöcese Freising (Bayern), eingetr. 7. Sept. 1722, ging 1735 nach Mexico, arbeitete bei den Pimas in Neu-Biscaya und in Californien, war neben P. Kino wohl der bedeutendste Erforscher der nördlichen Landestheile des damaligen Mexico, drang bis zum Rio Colorado vor, entwarf Karten und genaue Berichte über die erforschten Gebiete. Er saß nach der Ver-treibung im Franziskanerkloster zu Albea de Avila in Spanien gefangen und starb 12. Febr. 1779. (Cat. Bav. 1772—1773; Sulzb. Kal. 1890, 19.) — **Schriften:** S. ist Verfasser eines spanisch-pimischen Wörterbuchs (Dahlmann, Die Sprach-kunde 104). Ueber seine geogr. Reisen siehe Clavigero, Storia II, 122 sg. 171: Adelung III, 51 ff.; Pfefferkorn, Sonora I, 4; II, 340 u. a.; Alegre 283 sgg. (NB. Ebendort erfahren wir in einer Anmerkung, daß sein Name vielfach in de Soto Mayor hispanifirt wurde.) Brief von 1746 im W.-B. Nr. 750. Briefe und Reiseberichte in Documentos para la hist. de México, México 1856, Ser. I, tom. 31; Ser. III, parte 3, pag. 841 sgs. Vgl. Sommerv.

Segesser [v. Brunegg], P. Philipp (Germ. Sup.), geb. zu Luzern 1. Sept. 1689, eingetr. 14. Oct. 1708, ging 1730 nach Mexico (W.-B. Nr. 528, 56), wo er 40 Jahre lang in der Mission von Sonora meist unter den Pimas trotz schwächlicher Gesundheit mit ungebrochenem Muthe wirkte und u. a. die Re-duction San Xavier del Val gründete. Nach Leu (Schweiz. Lex.) wäre S. auch. Visitator der mexican. Missionen gewesen. Er starb nach Balthasar (Histor. Aufschr. S. 208) am 28. Sept. 1762 (al. 1766) als Rector des Collegs in Urez, Sonora. Arch. Prov. Germ Ein Lebensbild nach Familienbriefen in den „Kathol. Schweizer-Blättern" 1886, S. 356. 401. 465. (Alegre III, 145; Leu a. a. O. S. 17 u. 33; Holzhalb 5, 482; Mülinen 2, 49.) — **Schriften:** 64 handschriftl. Briefe im Familienarchiv der von Segesser; 17 Copien im Arch. Prov. Germ.

Simon, Br. [?] (Bohem.), ging 1680 nach Mexico, wirkte als Sacristan im Colleg von Mexico, war so geschätzt, daß der Pater General ihm die Be-förderung zur Priesterweihe anbot, was er aber aus Demuth ausschlug. (W.-B. Nr. 52.)

Steffl [Steffel, Stephel], P. Matthias (Bohem.), geb. in Mähren 20. Sept. 1734, eingetr. 27. Oct. 1754, ging nach Mexico 1735, wirkte in der Mission von Tarahumara bis zur Vertreibung. Um 1773 war er in Prag. (Misc.) — **Schriften:** St. verfaßte ein „Tarahumarisches Wörterbuch nebst einigen Nachrichten von den Sitten und Gebräuchen der Tarahumaren in Neu-Biscaya". 8°. Brünn 1791. Aufgenommen in Murrs „Nachrichten von ver-schiedenen Ländern des span. Amerika", I. Thl., 293 ff. — Dahlmann a. a. O. S. 102. Vgl. Sommerv.

Steinefer (Steinhöfer, Steinhöffer), Br. Johann (Bohem.), geb. zu Iglau (Mähren) 7. März 1664, eingetr. 26. Sept. 1686, ging 1697 nach Mexico (Wiener Verz.). „Ein vortrefflicher Wundarzt und Apotheker." Er starb in der Mission von Sonora 2. April 1716. — Schriften: Ein spanisches „Hand-buch der medic. Kräuterlehre mit praktischen Anleitungen zur Bereitung von Heil-mitteln und ihrer Anwendung" wurde sehr oft bis in die neueste Zeit in Mexico, Amsterdam, Madrid aufgelegt (vgl. Sommerv.). Die Spanier machten aus seinem Namen Juan de Esteyneffer. Vgl. Sonora II, 404.

Step [Steb], P. Johann (Bohem.), aus Mähren, kam 1755 nach Mexico. (Misc.; Cat.)

Stiger [Stieger], P. Kaspar (Germ. Sup.), aus Oberried (St. Gallen, Schweiz), geb. 1695, eingetr. 1725 als Priester, ging um 1730 nach Mexico, wirkte anfangs in der Mission von Tarahumara, dann bei den Pimas (Sonora); war Oberer der Mission San Xavier del Bac. P. Segesser rühmt seinen Eifer und sagt, daß die Indianer P. St. sehr geliebt haben. (W.-B. Nr. 528, 109; Nr. 537, 41; Kathol. Schweizerbl. 1886, S. 366. 371. 375; Middendorff, Tagebuch I, 706; Sonora II, 243 ff.) — Schriften: Handschr. Brief im Arch. Prov. Germ.

Strzasnowski [Strafenouski], P. Anton (Bohem.), geb. 12. Jan. 1728 („Megollesdizicensis"), eingetr. 27. Oct. 1753, ging als Novize erst nach Paraguay, dann nach Mexico, wirkte in Tarahumara, kehrte nach der Vertreibung in seine Provinz zurück. (Cat.; Sim.)

Tempis, P. Anton (Bohem.), geb. zu Olmütz 25. Jan. 1703, eingetr. 9. Oct. 1720, ging 1735 (Wiener Verz.) nach Mexico, wirkte in den Missionen von Californien, war Oberer der Reduction Santiago, die er zu einer der blühend-sten in Californien machte, starb 6. Juli 1746, wie ein Heiliger verehrt. (Clavigero II, 125 sg.; Ménol. II, 13; Adelung III, 61.) — Schriften: Ein Brief im W.-B. Nr. 768; handschriftl. Bericht über die Mission Santiago, von P. Venegas in seiner Geschichte Californiens benützt. Vgl. Sommerv.

Tirsch [Tirs, Türsch], P. Ignaz (Bohem.), aus Komotau in Böhmen, kam 1755 nach Mexico, wirkte in Californien bis zur Vertreibung, war Oberer der Mission Santiago. (Carayon XVI, 356 s.; „Nachr. aus Calif." 74. 312; Murr, Journ. XII, 222; Cat.; Sim.; Alegre III, 99.) — Schriften: Alegre spricht a. a. O. von einer curiosa relacion que tenemos manoscr. del padre Ignacio.

Verbier [Werbier], P. Johann (Bohem.), ging 1687 nach Mexico, wirkte in Papigotschik, Tarahumara, dann in Sonora. (W.-B. Nr. 55, 85; Wiener Verz.; Cat.)

Vos, Br. Michael, Missionär in Mexico. (Sim.)

Wagner, P. Franz Xaver (Germ. Sup.), geb. 4. Nov. 1706 zu Eich-stätt, eingetr. 13. Sept. 1726, ging nach Lang a. a. O. im Jahre 1735 nach Mexico, wirkte in der Mission von Californien, starb 12. Oct. 1744. (Clavigero II, 109 sgg.; Adelung III, 61; Sulzb. Kal. 1890, 22.) — Schriften: Ein handschr. Bericht über die von ihm verwalteten Missionen von San José Comondu und vier dazu gehörigen Pueblos wurde von P. Venegas in seiner Ge-schichte Californiens benützt (Sommerv.). Handschriftl. Briefe vom 1. Sept. 1735 und 31. Aug. 1735 aus Spanien in München (siehe Friedrich, Beiträge S. 29 Anm.; ebb. S. 30 Anm., S. 71 Anm.).

Weber, P. Anton (Austr.), ging um 1747 nach Mexico. (W.-B. Nr. 664, 125.)

Weiß, P. Franz Xaver (Germ. Sup.), aus Ingolstadt, geb. 22. Febr. 1710, eingetr. 7. Sept. 1728, ging nach Lang a. a. O. S. 87 im Jahre 1740 (al. 1743) nach Mexico. Auf seiner Reise bekehrte er einen deutschen Lutheraner. Sein Schiff wurde von den Engländern gekapert (W.-B. Nr. 857, 88 ff.). 1766 wirkte er in der Chincpas-Mission. (Sulzb. Kal. 1890, 104.) — Schriften: Sechs Briefe im W.-B. Nr. 746—749.

Werbier siehe Verbier.

Wilhelm, P., um 1687 in Mexico in der Mission Guadalupe. (W.-B. Nr. 33, 110.)

Wille, P. Georg (Rhen. Inf.), geb. 7. Oct. 1692 zu Glückstadt (Schleswig), eingetr. 12. Mai 1713, ging nach Mexico 1723. (Cat.)

Wirtz [Würz, Wirz], P. Michael (Rhen. Inf.), aus Nieberberg (Diöc. Trier)[1], geb. 10. Oct. 1713, eingetr. 21. Oct. 1737, ging 1741 nach Mexico, gerieth in die Gewalt eines englischen Kapers, starb in Mexico um 1785. (W.-B. Nr. 857, 72 ff.; Cat.)

Wolff, P. Bartholom. (Rhen. Inf.), geb. 27. Jan. 1711 zu Aachen, eingetr. 20. Oct. 1731, ging 1741 nach Spanien (?) als Feldgeistlicher des deutschen Kürassier-Regiments, dann nach Mexico. (Cat.)

Zumziel, P. Bernhard (Rhen. Inf.), geb. 13. Oct. 1707 zu Westkirchen (Westfalen), eingetr. 18. Oct. 1725, ging 1735 nach Mexico; wirkte besonders in Californien. (Misc.; W.-B. Nr. 857, 88; Sonora I, 445.)

Provinz von Peru.

Gegründet 1567, zählte (1616: 370 Mitglieder, 1710: 518) 1750 526 (306 Priester) und 24 Niederlassungen: 1 Profeßhaus, 15 Collegien, 4 Seminarien, 1 Noviciat, 3 Residenzen.

Indianermissionen. 1. Ein Theil der Missionen am obern Marañon. 2. Die Moxos-Mission im heutigen Bolivia. Dieselbe bestand 1752 aus 21 Reductionen mit 31 349 christlichen Indianern und 48 Jesuiten, darunter 9 deutschen.

Im Jahre 1767 zählte die Mission von Peru 55 000 bekehrte Indianer.

Hier wirkten:

Arlet, P. Stanislaus (Bohem.), geb. in Oppeln (Schlesien), eingetr. 30. Oct. 1679, ging 1693 in die Mission (Wiener Verz.), wirkte seit 1697 in der Moxos-Mission, bekehrte die wilden gefürchteten Canicianos, brachte sechs „Nationen" unter das Joch Christi, gründete u. a. die Reduction San Pedro. Er war später Rector in mehreren Collegien, u. a. dem von Plata, und starb zu Potosi 15. Juli 1717. (Saldamando, Los antiguos Jes. del Perú 226; Pelzel 136; Wittmann II, 367; vgl. oben S. 95.) — Schriften: Drei Briefe im W.-B. Nr. 50. 441. 442. Auszüge aus Briefen von 1696—1697 bei Scherer, Atlas Novus II, 113 sqq.

---

[1] Wir bemerken ein für allemal, daß hier auf Grund der alten Kataloge und Quellen durchweg die alte Diöcaneintheilung und ehemaligen Landesverbände gemeint sind.

Bayer, P. Wolfgang (Rhen. Sup.), geb. zu Schleßlitz in Bayern 14. Febr. 1722, eingetr. 12. Juli 1742, ging 1750 in die Mission, wirkte 1752 bis 1766 in der Mission Juli am Titicaca-See (Chucuito); später Beichtvater und Examinator Synodalis des Bischofs von Santa Fe (Neu-Granada) und dessen Begleiter auf den Pastoralreisen. Kehrte nach der Vertreibung nach Bayern zurück und starb 1772 zu Schleßlitz. — Schriften: „Reise nach Peru" in Murrs Journ. I, 114 ff.; III, 113 ff. Zusätze in Murrs „Nachrichten von verschiedenen Ländern"... (1809) I, 380. B. verfaßte auch eine Grammatik der Aymara-Sprache (Murr, Journ. I, 114). Eine Aymara-Predigt über das Leiden Christi ebb. I, 114; II, 277. 349; III, 55 (vgl. v. Tschudi, Organismus der Khetsua-Sprache S. 47; Abelung-Vater, Mithrib. III, 538; Dahlmann 206; Sommerv.). Ein Brief aus Lima vom 7. Jan. 1752 im W.-B. Nr. 778.

Borinie, P. Franz (Bohem.), geb. zu Malonitz in Böhmen 31. Mai 1663, eingetr. 2. Jan. 1680, ging in die Mission 1693 (Wiener Verz.), wirkte seit 1697 in der Moxos-Mission. Er arbeitete nach dem Zeugniß P. Arlets (W.-B. Nr. 442, 88; vgl. Nr. 441) „allein im Weingarten Christi mehr als 20 Missionarii", entdeckte über 100 bis dahin unbekannte Stämme und brachte sie in Reductionen, gründete eine Reihe neuer Stationen, baute schöne Kirchen, führte Ackerbau, Viehzucht und Gewerbe ein, lehrte die Indianer Musik, die Frauen spinnen, die Männer weben; erhielt vom Vicekönig von Peru im Namen des Königs ein besonderes Dank- und Belobigungsschreiben. Er starb um 1722. (Siehe oben S. 95; Pelzel 142.) — Schriften: Fünf interessante Briefe im W.-B. Nr. 439. 440. 443—445.

Brandt [Brand], P. Georg (Bohem.), geb. zu Wartenberg in Schlesien, eingetr. 11. Oct. 1670, ging 1684 in die Mission (Wiener Verz.), wirkte u. a. in der Reduction St. Martin bei den Moxos (Wittmann II, 369), starb 16. Aug. 1690 zu Santiago (vgl. W.-B. Nr. 70, 30). — Schriften: Ein Brief aus Panama vom 1. Febr. 1886 im W.-B. Nr. 27. Zwei handschriftl. Briefe vom Febr. 1686 aus Panama im Wiener Staats-Arch., Geistl. Angel. 419. Vgl. Pelzel 124.

Deprato [De Prato], P. Kaspar (Germ. Sup.), geb. im Kanton Unterwalden (Schweiz) 10. Dec. 1681, eingetr. 22. Dec. 1704, ging 1716 in die Mission, wirkte 40 Jahre lang in der Moxos-Mission bei den Itines, dann bei den wilden „Herisobonen" (Herseboconas), wo er 1727 die Reduction St. Michael gründete und in wenigen Jahren über 3000 Indianer bekehrte. Er starb um 1757. (Vgl. „Amerikan. Mayerhof" 76 und 197; W.-B. Nr. 531, 116; Lang 85; Arch. Prov. Germ. IX, T.) — Wahrscheinlich identisch mit P. Kaspar Bonderweid, siehe unten.

Detler, Br. Heinrich (Rhen. Sup.), ging 1749 in die Mission. (Cat.)

Dirrheim [Dürrheim, Dierhaimb], P. Franz Xaver (Germ. Sup.), geb. zu Augsburg 8. Dec. 1679, eingetr. 28. Sept. 1695, Professor der Philosophie, ging 1716 nach Peru, wirkte in der Moxos-Mission mit „ohnermeßlichem Eiffer, den die ganze Welt nit begreiffen kann" („Amerikan. Mayerhof" 78. 86. 102). Wird als trefflicher Architekt gerühmt und als der erste Missionär, der in Peru eine (dreischiffige) Kirche aus Luftziegeln selbst gebaut habe. (Sulzb. Kal. 1890, 29; W.-B. Nr. 107, 57.) — Schriften: Zwei Briefe im W.-B. Nr. 205 und 531.

Durst (Durstius), P. Michael (Germ. Sup.), aus Augsburg, ging 1616 nach Peru als einer der ersten deutschen Missionäre. (Kropf, Hist. Prov. Germ. Sup. Dec. VIII, 262.)

Eber, P. Franz Xaver (Austr.), geb. 1. Sept. 1727 zu Schemnitz in Ungarn, eingetr. 20. Oct. 1742, ging 1750 nach Peru, wirkte in der Moxos-Mission bis zur Vertreibung. Er starb 17. April 1773 zu Neusohl. (Cat.; Borda II, 105.) — Schriften: Von ihm stammt die ausführliche, werthvolle Beschreibung jenes Gebietes, die der Abt Malo unter dem Titel: Descriptio Provinc. Moxitarum in Regno Peruano, Budae 1791, herausgab; spanische Ueberf. von Fray Nikolaus Armentia in La Paz 1888, 4°. — Der „Magister" Eber (Oesterreicher), W.-B. Nr. 664, 125, mit vorigem jedenfalls identisch.

Faltrel, P. Franz (Bohem.), nach den Cat. 1724—1772 in Peru.

Gumpenberger, Br. Willibald (Bohem.), nach den Cat. 1749—1760 in Peru.

Helm, P. Karl (Rhen. Sup.), geb. 28. April 1717 zu Bischofstein (Eichsfeld), eingetr. 13. Juli 1735, nach den Cat. 1765—1766 in Peru.

Henstedeck [Enstedeck], P. Everard (Rhen. Inf.), geb. 19. Jan. 1725 zu Olpe („Olpensis"), eingetr. 21. Oct. 1742, wirkte in Peru bis zur Vertreibung.

Herold, Br. Michael (Bohem.), nach den Cat. von 1723—1760 in Peru. (Vgl. Wiener Verz. und Wiener Staats-Arch., Geistl. Ang., 419.)

Hirschko, P. Karl (Bohem.), nach den Cat. von 1749—1760 in Peru.

Jacob, Br. Johann (Rhen. Sup.), ging 1749 nach Peru. (Cat.)

Junck [Juck], P. Robert (Rhen. Inf.), geb. zu Trier 1716, eingetr. 17. Oct. 1734, ging um 1749 nach Peru, wirkte dort bis zur Vertreibung. (Sim.; Cat.; Sonora I, 445 Anm.; Wittmann II, 369; Jos. Joaq. Borda, Hist. de la Compañía de Jesús en la Nueva Granada [Poissy 1872], tom. II, p. 103.)

Calbock (?), Br. Peter, zur Zeit der Vertreibung in Peru. (Sim.)

Lenz [Lentze], P. Joseph (Rhen. Sup.), geb. zu Mainz 24. Aug. 1717, eingetr. 13. Juli 1734, ging 1749 nach Peru. (Cat.) — Schriften: Handschr. Brief, datirt 9. März 1750 aus Sevilla, dankt für die aus Köln ihm nachgesandten Almosen, legt in Abschrift eine Beschreibung der Leiche des hl. Franz Xaver in Goa nach dem letzten officiellen Leichenbefund bei. (In Privatbesitz.)

Leyder, P. Joseph (Germ. Sup.), „ein gebohrener Bayerischer Baron" („Amerikan. Mayerhof" 77), wirkte als Missionär bei den Moxos, „hat durch seinen unermüdeten Eyffer und heiligen Wandel sich ein unsterbliches Lob erworben". Er starb 1713 im Rufe der Heiligkeit zu Potosi und liegt in der dortigen Jesuitenkirche begraben. (Sulzb. Kal. 1689, 120; W.-B. Nr. 167, 57.)

Lince (?), P. Michael, zur Zeit der Vertreibung in Peru. (Verzeichniß von Sim.)

Malovetz [Malonitz], P. Franz (Bohem.), geb. 31. Mai 1663, eingetr. 2. Jan. 1680, ging nach Peru 1693, wirkte dort bei den Moxos. (Wiener Verz.; Cat.)

Marterer, Br. **Adalbert** (Bohem.), nach den Cat. 1723—1760 in Peru (Wiener Verz.), wirkte u. a. in der Reduction San Pedro in der Moxos-Mission (Wittmann II, 368).

Maher, P. **Joseph** (Germ. Sup.), geb. am 21. Jan. 1689 zu Freiburg (in der Schweiz?), eingetr. 20. Aug. 1722 (al. 1716?) als Laienbruder, Apotheker von Gewerbe, ging 1725 nach Peru (al. Paraguay?), wurde in Lima „zu den Studien befohlen" und zum Priester geweiht und wirkte 1729—1767 in der Moxos-Mission. (Arch. Prov. Germ. IX. T.; „Amerikan. Mayerhof" 145. 191.) — Schriften: Salbamando a. a. O. nennt von ihm „Reisen in Peru". Vgl. Sommerv.

Mahr [Mair, Meyer], P. **Dominik** (Germ. Sup.), geb. 10. (al. 18.) Aug. 1680 zu Wald in Schwaben (Schwarzwaldkreis?), eingetr. 7. Sept. 1698, ging 1716 nach Peru, wirkte mit großem Eifer und Erfolg in der Moxos-Mission, gründete eine Reduction (W.-B. Nr. 531, 116), starb 1741 im Rufe der Heiligkeit. Sein Leichnam, obschon mit frischem Kalk bedeckt, war nach zwei Jahren noch unversehrt und biegsam. (Sulzb. Kal. 1890, 105.) — Schriften: Drei Briefe im W.-B. Nr. 167. 170. 446; gesammelt und ergänzt unter dem Titel: „Neu aufgerichteter Amerikanischer Mayerhof, d. i. Schwere Arbeiten und reiffe Seelen-Früchten, neuerdings gesammelt von P. D. M., Augspurg 1647".

Meges [Megez, Meges, Meiß], P. **Nikolaus** (Germ. Sup.), geb. 3. Jan. 1703 zu Günzburg (Bayern), eingetr. 19. Aug. 1722, ging 1724, noch „Magister", in die Mission, machte in Lima mit Glanz einen actus publicus in der Theologie, wirkte seit 1729 in der Moxos-Mission bis zu seinem Tode (1732). („Amerik. Mayerhof" 145 f. 191; Sulzb. Kal. 1890, 32.) — Schriften: Brief aus Lima, 1724 (Reisebericht), im W.-B. Nr. 231.

Mik, Br. **Natal**, in Peru zur Zeit der Vertreibung. (Sim.)

Mittermaier, P. **Franz Xaver** (Germ. Sup.), ging 1714 in die Missionen des obern Marañon. (Handschr. Verz.)

Oehlgartner, Br. **Peter** (Bohem.), 1749 in Peru. (Cat.)

Piron [Prion], P. **Peter** (Germ. Sup.), geb. zu Neuhausen (Diöcese Konstanz) 18. Mai 1685, eingetr. 16. Nov. 1701, ging 1716 nach Peru, wirkte in der Moxos-Mission, um 1727 mit „höchstem Lob" als Oberer der Reduction von Santa Cruz genannt. („Amerik. Mayerhof" 78. 87. 102. 140 f.; W.-B. Nr. 167, 57; Nr. 531, 117.)

Reinmann [Rainmann], P. **Ferdinand** (Germ. Sup.), geb. zu Meran im Juni 1588, eingetr. 18. Juni 1610, ging 1616 nach Peru, wirkte dort als Professor der Philosophie und Theologie, starb um 1637. (Kropf, Hist. Prov. Germ. Sup. Dec. VIII, 262.) — Schriften: Zwei Briefe aus Lima im W.-B. Nr. 334, § 3 und 4.

Reiter [Reitter, Reyter], P. **Joseph** (Austr.), ging 1723 in die Mission, wirkte in der Moxos-Mission. Oberer der Reduction Magdalena. (Vgl. W.-B. Nr. 210, 39; Nr. 283, 89; Nr. 391, 111; Wittmann II, 368; Borda II, 103.)

Retz [Reß], Br. **Stephan** (Rhen. Sup.), ging 1749 in die Mission. (Sim.; Cat.)

Reysner [Reysnerius, Reißner], P. Joseph (Germ. Sup.), geb. 2. Febr. 1693 zu Dillingen, machte unter Prinz Eugen den italienischen Feldzug mit, trat dann zu Dillingen in die Gesellschaft, ging um 1725, noch „Magister", nach Peru, wurde in Lima zum Priester geweiht, wirkte 34 Jahre lang in der Mogos-Mission mit außerordentlichem Eifer, war Oberer der Reduction von Loreto (Wittmann II, 368), wurde 1768 als 75jähriger Greis nach Lima transportirt, starb auf der Weiterreise zu Cartagena 14. Mai 1768. Seine Biographie in: Vicennalia Sacra Peruviana sive de Viris Peruvianis ... illustr ... ab Onuphrio Prat de Saba, Ferrarae 1788, p. 43 sqq. (Vgl. „Amerik. Mayerhof" 145; Borda II, 105; Ménol. I, 438.)

Röhr [Rehr], P. Johann (Bohem.), geb. zu Prag 25. Dec. 1691, eingetr. 10. Oct. 1709, ging 1728 nach Peru (Wiener Verz.), wirkte als Professor der Mathematik, später in der Mogos-Mission, starb um 1758. Freb. Villareal (Gazeta Cientifica de Lima III, 233; IV, 2) rühmt R. wegen seiner ausgezeichneten Kenntnisse in der Mathematik, Astronomie und Chronologie. Er war auch ein tüchtiger Architekt, so daß die 1746 durch Erdbeben schwer beschädigte Kathedrale von Lima nach seinen Plänen restaurirt wurde. — Schriften: Brief von 1727 im W.-B. Nr. 544; Handschr. El conocimiento de los tiempos 1750—1756, 7 Bde.

Rueß [Ruß, Ruz, hispanisirt: Ruiz], P. Kaspar (Germ. Sup.), geb. zu Haunstetten in der Diöcese Augsburg 11. Nov. 1585, eingetr. 5. Juli 1601, ging 1616 nach Peru, ein tüchtiger Sprachkenner und Astronom; er starb 12. April 1624 zu Santa Cruz de la Sierra, hoch in einer Mission des Gebirges, angeblich „von den Ungläubigen vergiftet". (Jöcher, Gelehrten-Lexikon s. v.; Kropf, Hist. Prov. Germ. Sup. Dec. VIII, 262; Drews, Fasti, 12. Apr.; Handschr. Verz.; Ménol. I, 337.) — Schriften: Relatio de itineribus in India occidentali, 1618, 23 fol. (Münch. Hofbibl. Manuscr. 26 347). Berichte an P. Chr. Scheiner über die Declination der Magnetnadel in P. Kirchers Magnes (ed. 1654), p. 316. 329. Nach Salbamando (Los antiguos Jesuitas del Perú ..., Lima 1882, p. 97) verfaßte R. auch eine Gramática de la lengua gorgotoqui del Perú. Vgl. auch Murr, Briefe über die Aufhebung des Jesuitenordens (1774) III, 7.

Salis, P. Franz, im Jahre 1752 Oberer der Reduction St. Joachim (Mogos-Mission). Siehe statist. Tabelle bei Wittmann II, 369.

Schmid [Schmidt], P. Sebastian, geb. zu Rottenburg, ging nach Lang a. a. O. im Jahre 1716 in die Mission, wirkte bei den Mogos, Oberer der Reduction St. Anna, „segnete (um 1727) mit Zurücklassung eines überaus großen Lobes dieses Zeitliche". („Amerik. Mayerhof" 78. 87. 140; W.-B. Nr. 167, 55.)

Schmidlehner, Br. Karl (Germ. Sup.), wirkte hier 32 Jahre bis zur Vertreibung.

Schmidt [Schmid], P. Simon (Bohem.), ging 1723 nach Peru (Wiener Verz.), starb um 1732. (W.-B. Nr. 531, 117.)

Schusiz [Suschich, Sussiche], P. Nikolaus (Austr.), ging um 1749 nach Peru (W.-B. Nr. 664, 125), wirkte u. a. in der Reduction Magbalena in der Mogos-Mission. (Wittmann II, 368; Borda II, 105.)

Schwendtner, P. Joseph (Germ. Sup.), geb. zu Ellwangen, ging 1717 nach Peru, wirkte mit großem Segen in der Mogos-Mission. Die Spanier tauften seinen Namen in P. Joseph Basilius um. Wird in mehreren Briefen sehr gelobt (W.-B. Nr. 531, 117; „Amerik. Mayerhof" 78. 87. 101 ff.). Er starb um 1732 „mit Hinterlassung eines Beispiels der auserlesensten apostolischen Tugenden" (W.-B. a. a. O. S. 116). — Wohl identisch mit Genanntem ist P. Joseph Schwendner, den Lang a. a. O. aus Luzern stammen und 1716 nach Paraguay gehen läßt.

Speckbacher, P. Anton (Austr.), geb. zu Passau 12. Juni 1652, eingetr. 10. Oct. 1668, ging 1685 in die Mission, erkrankte aber zu Puerto Bello und starb auf der Weiterreise in Panama 27. Dec. 1685, nachdem man ihm vierzigmal zur Ader gelassen hatte. Er liegt in der Jesuitenkirche zu Panama begraben. (W.-B. Nr. 27, 72; Platzweg 149; Sulzb. Kal. 1890, 71.) — Schriften: Ein Brief von 1685 im W.-B. Nr. 19.

Sporer, Br. Georg (Rhen. Sup.), ging 1749 nach Peru. (Cat.) — Jedenfalls identisch mit Jorje Esperer bei Borda II, 105.

Trarbach, P. Franz (Rhen. Inf.), geb. „in valle Ehrenbreitstein" 26. Febr. (al. 13. Oct.) 1718, eingetr. 22. Oct. 1738, ging 1749 nach Peru, wirkte dort bis zur Vertreibung und starb nach seiner Rückkehr zu Bonn 16. April 1770. — Schriften: Brief vom 15. Juli 1751 im W.-B. Nr. 777.

Vonderweid, P. Kaspar (Germ. Sup.), ging 1717 nach Peru, wirkte bei den Itines, Baures und Mures, gründete 1724 die Reduction St. Michael, zog später mit 3000 seiner Neubekehrten in die neuentdeckte Landschaft der wilden „Herseboconas" („Amerik. Mayerhof" 99. 100. 140 ff.). — Wahrscheinlich identisch mit P. Kaspar Deprato, siehe oben.

Waler (?), P. Rudolf, zur Zeit der Vertreibung in Peru. (Sim.)

Wibmer [Wibiner], P. Joseph (Austr.), ging um 1749 nach Peru. (W.-B. Nr. 664, 125; Wittmann II, 368.)

Winier (?), P. Joseph, zur Zeit der Vertreibung in Peru. (Sim.)

Witermayer (?), Br. Ferdinand, zur Zeit der Vertreibung in Peru. (Sim.) — Vielleicht identisch mit Mittermaier.

Zacharias, P. (Austr.), ging 1747 nach Peru. (W.-B. Nr. 664.)

Zimmermann, Br. Franz (Rhen. Sup.), ging 1749 nach Peru. (Cat.)

Zlatinger, P. Anton (Germ. Sup.), geb. zu Augsburg 1704, eingetr. 1724, war in Peru 1731—1733. (Sulzb. Kal. 1890, 33.)

Provinz von Quito.

Von Peru getrennt 1608, eigene Provinz seit 1616. Sie zählte 1710: 199, 1750: 209 Jesuiten (117 Priester) und 18 Niederlassungen, darunter 11 Collegien, 2 Seminarien, 1 Noviziat, 4 Missionen.

Die Indianermission am obern Marañon und seinen Nebenflüssen umfaßte etwa 33 verschiedene Hauptstämme, die in mehr denn 30 Reductionen gesammelt waren.

Im Jahre 1767 zählte man in der Mission von Archibona und Maynas 7588 christliche Indianer.

Hier wirkten:

Azzoni, P. Franz (Bohem.), geb. zu Prag 25. Nov. 1717, eingetr. 21. Oct. 1734, ging 1753 nach Quito, wo er 15 Jahre lang wirkte. Er war

6 Jahre Professor der Theologie, Prediger, 5 Jahre Rector und 3 Jahre Vice-Provincial. Nach der Vertreibung in die Heimat zurückgekehrt, wurde er Rector zu Brzeznicz und Novizenmeister zu Brünn. (Pelzel 283; Misc.; Cat.) — Schriften: Philosophische Schriften siehe Pelzel und Sommerv.

Beigel, P. Franz, zur Zeit der Vertreibung in der Mission. (Sim.)

Bosch, Br. Gabriel (Germ. Sup.), geb. 1724 zu Buchloe, bayer. Schwaben, eingetr. 1752, Kunstschreiner, wirkte 14 Jahre in Quito, starb nach der Vertreibung am 26. Jan. 1777 zu München. (Misc.; Cat.)

Bosch, P. Joseph, vielleicht identisch mit dem vorhergehenden. (Sim.)

Brayer [Breyer, Bräuer, Breuer], P. Wenceslaus (Bohem.), geb. 20. Jan. 1662 zu Eiche in Böhmen, eingetr. 1. Jan. 1690, ging 1693 (Wiener Verz.) nach Quito, wirkte 20 Jahre lang als Missionär am obern Marañon „mit solcher Frommheit und so entzündetem Eiffer versehen, daß ihn jedermann allhier insgemein den frommen Priester und heiligen Vater nennt" (W.-B. Nr. 390, 109). Sein Stab und andere ihm gehörige Sachen wurden als Reliquien aufbewahrt (a. a. O.). Auch sonst wird B. wiederholt als Mustermissionär, auch als trefflicher Baumeister gepriesen. Er war zeitweise Oberer der ganzen Mission am obern Marañon (W.-B. Nr. 281, 85). Als hochbetagter Greis arbeitsunfähig geworden, wurde er „von seinen Indianern auf den Schultern nach Quito gebracht", damit er dort seine Tage in Ruhe beschließe. Er starb 26. Juni 1729 zu Quito. (Vgl. W.-B. Nr. 332, 90; Nr. 389, 107; Wittmann II, 314 ff.; Pelzel 141.) — Schriften: Brief vom 18. Juni 1699 aus Laguna mit einem ausführlichen Bericht über alle Missionen des Reiches Quito im W.-B. Nr. 51. Handschriftl. Brief vom 18. Juni 1699 (10 Folioseiten) im Wiener Staats-Arch., Geistl. Angel. 419.

Brentano [Brentan], P. Karl (Austr.), geb. in Ungarn (Komorn, Comaromiensis) am 24. Aug. 1694, eingetr. 3. (al. 10.) Oct. 1714. Wird stets als „Teutscher" aufgeführt. Er kam 1724 nach Quito, wo er seine Theologie vollendete. „P. Brentano", so schrieb 1727 sein Landsmann P. Franz v. Zephyris, „ein Mann von großer Tugend und Wissenschaft, wird wahrscheinlich mit vielen Ehrenämtern bekleidet und in den Collegien beschäftigt werden, wo er seine Talente zur größeren Ehre Gottes verwerthen kann." (Platzweg 322. 337. 346.) B. war später Provincial von Quito 1744—1747 und wurde 1751 als Procurator Missionis nach Rom geschickt, wo er wichtige Privilegien für die Mission erwirkte (Acta S. Sedis in causa S. J. II [Lovanii 1895], 474, 51 sq.). Er starb kurze Zeit später. Als eifriger Apostel gelobt. (W.-B. Nr. 565, 84; vgl. Nr. 210.) — Schriften: B. entwarf eine Karte der Provinz Quito, die 1751 zu Rom gedruckt wurde und sehr selten ist (vgl. Murr, Journ. XVI, 97 ff.), und hinterließ eine handschriftliche Historia de las misiones del Marañon. „Escribió la una extensa historia de las misiones que se perdio en Europa con su muerte." (Borda I, 76; vgl. II, 20.)

Brzoska [Prosca], P. Anton (Bohem.), aus Schlesien. (Misc.; Cat.)

Calligari, P. Moritz (Germ. Sup.), geb. 22. Sept. 1723 zu Augsburg, eingetr. 13. Sept. 1747, in der Mission von 1754—1768, starb nach der Vertreibung 14. April 1773. (Sulzb. Kal. 1890, 40; Cat.)

Canau [Kanau], Br. Claudius. (Sim.)

Capuz, P. Franz. (Sim.)

Deubler [bei Borda: Ubler], P. Leonhard (Rhen. Sup.), geb. zu Bamberg 18. (al. 20.) Jan. 1689, eingetr. 14. Juli 1709, ging um 1720 nach Südamerika, wirkte am obern Marañon. „Seine Wissenschaft in der Baukunst wird nicht allein von denen Indianern, sondern auch von denen Spaniern selbst hoch bewundert." (W.-B. Nr. 282, 87; vgl. ebb. Nr. 283, 95.) War um 1728 Rector in Popayan (Borda II, 18). — Schriften: Ein Brief aus Popayan, 8. Dec. 1721 (W.-B. Nr. 208), schildert seine Reiseabenteuer auf dem Landweg von Cartagena bis in die Mission.

Ebel, P. Joachim. (Sim.) — Jedenfalls identisch mit Hebel; siehe unten.

Flenberdorffer, Br. Franz (Austr.), in Quito 1753—1760. (Cat.)

Franzen, P. Heinrich (Germ. Sup.), um 1740 am obern Marañon thätig. (W.-B. Nr. 639, 127; Wittmann II, 318.) — Schriften: „Entre los misioneros alemanes", so schreibt Borda I, 76, „muchos de los cuales pasaron larguísimos años entre las distintas tribus de Marañon, hubo algunos célebres también por su instrucción. El P. Enrique Frantzen escribió las memorias de las misiones en las cuales estuvo cuarenta años, tan detalladas que, incendiado el archivo de ellas, no hizo falta."

Fritz, P. Samuel (Bohem.), geb. 1656 zu Trautenau in Böhmen, eingetr. 27. Oct. 1673, ging 1684 nach Quito (Wiener Berg.), wirkte 42 Jahre lang am obern Marañon. v. Schütz nennt ihn „den berühmtesten aller Jesuitenmissionäre" am Marañon), „einen Mann von großer Gelehrsamkeit und unermüdlicher Thätigkeit. Er war der Apostel des damals sehr mächtigen Stammes der Omaynas.... In zwei Jahren hatte er ihre Bekehrung beendet und siedelte alle seine Zöglinge an den Ufern des Amazonas an. Auf einer Strecke von 550 Stunden Länge, von der Mündung des Napo bis zu der des Rio Negro, gründete er 40 Niederlassungen mit 40000 Einwohnern. In allen diesen Ansiedlungen herrschte die größte Ordnung. Die Indianer wurden nicht nur in der Religion, sondern auch im Ackerbau und in den Handwerken unterrichtet" (Der Amazonas, 2. Aufl. 1895, 167 f.; vgl. S. 202). F. besaß eine seltene Gabe, die Wilden zu gewinnen, deren Sprachen er mit Meisterschaft sprach. Ein Allerweltskünstler, baute und schmückte er selbst Kirchen und Häuser zum Staunen der Spanier. 1689 fuhr er in einer Barke den Amazonas herab bis Pará an seiner Mündung und nahm auf dieser abenteuerlichen Fahrt zum erstenmal den ganzen Strom auf, um seine Karte des Amazonenstroms zu vollenden. In Pará wurde er von den mißtrauischen Portugiesen fast zwei Jahre lang festgehalten und von den Mitbrüdern in Quito als todt betrauert. Der hochverdiente Mann, das Ideal eines echten Missionärs, starb 75jährig, am 20. März 1728 (al. 1725, 1730, 1731), in der Reduction der Cheberes, einer der blühendsten, die er gegründet. (Platzweg 137 ff.; La Condamine, Relation abrégée d'un voyage dans l'intérieur de l'Amérique Mérid., Paris 1745. p. 13. 71. 82. 98. 100. 127. 147 179; Borda I, 72 sg.; Murr, Reisen ... 13. 53; W.-B. Nr. 51 und Nr. 561; Biogr. Univ.; Wittmann II, 309 ff.; Ménol. I, 254; Pelzel 127.) — Schriften: Drei Briefe im W.-B. Nr. 24. 25. 111. Vgl. Murr, Journ. XVI, 133. Ueber seine geogr. Arbeiten siehe Th. Wolf, Geografia y Geologia del Ecuador ... (Leipzig 1892) p. 566. „El mapa", schreibt er, „más antiguo y algo detallado, que poseemos del territorio de la actual República del Ecuador, es el del Padre Samuel Fritz, jesuita alemán. ..." Diese älteste Karte Ecuadors sei 1707 zu Quito gedruckt worden und findet sich auch in den Lettres édif. tom. XII, und W.-B. zu Nr. 111: Der Strom Maragnon auctore

R. P. Samuel Fritz e S. J., Pr. Bohem., 1707 delineatus. „Es admirable," sagt Wolf, „cómo este ilustrado Misionero pudo hacer lo que hizo con los insignificantes y desperfectos instrumentos que tenia á su disposición, y en las dificiles circunstancias en que se hallaba durante sus viajes." Ebendort das anerkennende Zeugniß La Condamines. Die Karte ist auch in die genauere La Condamines eingetragen; sie wurde neu veröffentlicht in: Recueil de voyages et de documents pour servir à l'hist. de la géogr., publ. sous la direction de Ch. Schéfer et H. Cordier, Paris 1893. (Reproduction de cartes et de globes relatifs à la découverte de l'Amérique du 16° au 18° siècle, avec texte explicatif de Gabriel Marcel, Paris 1893.) Von F. wurde zuerst der „epochemachende Vorschlag" gemacht, den (obern) Marañon als Haupt- und Quellfluß des Amazonas zu betrachten. Siehe v. Schütz a. a. O. S. 101. 170. Ueber die linguistischen Arbeiten F.s siehe Abelung-Vater, Mithrid. III, 2, 611; Pelzel a. a. O. 127.

Gastel [Gastl], P. Johann (Austr.), geb. zu Murau in Steiermark 3. Dec. 1650, eingetr. 10. Oct. 1669, ging um 1684 nach Südamerika und wirkte seit 1685 am obern Marañon. Machte auf der Reise geographische Messungen (W.-B. Nr. 26, 69; vgl. Nr. 25, 67). Sommervogel läßt ihn später nach Neu-Granaba gehen. Er starb um 1693. Wird genannt in: Wonderbaere Reyze . . . door den . . . P. Ignatius Toebast S. J. . . ., Gend. (Wittmann II, 314.) — Schriften: Handschr. Brief in München (Cod. lat. 26 473), bei Friedrich, Beiträge zur Gesch. der Jesuiten S. 38. — Wahrscheinlich identisch mit dem P. Lorenz Gastel, der gelegentlich genannt wird.

Gastner [Gaßner], P. Peter (Germ. Sup.), geb. zu Straubing (Bayern) 10. Oct. 1689, eingetr. 28. Sept. 1708, ging nach Quito, wirkte hier zunächst als Lehrer, bann in der Maynas-Mission, erwarb sich durch seine Bußstrenge „den niemals gesuchten Nachruhm eines Heiligen" (W.-B. Nr. 380, 103). Er starb 3. Febr. 1726 zu Archidoa (a. a. O. Nr. 561, 62). — Schriften: Ein Brief aus Quito vom 21. Mai 1722 schildert seine Reiseerlebnisse von Cartagena bis Quito (W.-B. Nr. 209).

Goldstein, Br. Johann (Germ. Sup.), geb. 17. Dec. 1691 zu Baiersried, Diöcese Augsburg, diente früher in den Türkenkriegen, saß zwei Jahre lang gefangen, eingetr. 1722, wird in einer handschriftl. Information als sehr tüchtig empfohlen, wurde 1722 für Chile bestimmt, kam 1725 nach Quito. Er wird in einem Briefe des P. v. Zephyris als ein „sehr gebultiger, lieber und wahrsamer Mann" gerühmt. (W.-B. Nr. 283, 90.)

Gröbmer [Grebmer], P. Wilhelm (Germ. Sup.), geb. zu Sterzing (Tirol) 5. Juli 1685, eingetr. 28. Sept. 1705, war seit 1722 Missionär bei den Maynas. (W.-B. Nr. 209; Cat.) — Schriften: Ueber seine linguistischen Arbeiten siehe Hervas, Catálogo de las lenguas 66; Mithrid. III, 2, 504.

Haller, P. Franz Xaver (Austr.), geb. zu Warasbin in Kroatien 22. Dec. 1716, eingetr. 3. Nov. 1733, in Quito 1750—1760. (Cat.)

Hartmann, Br. Hieronymus (Germ. Sup.), seit 1743 in Quito. (Cat.)

Hebel [Höbl], P. Joachim (Austr.), in Quito 1753—1760. (Misc.; Cat.; Borda II, 93.)

Jentsche [Sim. Jensque], P. Anton (Bohem.), aus Schlesien. (Misc.; Cat.)

Julian, P. Joh. Bapt. (Germ. Sup.), geb. zu Neumarlt, Diöc. Eich-
städt, 16. Oct. 1690, eingetr. 7. Sept. 1710, ging 1720 als Scholastiker in die
Mission des obern Marañon, belehrte den ganzen Stamm der Payagaras,
arbeitete bei den Omaguas, Ifinates, Keberos, wird wiederholt als trefflicher
Missionär gerühmt (W.-B. Nr. 332), folgt P. Brewer als Oberer der Marañon-
Mission (ebb. Nr. 390), war Vice-Rector und Novizenmeister in Takunga (Provinz
Quito) und starb dort 28. April 1740. Vgl. Borda I, 74. — Schriften: Drei
Briefe im W.-B. Nr. 281. 760. 770; Sulzb. Kal. 1890, 30 u. 37. Sommerv.

Knestrich, P. Heinrich (Rhen. Inf.), geb. 6. Nov. 1711 zu Siegen, Diöc
Mainz, eingetr. 18. Oct. 1729, ging in die Mission um 1740. (W.-B. Nr. 654; Cat.)

Koller, P. Maximilian (Bohem.), um 1753 in Quito (Cat.)

Leitenberger [Sim. Leytemberg, Borda: Sitemberg], P. Ignaz
(Bohem.), aus Böhmen, 1753 in Quito scheint nach Borda (II, 91) zuletzt 1767
in Panama gewirkt zu haben. (Misc.; Sim.; Cat.)

Lyro [Lino], Br. Ignaz (Bohem.), zur Zeit der Vertreibung in Quito.
(Cat.; Borda II, 100.)

Magnin, P. Johann (Germ. Sup.), geb. 14. April 1701 zu Hauteville
(Kanton Freiburg, Schweiz), eingetr. 10. Oct. 1720, ging 1723 in die Mission,
wirkte am obern Marañon. Der französische Reisende La Condamine (Relation abrégée
d'un voyage dans l'intér. de l'Amérique mérid., Paris 1745, p. 57 s.) traf ihn
in San Borja (Maynas-Mission), fand durch ihn freundliche Unterstützung seiner
Arbeiten und erhielt eine von M. entworfene Karte und ausführliche handschriftl.
Beschreibung des Maynas-Gebietes, welch letztere Cond. ins Französische übersetzen
ließ. Nach Dobrizhoffer, Gesch. der Abiponier I, 258, wurde M. Ehrenmitglied
der Pariser Akademie. M. starb nach 1767. Biogr. im Arch. Prov. Germ.
IX, T. — Schriften: Ein Brief von 1744 im W.-B. Nr. 768. Ueber M.s kartographische Arbeiten siehe Sommerv.

Maroni [Maroin], P. Paul (Austr.), geb. im Friaul'schen ("Foro-
Iuliensis") 1. Nov. 1695, eingetr. 27. Oct. 1712, ging in die Mission 1723,
wurde in Granada (Spanien) zum Priester geweiht (W.-B. Nr. 210, 37), hielt im
Colleg zu Quito einen actus publicus (ebb. Nr. 282, 87), durfte wegen Kränklichkeit
nicht gleich in die Missionen und docirte zunächst im dortigen Colleg (ebb. Nr. 333, 91),
war 1736 Procurator der Missionen von Quito (ebb. Nr. 565, 84). — Schriften:
Er verfaßte eine ausführliche Beschreibung des Marañon und seiner Missionen,
die 1889 zu Madrid (8°, 674 p. mit Karte) erschien. Seine kartographischen
Arbeiten des Gebietes zwischen Napo und Marañon wurden von La Condamine
benützt (Journal des Savants 1750, Mars, p. 183). Sommervogel bezeichnet ihn
als Italiener; er wird aber stets als deutscher Missionär aufgeführt.

Marschandt, P. Johann (Bohem.), 1753 in Quito. (Cat.)

Michel [Michl, bei Borda: Mikel], P. Ignaz (Germ. Sup.), geb.
12. Nov. 1692 zu Kauffering in Oberbayern, eingetr. 31. Oct. 1712, in Quito
1731—1768, wirkte am obern Marañon, starb nach der Vertreibung 24. Jan. 1780.
(W.-B. Nr. 282, 87; Sulzb. Kal. 1890, 38; Borda II, 94.)

Niclutsch [Sim. Niclus, bei Borda: Nioluts], P. Franz (Germ
Sup.), geb. zu Matrah (Tirol) 15. Febr. 1723, eingetr. 8. Oct. 1747, wirkte in
der Mission 15 Jahre bis zur Vertreibung; später (1769) Bibliothekar zu Rotten-

burg, 1772 Spiritual in Ebersperg, starb 6. Dec. 1800 zu München. (Misc.; Sim.; Borda II, 96.) — Schriften: Von ihm stammt ein deutscher Bericht über die Missionen in Quito (8°, 1781). Siehe Sommerv.

Palme, P. Joseph (Bohem.), geb. 1738, eingetr. 1758, ging 1762 nach Quito, wirkte unter den Maynas, Yquitos am obern Marañon, entging mehrere Male wie durch ein Wunder den Mordanschlägen der heidnischen Wilden, führte als Missionär ein Leben strenger Buße. Nach der Vertreibung schmachtete er zunächst in den Kerkern zu Pará, saß dann gefangen im Hafen Santa Maria (Spanien) bis zur Ueberführung nach Italien, wo er 4. Dec. 1770 zu Bologna starb. (Ménol. II, 448. Ebb. Assist. d'Italie II, 337; Synopsis vitae et virtutum P. Jos. P., 4°, 34 p. [handschr.].)

Pundendorff, P. Franz, zur Zeit der Vertreibung in Quito. (Sim.)

Reen [Rhen], P. Franz (Rhen. Inf.), geb. zu Gesecke (Erzbiöcese Köln, jetzt Paderborn) 30. Oct. 1690, eingetr. 15. Juni 1712 (al. 15. Jan. 1711), ging 1721 in die Mission, wirkte als Prediger in Panama, dann in der Maynas-Mission, war später Spiritual in Guayaquil, lebte 1756 noch im Colleg zu Quito. (Siehe W.-B. Nr. 283, 95; Nr. 448, 102; Borda II, 96.) — Schriften: Er hinterließ handschriftlich 9 Bände Exposicion de la sagrada Escritura und Varios tratados de teologia. Vgl. Saldamando, Los antig. Jesuitas del Perú. Sommerv.

Richter, P. Heinrich Wenceslaus (Bohem.), geb. 7. Sept. 1653 zu Czaslau in Böhmen (al. Proßnitz in Mähren), eingetr. 14. Oct. 1668, ging 1684 nach Quito, wirkte mit heldenmüthiger Ausdauer und Gebuld unter den Cunivos, Chibaros, Mananahuas und andern Stämmen am obern Marañon, gründete 9 Reductionen und starb im Nov. 1696 von den Wilden erschlagen den Tod des Blutzeugen. (Platzweg 129 ff.; de Boye, Vita et obitus Ven. P. W. Richter, Pragae 1707; Wittmann II, 313 ff.; Ménol. II, 360; Pelzel 120; Murr, Reisen einiger Missionarien . . . 106 ff.; Lettres édif. II, 121; W.-B. Nr. 51; Nr. 111, 60 ff. Borda (I, 72) sagt von ihm: „Figuró entre varios ilustres alemanes que evangelizaron el Marañón. Redujo todo el Ucayale y algunas otras tribus y le mataron los Cunibos.") — Schriften: Fünf Briefe im W.-B. Nr. 20—23, 26. Auszug eines Briefes in: Wonderbaere Reyze . . . door den . . . P. Ign. Toebast (Gend) blz. 52 vv. R. schrieb Wörterbücher und Katechismen in der schwierigen Sprache der Campa, Pira, Cuniva, Conova (Idea dell' universo, tom. XVII, 66) und eine Beschreibung des Rio Ucaya und seiner Anwohner. Siehe Sommerv.

Riermahr, P. Karl, ging 1730 nach Südamerika, für Quito bestimmt, starb aber zu Cartagena „an einem hitzigen Fieber". (W.-B. Nr. 528, 43; Nr. 109.)

Saured [Zauret], P. Marcus (Bohem.), ging 1693 in die Mission (Wiener Verz.), „ein überaus eyfriger Mann, welcher zu Quito und der Gegend mehr Gutes würct als kein Missionarius und banach von Begierd dern Missionen (der Wilden) dergestalt entzündet ist, daß er vor solchem Apost. Eyfer fast stirbt" (W.-B. Nr. 51, 66). Vgl. unter Neu-Granada.

Schaeffgen [Schöffgen, bei Borda: Schellgen], P. Adam (Rhen. Inf.), geb. zu Aschaffenburg (Bayern) 26. Aug. 1698, eingetr. 12. Juli 1718, ging in die Mission 1728, wirkte am obern Marañon (W.-B. Nr. 639, 127, wo verdruckt Scheffpu steht), starb vor 1767. (Misc.; Borda II, 94.) — Schriften: Brief von 1752 im W.-B. Nr. 771. — Jedenfalls identisch mit P. Adam Scheffin im Verzeichniß von Sim.

Schenherr [Schönherr, bei Borba: Schegher], Br. Simon (Germ. Sup.), 1743—1744 auf der Reise nach Quito. (Cat.; Borda II, 90.)

Schindler [Schindeler, bei Borba: Singler], P. Nikolaus (Austr.), geb. zu Preßath (Pfalz) 12. Juli 1696, eingetr. 27. Oct. 1711, ging um 1723 nach Quito, beschloß hier seine Studien durch einen actus publicus (W.-B. Nr. 210, 39; Nr. 282, 87), verlangte inbrünstig nach der Heidenmission, wurde aber zunächst wegen seiner vorzüglichen Talente im Colleg von Quito zurückbehalten, war hier u. a. Schaffner, kam erst später in die Missionen am Napo und Marañon und stand eine Zeitlang „allen Missionen als Superior vor" (W.-B. Nr. 639, 126). Bei einem Einfall der Portugiesen 1732 bewaffnete der „muthige und entschlossene Bayer" seine Indianer und trieb die Feinde mit großen Verlusten zurück" (v. Schütz a. a. O. 160). v. Schütz nennt ihn irrig Schingler. Er starb 3. Aug. 1740. (Vgl. Platzweg 332; Sulzb. Kal. 1889, 120.) — Schriften: Drei Briefe im W.-B. Nr. 282. 284. 565. Ein anderer Brief in Noticias auténticas ... im Boletin de la Soc. Geogr. de Madrid XXVII, 93. Ebb. tom. V, 593, n. 1 ein Reisebericht; vgl. tom. IV, 868. „Nic. Singler", schreibt Borba (I, 74 sg.), „trabajó una exposición en que demostró los derechos y posesiones de la corona de España en todo el río Marañon, con la cual hizo enmudecer al Gobernador del Pará. Esta exposición fué enviado á la Corte en 1737 por el P. Visitadore Andrés de Zárate, que le dió la última mano después de registrar los archivos de Quito."

Schirlyn, P. Martin (Bohem.), 1753 in Quito. (Cat.)

Schnedez, P. Philipp (Austr.), aus Krain, ging 1730 in die Mission, wird in einem Brief (W.-B. Nr. 448, I, 102) „als der gesündeste und fröhlichste" der (in Cadiz) neu angekommenen Missionäre bezeichnet, starb aber schon auf der Reise (a. a. O.).

Schonemann, P. Peter. (Sim.)

Schuebna (?), P. Martin. (Sim.)

Sefens (?), P. Franz. (Sim.)

Eigharbt, P. Elias (Bohem.), ging 1698 nach Quito. (Cat.; Wiener Verz.)

Veigl [Veigler], P. Franz Xaver (Austr.), geb. zu Graz 1. Dec. 1723, eingetr. 14. Oct. 1738, ging in die Mission 1753, wirkte bis zur Vertreibung in der Maynas-Mission, war nach seiner Rückkehr Rector und Instructor III. prob. in Judenburg und starb zu Klagenfurt 19. April 1798. (v. Schütz 160: „Weigel".) — Schriften: Zwei Briefe im W.-B. Nr. 743 und 773. „Gründliche Nachrichten über die Verfassung der Landschaft von Maynas . . ." in Murrs „Reisen einiger Missionarien" . . .; latein. in Murrs Journal XVI, 93 ff; XVII, 17 ff., als Buch erschienen in Nürnberg 1798. Die Schrift trägt nach Adelung-Vater, Mithrid. III, 2, 579, „das Gepräge der verständigsten Auffassung und Darstellung". Vgl. auch Sommerv.

Walprin, P. (Germ. Sup.), segelte 31. Dec. 1723 von Cadiz als „Magister" in die Mission. (W.-B. Nr. 283, 89.)

Walpurger [bei Borba: Walburguer], P. Jakob (Germ. Sup.), geb. 8. Juni 1705 zu Innsbruck, eingetr. 1. April 1721, ging 1741 in die Mission, war 1748 „in Missione Dariensi" (Darien), 1752 nicht mehr im Cat. (Lang a. a. O.; Cat.) — Schriften: „P. Jacobo Walburguer, que entró (Darien) en 1745, elevó al rey una exposición en la cual manifiesta que en tres años no pudieron obtener cosa alguna él ni su compañero; pues solo sacaron 120 Indios de los montes, los cuales se les murieron de alombrilla." (Borda II, 22.)

Wibmair, P. Franz (Austr.), geb. in Krain, schiffte sich 1780 in Cadiz als Novize ein, starb mit mehreren Genossen auf der Fahrt. (W.-B. Nr. 448, § 2, S. 104; Cat.)

Wibmann, P. Adam (Germ. Sup.), geb. 25. Dec. 1695 in Eichstädt (Bayern), eingetr. 8. Oct. 1718, ging um 1726 in die Mission, wirkte am obern Marañon 1731—1768. (W.-B. Nr. 282, 87; Nr. 639, 127; v. Schütz, Amazonas 169; Sulzb. Kal. 1890, 89.) — Schriften: Ueber seine linguistischen Arbeiten siehe Hervas, Catál. de las lenguas 66; Mithrib. III, 2, 594 Anm. „También escribió varios tomos sobre el mismo asunto (Misiones del Marañon) el P. Adam Widman." (Borda I, 76.)

Wieser [Sim. Wiser, bei Borba: Wizer], Br. Jakob, in Quito zur Zeit der Vertreibung. In Sim. (Est. leg. 5047) Acten seine Befreiung aus spanischer Gefangenschaft betreffend. Vgl. Borda II, 100.

Wolffeisen, P. Franz Xaver, geb. 3. April 1670 zu Rosenheim in Bayern, eingetr. 9. Oct. 1698, ging 1718 in die Mission, wird „von jedermann als ein irdischer Engel angesehen" (W.-B. Nr. 169 Anhang); nach dem Cat. später in Chile thätig, wo er 1755 noch lebte.

Wybra [Wibra], P. Franz (Bohem.), geb. 15. Oct. 1662 in Böhmen, eingetr. 10. Dec. 1680, ging 1693 nach Quito, wirkte in St. Joachim und Guadelupe bei den Omaguas (W.-B. Nr. 51, 67), starb 9. Jan. 1740 in der Maynas-Mission. (Wittmann II, 814 Anm.; Cat.; Wiener Verz.)

Zephyris, v., P. Franz Xaver (Austr.), geb. 27. Sept. 1693 (al. 22. Juli 1695, al. 4. Febr. 1694) in Brixen (al. „Brunopollt."), Tirol, eingetr. 27. Oct. 1712, kam 1723 (al. 1726) in die Mission, wirkte als „eifriger Apostel" am obern Marañon (W.-B. Nr. 565, 84), kehrte 1742 (?), wahrscheinlich wegen geschwächter Gesundheit, nach Europa zurück und starb im Profeßhaus zu Wien 17. Dec. 1769. (Platzweg 331 ff.) — Schriften: Vierzehn Briefe mit werthvollen Reiseberichten und ethnographischen Beiträgen im W.-B. Nr. 283. 326—333. 388—390. 766.

Zurmühlen [Zurmiller, Zurmillen], P. Bernhard (Rhen. Inf.), geb. 28. Jan. 1686 in Warendorf, Westf., eingetr. 21. Jan. 1708, ging 1720 in die Mission, wirkte am obern Marañon, war 1724 Oberer dieses Missionsgebietes. (Vgl. W.-B. Nr. 282, Postscriptum; Nr. 208, 32; Nr. 448, 102.) — Schriften: Ueber seine linguistischen Arbeiten siehe Hervas, Catál. de las lenguas 66; Mithrib. III, 2, 594 Anm.

Provinz von Chile.

Eigene Provinz seit 1624. Sie zählte 1711: 155, 1750: 242 Jesuiten (130 Priester) und 23 Niederlassungen: 9 Collegien, 1 Universität, 1 Seminar, 12 Residenzen.

Indianermissionen. 1. Die Mission der Araucaner. Im Laufe des 17. Jahrhunderts wurden an 500 Ortschaften evangelisirt und über 12000 Indianer getauft. 2. Die Mission auf den Chiloë-Inseln umfaßte über 20 größere und kleinere Inseln und erstreckte sich auch auf einen Theil des Festlandes und bis zu den Inseln Madre de Dios an der Magalhäesstraße. 3. Die Mission de Nuestra Señora de Nahuelhuapi für die Puelches und Patagonier. 1767 zählte die Mission von Chile 7718 bekehrte Indianer.

Hier wirkten:

Ambrosi [Ambros], Br. Joseph (Germ. Sup.), geb. 1. März 1732 zu Bargeis, Diöc. Chur („Pargeisensis"), eingetr. 18. Febr. 1753, Maler, 12 Jahre in Chile. (Cat.)

Arnhart [Arnhardt], Br. Joseph (Germ. Sup.?), geb. 2. April 1729 (al. 1724) zu München, eingetr. 5. Jan. 1746, Weber, für die Mission von Chile aufgenommen, wirkte dort 1745—1768, starb nach der Vertreibung 1. Mai 1772 zu Ingolstadt. (Sulzb. Kal. 1890, 106; Carayon, Doc. inéd. XVI, 850; Cat Prov. Bav.)

Bäntel, P. Joseph (Germ. Sup.), ging nach Lang (a. a. O. 85) 1711 in die Mission.

Begenauer [Regenauer?], Br. Jakob (Germ. Sup.), geb. 26. Juli 1697 zu Aufhausen, Bayern (Diöc. Freising), eingetr. 8. Juni 1722, Weber, tüchtig, fromm, lenksam; wurde 1722 nach Chile abgeordnet. (Handschr. Information.)

Bitterich [Bitternich, Pitterich], Br. Johann (Rhen. Sup.), geb. 6. Dec. 1675 zu Landeck in Tirol, eingetr. 11. Mai 1701, Bildhauer, hatte in Chile „über die massen viel für diese ganze Provinz zu arbeiten, weil unsere Obern allen Orten Bild-Säulen, Altär und Gebau zwar heftig verlangen, aber weder einen Bildhauer, noch Baumeister, die ihre Künsten gründlich verstünden, in diesen Ländern auftreiben können". Enrich weiht diesem deutschen Bruder ein begeistertes Lob und zählt ausführlich seine zahlreichen Arbeiten und Kunstwerke auf. (Hist. de la Comp. de Jesús en Chile [Barcelona 1891] II, 108, 4: 354, 10 sg.; IV, 355, 12 sgs.; vgl. oben S. 78; W.-B. Nr. 206.) Er starb 1722 in Paraguay. — Schriften: Ein Brief aus Santiago vom 15. April 1720 im W.-B. Nr. 207, woraus obige Stelle.

Bobart, P. Joseph (Rhen. Sup.), geb. 7. Nov. 1683 in der Diöc. Namur („Metinii", „Metiniensis"), eingetr. 14. Juli 1706 zu Mainz, ging 1722 nach Chile, war Professor der Philosophie und Theologie, lebte noch 1742. (Cat.; handschr. Information.)

Burger, P. Georg (Bohem.), geb. 12. April 1654 in Mähren („Viscoviln."), eingetr. 30. Sept. 1669, ging 1684 in die Mission (W.-B. Nr. 27, 72). „P. Burger", so schreibt von ihm P. Suppetius (ebb. Nr. 70, 30), „giebt zugleich einen Missionarium Operarium und berühmten Prediger ab in dem Collegio Bonae Spei; dann er übertrifft in der Spanischen Wohlredenheit viel Spanier; er laufft offtmal auf das Land hinaus, wo er die neugetauften Christen in dem Glauben unterrichtet und viel Gutes würcket." (Cat.)

Carl [Karl], Br. Joseph (Germ. Sup.), geb. 28. Febr. 1717 zu Regensburg, eingetr. 16. Febr. 1746, Schreiner, wirkte in Chile 1746—1768. (Sulzb. Kal. 1890, 51; Sim.)

Choller [Choler], P. Michael (Austr.), geb. 19. März 1694 zu Linz, eingetr. 2. Oct. 1711 (al. 1717) als Priester, ging 1722 in die Mission, wirkte au den Chiloë-Inseln, starb 6. Dez. 1731. Erwähnt W.-B. Nr. 438. — **Schriften:** Ein Brief aus Kinchao, vom 3. Jan. 1725, im W.-B. Nr. 249.

Czermak, siehe Gzermak.

Dos, P. Joseph (Germ. Sup.), geb. 1715 zu München, eingetr. 1730, in Chile 1746. (Sulzb. Kal. 1890, 46.)

Engelhard, Br. Adam (Rhen. Sup.), geb. 4. März 1685 zu Hirstein (Erzbiöc. Mainz), eingetr. 27. Sept. 1705, ausgezeichneter Kunstschreiner, bot sich in einem Briefe vom 1. März 1702 dem General der Gesellschaft an, an die Stelle des verstorbenen Br. Bitterich (s. oben) zu treten, ging 1722 in die Mission.

Erlacher [Erlachger], P. Joh. Nepom. (Bohem.), geb. 7. Mai 1723 zu Komotau in Böhmen, eingetr. 9. Oct. 1741, wirkte fast 20 Jahre lang auf den Inseln Chiloë, saß nach der Vertreibung in Puerto de Santa Maria bei Cabiz gefangen und wurde 1776 befreit. (Sim.; Murr, Journ. XII, 261; Carayon XVI, 343 s.; Enrich l. c. IV, 409; A. Kobler, P. Florian Baucke, ein Jesuit in Paraguay [Regensburg 1870] S. 701.)

Ertl, Br. Anton (Germ. Sup.), um 1750 in Chile. (Cat.)

Faber, P. Anton (Germ. Sup.), geb. 12. Febr. 1709 zu Dillingen, eingetr. 20. Sept. 1726, in Chile 1746—1764, 1755 als Oberer der Residenz in Valdivia aufgeführt. (Sulzb. Kal. 1890, 47.)[1]

Felix, Br. Joh. Bapt. (Germ. Sup.), geb. 18. Aug. 1718 zu Feldkirchen (Veldkirch), eingetr. 5. Jan. 1746, Glockengießer, 21 Jahre in Chile bis zur Vertreibung. (Cat.)

Fertel [Fertl], P. Joh. Evang. (Germ. Sup.), geb. zu Marklkofen (Bayern) 10. Mai (al. 1. März) 1697, eingetr. 25. Juni 1722, als Philosophiae Magister, SS. Theolog. Baccalaureus, Subdiakon, tüchtig, begabt, wurde 1722 nach Chile abgeordnet (handschr. Information), wirkte dort seit 1728 als Missionär unter den Indianern. (Carayon XVI, 330; Enrich [der ihn Sertel schreibt] II, 187.)

Frankenhauser, Br. Joh. Bapt. (Germ. Sup.), seit 1750 in Chile.

Franziz [Franz], Br. Georg (Germ. Sup.), geb. 30. März 1726 zu Dingolfing in Bayern, eingetr. 1753, Töpfer, wirkte 14 Jahre bis zur Vertreibung in Chile.

Friebl, P. Anton (Germ. Sup.), geb. 1722 zu Hohenzell bei Aichach in Bayern, eingetr. 1749, in Chile 1745—1768, und zwar 1756—1768 auf Chiloë. (Sulzb. Kal. 1890, 45.) — Jedenfalls verschieden von

Friebl, P. Anton (Germ. Sup.), geb. 15. Febr. 1665 in Bayern („Reitensis", vielleicht Reite), eingetr. 21. Oct. 1717, ging nach Lang (a. a. O.) 1721 in die Mission, wird als Rector Coll. Chillensis aufgeführt. Carayon (l. c. XVI, 330) führt einen P. Anton Friebl an, der 40 Jahre lang auf Chile gewirkt habe und als achtzigjähriger blinder Mann gewaltsam deportirt wurde. (Cat. Chilens.)

---

[1] Nach J. Dahlmann a. a. O. S. 79 wäre auch P. Andreas Febres, „der klassische Grammatiker und Lexikograph des Araucanischen", ein Deutscher, aus Köln gebürtig gewesen. Diese Angabe dürfte indessen irrthümlich sein. Vgl. Sommervogel.

Friß, P. Ignaz (Bohem.), geb. 15. Febr. 1715 zu Olmüß in Mähren, eingetr. 20. Oct. 1732, seit 1748 in Chile, später einige Zeit in Peru, saß nach der Vertreibung gefangen in Puerto be Santa Maria bei Cabiz und wurde 1776 befreit. Befreiungsacten in Sim. (Vgl. Murr, Journ. XII, 263; Carayon XVI, 343 s. 393.)

Fuschmann, Br. Andreas, in Chile zur Zeit der Vertreibung. (Sim.)

Gainer [Griner?], Br. Benedikt (Germ. Sup.), geb. 19. März 1731 zu Tegernsee in Bayern, eingetr. 18. Febr. 1753, Maurer, wirkte 14 Jahre lang in Chile bis zur Vertreibung. (Cat.)

Gallemahr, Br. Johann (Germ. Sup.), geb. 21. Juni 1701 zu München, eingetr. 15. Juni 1722, Schreiner, „ein tüchtiger Mann", wurde 1722 nach Chile abgeordnet. 1737 nicht mehr in den chilen. Katalogen. (Handschr. Informat.)

Gröbner, Br. Johann (Germ. Sup.), geb. 14. Mai 1694 zu Kemnath in der Oberpfalz (Diöc. Regensburg), eingetr. 3. Juni 1722, Schneider, „tüchtig und lenksam", wurde 1722 nach Chile abgeordnet. (Handschr. Informat.)

Grueber, P. Franz (Germ. Sup.), geb. 1736 zu Riedenburg in Bayern, eingetr. 1752, in Chile bis zur Vertreibung. Nach seiner Rückkehr wirkte er 10 Jahre lang auf der Kanzel in Burghausen, Ingolstadt und München (1780 bis 1781). (Sulzb. Kal. 1890, 57.)

Grueber, Br. Franz (Germ. Sup.), geb. 15. März 1715 zu Thalhofen („Thalkorferus"?) in Bayern, eingetr. 2. Febr. 1742, Kunstschreiner und Zimmermann, in Chile seit 1748. (Cat.; Sim.)

Guffenliter, P. Georg (Austr.), 1686 auf dem Wege nach Chile. (W.-B. Nr. 27, 73.)

Gzermak, P. Joh. Joseph (Austr.?), geb. 11. Mai 1720 zu Budwiß in Mähren („Budvicensis Moravus"), eingetr. 27. Oct. 1751, in Chile von 1754 bis zur Vertreibung. (Cat.)

Haberkorn [Habecorn], Br. Johann (Germ. Sup.), geb. 1670 in Bayern, eingetr. 1694, ging nach Lang im Jahre 1711 nach Chile.

Haberl, Br. Georg (Germ. Sup.), geb. 26. März 1696 zu Abensberg in Bayern (Diöc. Regensburg), eingetr. 3. Juni 1722, Schlosser, „ein tüchtiger Mann", wurde 1722 nach Chile abgeordnet. (Handschr. Informat.)

Haimbhausen [Haimhausen, Ahmausen], P. Karl v. (Germ. Sup.), geb. 28. Mai 1692 zu München aus dem gräflichen Geschlecht der von und zu H. in Bayern, verwandt mit dem österreichischen Kaiserhause, eingetr. 20. Oct. 1709, studirte zu Rom, ging von da 1724 nach Chile, wo er, ausgezeichnet durch Talent und Tugend, eine bedeutende Rolle spielte. Er war u. a. Professor der speculativen Theologie im Colleg zu Conception, 10 Jahre lang Rector des Collegium maximum von Santiago und 14 Jahre lang Procurator provinciae, Instructor III. prob., Beichtvater des Bischofs und Statthalters, stellte die prachtvolle Collegskirche in würdigen Stand, baute ein Noviciat und zwei Exercitienhäuser mit Kirche. (Carayon XVI, 331 s.) (Ueber seine Verdienste um die Hebung der Gewerbe in Chile siehe oben S. 75 ff.) „Ein wackerer, jederzeit aufgeräumter Mann" (W.-B. Nr. 438, 67). Er starb 7. April 1767. (Vgl. Enrich II, 129 sgs. 194 sgs. 243 294 u. a.; Sulzb. Kal. 1890, 41.) — Schriften: Zwei Briefe im W.-B. Nr. 230

und 776. Eine Vertheidigungsschrift der Gesellschaft Jesu gegen ihre Ankläger von 1765 liegt handschriftlich im Archiv des Ministeriums des Innern zu Santiago. Vgl. Sommerv.

Havestabt [Habestabt, Habertab, Haberstab, Sim. Havestebs], P. Bernhard (Rhen. Inf.), geb. 27. (al. 25.) Febr. 1714 zu Köln, eingetr. 20. Oct. 1732, ging 1746 nach Chile, wirkte dort 20 Jahre als Indianermissionär bis zur Vertreibung, kam 1770 nach Deutschland zurück. (Biogr. Univ. s. v. Enrich II, 213. 244. 299. 353 u. a.) — Schriften: Er schrieb zu Geisten (Kreis Münster) das linguistisch werthvolle Werk: Chilidugu, sive Res Chilenses vel descriptio . . . regni Chilensis. Münster 1777. 8°. 3. Bde. Neu herausgegeben von J. Platzmann, Leipzig 1883. Im 3. Band. (1. Ausg. S. 893 ff.) erzählt er seine Missionserlebnisse in Tagebuchform. Ein Brief mit geographischen und linguistischen Notizen bei Murr, Journ. I, 122 ff. „Des Pater Bernard Havestad Reise nach Chile 1746—1748, dessen 20jähriger Aufenthalt bis 1768 und seine Rückreise im Jahre 1770" in Murrs „Nachrichten aus verschiedenen Ländern des spanischen Amerika" II, 431 ff. H. arbeitete auch mit an dem Spanisch-chilenischen Wörterbuch des P. L. Valdivia. Vgl. Abelung-Vater, Mithrid. III, 2, 404.

Haz [Haaz], Br. Georg (Germ. Sup.), geb. 16. Aug. 1723 zu Kelheim in Bayern, eingetr. 5. Jan. 1746, Weber, für Chile aufgenommen, wo er bis zur Vertreibung (1768) wirkte. Nach Cat. Prov. Bav. starb er 12. Juli 1771. (Sulzb. Kal. 1890, 55.)

Hebry, P. Martin (Austr.), geb. 31. Oct. 1709 (al. 1708) in Ungarn („Sirokiensis", „Schirucae"), eingetr. 14. Oct. 1730, kam nach Chile 1748, wo er bis 1760 wirkte. (Cat. Chilens.)

Heinbl, Br. Gregor (Germ. Sup.), geb. 29. Nov. 1731 zu Kühbach („Kuebac"), Diöc. Augsburg, eingetr. 7. Dec. 1753, Tuchmacher, wirkte in Chile bis zur Vertreibung. (Cat.)

Herre, Br. Michael (Austr.), geb. 28. Sept. 1697 zu Neufra in Schwaben („Nayrvaensis"; al. „Hachiavensis"), eingetr. zu Graz 14. Oct. 1722 (al. 1720), Schreiner und Baumeister, ging nach Chile 1722, war hier „wohlauf und sehr beliebt" (M.-B. Nr. 249), starb zu Santiago 15. Aug. 1737 (al. 8. Mai 1743). Seine Verdienste rühmt auch Enrich IV, 355 ff. — Schriften: Reiseberichte im M.-B. Nr. 438.

Hoffmann, P. Joh. Evang. (Germ. Sup.), geb. 27. Dec. 1727 zu Hunstein (Diöc. Augsburg), eingetr. 14. April 1753, als theologus III. anni der chilenischen Provinz zugeschrieben, ein tüchtiger Indianermissionär, u. a. in der Mission Maqueha, starb bei der Deportation 1768 auf der Reise nach Spanien. (Carayon XVI, 318; Enrich II, 278 sgs. u. a.)

Hogen, Br. Johann (Germ. Sup.), geb. zu Tegernsee in Bayern 16. Jan. 1726, eingetr. 18. Febr. 1753, Schreiner. (Cat. Chilens.)

Horsky, Br. (?) Wenceslaus (Bohem.), seit 1754 in Chile. (Cat.)

Hueber, P. Balthasar (Germ. Sup.), geb. 6. Jan. 1703 bei Innsbruck („Rotholzensis"), eingetr. 15. Juni 1722, seit 1724 in Chile, wirkte auf den Chiloë-Inseln, docirte mehrere Jahre Philosophie und Theologie, war Beichtvater des Statthalters, ging 1755 als Procurator missionis nach Rom, war zur

Zeit der Vertreibung Provincial von Chile (1763—1768), starb zu Hall (Halae)
11. April 1774. (Misc. 119 Anm.; Carayon XVI, 328. 351; Enrich II, 184.
249. 276; IV, 392 u. a.) — Schriften: Eine ausführliche Instruction für die
Missionäre (30. Juli 1764) bei Cl. Gay, Hist. de Chile, Docum. tome I, auszüglich bei Enrich II, 276 sg. Vgl. Boero, Vida del P. Vargas.

Imhof, P. Joseph (Germ. Sup.), geb. 1681 in Goms („Gomesianus"),
Kanton Wallis, Schweiz, eingetr. 1706 als Priester, ging 1712 nach Chile,
wo er 1744 starb. J. wurde, wie P. Anton Betschon 1719 schrieb, „wegen
seiner ungemeinen Eigenschaften und Fähigkeiten denen Unsrigen vorzustehen, von
den Obern die Theologie völlig auszustudieren gezwungen, damit er mittelst
deren 4 feyerlichen Gelübbe den Staffel deren Professen erreichen möge" (W.-B.
Nr. 169, Anhang). Vgl. Leu, Allgem. Schweiz. Lex.; Arch. Prov. Germ.
IX. T. Lang a. a. O. — Wahrscheinlich identisch mit dem P. Imonsff bei
Enrich II, 97.

[Imhof, P. Christoph Joseph, angeblich aus Bayern („Iconensis"),
geb. 8. Dec. 1681, eingetr. 12. Oct. 1706, kam nach Chile 1716, starb 3. Dec.
1736 zu Valdivia. (Cat. Chilens.) — Wahrscheinlich identisch mit vorigem.]

Joachim [Joachim], Br. Joseph (Germ. Sup.), geb. 19. März 1699
zu Fischach im bayerischen Schwaben, eingetr. 23. April 1722, Weber, in Chile
1731—1734. (Sulzb. Kal. 1890, 42; Cat. Chilens.)

Kellner [Kelner], Br. Jakob, geb. 6. Nov. 1712 (Ceusfeldensis?),
eingetr. 17. Januar 1746, 1754 in Chile.

Kelner [Kelnehr], Br. Jakob (Rhen. Sup.), geb. 24. Juli 1720
zu Landshut in Bayern, eingetr. 16. Febr. 1746, Steinmetz oder Bildhauer
(„statuarius").

Khuen [Kuen, Kuhn], P. Franz (Germ. Sup.), geb. 4. Oct. 1689 in
Tirol („Instensis", wahrscheinlich Imst), eingetr. 13. Sept. 1708, ging nach Lang
im Jahre 1721 in die Mission, wirkte 30 Jahre als Indianermissionär und wird
1755 als „Oberer der Mission" bezeichnet. Nach Enrich II, 142. 164 sgs. 187
gründete er die Mission von Lucapel, die eine der blühendsten von ganz Arau-
canien wurde, unternahm gewaltige, kühne Missionsfahrten, taufte auf denselben
allein 5000 Kinder und gewann das Vertrauen der Indianer in hohem Grade.
(Carayon XVI, 330.)

Kisling [Kislig], P. Franz Xaver (Germ. Sup.), geb. zu Eichstädt
17. (al. 15.) Sept. 1715, eingetr. 28. Sept. 1735, in Chile seit 1746; auf den
Chiloë-Inseln 1756—1768; war Rector von Castro (Enrich II, 280), wurde 1768
deportirt. Während seiner Haft in Puerto de Santa Maria in Spanien, 1771, verfaßte er eine lateinische Auslegung des Hohenliedes, einen stattlichen handschriftl.
Band, 4°, 701 S., der heute noch im Bischöflichen Ordinariats-Archiv in Eichstädt
aufbewahrt wird mit dem angeführten Vermerk über dessen Verfasser: Cantica
Canticorum, | id est, | Mysteria | Divini Amoris, | quo | Christus Jesus | aeterni
Patris Filius | Animam Sanctam | Tanquam | Sponsam Suam | Complectitur,
Sacrae Virgini | Verae Christi Sponsae | Detecta, | Aptata, | Dicataque | Anno
1771. Er starb 30. April 1783 im Kapuzinerkloster zu Cabra, wo er den größten
Theil seiner Haft verbracht hatte. (Murr, Journ. XII, 263; Pastoral-Blatt des
Bisthums Eichstädt 1855, 45; Sulzb. Kal. 1890, 48; Carayon XVI, 393. 330.
343; Actenstücke in Sim., Est. leg. 5042, fol. 120; Sommerv.

Kieffer [Kiefer], P. Nikolaus (Rhen. Inf.), aus Luxemburg, geb. 7. Febr. 1661, eingetr. 29. Sept. 1678, kam 1701 nach Chile, von Enrich als tüchtiger Missionär gerühmt (IV, 854), seit 1737 nicht mehr in den Cat.

Knogler, P. Julian (Germ. Sup.), geb. 18. Jan. 1717 zu Gansheim in Schwaben, eingetr. 1737 als Dr. philos., soll von 1756—1768 auf den Chiloë-Inseln gewirkt haben. (Sulzb. Kal. 1890, S. 60.) Vgl. indessen bei Paraguay.

Köhler [Koler, Keler], Br. Johann Joseph (Bohem.), geb. 1721 in Böhmen (Diöc. Leitmeritz; „Hamicensis"), eingetr. 10. Mai 1746, Goldschmied, wirkte 21 Jahre in Chile bis zur Vertreibung, 1771 noch am Leben.

Kolb, P. Ernst (Germ. Sup.), 1755 in Chile. (Cat.)

Kollmann, Br. Johann (Germ. Sup.), geb. 23. Dec. 1711 zu Taufkirchen in Bayern, eingetr. 2. Dec. 1745, kam 1748 nach Chile, wo er 1755 als „Dispensator in villa Calera collegii Jacobopolitani" noch lebte. (Cat. Chilens.)

Krazer [Krazer], Br. Georg (Germ. Sup.), geb. 17. Sept. 1722 in Augsburg, eingetr. 16. Febr. 1746, Kunstschreiner und Orgelbauer, ging nach Chile 1748, wo er bis zur Vertreibung wirkte. Er starb 27. Juli 1793.

Kuenz, Br. Johann (Germ. Sup.?), aus Bayern (al. „Freiburgensis"), geb. 22. Juli 1682, eingetr. 15. Nov. 1709, in Chile seit 1724.

Lichtenecker [Liezteneter], Br. Georg, geb. 15. Juni 1700 in Würzburg („Germanus", „Vispurcensis"), eingetr. 21. Nov. 1722, hatte als Chirurg und Krankenwärter in Oesterreich, Mähren, Sachsen, Tirol gewirkt, ging 1722 nach Chile. (Handschr. Informat.) Seit 1729 nicht mehr im Cat. Chilens.

Lobeth [Lobbeth], P. Bartholomäus (Austr.), geb. zu Nijmegen 10. Nov. 1648, eingetr. in Wien 6. Oct. 1667, Professor der Rhetorik und des Hebräischen, ging 1684 nach Chile (W.-B. 27, 73) und starb 25. April 1709 in Mendoza. — Schriften: Brief vom 12. Dec. 1688 aus Chile im W.-B. Nr. 46; Epigramme. Siehe Sommerv.

Mahr, P. Joseph (Germ. Sup.), aus München, ging nach Lang im Jahre 1711 nach Chile; ist wohl derselbe, der nach Lang 105, nachdem er vorher Missionär in „Indien" gewesen, 1753 zu München als Beichtvater der Markgräfin von Baden, Schwester des Kurfürsten Max von Bayern, starb.

Mesner, P. Anton, zur Zeit der Vertreibung in Chile. (Sim.)

Meyer [Maier, Mahr], P. Michael (Rhen. Sup.), geb. 22. Dec. 1714 zu Worms, eingetr. 11. Oct. 1735, seit 1748 in Chile, wirkte lange Zeit auf Chiloë, saß nach der Vertreibung gefangen im Kloster San Pedro de Montes O. S. B. (al. in Puerto de Santa Maria bei Cadiz), wo er 2. Aug. 1786 starb. (Actenstücke in Sim., Est. leg. 5042, fol. 120. Vgl. Murr, Journ. XII, 263; Carayon XVI, 344. 393; Enrich IV, 309.)

Mezner [Mesmer], Br. Joseph, geb. 12. Nov. 1724 zu Tegernsee in Bayern, eingetr. 18. Febr. 1753, Tischler, wirkte 21 Jahre bis zur Vertreibung in Chile, starb nach der Rückkehr 1. April 1772. (Cat.)

Miller, Br. Anton (Austr.), geb. 17. Jan. 1697 zu Pfaffenhofen, eingetr. 27. Oct. 1720, Drechsler, ging 1722 in die Mission, arbeitete dort vortrefflich,

„wohl auf und sehr beliebt" (W.-B. Nr. 249), erscheint in den Cat. bis 1760. Von Enrich IV, 355 neben Herre und Bitterich als einer der tüchtigsten deutschen Brüder in Chile gelobt.

Millet, Br. **Wilhelm**, aus Luxemburg, geb. 12. Juni 1683, eingetr. 21. Juni 1707, kommt um 1727 nach **Chile**. (Cat. Chilens.)

Motsch, Br. **Martin** (Rhen. Sup.), Sohn des fürstlich-badischen Hofbaumeisters, in der Architektur wohl bewandert, bot sich 1722 dem Pater General für die Missionen an und ging um 1725 (?) nach **Chile**, wo er 1740 noch lebte. (Cat.) — Schriften: Zwei handschriftl. Briefe, siehe im Anhang.

Oppitz, P. **Johann** (Bohem.), geb. 11. Jan. 1691 zu Prag, eingetr. 21. Oct. 1716, ging 1722 nach **Chile**, starb 20. Nov. 1789 in Cuzco (Peru). (Wiener Verz.; Cat.) — Schriften: Handschr. Reisebericht aus Cadiz 12. Nov. 1722, im Wiener Staats-Archiv 415, Nr. VI.

Ostermayr [**Ossemayr**], Br. **Philipp** (Germ. Sup.), geb. 4. April 1721 zu München, eingetr. 16. Febr. 1746, Weber, ging 1748 nach **Chile** und wirkte dort bis zur Vertreibung. Er starb 1773 (al. 1768?). (Sulzb. Kal. 1890, 54; Cat.)

Pausch [**Pusch**], Br. **Joseph** (Germ. Sup.), aus München, geb. 16. Juli 1689, eingetr. 27. Oct. 1714, Apotheker, wirkte in **Chile** bis 1768. In diesem Jahre wurde er gewaltsam mit andern Brüdern nach Cadiz transportirt. (Sulzb. Kal. 1890, 43.) — Wahrscheinlich identisch mit Br. Joseph Paut, im Verz. von Sim.

Pertel, P. **Joseph** (Germ. Sup.), geb. 1675 zu Landshut in Bayern, eingetr. 1694, wirkte, wie es scheint, in verschiedenen Missionen, starb 10. April 1731 „in missione Sanctae Fidei".

Pesch, P. **Anton**, aufgeführt im Verzeichniß von Sim.

Pesch [**Pezhc**], P. **Peter** (Rhen. Inf.), geb. 20. Dec. (al. Sept.) 1721 zu Altendorf (Jülich), eingetr. 21. Oct. 1741, in **Chile** bis 1754. (Misc.; Cat.)

Pollands [**Pölland**], P. **Franz** (Germ. Sup.), geb. 3. Oct. 1711 (al. 1714) zu Bobingen in Bayern, eingetr. 26. April 1746, Goldschmied, von 1748 bis zur Vertreibung in **Chile**, starb nach der Rückkehr 20. Dec. 1791. (Cat.; Sim.)

Pusch, Br. **Joseph**, siehe **Pausch**.

Rapp, P. **Joseph** (Germ. Sup.?), geb. 7. Oct. 1731 zu Dillingen, eingetr. 14. April 1753, kam noch als Scholastiker nach **Chile**, 1767 deportirt. (Carayon XVI, 324; Sim.; Cat.)

Reble, Br. **Johann** (Germ. Sup.), geb. 11. Mai 1718 zu Roth, Diöc. Konstanz („Rothiensis"), eingetr. 26. April 1746, Maler, 22 Jahre in **Chile**, 1771 noch am Leben. (Sim.; Cat.)

Reiner, siehe **Weiner**.

Rottmair [**Rothmayr**], Br. **Jakob** (Germ. Sup.), geb. 1. Jan. 1723 in Legau, bayerisch Schwaben, eingetr. 16. Febr. 1746, Schlosser und Uhrmacher, für **Chile** aufgenommen, kam dahin 1748 und war dort bis 1768. (Sulzb. Kal. 1890, 56; Cat.)

Ruez [Ruez], Br. Peter (Germ. Sup.), geb. 14. Juli 1719 zu Oberammergau in Bayern („Obermergaviensis"), eingetr. 26. April 1746, Uhrmacher, wirkte in Chile 21 Jahre bis zur Vertreibung, starb 5. Mai 1787. (Cat.)

Saitor [Sartor? vielleicht Seither], Br. Joh. Bapt. (Germ. Sup.), geb. 9. Mai 1730 zu München, eingetr. 2. Jan. 1754, Apotheker, 16 Jahre in Chile, 1771 noch am Leben. (Cat. Chilens.)

Scheibner, Br. Johann (Bohem.), seit 1754 in Chile. (Cat.)

Schmalpauer [Schmalpauer], P. Anton (Austr.), geb. 13. Jan. 1720 zu Efferding in Oesterreich, eingetr. 27. Oct. 1743 als Bruder, Apotheker, kam 1748 nach Chile, erscheint seit 1756 als „Sacerdos". (Sim.; Cat.)

Schmid, P. Gabriel (Germ. Sup.), geb. 21. (al. 24.) März 1708 zu Amberg in Bayern, eingetr. 28. Sept. 1725, ging 1746 nach Chile, wirkte besonders auf den Chiloe-Inseln (1756—1760), kehrte bei der Vertreibung 1767 in die Heimat und starb zu Amberg 24. April 1775. (Misc.; Carayon XVI, 321; Sulzb. Kal. 1890, 49; Cat.) — Schriften: Ein Brief von 1767 im W.-B. Nr. 798.

Schmidlachner, Br. Karl (Germ. Sup.), geb. 4. Nov. 1684 zu München, aufgenommen für Chile 13. Juli 1722, „faber minutarius seu aeris minutioris", in den Cat. als „zonarius" bezeichnet, wurde 1722 noch in Weltkleidern nach Chile geschickt. (Handschr. Inform.; „Amerik. Mayerhof" 145; Cat.) — Vermuthlich identisch mit Schmidlehner (?), siehe oben bei Peru.

Schmidt, P. Paul (Austr.), geb. 22. Jan. 1655 zu Wien, eingetr. 10. Oct. 1671, war Professor der Rhetorik und Philosophie, ging 1685/86 nach Chile, starb aber auf der Reise zu Puerto Bello (Landenge von Panama) an einem hitzigen Fieber, nachdem man ihm siebzehnmal zu Ader gelassen. (W.-B. Nr. 27, 72.)

Schön, Br. Joh. Bapt. (Germ. Sup.), geb. 19. (al. 29.) Jan. 1724 zu Nabburg in Bayern, eingetr. 26. April 1746, Tuchmacher, Walker, wirkte in Chile 21 Jahre lang bis zur Vertreibung 1768, war zur Zeit der Aufhebung „Laienbruder in Ebersberg, vorher 20 Jahre in „Indien" (Lang 210. Vgl. Sulzb. Kal. 1890, 58; Cat.).

Sebmilener (jedenfalls corrumpirt), Br. Karl, zur Zeit der Vertreibung in Chile. (Sim.)

Seemiller, Br. Thomas (Germ. Sup.), geb. 18. Dec. 1725 zu Frieding in Oberbayern, eingetr. 5. Jan. 1746, Weber, kam 1748 nach Chile, wo er bis zur Vertreibung, 1768, blieb, starb 27. Febr. 1771 zu München. (Cat. Bav. 1771—1772; Sulzb. Kal. 1890, 52.) — Vielleicht identisch mit dem vorigen.

Seitz, P. Joseph (Bohem.), geb. 30. Oct. 1716 zu Komotau in Böhmen, eingetr. 15. Mai 1753, seit 1754 in Chile. (Sim.; Cat.)

Steible [Steibl, Staibl, Steinbl], P. Ignaz (Chilens.), geb. 6. Jan. 1700 zu Dillingen, eingetr. 15. Juni 1722 als Philos. Mag., SS. Theol. et SS. Can. Candidatus, „ausgezeichnet veranlagt, sehr fromm" (handschr. Information), wurde 1722 als Novize nach Chile abgeordnet, wo er 26 Jahre lang als Indianermissionär thätig war. (Cat. Chilens.; Carayon XVI, 330.)

Sterzl [Sterzl, Sterzel], Br. Franz (Bohem.), geb. 7. Mai 1692 in Böhmen („Zealecensis"?), eingetr. 30. Sept. 1712, Apotheker, ging 1722 nach Chile. (Cat. Chilens.; Wiener Verz. Vgl. unter Philippinen.)

Straßer [Straßen], P. Melchior (Germ. Sup.), geb. 1. Oct. 1711
zu Pfinzing in Bayern, eingetr. 10. (al. 1.) Sept. 1736, ging um 1740 nach
Chile, wirkte von 1755—1768 auf den Chiloe-Inseln. Vor seiner Abreise in
die Mission wurde er sechs Jahre lang in Spanien (Prov. Boetica) zurück-
gehalten, war hier Novizenmeister der für die Mission bestimmten jungen Missio-
näre und Professor der Philosophie und Theologie. Auf der Reise erlitt er
Schiffbruch bei der Insel Santa Catharina (Brasilien), 25 Genossen ertranken.
(Carayon XVI, 330. 343. 393; Sulzb. Kal. 1890, 40; Murr, Journ. XII, 263;
Lang a. a. O.) Nach der Vertreibung saß er gefangen in Puerto de Santa
Maria. (Actenstücke in Sim., Est. leg. 5042, fol. 120; Cat. Bav. 1772—1773;
Cat. Chilens.; Enrich IV, 409.) — Schriften: Ein Brief von 1743 im W.-B.
Nr. 780.

Suppet [Suppetius, Supezio], P. Andreas (Bohem.), geb. 4. Nov.
1650 (al. 1651) zu Ratibor in Schlesien, eingetr. 14. Oct. 1670, ging 1684 nach
Chile, war hier Rector („Rector Chiloensis"), Novizenmeister (W.-B. Nr. 27, 73)
und Visitator und starb zu Valdivia 6. November 1712. (Cat.; Wiener Verz.) —
Schriften: Ein Brief von 1701 mit werthvollen und interessanten Schilderungen
aus Chile im W.-B. Nr. 70.

Tolpelt, P. Joseph (Austr.), geb. 31. Jan. 1711 in Tirol („Morablen-
sis"), eingetr. 10. Oct. 1730, kam 1740 nach Chile. (Cat.)

Victerim, Br. Johann, geb. 6. Dec. 1677 zu Landeck in Tirol, eingetr.
11. Mai 1701, kam um 1720 nach Chile. 1724 nicht mehr im Cat. Chilens.

Vogl [Wogl, Foguel], Br. Peter, geb. 15. Nov. 1692 zu Wetter-
hausen in bayer. Schwaben („Wettenhaussensis"), eingetr. 18. Nov. 1722, Gipser,
ging 1722 nach Chile, wo er als Architekt gute Dienste leistete; wurde bei der gewaltsamen Vertreibung 1767. anfangs wegen Krankheit zurückgelassen, dann aber
als 70jähriger Greis deportirt. Er starb auf der Reise. (Carayon XVI, 351;
Cat.; handschr. Inform.)

Walter, P. Joh. Nepom. (Bohem.), geb. 28. Oct. 1713 zu Glogau
in Schlesien („Glogoviensis"), eingetr. 20. Oct. 1734, kam 1748 nach Chile,
war 1755 Oberer der Residenz Araucana, erwarb sich als Procurator provinciae
um die Provinz große Verdienste. (Enrich II, 17 und Cap. XX, n. 9. 10. 11.
18. 23; XXI, 20. 26. 32.) Blieb bis zur Vertreibung. (Sim.) — Schriften:
Ein handschr. Brief aus Santiago, 22. April 1749, an Graf Rogendorf im Wiener
Staats-Arch., Geistl. Angel. 415, Nr. VI. Vertheidigungsschriften u. ä. im Archiv
des Ministeriums des Innern in Santiago.

Wanckermann (Wankerman), Br. Karl (Germ. Sup.), aus Bamberg
(al. München), geb. 30. Aug. 1723, eingetr. 8. April 1746, kam 1748 nach Chile,
blieb bis zur Vertreibung, starb nach Cat. Prov. Bav. 1770/71 am 12. Mai 1770.
(Cat. Chilens.; Sim.)

Weibinger, P. Lambert (Austr.), starb 1686 auf der Reise nach Chile
bei Puerto Bello und wurde in Panama begraben. (W.-B. Nr. 27, 73.)

Weiner, P. Philipp (Rhen. Sup.), geb. 22. Mai 1712, eingetr. 12. Juli
1733, 1746 auf der Reise nach Chile, scheint jedoch in Quito gewirkt zu haben
und identisch zu sein mit P. Felipe Reiner, der nach Borba (II, 95) 1767 von dort
deportirt wurde. (Cat.)

Weingartner, P. Peter (Germ. Sup.), geb. 6. Juli 1721 zu Jebenhof („Hadenkofensis"?) in Bayern, eingetr. 16. Febr. 1746 als Priester, kam 1748 nach Chile, blieb bis zur Vertreibung, worauf er nach Bayern zurückkehrte. Lebte noch 1773. (Sulzb. Kal. 1890, 59; Sim.; Cat. Chilens.; Enrich II, 294.) — Schriften: Bericht (datirt von Altötting 1770) über die Vertreibung der Jesuiten aus Chile (Arch. Prov. Germ. Ser. VII, fasc. A 8, abgedruckt bei Carayon XVI, p. 307 [Poitiers 1867] und in den Annalen der Universität von Santiago 1869. Vgl. Enrich II, 312, Anm.). Ein handschr. Brief vom 28. Dec. 1769 in Misc. pag. 117. Arch. Prov. Germ.

Wezl, P. Jakob (Germ. Sup.), geb. 21. Juli 1720 zu Landshut in Bayern, eingetr. 2. Dec. 1745, kam 1748 als Scholastiker nach Chile. (Cat.)

Winckelmann, P. oder Br. Christoph (Rhen. Inf.), ging 1740 nach Chile. (W.-B. Nr. 654, 51.)

Witgen, Johann (Bohem.), seit 1754 in Chile. (Cat.)

Wolfwisen [Wolfvicen], P. Franz Xaver (Germ. Sup.), geb. 3. April 1679 (al. 5. April 1677) zu Rosenheim (? „Rozengeimensis") in Bayern, eingetr. 9. Oct. (al. 3. Oct.) 1698, kam 1712 nach Quito, dann nach Chile, wirkte 35 Jahre lang als Missionär der Indianer und Operarius. (Lang a. a. O.; Cat.) — Schriften: Ein Brief von 1742 im W.-B. Nr. 779. — Wahrscheinlich identisch mit P. F. X. Wolfesen bei Enrich II, 187. Siehe oben bei Quito unter Wolffeisen.

Zeittler, Br. Joseph (Germ. Sup.), geb. 20. März 1724 zu Waldsassen in Bayern, eingetr. 16. Febr. 1746, Apotheker, für Chile aufgenommen, langte 1748 dort an und wirkte bis zur Vertreibung 1768. (Vgl. oben S. 80; Sulzb. Kal. 1890, 53. Cat. Chilens.)

Provinz von Paraguay[1].

Im Jahre 1606 von Peru getrennt und als selbständige Provinz errichtet, zählte [1613: 119; 1710: 269] 1750: 303 Jesuiten (208 Priester) und 21 Niederlassungen: 9 Collegien, 1 Universität, 1 Noviziat, 1 Seminar, 2 Residenzen, 7 Missionen.

Indianermissionen. 1. Die Chiquitos-Mission (theilweise im heutigen Bolivia) zählte 1767 in 10 Reductionen über 20 000 christliche Indianer. 2. Die Guarani-Mission am Paraná und Uruguay (zum großen Theil im heutigen Brasilien [Rio Grande do Sul] und Argentinien [Provinz Corrientes und Misiones]), zählte 1767 über 90 000 christliche Indianer in 30 Reductionen. Von 1610—1768 wurden von den Jesuiten 702 086 Indianer getauft. 3. Die Chaco-Mission am rechten Ufer des Paraná zwischen Corrientes und Santa Fé, zählte 1767 in 15 Reductionen etwa 10 000 Indianer. 4. Die Pampas-Mission in Nord-patagonien mit 1 Reduction (Nuestra Señora del Pilar).

Im Jahre 1767 zählte die ganze Mission von Paraguay 113 716 christliche Indianer.

Hier wirkten:

Abelgos, Br. Franz Xaver (Germ. Sup.), geb. 11. Juni 1703 in Schwaben („Merlingensis", vielleicht Merklingen, „Suevus"), eingetr. 4. Aug. 1740, 1750 schon längere Zeit in Paraguay.

---

[1] Siehe Werner, Missions-Atlas, Nr. 17.

Agricola, P. Andreas (Germ. Sup.), aus Engen im badischen Seekreis, ging 1616 nach Paraguay. (Kropf, Hist. Prov. Germ. Sup., Dec. VIII, 262.)

Amslander [Amerlander], P. Franz (Germ. Sup.), geb. 5. Febr. 1681 in München, eingetr. 1704, ging 1717 nach Paraguay, wirkte dort u. a. in der Reduction Corpus. 1724 nicht mehr im Cat. Parag. (Sulzb. Kal. 1889, 120; W.-B. Nr. 168 und 169.)

Aperger [Asperger], P. Sigismund (Germ. Sup.), geb. 28. Oct. 1687 in Innsbruck, eingetr. 9. Oct. 1705, ging um 1715, noch Scholastiker, nach Paraguay, wirkte als vortrefflicher Missionär, berühmt durch seine ärztlichen Kenntnisse. Dabei ein „nicht minderer Seelenarzt". (W.-B. Nr. 558, 45; vgl. ebd. Nr. 168, 60; Nr. 160, 66; Southey, Hist. of Brazil II, 338 Anm.) 1738 war A. Oberer der Reduction St. Nikolaus. (W.-B. Nr. 640.)

Bachmann [bei Techo: Pacman], P. Jobocus, gebürtig aus der Schweiz (Luzern?), ging 1640 nach Paraguay, starb aber schon bald als Opfer seines Eifers. Techo (Hist. Prov. Parag. lib. XII, c. 45) nennt ihn „non minus solidissima in vita virtute, quam morte in Aethiopibus (Negersklaven) peste afflatis iuvandis contractâ, laudabilis". (Handschriftl. Biographie in Arch. Prov. Germ. IX. T.)

Baucke [Pauke], P. Florian (Bohem.), geb. 24. Sept. 1719 zu Witzingen in Schlesien, eingetr. 10. (al. 6.) Oct. 1736, ging 1748 als neugeweihter Priester nach Paraguay, wirkte namentlich unter den Macobis der Pampas, brachte die Reduction St. Franz Xaver zur Blüthe und gründete 1763 die neue Reduction St. Peter. B. war der echte Typus eines deutschen Missionärs, praktisch, erfahren in allen Künsten und Gewerben, ein trefflicher Musiker, voll Humor und voll Geschick in Behandlung der Wilden. 1768 gewaltsam deportirt, wurde er einige Zeit in Puerto de Santa Maria in Haft gehalten, 1769 befreit. Lebte später in Neuhaus (Böhmen) und starb um 1780. (Dobrizhoffer, Geschichte der Abiponier III, 136; Hausblätter, herausgeg. von F. W. Hackländer und E. Höfer, Stuttgart 1855, III, 464—480: „Ein deutscher Mann unter den Wilden Südamerikas".) — Schriften: B. schrieb 1778—1780 eine werthvolle Schrift über die Mission der Macobis, handschriftlich (2 Bände 4° mit 1046 S.) im Cistercienserstift Zwettl. P. Joh. Frast O. Cist. gab davon 1829 einen kurzen Auszug, P. Kobler S. J. 1870 eine ausführliche moderne Bearbeitung (8°, XI und 712 S.) bei Pustet in Regensburg.

Baur [Paur], P. Sigismund (Germ. Sup.), geb. 1719 zu Weißingen in Schwaben, eingetr. 28. Sept. 1740, in Paraguay 1743—1768. (Sulzb. Kal. 1890, 66; Misc.; Sim.; Cat. Parag.)

Betschon [Pechon], P. Anton (Germ. Sup.), geb. 11. April 1687 (al. 1681) in Groß-Laufenburg, schweiz. Kanton Aargau (al. im romanischen Graubünden?), eingetr. 1707, Professor der Rhetorik in Luzern, ging 1716 nach Paraguay, wird um 1730 als Oberer der Reduction Yapeyu, 1735 als Oberer der Chiquanos-Mission genannt. (W.-B. Nr. 558, 45; Cat.) „Er ist die Liebe deren Indianern, welche ihn nicht anderst als den ‚Engel' nennen." B. starb um 1738. — Schriften: Ein werthvoller Brief von 1719 im W.-B. Nr. 169. Vgl. Sommerv. (Suppl.).

Bitter, P. Justus, stirbt auf der Fahrt nach Paraguay 11. Jan. 1744. (Cat.)

Blantisch siehe Plantisch.

Böhm, P. Anton (Germ. Sup.), geb. 2. Juli 1650 zu Amberg in der Oberpfalz („Palatinus"), eingetr. 10. Dec. 1675, kam 1691 nach Paraguay, arbeitete mit opferwilliger Hingabe unter den wilden Jaros am Uruguay, versuchte die Gründung einer Reduction St. Joachim, starb aber bereits 1695 in der Reduction St. Karl im Dienste der Pestkranken. P. Sepp, sein Reisegefährte, widmet dem heiligmäßigen Manne einen rührenden Nachruf (Continuatio oder Fortsetzung der Beschreibung deren . . . Paraguarischen Sachen, Nürnberg 1710, S. 180). — Schriften: Handschriftl. Brief von 1687 aus Sevilla (Spanien) in Arch. Prov. Germ. Ser. IV. Fasc. C. 4.

Botelre [Sim. Boletre], P. Andreas (Germ. Sup.), geb. 27. Oct. 1706 zu Ellwangen in Schwaben, eingetr. 5. Sept. 1733, ging kurz darauf nach Paraguay, kehrte nach der Vertreibung in die Heimat zurück und starb 25. Jan. 1774. (Cat.; Sim.)

Brigniel, P. Joseph (Austr.), geb. 24. März 1699 zu Klagenfurt in Kärnten, eingetr. 9. Oct. 1716, ging nach Paraguay 1728 (W.-B. Theil X, Einl.), ein trefflicher Musiker und Mathematiker, sprach vollkommen deutsch, französisch, italienisch, spanisch, guaranisch, wirkte 10 Jahre lang als tüchtiger Missionär unter den Guaranis, Abiponiern und Macobis, war 1738 Oberer der Reduction St. Xaverius am Uruguay, später Rector des Collegs von Corrientes und 1753 Oberer der Mission der Abiponier. (W.-B. Nr. 640; Dobrizhoffer II, 231; III, 156 [ed. lat. II, 198; III, 131. 376]; Cat. Parag.) Nach der Vertreibung findet er sich 1770 in Neustadt. — Schriften: Ein Wörterbuch, Grammatik, Katechismus und Predigten in der Sprache der Abiponier. Vgl. Dobrizhoffer a. a. O.; Sommerv. (Suppl.).

Brinesel, P. Joseph, im Verz. von Sim., wahrscheinlich aus dem vorigen Namen corrumpirt.

Bugent, P. Matthias, stirbt auf der Reise nach Paraguay auf dem Meere 11. Jan. 1744. (Cat. Parag.)

Carrer, Br. Paul (Bohem.), gebürtig aus Bayern, zur Zeit der Vertreibung in Paraguay. (Misc.; Sim.)

Christman [Chrisman], P. Wenceslaus (Bohem.), geb. 14. Juni 1647 zu Prag, eingetr. 30. Sept. 1664, ging 1678 nach Paraguay, wirkte als Missionär am Paraná, war Rector des Collegs in Santa Fé und starb, wie es scheint, in der Chiquitos-Mission 28. Juni 1723 „in glorwürdigem Andenken". (W.-B. Nr. 31, 101; Nr. 543, 88; Cat. Parag.) — Schriften: Ein von der spanischen Behörde abgefangener Brief vom 2. Juni 1753, in welchem Chr. die Schuld des Indianeraufstandes dem königl. Commissär P. Altamirano zuschiebt, Handschr. in Sim. Vgl. Revista de Paraguay III (Buenos Aires 1893), 345, n. 1877.

Cirrheim [Cierheim, Cierheimb, Cierhaim], P. Ignaz (Austr.), geb. 29. Juli 1703 in Laibach in Kärnten (al. „Hopfenstafen"), eingetr. 14. Oct. 1720 (al. 1722), ging 1730 nach Paraguay, wirkte hier 1734 in der Reduction Loreto, 1738 in Concepcion am Uruguay (W.-B. Nr. 640), kommt nach der Ver-

treibung 1767 nach Wien und stirbt nach 1773. (Cat. Parag.) — Schriften:
Vier Briefe im W.-B. Nr. 542. 811. 812. Zwei handschr. Briefe in Sim., Est.
leg. 7381, mitgetheilt von P. Duhr, Ungedruckte Briefe zur Gesch. des Jesuiten-
krieges in Paraguay (Zeitschrift für kath. Theol. [Innsbruck] XXII, 697).

Clainz (?), P. Joseph (Verz. von Sim.).

Clausner, Br. Joseph, siehe Klausner.

Corbele [Corbule], P. Heinrich (Bohem.), geb. 20. Juli 1658 zu
„Bertain" (vielleicht Pürstein), eingetr. 15. Oct. 1675, ging 1689 nach Paraguay.
„Er war", so schreibt von ihm P. Dom. Mayr („Amerik. Mayerhof" S. 62),
„eines ziemlichen Ehrwürdigen Alters ... hatte doch aber noch sehr gute Species
von Teutschland, besonders von Schwaben, gestalten er als Knabe zu Regensburg
sich in Studiis aufgehalten." Er starb 5. Mai 1727 „in glorwürdigem Andenken".
(W.-B. Nr. 543, 88; Cat. Parag.; Wiener Verz.)

Dahlhammer [Thalhamer, Sim. Talamer], Br. Rupert (Germ.
Sup.), geb. 21. Sept. 1710 zu Lauffen (Diöc. Salzburg), eingetr. 12. Juli 1739,
Chirurg, wirkte in Paraguay 1743—1768 bis zur Vertreibung, starb nach der
Rückkehr 15. Oct. 1788. (Sulzb. Kal. 1890, 70; Sim.; Cat. Parag.)

Diberil, Br. Johann (Rhen. Inf.?), geb. 9. Juli 1704 in Anholt (Westfalen), eingetr. 13. April 1744, in Paraguay seit 1748. (Cat. Parag.)

Dobrizhoffer [Sim. Dubrisofer], P. Martin (Austr.), geb. 7. Sept.
1718 (al. 1717) zu Graz (al. Freiburg), eingetr. 17. Oct. 1736, kam nach Paraguay 1748 und wirkte hier 18 Jahre lang unter den Stämmen des Gran Chaco,
besonders bei den Abiponiern und in den nördlichen Guarani-Reductionen. Ein
gelehrter, kenntnißreicher Mann von scharfer Beobachtung und praktischem Geist.
Falkenstein (Ersch und Gruber, Real-Encyklopädie s. v.) rühmt ihn als „einen der
ausgezeichnetsten Jesuiten teutschen Stammes". Nach seiner Vertreibung 1767 war D.
seit 1773 in Wien als Hofprediger thätig. Er starb 17. Juli (al. 17. März) 1791.
(Biogr. Univ. XI, 456; Cat. Parag.; Sim.) — Schriften: Bekannt und geschätzt
ist sein Werk Historia de Abiponibus, III voll., Viennae 1784, deutsch von A. Kreil,
ebb. 1783—1884, englische Bearbeitung, London 1822. Ratzel (Völkerkunde, 1. Ausg.
III, 601) rühmt D. mit Bezug darauf als „den gelehrten Jesuiten, dessen ethno-
graphische Kenntnisse sehr umfassende waren". Th. Achelis (Moderne Völkerkunde,
Stuttgart 1896, S. 1) nennt ihn und P. Jos. Fr. Lafiteau S. J. „die Pioniere der
vergleichenden Ethnographie". Ein Brief an G. v. Murr mit Sprachproben aus
Paraguay in Journal IX, 98. (Sommerv.) Seine linguistischen Arbeiten auch
erwähnt von Bentley, Gesch. der Sprachwissenschaft 263.

Elvers, Br. Christian (Rhen. Inf.?), geb. 26. Juli 1687 zu Hamburg,
eingetr. 6. Nov. 1727, seit 1730 in Paraguay, 1739—1744 im Colleg von Rioja,
1753 noch am Leben. (Cat. Parag.)

Erber [Herver], P. Innocenz (Austr.), geb. 8. Oct. 1694 zu Lai-
bach in Kärnten, eingetr. 6. Jan. 1715, ging 1726 nach Paraguay, war 1738
Oberer der Reduction St. Ludwig am Uruguay. (W.-B. Nr. 510 und 640; Cat.
Parag.) — Schriften: Auszug aus einem Brief aus Sevilla von 1727 im
W.-B. Nr. 334, § 2.

Ferber, P. Philipp (Austr.), geb. 13. Mai 1713 in Ungarn („Cusovia"),
eingetr. 28. Oct. 1729, seit 1746 in Paraguay. (Cat. Parag.; Sim.)

Finck, P. Franz, geht auf der Fahrt nach Paraguay unter am 11. Jan. 1744. (Cat. Parag.)

Fleischauer [Sim. Fleichaver], P. Joseph (Bohem.?), geb. 21. Mai 1718 zu Olmütz, eingetr. 21. Oct. 1738, in Paraguay seit 1748. Vgl. P. Duhr, Ungedruckte Briefe . . . in Zeitschrift für kathol. Theologie, Innsbruck 1898, 696. (Cat. Parag.; Sim.)

Frank, (Br.) P. Karl (Austr.?), geb. 4. Nov. 1704 zu Innsbruck, eingetr. 5. Sept. 1738, Schmied, ging als Novize 1735 nach Paraguay, erscheint später als Priester, stirbt 26. Jan. 1744. (Cat. Parag.)

Fribelli, P. Embert (Austr.), nach Cat. 1708—1745 in Paraguay; wahrscheinlich Verwechslung mit P. Friedl in Chile, siehe oben. Ueber Fribelli siehe China.

Gärtner, Br. Leopold (Bohem.), geb. 3. Nov. 1698 zu Iglau in Mähren, eingetr. 5. Sept. 1733, Weber, kam bald darauf nach Paraguay, wirkte in Cordoba und Buenos Aires bis zur Vertreibung. (Cat. Parag.; Misc.; Sim.) — Wahrscheinlich identisch mit dem P. Leopold Gertner im Verz. von Sim.

Galfan [Galfau?], P. Thomas, im Verz. von Sim., wahrscheinlich corrumpirter Name.

Gergens, Br. Thomas (Bohem.?), aus Ratibor in Schlesien, zur Zeit der Vertreibung in Paraguay. (Misc.)

Gertner, P. Leopold, im Verz. von Sim.

Gierhaim, P. Ignaz, siehe Cirrheim.

Gilge, P. Johann (Bohem.?), geb. 20. Aug. 1715 in Schlesien („Schovichic."), eingetr. 9. Oct. 1738, etwa seit 1750 in Paraguay. (Cat. Parag.)

Gleisner, Br. Wolfgang, geb. 21. Oct. 1693 zu Neustadt in der Pfalz, eingetr. 10. Juli 1726, Weber, seit 1730 in Cordoba, wo er 30. April 1741 starb. (Cat. Parag.)

Hasse [Asse], P. Gregor (Germ. Sup.), geb. 21. Nov. 1686 zu Mindelheim in Bayern, eingetr. 1704, ging um 1717 nach Paraguay, wirkte dort in den Reductionen Santo Angelo, 1738 in St. Nikolaus am Uruguay, wurde durch Gift von einem Zauberer zeitweise des Verstandes beraubt, aber wunderbar geheilt, wiederholt als vortrefflicher Missionär gelobt. 1763 noch am Leben. (Vgl. W.-B. Nr. 160, 63; Nr. 558, 45; Nr. 640.)

Haffner [Hafner], P. Michael (Germ. Sup.), geb. 25. Sept. 1681 zu Bozen in Tirol (al. „Helvetus"), eingetr. 4. Sept. 1702, seit 1717 in Paraguay, wirkte in der Reduction St. Xaver (W.-B. Nr. 169, 63), war 1730 Oberer von St. Thomas (ebb. Nr. 558, 45).

Haffner, Br. Johann, geb. 22. Dec. 1717 („Tentrum."), eingetr. 11. Sept. 1747, Schmied, seit 1753 in Paraguay. (Cat. Parag.)

Haibl, Br. Thomas (Germ. Sup.), seit etwa 1750 in Paraguay. (Cat. Germ. Sup.; Cat. Parag.)

Harber [Harter], P. Konrad (Germ. Sup.), geb. 27. Juni 1686 zu Konstanz, eingetr. 27. Oct. 1704, seit 1710 in Paraguay, machte in Cordoba sein Terziat (W.-B. Nr. 169, 66), wirkte am Paraná, dann in Santa Cruz am Uruguay. (W.-B. Nr. 640; Cat. Parag.)

Harschl, Br. Anton (Germ. Sup.), aus Bayern (Misc.), wahrscheinlich identisch mit

Harls, Br. Anton, geb. 17. Mai 1725 zu Tegernsee in Bayern, eingetr. 11. Sept. 1748, Schreiner, in Paraguay seit 1753. (Cat. Parag.)

Henis [Enis], P. Thaddäus Xaver (Bohem.), geb. 29. Juli 1711 in Böhmen („Secanie."), eingetr. 20. Oct. 1732, ging 1748 mit P. Baucke (Kobler S. 704) nach Paraguay. (Cat. Parag.; vgl. auch Revista do Paraguay III, 345.) — Schriften: H. schrieb eine Geschichte des Sieben-Missionen-Krieges, herausgegeben in Buenos Aires 1846 (VII u. 60 S. kl. Fol.) in der Collection des Pedro de Angelis, tom. V. Vgl. Sommerv.

Herl, Br. Georg, geb. 13. April 1702 zu Bergen („Bergensis") in Bayern, eingetr. 10. Juli 1726, Weber, findet sich 1730—1744 im Seminar von Cordoba, 1753 noch am Leben. (Cat. Parag.)

Herricht, Br. Martin, geb. 17. Oct. 1679 zu Innsbruck, eingetr. 27. Sept. 1701, Schneider, war 1730—1744 im Colleg von Buenos Aires, starb 6. Oct. 1756 in „Portu Bono". (Cat. Parag.)

Heyrle [Haierle, Hehrel, Herrel], Br. Thomas, geb. 19. Dec. 1697 zu Pilsburg in Bayern, eingetr. 26. Sept. 1725, Chirurg, wirkte in Paraguay 1731—1767 als Apotheker in den Missionen am Uruguay und in Cordoba, starb 1767 bei der Deportation nach Europa während der Seereise. (Kobler 686; Sulzb. Kal. 1890, 64; Cat. Parag.)

Iberacker [Uberacker, Yberaker], P. Joseph (Germ. Sup.), geb. 28. März 1683 im Salzburgischen („Waquingam."?), eingetr. 3. Oct. 1705, 1736 Oberer der Reduction San Juan am Uruguay (W.-B. Nr. 640, Tabelle); 1753 noch am Leben.

Jenig, Br. Joseph (Austr.), geb. 14. Sept. 1724 zu Brünn in Mähren, eingetr. 11. Sept. 1744, Chirurg und Apotheker, in Paraguay bis 1767. (Misc.; Cat. Parag.)

Kaysler, Br. Anton, ging auf der Fahrt nach Paraguay unter am 11. Jan. 1744. (Cat.)

Kincel [Kuincel], P. Johann, geb. 29. Nov. 1716 in Leoben? („Leoberg."), eingetr. 21. Oct. 1746, seit 1749 in Paraguay. (Cat. Parag.)

Klausner [Clausner], Br. Joseph (Germ. Sup.), geb. 13. Febr. 1685 in München (al. „Camlach.", wohl Kamlach), eingetr. 23. Febr. 1717, Metallarbeiter und Zinngießer, in Paraguay seit 1718, ein Allerweltskünstler, leistete in Cordoba, Rioja 2c. als „Laternenmacher, Barbier, Buchbinder u. s. w." der Mission große Dienste, „da bei den Leuten dieses Landes im allgemeinen Mangel an diesen Handthierungen sich äußert" (vgl. oben S. 70 und 80). Er starb 20. Mai 1741 zu Cordoba. — Schriften: Ein Brief aus Cordoba von 1719 im W.-B. Nr. 168. Vgl. Muratori, Glückl. Christenthum (Wien 1758) S. 29.

Klein, P. Joseph (Bohem.), geb. 11. Febr. 1719 zu Glatz in Schlesien, eingetr. 21. Oct. 1739, war 20 Jahre lang Missionär in Paraguay bei den Abiponern und Macobis, ausgezeichnet durch Muth und Charakterstärke, so daß man staunte, „daß eine so große Seele in einem so kleinen Körper wohnte" (Dobrizhoffer, Gesch. der Abiponier III, 195. 330 ff. 844 ff. 501 f.; Cat. Parag.)

Knogler [Sim. **Nogler**], P. **Julian**, geb. zu Gansheim (Bayern) 9. Jan. 1717, eingetr. 13. Aug. 1737, ging 1748 (al. 1750) nach Paraguay, wirkte dort 20 Jahre lang bis zur Vertreibung 1767 unter den Chiquitos, kehrte dann nach Bayern zurück und starb 20. Mai 1775 (al. 1772) zu Oetting. „Er pflegte zu sagen: ‚Ach! warum bin ich nicht lieber bei den Chiquiten geblieben!'" (Lang 87 und 204; Sim.; Cat. Parag.) Nach Sulzb. Kal. 1890, S. 60. wäre K. zuerst nach China, dann nach Chile (vide ibid.) gegangen, wo er bis 1768 auf den Chiloë-Inseln gearbeitet habe. Ohne Zweifel handelt es sich hier um eine Verwechslung, da die Angaben sich kaum auf einen Mann vereinen lassen. — Schriften: „Von Westindien über das Land und die Nation deren Chiquiten ... an einen Freund", datirt von Oetting, im Arch. Prov. Germ.

Kobl [Kobel, Sim. Kovell], Br. **Joseph** (Germ. Sup.), geb. 21. Oct. 1693 in Schwaben („Bering."?), eingetr. 10. Juli 1726, Weber, seit etwa 1730 in Paraguay, meist zu Corboba, bis zur Vertreibung 1767. (Misc.; Sim.; Cat. Parag.)

Kornmayr [Kornmair], Br. **Peter** (Germ. Sup.), geb. 29. Juni 1691 zu Dillingen (Bayern), eingetr. 16. Sept. (al. 27. April) 1713, Apotheker, wirkte in Paraguay in den Missionen am Paraná 1731—1768. (Sulzb. Kal. 1890, 65; Cat.)

Krabath, Br. **Adam** (Austr.), geb. 6. Nov. 1711 in Krain („Schemickensis"), eingetr. 27. Oct. 1739, 1740 in Paraguay. (Cat.)

Krammer, Br. **Karl**, für Paraguay aufgenommen. (Cat.)

Kraus, Br. **Johann** (Germ. Sup.), geb. 10. Juni 1660 (al. 7. Sept. 1656) zu Pilsen, Böhmen („Pelzna", „Bilsensis"), eingetr. 28. Oct. 1689 (al. 1685), Architekt, ging 1699 nach Paraguay, wirkte in den Reductionen St. Thomas, St. Joh. Baptist bei P. Sepp, baute das neue Noviziatshaus in Corboba, „hat vor Jahren hier [Buenos Aires] ein neues Collegium von Kalch und Backsteinen angelegt" (W.-B. Nr. 438, 75). Irrthümlich wohl läßt ihn ein Katalog 1697 nach China gehen. — Schriften: Ein handschriftl. Brief aus der Reduction St. Johann, 25. März 1702, geschrieben von einem Indianer mit der Unterschrift des Bruders, im Arch. Prov. Germ.

Lehmann, P. **Joseph**, geb. 20. Nov. 1723 zu Landeck (Tirol?), eingetr. 11. Sept. 1747, ging, noch Scholastiker, nach Paraguay, wirkte in den Reductionen St. Xaver unter den Macobis und in St. Hieronymus bei den Abiponiern. (Dobrizhoffer III, 141. 170 u. a.; Cat.)

Lerbeil, Br. **Franz**, im Verz. von Sim., wahrscheinlich corrumpirter Name.

Leten, Br. **Hieronymus**. (Sim.)

Letten, Br. **Gerhard**, geb. 1. April 1697 zu Huinshoff (?) im Kölnischen, eingetr. 30. Aug. 1726, Schreiner, 1735—1744 im Colleg von Buenos Aires, 1783 noch am Leben. (Cat. Parag.)

Lieper, de, P. **Joh. Nikolaus**, geb. 9. Juli 1704 zu Anholt (al. „Clivine"), eingetr. 13. April 1744, ging als Novize nach Paraguay. (Cat. Parag.)

Limp [Lims], P. Franz Xaver (Austr.), geb. 25. (al. 13.) Mai 1695 zu Buda in Ungarn („Ovariensis"?), eingetr. 18. (al. 31.) Oct. 1713, ging nach Paraguay 1726, wirkte in der Reduction Concepcion, 1738 Oberer der Reduction Loreto am Paraná (W.-B. Nr. 640), später am Uruguay (vgl. P. Duhr, Ungedruckte Briefe 896), starb 1768. (Cat. Parag.) — Schriften: Ein Brief von 1731 im W.-B. Nr. 637.

Lippert [Lipert], P. Christoph (Germ. Sup.), aus Konstanz, reiste 1718 nach Paraguay, ging aber auf dem Meere unter. („Amerik. Mayer-hof" 133; W.-B. Nr. 206; Lang a. a. O.)

Lugas (?), Br. Anton, im Verz. von Sim.

Magg [Maag], P. Franz, geb. 16. Febr. 1696 zu Amberg in der Ober-pfalz, eingetr. 31. Oct. 1712, seit 1729 in Paraguay, wirkte in der Reduction Santa Cruz am Uruguay und starb 9. Sept. 1737. (Sulzb. Kal. 1890, 61; W.-B. Nr. 543, 87; Cat.) — Schriften: Ein Brief von 1730 im W.-B. Nr. 558.

Maier, Br. Christian, geb. 31. Dec. 1729 zu Wien, eingetr. 11. Sept. 1747, Barbier und Apotheker, seit 1753 in Paraguay bis zur Vertreibung, dann einige Zeit gefangen in Spanien. (Actenstücke bezüglich seiner Befreiung in Sim.; Cat. Parag.)

Marqueseti, P. Joh. Bapt. (Austr.), geb. 10. Dec. 1704, aus Fiume in Istrien, eingetr. 27. Febr. 1720, 1738 in der Reduction San Borja am Uruguay. (W.-B. Nr. 640; Cat. Parag.)

Mayr [Mayer], Br. Anton, geb. 17. Jan. 1711 in (bayer.?) Schwaben („Lautha in Augustan."), eingetr. 14. Sept. 1733, Schmied, in Paraguay seit 1748. (Misc.; Sim.; Cat. Parag.)

Mesner, P. Johann Joseph (Bohem.), geb. 23. Mai 1703 zu Auft in Böhmen, eingetr. 7. Oct. 1722, kam 1733 nach Paraguay, wo er 31 Jahre lang segensreich in der Chiquitos-Mission wirkte, u. a. ein guter Musiker. Er starb während der gewaltsamen Ueberführung über die Anden nach Peru auf den Höhen zwischen Oruro und Tagna 22. April 1768. (Peramas, De Vita et Moribus XIII Vir. Parag. 184 sqq.; Ménol. I, 378; Cat. Parag.)

Negele, Br. Achatius (Germ. Sup.), geb. 13. Juni 1720 zu „Linterberg" (vielleicht Lindenberg) in Bayern, eingetr. 11. Sept. 1747, Maler, seit 1753 in Paraguay. (Misc.; Cat. Parag.) — Wahrscheinlich identisch damit ist

Negle, Br. Thomas, im Verz. von Sim.

Neumann, P. Joh. Bapt., geb. 5. (al. 7.) Jan. 1659 zu Wien, eingetr. 21. (al. 20.) Dec. 1675, ging nach dem Verzeichniß von Wien 1689 nach Para-guay. Wird mehrfach ehrenvoll erwähnt. (W.-B. Nr. 556, 14; Dobrizhoffer III, 500.) — Schriften: Nach P. Sepp (Contin. labor. apost., Ingolst. 1709. 161) gab er 1700 das Martyrologium Romanum auf einer Reduction im Druck heraus. Sommerv.

Nußdorffer [Nusdorf, Nusberffer], P. Bernhard (Germ. Sup.), geb. 17. (al. 6.) Aug. 1686 zu Plattling in Bayern, eingetr. 17. Oct. 1704 (al. 1703), ging 1717 (Sommerv. 1730?) nach Paraguay, wirkte in den Reductionen St. Nikolaus, St. Aloisius (W.-B. Nr. 558, 45), war Oberer von Santa Cruz (Rev. de Parag. III, 330), Rector des Collegs in Santa Fé, zweimal Superior der

Paraná-Missionen (W.-B. Nr. 543, 87) und Provincial von Paraguay (1747). Ueber seine bedeutsame Rolle bei dem Sieben-Missionen-Krieg siehe Dobrizhoffer I. 26; Duhr, Ungedr. Briefe 693 ff. — Schriften: Schrieb eine Reihe Vertheidigungsschriften; besonders bekannt und werthvoll ist die unter dem Pseudonym Don Juan del Campo y Cambroneras verfaßte Widerlegung des portug. Schmählibells „Von der Republik der Jesuiten in Paraguay" in: Neue Nachrichten von den Missionen der Jesuiten in Paraguay, Hamburg 1768, 183 ff. Beytrag zur Gesch. von Paraguay und den Missionen der Jesuiten . . ., Frankfurt 1768, 8°. Ein Brief von 1730 im W.-B. Nr. 804. Ungedruckte Briefe und wichtige Documente in Sim., Est. leg. 7424. 7426. (7434), auszüglich bei Duhr a. a. O. Vgl. Sommerv.

Offener, Br. Jakob, zur Zeit der Vertreibung in Paraguay. (Sim.)

Oroß, P. Ladislaus (Austr.), geb. 18. Dec. 1697 zu Csiklova (?) in Ungarn, eingetr. 23. Febr. 1716, ging 1727 nach Paraguay, wurde zu seinem Schmerze als Professor der Philosophie und Theologie in Corboba zurückgehalten, legte dem Pater General den Plan zur Gründung einer Mission in Patagonien vor (W.-B. Nr. 640), war 4 Jahre Socius Provincialis, Rector des Collegs und Seminars in Corboba, 9 Jahre lang Novizenmeister. Nach einer Notiz bei Murr (Journal IV, 229) war O. auch Rector des Collegs von Buenos Aires und Provincial von Paraguay (?). (Fehlt in der Liste der Provinciale bei Sans, Misiones Guaran., Buenos Aires 1802, 224.) Ging als Procurator Missionis nach Rom. Im Jahre 1767 deportirt, wirkte er später als Spiritual in Tyrnau und starb 11. Sept. 1773, wenige Tage nach der Aufhebung der Gesellschaft. O. wird wiederholt als „teutscher Missionarius" aufgeführt und rechnet sich selbst dazu. (Decades Virorum illustr. Parag. S. J., Tyrnaviae 1759, p. 177. 375.) — Schriften: Sieben Briefe im W.-B. Nr. 285. 334 § 1. 511. 530. 640. 808. 809. Handschr. Brief vom 3. April 1751 an einen P. Ignaz und 22. Oct. 1753 an die Kaiserin in Sim. (vgl. Revista de Parag. III, 303, n. 1375; 366, n. 1995). Uebersetzte nach Murr (a. a. O.) ein chinesisches Wörterbuch aus dem Spanischen.

Ott, Br. Joseph, geb. 10. Aug. 1719 (al. 10. Jan.) zu Lechbruck (bayer. Schwaben), eingetr. 26. Sept. 1740, Kunstschreiner, in Paraguay 1743—1768, starb nach der Vertreibung 1. April 1772 zu Landsberg. (Sulzb. Kal. 1890, 68; Cat. Bav. 1772/73; Sim.)

Pauer, P. Franz (Germ. Sup.), aus Schwaben, war 18 Jahre lang in den Guarani-Reductionen thätig, später im Colleg zu Buenos Aires. (Baucke [Kobler] 438).

Paur, P. Sigismund, siehe Baur.

Pentl, P. Franz, aus Ellwangen (Württemb.), ging 1716 nach Paraguay. (Lang a. a. O.)

Peschke [Pesqui, Pesli], Br. Heinrich (Bohem.), geb. 5. Oct. 1672 (al. 15. Oct. 1674) zu Glatz, eingetr. 10. Oct. 1694, ging 1697 nach Paraguay, wirkte 22 Jahre lang als geschickter Apotheker und Krankenwärter, starb 13. Nov. 1729 zu Corboba. (Vgl. W.-B. Nr. 543, 88.) — Schriften: Ein Brief von 1702 im W.-B. Nr. 506. Vgl. Pelzl 157.

Pettola [Petola], P. Tobias (Germ. Sup.), geb. 10. Oct. 1685 zu Charmey (Kanton Freiburg, Schweiz), eingetr. 1705, ging 1716 nach Paraguay, wirkte in den Reductionen am Paraná und Uruguay. (W.-B. Nr. 169, 63. 640.) Er starb 20. Aug. 1752. (Arch. Prov. Germ.)

Pfeiffer, P. **Matthias** (Rhen. Inf.), geb. 17. Aug. 1712 zu Bullingen (?) im Luxemburgischen (Erzbiöcese Köln), eingetr. 17. Oct. 1729, reiste 1740 nach Paraguay, ging aber auf dem Meere unter 11. Jan. 1744. (W.-B. Nr. 654; Cat.)

Pfiter [**Pficer**, **Phycer**, Sim. **Fitcer**], P. **Kaspar** (Germ. Sup.), geb. 16. (al. 6.) Jan. 1714 zu Niederalfingen in Schwaben (al. Ellwangen), eingetr. 5. (al. 25.) Sept. 1733, ging als Novize nach Paraguay, war u. a. Professor der Philosophie und Moraltheologie und Rector des Seminars von Montserrat in Corboba, wirkte bis zur Vertreibung. (Misc.; Cat. Parag.; Sim.) — Schriften: Ein Brief vom 14. Juli 1767 bei Peramas, Iter annuum Jesuitarum Parag. in Letters and Notices, Vol. X, 103 f.

Pirchaim, P. **Xaver** (Germ. Sup.), aus Ellwangen (?), ging 1716 nach Paraguay. (Lang a. a. O.)

Plantich [**Plantic**, **Blantisch**, Sim. **Planth**], P. **Nikolaus** (Austr.), geb. 6. Dec. 1720 zu Agram, eingetr. 27. Oct. 1736, kam um 1750 nach Paraguay. „Aber anstatt (wie er sehnlich wünschte) zu den Indianern, wurde er [P. Plantich] nach Corboba geschickt, um an der dortigen Universität zuerst Philosophie, dann Theologie zu lehren. Wiederholt bat er, während er schon Professor war, den P. Provincial, sein Lehramt aufgeben und in die neuen Missionen gehen zu dürfen. Umsonst." (Bauche [Kobler] 704.) Er lehrte nach der Vertreibung in die Heimat zurück und starb zu Varasbin 1777. — Schriften: siehe Sommerv. Ohne Zweifel identisch mit P. Nikolaus Planth im Verz. von Sim.

Pollinger, Br. **Joseph**, aus Neuburg in Bayern, in Paraguay, 1772 aus der Gesellschaft Jesu entlassen. (Misc.; Sim.)

Prokwebel, P. **Johann** (Bohem.), geb. 16. April 1701 zu Leitmeritz in Böhmen, eingetr. 21. Nov. 1718, ging 1733 nach Paraguay, 1734 in der Reduction Santa Trinidad (W.-B. Nr. 543, 87), 1738 in Santa Maria Mayor am Uruguay (ebb. Nr. 640), starb 14. Febr. 1744 zu Asuncion. (Cat.)

Raith [**Raibt**, **Rayth**, Sim. **Rat**], Br. **Georg**, geb. 12. Juni 1718 zu Pfreimb in der Oberpfalz, eingetr. 27. (al. 17.) Sept. 1740, Bäcker, in Paraguay 1743—1768, starb nach der Vertreibung in der Heimat 1. Jan. 1776. (Sulzb. Kal. 1800, 69; Misc.; Sim.)

Rauch, P. **Balthassar** (Germ. Sup.), aus Westernach (Augsburg), geb. 10. Sept. 1682, eingetr. 27. Dec. 1704, in Paraguay 1732—1736. (Cat. Parag.) — Wohl kaum identisch mit dem gleichnamigen Missionär in Mexico (siehe ebb.).

Rechberg, P. **Karl** (Germ. Sup.), geb. 30. (al. 3.) Aug. 1638 zu Altorf, Bayern (al. Kanton Uri, Schweiz; al. Altenstein, Baden), eingetr. 28. Sept. 1708, ging 1716 nach Paraguay, war u. a. Rector des Collegs von Tarija, Procurator der Mission, starb 28. Dec. 1746 im Colleg von Santa Fé. (W.-B. Nr. 169, 66. Lang a. a. O.; Cat.; Kathol. Missionen 1876, 95.) — Schriften: Brief von 1725 im W.-B. Nr. 232.

Richerger (?), P. **Blasius**, geb. 19. Mai 1716 zu Wien, eingetr. 17. Oct 1734, in Paraguay seit 1753. (Cat. Parag.)

Ribber [Ribben], Br. Andreas, aus Schwaben, in Paraguay zur Zeit der Vertreibung. (Misc.; Sim.)

Nitsch, Br. Martin (Austr.), geb. 17. Oct. 1677 zu Innsbruck, eingetr. 8. Oct. 1701, ging 1726 nach Paraguay, wirkte hier im Colleg zu Buenos Aires als Schneider und Sacristan, wird gerühmt als der „allhier großgeachtete und fast heilige Bruder". (W.-B. Nr. 510; vgl. ebb. Vorwort zum X. Theil; Cat. Parag.)

Röhl [Sim. Reel], Br. Konrad (Germ. Sup.), geb. 17. März 1725 zu „Veiken in Austria" (al. aus Bayern), eingetr. 11. Sept. 1747, Schreiner, in Paraguay zur Zeit der Vertreibung. (Misc.; Sim.; Cat. Parag.)

Roth, Br. Andreas, geb. 31. Sept. 1722 zu Luzern, eingetr. 11. Sept. 1747, Schmied, in Paraguay seit 1753. (Cat. Parag.)

Roth, Br. Jakob, aus Schwaben, geb. 13. Juli 1696, eingetr. 10. Juli 1726, Schmied, findet sich in Paraguay 1730—1739. (Cat. Parag.)

Salig, Br. Michael (Germ. Sup.), aus Mainz, in Paraguay zur Zeit der Vertreibung. (Misc.; Sim.)

Salis, P. August, in Paraguay zur Zeit der Vertreibung. (Sim.)

Sallener, Br. Thomas, im Verz. von Sim. Siehe unter Neu-Granada.

Schmid [Sim. Smit], P. Martin (Germ. Sup.), geb. 29. (al. 26.) Sept. 1694 aus einer angesehenen Familie zu Baar (Kanton Zug, Schweiz), eingetr. 5. (al. 13.) Sept. 1717, ging 1728 nach Paraguay ab; wirkte 41 Jahre mit ausgezeichnetem Erfolg in der Chiquitos-Mission, die nach dem Zeugniß des Spaniers Peramas ihm vor allen ihre Blüthe verdankt (vgl. oben S. 72 ff.). Nach der gewaltsamen Austreibung kam er als siebzigjähriger Greis 1770 in seine Heimat zurück und verlebte die letzten Jahre in Luzern, wo er 10. März 1772 (al. 1773) starb. (Kathol. Missionen 1876, 89 ff.; Peramas 405 sqq.; Arch. Prov. Germ.; Burgener, Helv. Sancta III, 320; Cat.; Sim.) — Schriften: Originalbriefe (4°, 150 S.) in der Bibliothek des Jesuitencollegs zu Löwen. Vgl. Kathol. Missionen a. a. O.

Schmidt, P. Joseph, geb. 1717 zu Schrobenhausen (Bayern), eingetr. 1740, für die Missionen aufgenommen, ging 1743 nach Paraguay. (Sulzb. Kal. 1890, 67).

Schmitt, Br. Joseph, geb. 17. Febr. 1690 zu Mindelheim (Bayern), eingetr. 23. Febr. 1717, Bildhauer, seit 1720 in Paraguay, wirkte in den Collegien von Cordoba, Salta und Buenos Aires, starb 11. Juni 1752 in „Portu Bono". (Cat. Parag.)

Sepp von Reinegg, P. Anton (Germ. Sup.), geb. zu Kaltern (Tirol) 21. (al. 22.) Nov. 1655, eingetr. 28. Sept. 1674, ging 1689 nach Paraguay, einer der tüchtigsten deutschen Missionäre, verwaltete und gründete eine Reihe neuer Reductionen, besaß ein praktisches Organisationstalent ersten Ranges, in allen Künsten und Gewerben ein Meister. Er starb in der Reduction San José 13. (al 16.) Jan. (al. 15. Nov.) 1733. Ein handschriftl. Leben erzählt u. a., daß er aus Bescheidenheit die Erhebung zu den Profeßgelübden abgelehnt, eine furchtbare Verleumdung jahrelang mit heroischer Ergebung getragen, und mehrere wunderbare Heilungen vollbracht hat. Vgl. über sein Leben Platzweg 155 ff.; Menologio (Boero) I, 259;

Ménol. I, 37; A. Kobler, Der christliche Communismus in der Reduction von Paraguay, in Kath. Stud. 1876, VIII; W.-B. Nr. 169, 62 ff., Nr. 558, 44 f. und öfters; Arch. Prov. Germ. — Schriften: Ein Brief im W.-B. Nr. 48; ein anderer in Lettres éd. tom. II (1843), 242 ss. Seine „Reißbeschreibung" wurde wiederholt aufgelegt, Brixen 1696, Nürnberg 1697, Passau 1698, Ingolstadt 1712. Continuation oder Fortsetzung der Beschreibung . . . Ingolstadt 1710. Continuatio laborum apost., Ingolst. 1709 und 1710. Linguistisches bei Adelung-Vater, Mithrid. III, 2, 448.

Stal [Sclal, Stale], P. Adolf (Bohem.), geb. 27. Juni 1700 zu Großkunzendorf (Schlesien), eingetr. 27. Sept. 1719, ging 1733 nach Paraguay, wirkte u. a. 1738 in der Reduction St. Luis am Uruguay. (W.-B. Nr. 543. 640; Wiener Verz.; Cat. Parag.) — Schriften: Stück eines Briefes im W.-B. Nr. 543.

Speth, P. Joh. Bapt., aus Ingolstadt, geb. 20. Mai 1689, eingetr. 25. Oct. 1708, soll nach Lang S. 192 in den ersten Jahren seines theolog. Studiums nach rasch erhaltener Priesterweihe nach Paraguay gesandt, dort entlassen, wieder aufgenommen, nach 10 Jahren auf eigenen Wunsch wieder entlassen und 1746 nach seiner Rückkehr nach Europa zum drittenmal aufgenommen worden, endlich 1747 zu Landsberg im Noviziat gestorben sein. Die Angaben des Cat. Parag. stimmen damit.

Streicher [Straycher], P. Michael, geb. 30. Sept. 1698 zu Amberg in der Oberpfalz, eingetr. 15. Oct. 1716, in Paraguay 1731—1765, wirkte in der Chiquitos-Mission, deren Superior er 1753 war. (Kathol. Missionen 1876, 94; Peramas 430; Sulzb. Kal. 1890, 60; Cat. Parag.) — Schriften: Brief aus Spanien bei Friedrich, Beiträge III, 24 ff. 69, III; in den Abhandl. der königl. bayer. Akad. der Wissensch., III. Klasse, 16. Bd., 1. Abtheilung.

Strobel [Strobl, spanisirt: Strobél und Estrobél], P. Matthias (Austr.), geb. 18. Febr. 1696 zu Bruck an der Mur, Steiermark („Muraepontanus"), eingetr. 18. Oct. 1713, seit 1727 in Paraguay, 1738 Oberer der Reduction San José am Uruguay, 1744 Oberer der Pampas-Missionen, wird 1752 an Stelle P. Nußdorfers Oberer der Guarani-Missionen in der schwierigen Zeit des Sieben-Missionen-Krieges. (Siehe Duhr, Ungedr. Briefe 693 ff.; Vertheidigungsschrift P. Gierhaims zur Rechtfertigung Strobels in Sim., Est. leg. 7381; Revista de Parag. III, 331; Cat. Parag.; Charlevoix, Hist. de Parag. III, 242 und 256 ss.; Dobrizhoffer I, 180 ff.) — Schriften: Zwei Briefe im W.-B. Nr. 509. 510.

Szerbaheljic [Serbahély], P. Franz (Austr.), geb. 24. Jan. 1717 zu Raab (Ungarn), eingetr. 27. Oct. 1734, Missionär in Yapeyu am Uruguay, führte dort mit Erfolg den Anbau von Baumwolle, Tabak und Paraguay-Thee ein. (Dobrizhoffer I, 514; Cat. Parag.)

Thalhamer, Br. Rupert, siehe Dalhammer.

Tux, P. Karl (Bohem.), geb. 13. Aug. 1700 zu Peterswaldau in Schlesien, eingetr. 24. Oct. 1718, kam 1733 nach Paraguay, wirkte in der Reduction San Tomé (W.-B. Nr. 543, 87), San Juan am Uruguay, suchte als Oberer in San Nicolás zur Zeit, als der Sieben-Missionen-Krieg ausbrach, umsonst, die Indianer mit den Maßregeln der Regierung zu versöhnen (Cat. Parag.; Wiener Verz.) — Schriften: Wichtiger Brief vom 6. Juli 1752 über die erwähnten

Unruhen in Sim., Est. leg. 7426, auszüglich bei Duhr, Ungedr. Briefe 695. Vgl. Revista de Parag. III, 330.

Unger [Hunger], P. Joseph (Bohem.), geb. 24. März 1717 zu Eger in Böhmen („Egrensis", al. „Eschenbacam."?), eingetr. 9. Oct. 1737, wirkte bis zur Vertreibung in Paraguay, wurde während des Krieges der Sieben Missionen von den Portugiesen auf der „Schlangeninsel" gefangen gehalten und schmachtete nach seiner Ueberführung nach Portugal im öffentlichen Staatsgefängniß Petroça zu Belem. (Duhr, Pombal 185 ff.; Carayon IX, 161 passim; handschr. Verzeichniß im Arch. Prov. Germ.; Cat.) — Schriften: Nachruf auf seinen Landsmann P. Franz Wolff bei Murr, Journ. VIII, 261 f.

Walthauser, Br. Paul, aus München, geb. 26. Dec. 1718, eingetr. 12. Sept. 1747, Schreiner, Missionär in Paraguay. (Cat Parag.)

Weger [Beger], Br. Petrus, geb. 23. Sept. 1693 zu Kempen, eingetr. 30. Aug. 1726, seit 1730 in Paraguay, starb 28. Juni 1733 in Buenos Aires. (Cat. Parag.)

Weingartner [Weingärtner], P. Paul, geb. 29. Juni 1678 zu Braunau (Diöc. Passau, „Brunoviensis", al. Feldkirchen?), eingetr. 20. Oct. 1697, reiste nach Lang 80 im Jahre 1716 nach Paraguay, ging aber auf dem Meere unter. („Amerikan. Mayerhof" 133; W.-B. Nr. 206; Cat. Parag.)

Werle [Werl, Wörl], P. Thomas (Germ. Sup.), geb. 1. Sept. 1686 zu München, eingetr. 7. Sept. 1708, seit 1730 Missionär am Paraná, seit 1735 Procurator der Mission und Seelsorger („Operarius") in Buenos Aires, starb, von einer Kugel getroffen, als Feldkaplan der 4000 Guaranier, die als Hilfstruppen gegen die Portugiesen bei der Belagerung der Kolonie San Sacramento kämpften, 4. Dec. 1737 (al. 1735). Wird von Philipp V. in seinem Decret vom 28. Dec. 1743 ehrenvoll erwähnt. (Charlevoix, Hist. de Parag. III, Docum. CCLXVI; vgl. Peramas 409, Anm.; Sulzb. Kal. 1890, 63.)

Winter, P. Georg (Germ. Sup.), geb. 11. Jan. 1693 zu Mosbach in Bayern (Diöc. Regensb.), eingetr. 31. Oct. 1706, reiste 1716 nach Paraguay, ging aber mit andern Missionären auf dem Meere unter. (W.-B. Nr. 206; „Amerikan. Mayerhof" 33; Cat. Parag.)

Wittermahr [Mittermahr?], P. Raimund, Sohn eines holländischen in Cadiz convertirten Kaufmannes, wirkte in Paraguay, Gefährte P. Baucke. (Kobler 613. 618.)

Wolff, Br. Johann (Germ. Sup.), aus Bamberg, geb. 30. Aug. 1691, eingetr. 9. Juni 1719, 1723 am Colleg zu Buenos Aires als Tischler thätig, „zugleich ein aufgeräumter Brätel-Geiger," der in der Kirche auf Befehl der Obern bei feierlichen Anlässen alle seine lustigen steierischen Tänze aufspielen mußte. (W.-B. Nr. 438, 75.) Nach Cat. Parag. die meiste Zeit im Colleg von Tarija; 1753 noch am Leben.

Ziulak, Br. Norbert (Bohem.?), geb. 28. April 1715 in Mähren („Grabia") eingetr. 28. Oct. 1742, Chirurg; seit 1753 im Cat. Parag.

NB. Lang läßt auch wohl irrthümlich P. Adam Schirmbeck, den Verfasser der Messis Paraquar. (München 1649), nach Paraguay gehen und dort 1½ Jahre sich aufhalten.

Provinz von Neu-Granada (Santa Fé) und Antillen.

Selbständige Provinz seit 1696. Zählte 1710: 149, 1750: 193 Jesuiten (102 Priester) und 12 Niederlassungen: 9 Collegien, 1 Noviziat, 1 Seminar, 1 Residenz.

Indianermissionen. 1. Die Mission der Llanos mit etwa 11 Reductionen. 2. Die Mission de la Meta unter den Caraïben. 3. Die Mission am Orinoco mit etwa 6 Reductionen.

Im Jahre 1767 zählte die Mission 6594 bekehrte Indianer.

Zur Provinz gehörte auch die Mission auf den spanischen Antillen mit mehreren Collegien und Residenzen.

Hier wirkten:

Beck [Böck], P. Kaspar (Germ. Sup.), geb. 6. Jan. 1640 zu Rottenburg am Neckar, eingetr. 31. Oct. 1622, ging 1678 nach Neu-Granada, wirkte am Orinoco und wurde daselbst von den Wilden erschlagen 15. Oct. 1684. (De Martyrio P. Ignatii Fiol, Casp. Beck, Ignat. Tobast ... Manuscr. im Wiener Staats-Arch., Geistl. Angel. 419; W.-B. Nr. 17, 54; Nr. 20, 58; Nr. 23, 64. Borba (I, 139), der B. irrthümlich einen „flamenco" nennt, schreibt: „Beck y Teobast (Tobast) eran hombres de sólida instrucción y el primero un eminente humanista". — Schriften: Ein Brief aus Tunca vom 16. Sept. 1681 im W.-B. Nr. 18.

Buckowsky, P. Albert (Bohem.), ging 1693 nach Neu-Granada (Cat.; Wiener Verz.)

Burckhart, P. Johann Nep. (Rhen. Sup.), ging 1758 nach Neu-Granada. (Cat.)

Ebeler, P. Jakob (Austr.), aus Wien, 1721 als Priester eingetr., ging 1723 nach Neu-Granada, wirkte dort 40 Jahre lang an der Bekehrung der Indianer, war Oberer der Reduction St. Joseph bei den Guazibas. (Wittmann II, 214 ff.) und starb um 1762, wohl in der Mission. (Vgl. W.-B. Nr. 210, 35 ff.; Nr. 325, 75.) — Schriften: Brief aus Cartagena vom 15. März 1724 im W.-B. Nr. 323.

Gößfried, P. Candidus (Germ. Sup.), geb. zu Fischbach (Konstanz) 18. Febr. 1691, eingetr. 17. Oct. 1709, ging 1723 nach Neu-Granada, war dort noch 1743, kam später nach San Domingo (Antillen), wo er sich in Port au Prince der deutschen Soldaten annahm und 1755 starb. (Handschr. Brief des P. Franz Xaver Liechtle; Cat.)

Hengstebeck [Henstebeck, Sim. Enstebek], P. Everard — Eberhard (Rhen. Inf.), geb. zu Olpe („Olpensis"), Erzbiöc. Köln, 19. Jan. 1725, eingetr. 21. Oct. 1742, ging 1756 nach Neu-Granada, von dort nach Peru (siehe oben S. 115). Er starb nach der Vertreibung und Rückkehr zu Bremen 20. Mai 1772. (Misc.; Cat.)

Just, Br. Hans (Bohem.), ging 1684 mit P. Richter in die Mission. (W.-B. 20, 57.)

Lanzendorffer, Br. Johann (Germ. Sup.), ging um 1742 nach Neu-Granada, lebte dort noch 1759. (Cat.)

Liner, P. Peter (Austr.), aus Wien, 1722 als Priester eingetr., ging 1723 nach Neu-Granada (W.-B. Nr. 210), docirte dort zuerst am Colleg von Cartagena und übernahm später das Amt und Erbe des hl. Peter Claver als Apostel der Negersklaven. (W.-B. Nr. 283, 90; Nr. 325, 74; Wittmann a. a. O.)

Loessing, Br. Joseph (Rhen. Inf.), um 1619 Missionär in Neu-Granada. (Cat.) — Schriften: Handschr. Brief aus Santa Fé vom 1. Mai 1619 in der Wiener Staats-Bibl. Vgl. Sommerv.

Meisl [Meysel], P. Anton (Austr.), geb. im Oct. 1708 in Steiermark („Peloviensis“), eingetr. 14. Oct. 1726, in Neu-Granada 1741—1760. (Misc.; Sim.; Cat.) — Wahrscheinlich identisch mit P. Antonio Meills bei Borda II, 86.

Neuhauß, P. Andreas (Rhen. Inf.), „Neowahriensis in Ungona“, geb. 1684, eingetr. 28. Oct. 1703, wirkte in Neu-Granada. („Adscriptus Prov. Novi Regni“, Cat. ms. Rhen. Inf.)

Nulle [Nülle, bei Borda: Nille], P. Jakob (Rhen. Inf.), geb. 11. Juni 1718 in Hannover, eingetr. 19. Oct. 1739, ging 1749 nach Neu-Granada. (Misc.; Sim.; Cat.; Borda II, 81).

Pfab, P. Cajetan (Germ. Sup.), geb. 19. Juli 1724 zu Landshut in Bayern, eingetr. 28. Sept. 1741, ging 1754 nach Neu-Granada, war nach Borda (II, 92) Vice-Superior der Llanos-Mission, kehrte nach der Vertreibung 1767 nach Deutschland zurück, findet sich 1773 als Director des Pensionats zu Ingolstadt, starb 19. Juli 1780. (Wittmann 225, Anm.; Sulzb. Kal. 1890, 28; Misc.; Sim.; Cat.) — Schriften: Ein Brief von 1758 im W.-B. Nr. 765.

Pitzl [Sim. Pilz], Br. Matthias (Germ. Sup.), aus Bayern, zur Zeit der Vertreibung in Neu-Granada. (Misc.; Borda II, 85.)

Nauber, P. Franz (Germ. Sup.), geb. 8. Oct. 1690 zu Steinhart in Mittelfranken, Bayern, eingetr. 28. Sept. 1711, ging nach Lang im Jahre 1723 nach Neu-Granada, arbeitete sich in der Indianermission vollständig ab, übernahm dann die Seelsorge unter den Negersklaven (W.-B. Nr. 528, 74), war Rector in Santa Fé de Bogotá und starb 1763/64. (Sulzb. Kal. 1890, 26; Wittmann a. a. O.) — Schriften: Handschr. Reisebericht, datirt aus Cartagena, 16. Juli 1731, in der kaiserl. Hofbibl. zu Wien, 5061 (al. 1101).

Reitter [Reyter], Br. Kaspar (Germ. Sup.), geb. 1731 zu Schliersee, Oberbayern, eingetr. 1753, Maurer und Baumeister, wirkte 13 Jahre lang in der Mission bis zur Vertreibung. (Misc.; Cat.; Borda II, 82.)

Rübel [Riedl], P. Christoph (Germ. Sup.), geb. 20. Febr. 1648 zu Arnsdorf im Salzburgischen, eingetr. 9. Nov. 1665, einer der ersten Missionäre am Orinoco, gründete um 1680 unter den dortigen Wilden eine Christengemeinde. Beim Herbeiholen von Material zum Kirchenbau schlug der Kahn um, man weiß nicht, ob Bosheit oder Nachlässigkeit der indianischen Begleiter dabei im Spiele war; die Wilden retteten sich durch Schwimmen, der Pater ertrank. (W.-B. Nr. 23, 65; Wittmann a. a. O.) — Schriften: Brief von 1687 im W.-B. Nr. 17.

Schauberger [Schwamberger, Schaumberger], Br. Lorenz (Germ. Sup.), aus Bayern, in Neu-Granada zur Zeit der Vertreibung. (Misc.; Sim.)

Schmad, Br. Anton (Austr.) in Neu-Granada 1746—1756. (Cat.)

Schmitz, P. Georg (Rhen. Inf.), geb. 30. April 1719 zu Falkenhagen (Paderborn), eingetr. 19. Oct. 1739, ging 1749 nach Neu-Granada, starb dort im Colleg von Santa Fé de Bogotá Anfangs 1763. (Cat.)

Schnitzer [Schnizzer], P. Joseph (Germ. Sup.), aus Bernbeuren in Oberbayern, 1740, 25 Jahre alt, zu Dillingen für die (west-)indischen Missionen aufgenommen, wirkte von 1743—1761 in Neu-Granada. (Sulzb. Kal. 1890, 27; Wittmann a. a. O.)

Steigmiller [hispanisirt: Hernestus Estehmiller, auch Esteig-miller], P. Ernst (Austr.), geb. 11. Febr. 1697 zu Wien, eingetr. 25. Febr. 1715, ging nach Neu-Granada 1724, missionirte bei den Llanos, Guaxibas x., war Oberer der Reduction St. Theresia, ein sehr tüchtiger, in allen Künsten erfahrener Missionär, starb 4. Nov. 1736. (W.-B. Nr. 210; Borda I, 220.) — Schriften: Fünf Briefe im W.-B. Nr. 229, § 2. 324. 325. 391. 447. Sommerv.

Trifftterer, Br. Leonhard (Austr.), in Neu-Granada 1741 bis 1760. (Cat.)

Walch, P. Johann (Germ. Sup.), ging 1744 nach Neu-Granada, lebte dort noch 1758/59. (Cat.)

Zoured, P. Marcus (Bohem.), 1693 in Neu-Granada. (Cat.) — Jedenfalls identisch mit Zaureck (Saureck), Marcus, in Quito.

Antillen.

Corbier, P. Johann (Rhen. Inf.), geb. 22. Juni 1701 in Luxemburg (St. Vincenz?), eingetr. 8. Juni 1729, Abreise 1736, 1740 in San Domingo. (Cat.)

Gözfried, P. Candidus (Germ. Sup.), wirkte in Neu-Granada (siehe ebb.), dann auf San Domingo, wo er 1731 im Colleg docirte und als Prediger sehr geschätzt war. Er hatte in Port au Prince u. a. die Seelsorge der deutschen Söldner; starb 1755. (W.-B. Nr. 528, 74.)

Haller, P. Joh. Bapt. (Austr.), ging 1687 nach Südamerika, wirkte auf den Antillen und in Florida (?). (W.-B. Nr. 33, 108; Arch. Prov. Germ. IV. C. 1.)

Koch, P. Andreas (Rhen. Inf.), geb. 1. April 1698, eingetr. 26. Oct. 1719, starb auf San Domingo 21. Dec. 1734. (Cat.)

Liechtle [franz. Lumière], P. Franz Xaver (Germ. Sup.), aus Pruntrut, Schweiz, geb. 1723, eingetr. 1738, seit 1754 Missionär in Westindien, starb 1759 auf der Insel San Domingo. (Cat.) — Schriften: Verfasser einer Beschreibung der Insel; handschr. Brief vom 22. Juli 1757 im Arch. Prov. Germ. IX. T.

B. Portugiesisches Amerika.

Provinz von Brasilien.

Gegründet 1553, zählte 1597: 120, 1610: 180, 1750: 445 Jesuiten (228 Priester) und 60 Niederlassungen: 1 Noviziat, 7 Collegien, 1 Seminar, 32 Häuser und Residenzen, 28 Missionen.

Indianermissionen an der Mündung des Marañon und andern Orten.

Vice-Provinz von Marañon.

Von Brasilien getrennt um 1740 (?), zählte 1750: 145 Jesuiten (88 Priester) und 44 Niederlassungen: 2 Collegien und 42 Häuser und Residenzen. Nach einer Angabe waren 1663 vor den Grenzstreitigkeiten mit Spanien am obern Marañon 56000 getaufte Indianer. Nach der Abgrenzung des Gebietes fanden sich am mittlern und untern Marañon an die zwanzig Missionsstationen unter den eingeborenen Stämmen.

Hier wirkten:

Bellecius, P. Alois (Germ. Sup.), geb. 15. Febr. 1704 in Freiburg i. B., eingetr. 22. Oct. 1719, Professor der Philosophie und Theologie, unterrichtete die für „Indien" bestimmten Missionäre, ging nach Brasilien, wo er 4 Jahre lang in Pará Theologie lehrte und gelegentlich apostolische Ausflüge in die Missionsgebiete machte. 1750 nach Europa zurückgekehrt, wirkte er als Professor der Theologie in Freiburg i. Br. und Instructor III. anni in Ebersperg und starb 27. April 1757. — Schriften: Ein Brief aus Pará vom 20. Sept. 1738 im W.-B. Nr. 639. Seine hochgeschätzten, besonders ascetischen Schriften bei Sommerv.

Bettendorff [Bentendorf], P. Johann Philipp (Gallo-Belg.)[1], geb. in Luxemburg 25. Aug. 1625, eingetr. 5. Nov. 1647, ging 1659 in die Mission von Marañon, starb um 1688. (Neyen. Biogr. Luxembourgoise, tom. III. s. v. In einem handschr. Briefe [Arch. Prov. Germ. ser. IV, fasc. C 3] heißt es von ihm: „Laudant virum magnopere et ob oeconomiae industriam. . . . Millia aliquot arborum pretiosarum plantarum plantasse se, scripsit D. Casparo Warneque, Viennensi mercatori . . ., qui id mihi narravit, e quorum fructibus coccolata, nobilis Hispaniae et aulis adeo celebrata conficitur." Nach diesem Briefe war B. auch zeitweise Oberer am Marañon.) — Schriften: Compendio da Doutrina christiãa na lingua Portugueza e Brasilea (Lisboa 1678 und 1800); eine portugiesische Grammatik der Tupi-Sprache ins Lateinische übersetzt. Handschr.: Chronica da missão da Comp. de Jesus em o estado do Maranhão pelo Padre João Filipe Betendorf, fol. 502 im Instit. histor. e geogr. Brasileiro, Rio de Janeiro (Cat. dos Mss. [1884] p. 79, n. 104); Informação que deu a S. M. o P. J. Ph. B. sobre o espulsarem e aos mais Padres do Maranhão em Feveireiro de 1684. Carta ao P. J. Paul Oliva (Cat. der Mss. von Evora, I, 43). Andere Missionsberichte und Informationen liegen zu Brüssel, Bibl. Royale, n. 6828/29, fol. 397. Brief vom 27. Mai 1660 aus Lissabon an den Provincial P. Hub. Wiltheim in der Bibl. Pública von Evora, Cod. CXV, 2—11, fol. 77; 2—13, fol. 365. Bgl. Sommerv. s. v. und tom. VIII, col. 1831.

Bourel, P. Philipp (Rhen. Inf.), Sohn des kölnischen Rathsherrn Gabriel Bourel, geb. am 27. (al. 28.) Aug. 1659, trat 14. Mai 1676 zu Trier ins Noviziat der niederrheinischen Provinz („ein Außbund der vollkommenen Novizen gewesen", sagt die Chronik), segelte im März 1683 nach Brasilien, wo er am 19. Mai desselben Jahres anlangte. Wirkte zuerst im Colleg zu Bahia, dann als Missionär bei dem wilden Volk der „Baharatier", dann bei den „Papacuriern", führte ein außerordentlich strenges, heiligmäßiges Leben und starb „im

---

[1] Ich fand nachträglich, daß P. B. zur Gallo-Belgischen Provinz gehörte; ließ ihn aber stehen, da er doch als deutscher Missionär gelten dürfte.

Rufe der Heiligkeit" 15. Mai 1709 „an dem Pobinischen See in der Pernambu-
canischen Mission". (W.-B. Nr. 49, 61; Compendiosa Vita P. Ph. B. [handschr.];
Franco, Synopsis: Annalen des hist. Vereins für den Niederrhein 1867, 18. Heft,
S. 237 ff., wo Biographie aus dem „Familienboeck van den Bourellen".)

Brewer [Breuer], P. Johann (Rhen. Inf.), geb. 25. Juni 1718 zu
Köln, eingetr. 21. Oct. 1737, ging 1741 nach Brasilien, wirkte hier u. a. in
Gesellschaft des berühmten P. Gabriel Malagriba in der Mission Ypyapába
(Murr, Geschichte der Jesuiten in Portugal II, 249, Anm.), später in Seará (ebb.),
wurde 1757 nach Lissabon deportirt, saß lange Zeit gefangen im Schloß b'Azeitao
und in St. Julian bis zu seiner Befreiung 17. März 1777. Nach Köln zurückgekehrt,
starb er dort 13. Aug. 1780. — Schriften: Neun Briefe von ihm im letzten,
äußerst seltenen 40. Thl. des W.-B.; Bruchstück eines Briefes von 1778 bei Murr,
Journ. XIII, 234; Correspondenz mit der Königin Maria Anna von Portugal
und P. Malagriba ebb. XVI, 86 ff.; XVII, 260 (vgl. Murr, Geschichte der Jesuiten
in Portugal II, 200. 249); Annotationes ad librum a me (Murr) editum in:
Reisen einiger Missionarien der Gesellschaft Jesu in Amerika, 260 ff.; Annotationes
rerum quarundam, quae Religiosi S. J. contigerunt in Brasilia et Lusitania ab
a. 1758 ad a. 1777, 4°. 150 p., handsch. im Arch. Prov. Germ. (bis) ser. VII,
fasc. A 4 und C 18. Pfefferkorn, Sonora I, 284. 297, theilt aus einigen hinter-
lassenen Blättern P. B's mehrere naturwissenschaftliche Notizen mit über den Zrillo
(Stinkthier) und blutsaugende Fledermäuse. Lexicon graeco-latinum constans
vocabulis quae in S. Bibliis Nov. Test., in libello Thomae Kempensis . . . re-
periuntur, collecta studio P. J. B. e Soc. Jesu in carceribus arcis S. Juliani
ad ostia Tagi, anno sal. hum. 1773; handschr. im Besitz der Jesuiten in Preßburg.
Vgl. Sommerv. s. v. und tom. VIII, col. 1831

Eckart, v., P. Anselm (Rhen. Sup.), geb. 4. Aug. 1724 zu Bingen am
Rhein, eingetr. 12. Juli (al. 28. Juni) 1740, ging 1753 nach Brasilien, wo er
in der Capitanea von Pará bis zur Vertreibung an verschiedenen Orten wirkte. Ein
scharfer, kenntnißreicher Beobachter, wie seine werthvollen Schriften zeigen, und
„unter den Missionären von Maranon ausgezeichnet durch Einsicht und Muth"
(Carayon IX, 114. 283 f.). „Diesem würdigen Geistlichen hat die Länder- und
Sprachenkunde viel zu verdanken" (Murr, Geschichte II, 187 Anm.). Die lächer-
lichen Anschuldigungen, die Pombal in seiner berüchtigten Relação abbreviada
gegen P. E. und P. Meisterberg erhob, sind eingehend zurückgewiesen a. a. O. I,
109 ff. Im Jahre 1757 deportirt, saß E. längere Jahre in den Kerkern Lissabons
gefangen, war nach seiner Befreiung (März 1777) in seiner Heimat Bingen schrift-
stellerisch thätig als Freund und Correspondent G. v. Murrs, später Novizenmeister in Dünaburg (Weiß-Rußland), und starb zu Polozk 29. Juni 1809.
(Biogr. Notizen in Murrs Geschichte I, 109 ff. 128. 134. 155 Anm.; II, 169
Anm. 187. 194 u. a.; Pfefferkorn, Sonora II, 312, Anm.; J. Alberdingk Thijm,
Levensschets van P. J. J. Roothaan, Amsterd. 1885, 235; Pacca, Nachrichten
über Portugal, Augsb. 1836, 88; vgl. Hist.-polit. Bl. CVI, 187; Ménol. I, 556.)
— Schriften: Briefe und wichtige Notizen zur Geschichte der Jesuiten in Por-
tugal bei Murr, Journ. VI, 214; VIII, 81; IX, 113. 224. 344. Seine Hist. Per-
secutionis S. J. in Lusit. ebb. VII, 293 ff. Beiträge zum Leben Pombals ebb.
VIII, 267 XII, 286 ff. Vgl. Murr, Geschichte der Jesuiten in Portugal II, 246 Anm.
Werthvoll sind E.s „Zusätze zu Pedro Cudenas Beschreibung der Länder von
Brasilien", von Murr herausgegeben Braunschweig 1781 und aufgenommen in dessen

„Reisen einiger Missionarien der Gesellschaft Jesu in Amerika 614 ff. „Des Herrn
Marquis v. Alorna Beschreibung der Gefängnisse von Junqueira in Portugal mit
Nachrichten von dasigen Staatsgefangenen bis 1777. Aus dem Portug. des Herrn
Abbé A. von Eckart", herausgegeben von Murr, Nürnberg 1803 (bei Carayon,
Docum. inédit. I). P. Kofler, Cochinch. descripta in epitome redact. ab A. ab
Eckart, herausgeg. von Murr, Nürnberg 1803 (vgl. dessen Geschichte II, 197 Anm.);
über E.s linguistische und kartographische Arbeiten bei Murr, Journ. VI, 214 ff.;
VII, 121 ff.; Geschichte I, 128 Anm. Adelung-Vater, Mithrid. III, 2, 452. Hand-
schriftlich: Descriptio et famosi itineris ad propugnaculum Almeidaense et famosi
ibidem carceris et pomposae deportationis ad Arcem Julianam, im Arch. Prov.
Germ. ser. IV, fasc. C 18, App.

Fay, v., P. David Alois (Austr.), geb. 22. (al. 28.) Febr. 1721 auf dem
Schlosse Fay im Comitat Aba-Ujvar (Abauj), Ungarn, Sohn des Grafen von und
zu Fay, Convertit, eingetr. in Wien 9. Nov. 1736, ging 1753 in die Mission des
Marañon, wirkte bei den wilden Amanajos am Rio Pinare, zeitweise Professor
der Theologie im Colleg von Marañon, „Missionarius sane zelosissimus". Kurz
vor der gewaltsamen Vertreibung war es ihm gelungen, die wilden Amanajos am
Rio Pinare in eine Reduction zu bringen. (Ueber die von Pombal gegen ihn
erhobenen Beschuldigungen siehe Murr, Geschichte I, 127 ff.; vgl. ebb. 115. 134
Anm.) F. lag seit 12. Febr. 1762 im Kerker von St. Julian zu Lissabon, wo er
12. Jan. 1767 starb. (Murr, Geschichte II, 194; ein Nachruf P. Eckarts bei Murr,
Journ. VIII, 260, vgl. VII, 305 ff.; Murr, Reisen 468; Duhr, Pombal 145.
159 u. a.; Stöger, Script. Prov. Austriae 78; Val. Kacskovitz, Catalogus de-
functorum quorundam [handschr.]; Ménol. I, 33; Boero, Menol. I, 232; Kathol.
Missionen 1891, 232; Carayon IX, 13 159 u. a.) — Schriften: Von einem
aufgefangenen Briefe an den Generalprocurator der Viceprovinz Marañon, P. B.
de Fonseca, spricht Murr, Geschichte I, 120. F. übersetzte ins Lateinische eine portugiesische Vertheidigungsschrift des P. Fonseca, ebb.

P. Franz Xaver [?] (Bohem.), ging 1703 über Portugal nach dem
Marañon. (Franeo, Syn.)

Ginzl [Gunzel, Ginzl, Ginzel, Günzel; bei Franco Guinse-
lius; portug. Guinsol; auch Guades, Quebas, Grebeß, Grebez ge-
nannt], P. Johann (Bohem.), geb. 8. Oct. 1660 zu Komotau in Böhmen,
eingetr. 14. Oct. 1676, seit 1694 in Brasilien, wirkte u. a. bei den Tupuyos
am Rio San Francisco, starb 11. Febr. 1743. (Pelzel 130; Franco 393; Cat.) —
Schriften: Drei Briefe im W.-B. Nr. 49, 207 u. Thl. 40, S. 21. Vgl. Sommerv.

Grueber, P. Johann (Germ. Sup.), geb. 31. Jan. 1713, wie es scheint
in Bayern, eingetr. 13. Sept. 1728, 1731—1742 am Marañon. (Franco l. c.;
Sulzb. Kal. 1890, 34.)

Häckel [Hedl], P. Anton, seit 1736 in Brasilien, 1743 noch im
Cat. Erwähnt in einem Brief von 1738 (W.-B. Nr. 639, 126 f.), erhält Gruß
von der Königin Maria Anna von Portugal.

Hermes, P. Johann, aus Hamburg, ging 1609 nach Brasilien.
(Franco l. c.)

Hoffmayr, P. Heinrich (Austr.), ging 1753 in die Mission des Marañon. (Murr, Reisen einiger Missionarien 468; Geschichte der Jesuiten in Portugal I, 115.)

Hons, P. Theodor (Rhen. Inf.), aus Aachen, geb. 2. Jan. 1628, eingetr. 11. Aug. 1648, ging in die Mission am Marañon, starb um 1667 in Lissabon. (Cat.)

Hundertpfund, P. Rochus (Germ. Sup.), geb. zu Bregenz (Vorarlberg) 17. April 1700, eingetr. 9. Oct. 1724, ging 1740 (Lang: 1738) in die Mission von Marañon, gründete mehrere Stationen am Madeira-Strom (v. Schütz, Amazonas, 384), wurde 1749 von der Viceprovinz von Marañon in Geschäften nach Lissabon geschickt und erwirkte bei der Regentin Maria Anna von Oesterreich, bei welcher er in hoher Gunst stand, daß deutsche Missionäre künftighin in größerer Anzahl auch in die portugiesischen Besitzungen gesendet würden (vgl. oben S. 29; Duhr, Pombal 144; Murr, Geschichte I, 114). Von 1749–1755 Socius des P. Malagrida, wurde er 19. Nov. 1755 verbannt, erhielt die Vergünstigung zur Rückkehr nach Deutschland (3. Mai 1756), war hier thätig in Trient, Augsburg, Feldkirch, Freiburg; Murr, Journ. IV, 295 macht ihn fälschlich zum Provincial der Prov. Germ. Sup.; er starb im Jan. 1777. Biogr. bei Murr, Journ. IV, 295 ff., wo auch ein Brief von 1761 aus Feldkirch; vgl. VII, 298; Carayon IX, 3 Anm.

Hundt [Hunb], P. Rutger [portug. stets Rogerio Canisio genannt], (Rhen. Inf.), geb. 21. Nov. 1711 in Olpe im Engergau (damals Erzbiöc. Köln), eingetr. 23. Oct. 1731, reiste 10. Oct. 1742 nach Brasilien, wo er fast 20 Jahre lang segensreich wirkte, saß nach der Vertreibung seit 14. Nov. 1759 im Kerker von St. Julian zu Lissabon und starb dort 6. (al. 16.) April 1773. (Vgl. Murr, Journ. IX, 138; XVI, 88 Anm.; Gesch. der Jesuiten in Portugal II, 180. 189. 251; Kathol. Missionen 1891, 250.) NB. Der 125. Jahrestag seines Todes wurde in seiner Vaterstadt Olpe feierlich begangen (siehe Sauerländ. Volksblatt, Olpe, 6. April 1898, wo eine biographische Skizze). — Schriften: Briefe von 1746 und 1752 im W.-B. Nr. 797.

Ingram, P. Friedrich, ging 1705 in die Mission des Marañon (Franco l. c.)

Kaulen [Keulen], P. Lorenz (Rhen. Inf.), geb. Mai 1716 zu Köln, eingetr. 20. Oct. 1738, ging 1750 nach Brasilien, wirkte in den Missionen am Marañon (Sommerv. irrthümlich: Paraguay), führte einen ganzen Stamm aus den Wäldern in eine Reduction (Murr, Journ. VI, 214), Oberer der Mission von Piraguiri am Rio Xingu (Murr, Reisen einiger Missionarien [Veigl] 468); schmachtete nach der Vertreibung seit 1759 in den Kerkern zu Lissabon, wo er nach der Befreiung freiwillig verblieb und starb. (Vgl. Murr, Geschichte I, 109. 122; II, 171, 193; Carayon IX, 154 ss. und passim; Duhr, Pombal 159 ff.; v. Schütz 384.) — Schriften: Seine Leiden, von ihm selbst geschildert, bei Murr, Journ. IV, 306 ff., VI, 214 ff.; vgl. ebb. Brief an P. Eckart VIII, 219. Karte des Staates Pará ebb. IX, 199. Karte der Missionen am Xingu und Tapajos bei Murr, Geschichte II, 171 Anm. Plan der Kerker von St. Julian, Journ. IX, 236; Briefe und Briefstücke ebb. XII, 177. 189. 282; XIII, 187; Murr, Gesch. der Jesuiten in Portugal II, 66 Anm. Handschr. Bericht über die Vertreibung aus Brasilien, an welchem K. mitgearbeitet, in Evora (Mss. I, 53). Handschr. Brief im Arch. Prov. Germ. IV, A 17. Siehe unten bei Wolff.

Kayling [Keyling], P. Joseph (Austr.), geb. zu Schemnitz in Ober-Ungarn, ging 1753 nach Brasilien (Murr, Geschichte I, 115; Reisen einiger

Missionarien 488), wirkte am Marañon, kam nach der Vertreibung in den Kerker von St Julian, war nach seiner Befreiung (März 1777) Pfarrer zu Schemnitz. Murr, Geschichte II, 186. 190; Journ. VIII, 180. 281 ff.; Duhr, Pombal 145 u. a.; Carayon IX, passim.)

Linch, P. Thomas, ging 1709 nach **Brasilien** in die Mission am Marañon. (Franco, Syn.)

Meisterburg, P. Anton (Rhen. Inf.), geb. 16. Jan. 1719 zu Bernkastel (Regbz. Trier), eingetr. 24. (al. 21.) Oct. 1737, ging 1750 nach **Brasilien** (Sommerv. irrthümlich: Paraguay), wirkte u. a. in den Missionen der Abacaxis am Rio Madeira (Murr, Reisen einiger Missionarien 613 f. u. a.), saß nach der Vertreibung bis März 1777 gefangen in St. Julian; beschrieb dort seine Leiden in einer eleganten lateinischen Elegie[1]: Suspiria captivorum Patrum S. J. in Arce S. Juliani ad ostia Tagi, in Natali B. V. M., bei Murr, Journ. VIII, 214 ff.; vgl. ebb. XIII, 149 ff. u. 160 Anm.; Murr, Geschichte I, 109. 114; II, 66. 194; Carayon l. c. passim.

Misch, P. Kaspar (Rhen. Inf.), geb. in Luxemburg 27. Sept. 1626, eingetr. 24. Aug. 1646, in der Mission am Marañon seit 1662, starb 24. April 1697. (Cat. Rhen. Inf. ms.) — **Schriften:** Handschr. Briefe in der Bibl. Royale von Brüssel, Ms. 6869.

Mittermayer, Br. Ferdinand (Germ. Sup.), geb. 1728 zu Freising in Bayern, eingetr. 1754, Chirurg, wirkte 12 Jahre lang in der Marañon-Mission (?) bis zur Vertreibung. Vgl. oben bei Paraguay.

Perret [Perez, bei Franco bald **Perius,** bald **Peres**], **P. Jodocus** (Germ. Sup.), geb. 21. Febr. 1633 zu Freiburg in der Schweiz, eingetr. 15. Oct. 1653, Professor der Philosophie in München und Dillingen, ging um 1671 (Franco: 1687) nach **Brasilien,** docirte in Pará Philosophie, war Oberer der Mission am untern Marañon und starb zu Pará 22. Mai 1707[2]. (Arch. Prov. Germ. IX. T.; Franco l. c., nennt P. fälschlich einen Italus.) — **Schriften:** Philosophische Werke bei K. Werner, Geschichte der kath. Theol. (vgl. Sommerv.). Handschr. Briefe in München, Cod. Lat. Mon. 26473 (al. Moll. 105), fol. 101, zum Theil bei Friedrich, Beiträge 34 f. 36. 46.

---

[1] Seine Beschreibung des Kerkers lautet u. a.:

Corpora consumit descendens pariete lympha,
Consumunt morbi, quos mala lympha trahit.
Indumenta, furor nobis quae pauca reliquit,
Hic fere nudatis caeca putredo vorat.
Tertius excruciat iam putrida corpora carcer,
Posterior primo peior et usque fuit.

[2] De huius egregii viri [P. Jodoci Perez] laudibus aliud hic non dicam, quam illum esse Helveticae nationis, et provinciae nostrae veteris decus, meritoque suo haberi in deliciis primis et honoribus, potissimum a Lusitana gente . . . unumque illum multis laborando praepollere Lusitanis (quod Germanis Patribusque peregrinis omnibus ita proprium certumque est, ut etiam cogantur ii ipsi affirmare, quibus hoc fateri ignominiosum videtur esse) palam et inter saeculares quoque decantetur (aus einem Briefe des P. Alois Pfeil von 1681, bei Friedrich, Beiträge S. 36 Anm.).

Pfeil, P. Konrad (Germ. Sup.), geb. zu Konstanz 4. Jan. 1637, eingetr. 28. Sept. 1654, Missionär in Brasilien, Oberer am Marañon (Xingu), stand bei den Portugiesen in großem Ansehen. — Schriften: Brief aus Evora vom 17. Juni 1678 (Arch. Prov. Germ. IX. T, Brevis Vita P. B. Amrhin). Handschr. Brief in München, Cod. lat. 26473 (al. Moll. 105), fol. 87 sqq., zum Theil bei Friedrich, Beiträge 36 u. a. mit sehr interessanten Angaben über den Stand der Mission ꝛc.

Piller, Br. Matthias (Austr.), aus Mähren, wirkte in Brasilien bis zur Vertreibung, saß gefangen in Azeitao und St. Julian bis März 1777. (Murr, Journ. IX, 250; Geschichte II, 182. 203; Carayon l. c.; Misc.)

Ribler, P. Joseph (Germ. Sup.), ging nach Lang a. a. O. im Jahre 1714 in die Mission.

Schwarz, P. Julian (Germ. Sup.), nach Cat. Germ. Sup. im Jahre 1759 in der Mission des Marañon, vielleicht am obern (Quito).

Schwarz, P Martin Joseph (Germ. Sup.), geb. 1719 (1722) zu Amberg (Neunburg vorm Wald) in der Oberpfalz, eingetr. 1738, ging 1752 nach Brasilien, wirkte am Marañon bis zur Vertreibung, verblieb im Kerker von St. Julian (17 Stufen unter der Erde) von 1760—1777, lebte nach seiner Befreiung (März 1777) in stiller Zurückgezogenheit zu Amberg, wo er 22. Jan. 1788 starb. „Dieser rechtschaffene Mann war mein zehnjähriger Correspondent und starb den 22. Jänner dieses 1788sten Jahres in seinem 68sten Jahre zu Amberg" (Murr, Geschichte II, 187. 190; Journ. VIII, 180. 217; Carayon 114 et pass.; Sulzb. Kal. 1890, 35 [1]; Lipowsky, Gesch. der Jesuiten in Schwaben II, 201, Anm.).

Stansel [port. Estancel, Estancol oder de Castro], P. Valentin (Bohem.), geb. 1621 zu Olmütz, Mähren, eingetr. 1. Oct. 1637, Professor der Astronomie in Evora (Portugal), sollte sich hier für die Missionen Ostindiens und Chinas vorbereiten, ging aber 1663 nach Brasilien, docirte Theologie in San Salvador, beobachtete dort die Kometen 1664 und 1665, und machte andere astronomische Beobachtungen, die er nach Europa sandte, 1694 Rector des Collegs von Bahia. Er starb 18. Dec. 1705 (al. 1690). (Biogr. Univ.: Moreri; Franco, Syn.; M.-B. Nr. 40, 61.) — Schriften: Dioptra Geodaetica, Pragae 1663, 8°. Propositiones selenographicae . . ., Olmucii 1655. Orbe Alfonsino ou Horoscopio Universal . . ., Evora 1658. Mercurius Brasilicus sive de Coeli et Soli Brasiliensis Oeconomia um 1664, 4°. Phaenomena coelestia sive dissertatio astronom. de 3 cometis, qui proximis annis . . . apparuerunt, 4°, 1668. (Die beiden letztgenannten noch handschr. im Privatbesitz.) Zodiacus Divini Doloris, Evorae 1675. Uranophilus coelestis peregrinus . . . authore Val. Estancel, de Castro Iulii, Moravo, e S. J., olim in universitate Pragensi, deinde in Regia Ulyssiponensi

---

[1] „Durch meine Großmutter," so erzählt Dr. v. Ringseis in seinen Memoiren S. 4, „eine Marktschreiberstochter von Plattling, denke ich ‚jesuitenverwandt' zu sein; denn fünf Brüder ihres Großvaters, des Bürgermeisters Schwarz von Neunburg, befanden sich gleichzeitig im Orden, zum Theil auf Missionen. Einer davon, den meine Mutter noch gekannt, erzählte oft von den Leiden, die er unter Pombal im portugiesischen Gefängniß ausgestanden, wie er z. B. von Ratten und Ungeziefer fast aufgezehrt worden. Ich meine, es sei sogar ein anderer von den Brüdern, wo nicht zwei, im Kerker dort gestorben" (Sulzb. Kal. a. a. O.).

Matheseos Magistro, demum Theol. Moralis in urbe S. Salvatoris, vulgo Bahia . . . in Brasilia, professora, Gand. 1685. Observat. Americanae Cometae, Pragae 1683. Siehe vollständiges Verzeichniß bei Pelzel 55 und Sommerv. Vgl. Acta eruditorum, Lips. 235; Journ. des Savants 1685, 309. Jöcher, Gelehrten-Lexikon IV, s. v.

Szentmartonyi, P. Ignaz (Austr.), geb. zu Kotiri in Kroatien 28. Oct. 1718, eingetr. 27. Oct. 1735, wurde 1749 vom General P. Retz auf Wunsch des Königs Johann V. von Portugal mit Amt und Titel eines Königl. Hofastronomen und Mathematikers nach Brasilien gesendet, um die strittige Abgrenzungslinie des spanisch-portugiesischen Gebietes durch genaue geographische Bestimmungen fest-zustellen. 10 Jahre arbeitete er an dieser Aufgabe, wurde aber 1760 trotz aller vorausgegangenen Zusagen deportirt und in St. Julian und Azeitao gefangen ge-halten. Im Jahre 1769 (al. 1777) durch Vermittlung der Kaiserin Maria Theresia befreit, kehrte er nach Oesterreich zurück, wirkte im Seminar von Warasdin und starb 15. April 1793 in Kroatien. (Ménol. I, 851; vgl. Murr, Journ. VIII, 180. 285; IX, 223. 243; XIV, 279; Murr, Reisen einiger Missionarien 460. 486; Geschichte II, 188. 190; Carayon IX, 169. 256. 276 [ebd. Briefchen an P. Eckart]; Duhr, Pombal 145 ff. 159 ff.; Stöger 253; Biogr. Univ.)

Szluha [Slucha], P. Joh. Nepom. (Austr.), geb. zu Ghalu (Ungarn) 23. Aug. 1725, eingetr. 14. Oct. 1738, ging 1753 in die Mission am Marañon in Brasilien, wirkte dort bis zur Vertreibung 1759. Nach kurzer Kerkerhaft in Portugal kehrte er in die Heimat zurück, wurde Rector des Collegs zu Raab, starb nach 1773. Ueber seine kartographischen Arbeiten siehe Murr, Reisen einiger Missionarien (Weigl) 459. 468; Journ. VIII, 239; Geschichte I, 115. 128: „Vom Laufe des Marañon hatte der gelehrte Hr. P. Joh. Nepomuzen Szluha 1753 eine Landkarte nach den neuesten Observationen gezeichnet." Vgl. Duhr, Pombal 144 u. a.; Sommerv.

Treyer [Treuer], Br. Johann (Austr.), geb. 20. Oct. 1668 in der Diöcese Brixen, eingetr. 27. Oct. 1696, Bildhauer und Maler, ging um 1705 nach Brasilien, starb 4. Mai 1737 in Maracana „ex naufragio". (Litt. Ann. Prov. Austr. 1738; Stöger 368; Ménol. I, 416.) — Schriften: Ein Brief aus Pará, 16. März 1705 (Reisebericht, Zustände in Pará) im W.-B. Nr. 322.

Weißenfeld [bei Franco: Uncidenfeld], P. Adam (Rhen. Inf.), geb. 8. Sept. 1645 zu Köln, eingetr. 13. April 1663, schiffte sich 1680 nach Brasilien ein. Auf dem Schiff brach eine Seuche aus. 40 Missionäre starben, an erster Stelle W. am 4. Juni 1680. „Insignem exercuerat charitatem suscipiendo in se onus aegrotis omnibus consulendi. Ex aliquot haereticis 3 ad fidem catholicam traduxit. Inter acerbes dolores ex ipsius ore solum audiebantur hymni ac divinae laudes" (Franco 367). — Schriften: Eine vor seiner Abreise in Portugal aus dem Portugiesischen übersetzte Geschichte Aethiopiens, handschr. in der Bibl. de Bourgogne zu Brüssel. Vgl. Sommerv.

Wolff [Wolf], P. Franz (Bohem.), geb. in Landeck im Bezirk Glatz (Klabsto), Nieder-Schlesien, ging 1738 nach Brasilien, wirkte dort 20 Jahre lang als Missionär am Marañon, war zweimal Visitator der Mission, dreimal Soc. Prov., lag nach der gewaltsamen Vertreibung mehrere Jahre in den Kerkern von St. Julian und starb daselbst 24. Jan. 1767. P. Kaulen schrieb sein Leben und setzt ihm ein Epitaphium. (Murr, Journ. VIII, 180. 261 f.; IX, 243;

Geschichte II, 189; Carayon IX, 148. 161 et passim; W.=B. Nr. 594, 135; Duhr, Pombal 169 ff.; Kathol. Missionen 1891, 252; Ménol. I, 79.) — Schriften: Ein Brief im W.=B. Nr. 566.

Im spanisch-portugiesischen Amerika ohne nähere Ortsangabe wirkten:

Amrhein, P. Joseph (Germ. Sup.), aus Luzern (?), eingetr. 1711, ging 1723 nach Südamerika. (Lang a. a. O.; Arch. Prov. Germ. IX. T.)

Anermaier, P. Karl, ging 1729 nach Südamerika. (Lang a. a. O.)

Bärtl [Bertl, Bertel], P. Franz (Germ. Sup.), wird unter den für Südamerika bestimmten Missionären genannt, die um 1717 auf der Meerfahrt von Spanien nach Cartagena untergingen. („Amerikan. Mayerhof" 133; W.=B. Nr. 206.)

Bakranin, P. Lucas (Austr.), geb. in Ungarn, wird im W.=B. Nr. 334, 93 ausdrücklich als „teutscher" Missionär aufgeführt. Er war für Südamerika bestimmt, starb aber bereits in Spanien (in Sevilla?) 4. Juli 1727 zum großen Schmerz besonders der „Indianischen Procuratores", die große Hoffnungen in den begabten Mann gesetzt hatten. Siehe oben S. 91.

Baum, P. Franz, geb. in Pfaffendorf im Jülichschen 7. April 1693, eingetr. 3. Mai 1712, starb auf der Reise nach Amerika. (Cat. Prov. Rhen. Inf.)

Baur, Br. Franz, „junior" (Germ. Sup.), geb. 1732 zu Naudelstadt in Oberbayern, eingetr. 1754, Zimmermann (praefectus fabricae) und Baumeister, wirkte 12 Jahre in Amerika (Chile?) bis zur Vertreibung. Im Jahre 1771 noch am Leben.

Fischer, P. Matthias (Austr.), geht, wie es scheint, für Südamerika bestimmt, 1678 nach Spanien, stirbt aber daselbst in Sevilla an der rothen Ruhr 11. Oct. 1678. (W.=B. Nr. 31, 93.)

Frank, Br. Georg, aus der bayer. Provinz, „bei der Aufhebung Laienbruder in Straubing, 16 Jahre lang in Amerika" (Lang 208). Ein

Franc, Br. Sebastian („de Suebia"), war bei der Vertreibung in der Mission von Quito. (Borda II, 95.)

Hagen, Br. Johann (Germ. Sup.), geb. zu Tegernsee in Bayern, eingetr. 1753, Tischler und Zimmermann, wirkte in Amerika („in Indiis") 18 Jahre lang bis zur Vertreibung, starb nach der Rückkehr Oct. 1786. (Cat.)

Haushalter, Br. (?), ging 1688 nach Südamerika. (W.=B. Nr. 27, 73.)

Hede, P. Anton, ging nach Lang im Jahre 1736 nach Amerika.

Kar, P. Philipp, ging 1735 nach Amerika. (Lang a. a. O.)

Mungenest (Germ. Sup.), geht um 1725 nach Südamerika. („Amerikan. Mayerhof" 145.) — Wahrscheinlich identisch mit

Munegast, Br. Matthäus (Rhen. Sup.), geb. in Schnann (Tirol) Sept. 1692 (al. 1693), Kunstschreiner, ging 1722 nach „Indien" (Südamerika). (Handschriftl. Information.)

Neumann, P. Alois (Rhen. Inf.), geb. in Köln, eingetr. 12. (al. 17.) Aug. 1697, ging auf der Fahrt nach Südamerika unter 1718. (Cat. Rhen. Inf.; W.=B. Nr. 206.)

Pellerius, P. Anton, ging 1736 nach Amerika. (Lang a. a. O.)

Riebmiller [Ruebmüller], Fr. Joh. Bapt. (Germ. Sup.), geht als Novize um 1718 nach Südamerika unb stirbt um 1720 auf bem Meere. („Amerikan. Mayerhof" 188; W.-B. Nr. 206.)

Scherer, P. Karl (Austr.). Er war burch seinen „vormals vertrautesten Kameraben" P. Zephyris am obern Marañon scherzhaft nach Amerika eingelaben worben „unb nahm biesen Scherz so ernstlich auf, baß er mit beren Obern Erlaubniß vergangenen Sommer [1729] nach (West-)Inbien aufgebrochen ist". Wahrscheinlich kam er nach Quito. (W.-B. Nr. 388, 98.)

Schmib, Br. Joseph, wahrscheinlich aus Bayern, wirb von P. Dom. Mayer („Amerikan. Mayerhof" 12) mit brei anbern beutschen Brübern genannt. Es gehe ihnen in Amerika sehr gut, „besonbers Jos. Schmib, so P. Carolus Rechberg (1716) mit sich aus Dillingen geführet, ba er nemlich allba in bem Convict eine Zeitlang als ein Schreiner gebienet". — Wahrscheinlich ibentisch mit Schmib, Jos., unter Paraguay.

Sterzinger, P. (Germ. Sup.), geht nach Lang im Jahre 1701 mit einem Bruber nach Amerika.

Tolpeit, P. Joseph, aus bem Pusterthal (Tirol), ging 1744 auf ber Reise nach Südamerika bei ber Insel St. Catharina (Brasilien) unter (Lang a. a. O.). — Ob nicht ibentisch mit P. Jos. Tolpeit (siehe Chile)?

Türk, P. Franz (Germ. Sup.), aus Altkirch im Elsaß, ging von Ellwangen aus 1741 über Innsbruck unb Genua nach Südamerika, fanb aber bei einem Schiffbruch bei ber Insel St. Catharina (Brasilien) mit 24 Gefährten seinen Tob. (Lang a. a. O. 87.)

Waib, P. Paul (Germ. Sup.), aus Kaltern in Tirol, ging 1744 bei einem Schiffbruch bei ber Insel St. Catharina (Brasilien) unter. (Lang a. a. O.)

C. Englisches Amerika.

Hier wirkten:

Britt, P. Abam, geb. 10. Oct. 1743 in Fulba, eingetr. 14. Sept. 1764, zum zweiten Male in bie neue Gesellschaft 1805, wirkte in ben Vereinigten Staaten, starb 12. Juli 1822 (al. 20. Mai 1823) zu Conewago, Pennsylv. (Vivier, Vita functi in Soc. Jesu [7. Aug. 1814 bis 7. Aug. 1894], Parisiis 1897, n. 347.)

Detrich, P., als Jesuit unb Assistent P. Frombachs genannt. (Pastoral-Blatt von St. Louis 1873, 62.)

Ernzen, P. Paul, geb. zu Echternach (Luxemburg) 20. Sept. 1733, eingetr. 21. Oct. 1753, ging nach ber Aufhebung ber Gesellschaft nach Pennsylvanien, wo er 1791 noch lebte.

Frombach [Frambach]. P. Jakob, geb. zu Nibeggen (Jülich) 5. Jan. 1723, eingetr. 19. Oct. 1744, ging 1757 nach Pennsylvanien, wirkte ber Reihe nach in Conewago, Lancaster, Freberica, ein Muster apostolischen Eifers, ausgezeichnet burch Gebulb unb Sanftmuth. Einer seiner Confratres weiht ihm folgenben Nachruf: Rev. Jacobus Frombach saepius ad sylvas longiores iter peregit ad confortandos tepidos Christianos divina manna. Omnibus exemplo fuit pietate, patientia probata per annos, zelo, mansuetudine, obedientia, modestia, manuum labore et crurium cursu; tandem mortuus est plenus meritis in comitatu Mariae in Marylandia ex febris putridae contagio et omnibus Sacramentis praemunitus. R. I. P. Er ſtarb 27. Aug. 1795 in Conewago (al. in Mary County, Maryland). (Bibliogr. im Arch. Prov. Germ.; Paſtoral-Blatt von St. Louis 1873, 77 ff.)

Geißler, P. Lucas (Rhen. Inf.), geb. 15. Dec. 1735 zu Ehrenbreitſtein bei Koblenz, eingetr. 27. Oct. 1755, reiſte 1768 nach Pennſylvanien, verſah die katholiſche Gemeinde in Lancaſter, Pa., und ſtarb 11. Aug. 1786. (Paſtoral-Blatt von St. Louis 1874, 7; Cat.)

Gräſſel, P. Lorenz (Bav.), geb. 18. Aug. 1753 zu Ruhmannsfelden im Bayeriſchen Walde, trat wenige Jahre vor Aufhebung der Geſellſchaft Jeſu ein, intimer Freund Biſchof Sailers, ging ſpäter nach Norbamerika, wurde hier Mai 1793 Biſchof-Coadjutor von Philadelphia und ſtarb im Dienſte der Peſtkranken. (Sulzb. Kal. 1801, 125; Paſtoral-Blatt von St. Louis 1873, S. 47 ff.) — Schriften: Mehrere Briefe von 1774—1788 im Paſtoral-Blatt 1881 (Mai), Nr. 5. Einen, vom 10. Juni 1793, hat Sailer unter ſeine „Briefe aus allen Jahrhunderten der chriſtlichen Zeitrechnung" aufgenommen und nennt ihn „die Krone dieſer ganzen Sammlung"; abgedruckt im Sulzb. Kal. und im Paſtoral-Blatt a. a. O.

Kohlmann, P. Anton[1], geb. zu Kahſersberg bei Kolmar im Elſaß 18. Juli 1771, wurde 1796 zu Freiburg in der Schweiz zum Prieſter geweiht, war Mitglied der Congregation des heiligſten Herzens Jeſu, wirkte in Oeſterreich, Italien, Deutſchland (Dillingen und Berlin), Holland, England, trat im Juli 1805 in das Noviziat der Geſellſchaft Jeſu zu Dünaburg in Weiß-Rußland, kam 1807 nach den Vereinigten Staaten, war in New York Rector der St. Peterskirche, ward von Biſchof Concanen zum General-Vicar von New York ernannt, legte 9. Juni 1809 den Grundſtein zur St. Patricks-Kathedrale, war ſpäter Novizenmeiſter in Whitemarſh, Oberer in Georgetown, Regens des Seminars in Waſhington. Im Jahre 1825 nach Rom berufen, wirkte er hier fünf Jahre lang als Profeſſor der Theologie am Collegium Romanum, als Beichtvater, Rathgeber, Conſultor mehrerer Congregationen; von Leo XII. ſelbſt hochgeſchätzt. Starb reich an Verdienſten 10. April 1836. (Paſtoral-Blatt von St. Louis 1873, 85 und ausführlich 1877, 37 ff.) — Schriften: Unitarianism Examined, 2 Bde. 8°. Eine Reihe von Briefen an P. Stricklanb, Biſchof Carroll u. a. auszüglich im Paſtoral-Blatt a. a. O. Ein Brief von 1812 in Arch. Prov. Germ. ser. IV, fasc. D 1.

Leonarb, P. Friedrich (Rhen. Inf.), geb. zu Arnsberg 24. Sept. 1728, eingetr. 22. Oct. 1747, ſtarb in Pennſylvanien. (Cat. Angl. und Rhen. Inf.)

Pellentz, P. Jakob, geb. in Meſenich (Diöc. Trier) 19. Jan. 1727, eingetr. 19. Oct. 1744, ging mit P. Frombach (ſiehe u. d. Namen) 1757 nach Pennſylvanien. Er war der Gründer einer feſten Miſſionsreſidenz in Conewago, wo

[1] Gehört ſtreng genommen nicht mehr in unſere Liſte, doch glaubten wir den bedeutenden Mann, der in Amerika die alte mit der neuen Geſellſchaft verband, nicht übergehen zu dürfen.

er 1787 Kirche und Priesterwohnung baute, lebte 40 Jahre lang in Conewago und Umgebung, war zeitweise einer der von Bischof Carroll ernannten Generalvicare. Er starb 13. März 1800 in Conewago. (Cat.; Arch. Prov. Germ.; Pastoral-Blatt von St. Louis 1873, 61 ff.) — Schriften: Briefe von 1785 und 1786 in Woodst. Letters XV, 190 ff. Vgl. Sommerv.

Schneider, P. Theodor, geb. zu Geinsheim (Diöc. Speier) 7. April 1703, eingetr. 25. Sept. 1721, Professor der Philosophie und Polemik in Lüttich, Rector magnificus in Heidelberg. Er ging 1741 nach Pennsylvanien, gründete die Mission in Goshenhopen, kam auf seinen apostolischen Wanderungen durch fanatische Andersgläubige mehrmals in Lebensgefahr, gewann aber allmählich durch seine Liebe gegen Arme und Kranke, denen er ein geschickter Arzt war, allgemeine Achtung und Hochschätzung. Er starb 10. Juli 1764. (Pastoral-Blatt von St. Louis 1874, 6.) — Schriften: Briefe von 1742—1750 im W.-B., 40. Thl., 10—18. Außerdem ein Missale, das er wegen seiner Armut eigenhändig abgeschrieben, 700 S. 4°, in der Bibliothek von Georgetown.

Schwendimann, P. Dominicus (Germ. Sup.), aus Pruntrut (Schweiz), geb. 1737, eingetr. 1756, Missionär im Orient, dann nach Aufhebung der Gesell-schaft in den Vereinigten Staaten, wo er angeblich Bischof wurde. (Cat. Germ. Sup.; Arch. Prov. Germ. IX. T.)

Sittensperger [Manners], P. Matthias (Germ. Sup.), geb. 20. Sept. 1719 zu Landsberg in Bayern, eingetr. 13. Sept. 1737 (Cat.), ging 1751 nach Maryland, war später in Conewago, thätig. Er anglisirte seinen Namen in Manners; „wird in englischen Werken, welche die Kirchengeschichte jener Zeit melden, als einer der ausgezeichnetsten Priester zu damaliger Zeit erwähnt" (Pastoral-Blatt von St. Louis 1873, 62). Lang a. a. O. nennt ihn Sintensperger.

Stadmayer, P. Ferdinand, zur Zeit der Aufhebung „auf Mission in Pennsylvanien" (Lang 210). — Wahrscheinlich identisch mit

Steinmayr [Farmer], P. Ferdinand, geb. zu Weißenstein in Württem-berg 13. Oct. 1720, eingetr. 28. Sept. 1743, ging 1751 nach Maryland. Er wirkte 36 Jahre lang theils in New York, wo er nach einem Brief Bischof Carrolls vom 15. Dec. 1785 die erste katholische Gemeinde gründete, theils in Philadelphia, wo er 17. Aug. 1787 „im Rufe der Heiligkeit" starb. Er hatte seinen Namen in Farmer anglisirt. (Pastoral-Blatt von St. Louis 1873, 85; Biographie in Arch. Prov. Germ.; Lang a. a. O.) — Schriften: Brief von 1755 im W.-B., 40. Thl., 18. Ein anderer Brief von 1764 in Syllabus Rector. Heidelberg. (1786, 4°) P. II, 204 sq. Vgl. Sommerv.

Wappeler, P. Wilhelm (Rhen. Inf.), geb. 22. Jan. 1711 („Nephen.") in der Diöc. Mainz (al. in Westfalen), eingetr. 18. Oct. 1728, reiste 1740 (al. 1749) nach Pennsylvanien. Mitbegründer der Mission von Conewago. Ueber ihn schreibt Carroll: „Er blieb ungefähr acht Jahre in Amerika und bekehrte und rettete viele für den Glauben an Christus, mußte aber wegen zerrütteter Gesund-heit wieder nach Europa zurückkehren." Er wurde später der englischen Provinz zugeschrieben. (Pastoral-Blatt von St. Louis 1874, 6 f.; Cat. Rhen. Inf.)

II. Asien.

A. Spanisch Ostindien.

Provinz der Philippinen.

Errichtet 1594, zählte (1616: 100, 1710: 165) 1750: 126 Jesuiten (97 Priester) und 19 Niederlassungen: 4 Collegien und 1 Universität (seit 1621) in Manila, 1 Seminar, 12 Residenzen, 1 Mission; 1769: 16 Residenzen, 3 Collegien, 1 Universität, 4 Seminarien und Convicte, 6 Missionen.

Indianermissionen. 1. Die Mission auf den Karolinen. 2. Die Mission auf den Marianen. 3. Die Mission auf Mindanao.

Im Jahre 1767 bestanden etwa 60 Reductionen oder Doctrinas mit 165000 christlichen Eingeborenen.

Hier wirkten:

Bank [Banc], Br. Georg, geb. 27. Dec. 1697 in der Diöc. Würzburg („Biment."?), eingetr. 14. Febr. 1723, kam nach den Philippinen 1732, lebte noch 1755. (Cat.)

Berchtold [Bertold], P. Wolfgang (Germ. Sup.), geb. zu Ischl (Diöc. Passau) in Oberösterreich 16. April 1702, eingetr. 18. Oct. 1718, kam 1734 nach den Philippinen („Miss. apud Pictos"), ist 1755 noch dort. (Cat.)

Berlinger, P. Alois (Germ. Sup.), geb. zu Stans (Kanton Unterwalden) in der Schweiz 19. Oct. 1703, eingetr. 28. Sept. 1720 (?), kam nach den Philippinen 1745. Jedenfalls identisch mit dem P. Anton Barlinger, der nach Lang im Jahre 1741 nach den „indischen Missionen" ging. (Cat.) — Schriften: Zwei handschr. Briefe in der Bibliothek des Collegs S. J. in Löwen. Vgl. Sommerv.

Bizel, Br. Matthias (Germ. Sup.), geb. 19. Febr. 1700 zu Haunswies, Oberbayern (Diöc. Augsburg), eingetr. 23. April 1722, Weber, sehr tüchtig, wurde 1722 nach Chile gesandt, findet sich aber 1731—1732 in den Cat. der Philippinen. (Handschr. Information.)

Bonani [Romani], P. Joseph (Austr.), geb. 21. Nov. 1685 zu Nonsberg in Tirol (Diöc. Trient), eingetr. 6. Oct. 1705, seit 1718 auf den Marianen thätig, arbeitete 23 Jahre lang auf den Inseln Rota, Guahan, Agata u. a., war Rector des Seminars in Manila, Vice-Provincial, starb 10. Juli 1752 „Agadnae" (al. 1768 zu Manila?). — Schriften: Vierzehn Briefe im W.-B. Nr. 9. 150. 171—174. 185—186. 218. 300. 541. 618—619. „Viribus fractis postremis annis libros pios in linguam indicam vertit Manilae in Philippinis, ubi etiam typo dati" (Stöger). Vgl. W.-B. Nr. 151 und Nr. 618, 86. Delgado, Hist. Gen. sacro-profana, política y natural de las islas Filipinas, Manila 1892, n. 131. Sommerv. s. v. und VIII, c. 1862.

Boranga [Borango], v., P. Karl (Austr.), geb. zu Wien den 8. Juli (al. 29. Juni) 1640, eingetr. 7. (al. 5.) Oct. 1656, meldete sich für die gefährliche Mission auf den Marianen, schiffte sich 12. Juni 1678 in Genua mit 17 Mitbrüdern nach Spanien ein und erreichte endlich nach langem Warten auf eine Schiffs-

gelegenheit und nach unzähligen Drangsalen die Mission. Hier arbeitete er mit
hingebendem Opfermuth auf den Inseln Guahan und Rota und starb im Jahre 1684
auf der Insel Zarpane, von den Wilden um des Glaubens willen erschlagen. Seine
Ueberreste kamen später nach Wien und wurden in der Gruft der Jesuitenkirche
beigesetzt. (Cat.; Plaßweg 117—128; Bonbardi, Undeni Graecenses . . . 137;
Leben des ehrw. Patris Boranga im W.-B. Nr. 9; ein handschriftl. latein. Leben
in der Wiener Hofbibliothek 12 227 aus den Litt. ann. S. J. Austr. 1686. Vgl.
Ortiz, Istoria delle Isole Mariane p. 645 sg.; Le Gobien, Hist. des Isles Marianes
l. 0, 343; Ménol. II, 247.) — Schriften: Brief im W.-B. Nr. 2.

Buchelt, P. Franz (Bohem.), geb. 10. Juli 1708 zu Reichenberg in
Böhmen, eingetr. 21. Oct. 1784, kam nach den Philippinen 1745, lebte noch
1763. (Cat.)

Camell [Kammel], Br. (P.) Georg (Bohem.), geb. 21. April 1661 in
Brünn („Brunensis") in Mähren, eingetr. 12. Nov. 1682, Apotheker, ging 1687 nach
den Philippinen (Wiener Berz.) und wurde hier, wie es scheint, zum Priesterthum befördert. Ein trefflicher Botaniker und eifriger Naturforscher, beschäftigte er
sich eingehend mit der Flora und Fauna, besonders der Hauptinsel Luzon, stand
in wissenschaftlicher Correspondenz mit europäischen Gelehrten, denen er seine
Beobachtungen und Sammlungen zusandte. „Die japanische Rose oder Camellie
(Camellia japonica) wurde im 17. Jahrhundert aus Japan und von den Philippinen
durch den Jesuiten Kamel nach Europa gebracht und von Linné nach ihm Camellia
getauft" (Die ges. Naturwissenschaften [Essen 1861], 2. Bd.: Botanik [von Dr. Dippel]
S. 591). C. starb 1706. (Vgl. Cat.; Wiener Berz.; W.-B. Nr. 52, 75; Biogr.
Univers. s. v.; Murillo Velarde, Hist. de la Prov. de Philip. t. IV, cap. 27,
n. 802 sgg.; Bulletin de la Soc. de Géogr. II [Paris 1871], 249.) — Schriften:
Die meisten Sendungen gingen an die englischen Naturforscher John Ray und
James Petiver, Fellows der Königl. Akademie. Die verschiedenen Arbeiten C.s sind
veröffentlicht theils in den Philosopbical Transactions, London: Bd. XXI (1690),
2 ff. 87 ff.; Bd. XXIII (1702—1703), 1055 ff. 1394 ff.; Bd. XXIV, 1591 ff.
1707 ff. 1763 ff. 1809 ff. 1816 ff. 2043 ff.; Bd. XXV, 2197 ff. 2397 ff.; Bd. XXVI
(1708—1709), 241 ff.; Bd. XXVII (1710—1712), 312 ff.; theils in dem 3. Band
des großen Werkes J. Rainii S. R. S. Historia Plantarum (Londinii 1704), fol.,
1—42 und Appendix 1; theils in den Acta Eruditorum (Lipsiae) 1700, p. 522;
1705, p. 180 sqq. (vgl. Opuscula omnia eisdem Actis inserta [Venetiis 1741]
III, 537 sq.); theils im Pharmaceutical Journal 1881. Vgl. Bull. de la Soc.
Royale Botanique de Belgique 1886. Siehe Sommerv. „Il est," schreibt die
Bibliogr. Univ. l. c., „de tous les voyageurs, celui qui en a le mieux fait con-
naître les diverses productions des trois règnes. Il les a décrites dans plusieurs
mémoires envoyés à la Société Royale des Londres." In der Geschichte der Botanik
von Dr. Julius Sachs (München 1875) findet sich über C. kein Wort.

Carlon, P. Dominicus (Austr.), geb. 4. Aug. zu Graz in Steiermark, eingetr. 9. Oct. 1719, kommt 1735 nach den Philippinen, stirbt aber
infolge übergroßen Eifers schon 19. Mai 1738. (Cat.; W.-B. Nr. 617, 84;
Nr. 619, 87.)

Consbruck, P. Florentin (Rhen. Inf.), geb. 12. Nov. 1687 (al. 14. März
1688) zu Coesfeld (al. „Biffeldi"?), eingetr. 2. Mai 1705, kommt 1728 nach Manila,
wo er 7. Juli 1753 starb. (Cat.; W.-B. Nr. 318, 43.)

Cuculin(us), P. Matthias (Bohem.), geb. 17. Januar 1641 zu Müglitz (? „Meolicii") in Mähren, eingetr. 31. Oct. 1661, kam 1678 nach den Marianen und starb dort 14. Dec. 1696 „als zweyter Vorsteher der marianischen Provinz". (Wiener Verz.; Pelzel 100; Cat.; W.-B. Nr. 3, 5; Nr. 31, 101.) — Schriften: Zwei Briefe im W.-B. Nr. 7 und 8. Einer handschr. im Privatbesitz.

Eckart [lat.-span.: be Angulo], P. Georg (Germ. Sup.), geb. 1614 in Neuburg (Bayern?), eingetr. 1630, kam 1642 nach den Philippinen. (Cat.)

Fink, P. Leonard (Germ. Sup.), geb. 2. April 1688 zu Bregenz in Vorarlberg, eingetr. 3. Oct. 1713, kam 1718 nach den Philippinen, wo er mit außerordentlichem Eifer und Geschick auf verschiedenen Inseln wirkte, „von jedermänniglich als ein recht Apostolischer Mann gepriesen" (W.-B. Nr. 212, 42); selbst Wunder wurden ihm zugeschrieben. Er war Rector des Collegs zu Antipolo; ein ausgezeichneter Kenner des Tagalischen (ebb. Nr. 536, 89); lebte noch 1755. (Cat.; W.-B. Nr. 172, 77.)

Franck, Br. Sebastian (Germ. Sup.), geb. 13. Jan. 1693 zu Sieglershofen (Siegertshofen?), Diöc. Würzburg, eingetr. 20. April 1722, Bäcker, sehr tüchtig, wird für Chile bestimmt, findet sich aber später um 1735—1736 auf den Philippinen. Wohl identisch mit Franc, Br. Seb., siehe oben S. 162.

Frisch, P. Ignaz (Bohem.), geb. 18. Febr. 1722 zu Oppau („Oppaviensis") in Schlesien, eingetr. 20. Oct. 1738, kam nach den Philippinen 1752, wirkte bis zur Vertreibung. (Cat.) In einer wohl fehlerhaften Abschrift von Sim.: Tusch.

Gasteiger, P. Jakob (Austr.), geb. 8. Mai 1710 zu Leoben (Steiermark), eingetr. 9. Oct. 1727, geht 1735 nach den Philippinen. (Cat.)

Gerstlacher, P. Georg (Germ. Sup.), aus Indersdorf in Oberbayern, geb. 19. (al. 29.) April 1697, eingetr. 9. Oct. 1714, reist 1729 nach Mexico (siehe ebb.), wirkt zeitweise als Seelsorger in Pueblo de los Angeles (W.-B. Nr. 528, 109) und geht 5. März 1732 nach Manila. (Sulzb. Kal. 1890, 16; Lang a. a. D.; Cat.)

Göltl [Goltl], P. Joseph (Austr.), geb. 4. Nov. 1697 zu Straßburg, eingetr. 9. Oct. 1722, kam 1732 nach den Philippinen, wirkte auf Samar, einer der Visayas-Inseln (W.-B. Nr. 616), lebte noch 1768. (Cat.)

Gößner [Gosner, Kößner], P. Ignaz (Austr.), geb. 21. Nov. 1716 (al. 1715) zu Märzhofen (Steiermark), eingetr. 28. Oct. 1738, ging 1749 nach den Philippinen, wirkte dort bis zur Vertreibung, war später in Temesvar thätig und starb nach 1773. (Platzweg 183; Sim.; Cat.) — Schriften: Ein Brief im W.-B. Nr. 664.

Gutmann, P. Franz Xaver (Austr.), reiste für die Philippinen bestimmt 1729 nach Spanien. — Schriften: Brief aus Cadix vom 31. Jan. 1730 im W.-B. Nr. 392; Uebersetzung eines Reiseberichtes des P. Bonaventura a Plana ebb. S. 116 ff.

Haller, Br. Johann (Bohem.), Apotheker, reist 1688 von Mexico aus nach den Marianen. (W.-B. Nr. 52, 75.)

Halteren, P. Wilhelm (Austr.), geb. 29. Nov. 1699 zu Wellenraedt, Diöc. Mecheln („Belga"), eingetr. als Priester 10. Oct. 1723, ging zuerst in die Mission von Malabar, kam 1734 nach den Philippinen, wirkte u. a. auf der Insel Leyte und starb 1767. (Cat.) — Schriften: Brief von 1736 im W.-B. Nr. 617.

Xavier, P. Franz (Germ. Sup.), geb. 18. Febr. 1691 in der Diöc. Regensburg, eingetr. 22. Sept. 1707, kam nach den Philippinen 1723. (Cat.) — Schriften: Ein Brief im W.-B. Nr. 212.

Heipel [Heippel], P. Jakob (Rhen. Inf.), geb. in Groß-Holbach (Westerwald) 20. (al. 10. Dec., al. 27. Oct.) 1687, eingetr. 28. Sept. 1712 (al. 1715), Professor der Humanität, schiffte sich 1721 nach den Marianen ein, starb nach Cat. Rhen. Inf. 1758. War nach W.-B. Nr. 658, 90 Vice-Provincial der Philippinen. (Vgl. ebb. Nr. 151, 3; Nr. 654.) — Schriften: Ein Brief vom 30. Dec. 1736 im W.-B. Nr. 666. Vgl. Sommerv.

John, P. Lorenz (Bohem.), geb. 10. Aug. 1691 zu Teschen (al. Leitmeritz in Böhmen], eingetr. 21. Oct. 1710, kam 1723 nach den Philippinen, wirkte auf den Inseln St. Juan de Ilog, Bohol ic., wird W.-B. Nr. 610, 69 als „eifervoller und arbeitsamer Seelsorger und Apostel" und als Oberer der „Schwarzen Inseln" angeführt, beherrschte das Spanische, Chinesische, Tagalische und Visahische; war 1772 noch am Leben. (Cat.; Pelzel 201.) — Schriften: Fünf Briefe im W.-B. Nr. 529. 582—583. 612—616.

Kahl [Necrol. Kall], P. Adam (Bohem.), geb. 25. Febr. 1657 zu Eger in Böhmen, eingetr. 17. (al. 27.) Oct. 1673, kam 1687 nach Mexico, vollendete dort seine Theologie und ging 1688 nach den Marianen, starb zu Manila 5. Nov. 1702. (Cat.; Wiener Verz.; Pelzel 129.) — Schriften: Ein Brief im W.-B. Nr. 52. Handschr. Epistola de itinere suo, Gadibus 22. Jun. 1687, in der Wiener Staats-Bibliothek. Vgl. Sommerv.

Kellner [Keller], P. (Br.) Johann (Bohem.), geb. 21. März 1652 zu Beuthen („Beidae") in Schlesien, kam 1688 nach den Philippinen, starb 21. Mai 1706 in „Zanavan" (sic). (Cat.; Wiener Verz.)

Kerschbaumer [Kerschpaumer, Kerschpamer, span. Cereso, Zerezo], P. Anton (Germ. Sup.), geb. 3. März 1643 in Salurn (Tirol), eingetr. 20. Sept. 1661, Professor der Humanität, kam um 1680 nach den Philippinen, 1685 nach den Marianen, wirkte im Colleg von Agabna (Agaña), dann in den Indianer-Missionen. Bei einem Aufstand der Wilden, bei welchem der spanische Commandant, ein Pater und ein Bruder erschlagen wurden, wurde auch P. K., der gerade die heilige Messe las, gewarnt, die heiligen Geheimnisse abzubrechen. Allein der muthige Tiroler fuhr ruhig fort. Eben reichte er einem spanischen Soldaten die heilige Communion, als die bewaffneten Wilden eindrangen. Da trat der Pater ihnen mit dem Ciborium gottbegeistert entgegen und trieb die blutgierige Schar in die Flucht. K. war später auch Novizenmeister und starb in Cebu 11. April. 1711. (Platzweg 113—116; W.-B. Nr. 8, 17; Nr. 31, 101.) — Schriften: Handschr. Brief aus Sevilla vom 24. Jan. 1680, Cod. Lat. Mon. 26473 (al. Moll. 105), fol. 34.

Ketten, P. Hieronymus (Austr.), kam um 1730 nach den Philippinen, wirkte auf der Insel Samar (Visahas). W.-B. Nr. 617. (Cat.)

Klein [Klain, Clain, Clan], P. Paul (Bohem.), geb. 25. Jan. 1652 zu Eger in Böhmen, eingetr. 16. Sept. 1669, ging 1678 nach den Philippinen ausgezeichneter Missionär, war Socius des Provincials. (W.-B. Nr. 31, 101; Pelzel 116; Wiener Verz.; Cat.) — Schriften: Ein Brief im W.-B. Nr. 37. Andere bei Scherer, Atlas Novus II, 74; Salmon, Historie der oriental. Inseln (Altona 1733) 63. Vgl. Jagor, Reisen in den Philippinen (Berlin 1873) 204.

Kropf, P. Joseph (Germ. Sup.), geb. 27. März 1700 zu Tirschenreuth in der Oberpfalz, eingetr. 29. Sept. 1719, ging 1730 nach den Philippinen. (W.-B. Nr. 528; Lang a. a. O.; Cat.) — Schriften: Zwei aus dem Spanischen übersetzte werthvolle Berichte und Abhandlungen über die Philippinen im W.-B. Nr. 534—536 und Nr. 539, und ein Bericht über die Entdeckung der Karolinen ebb. Nr. 540.

Löngel, P. Franz, Missionär auf den Philippinen zur Zeit der Vertreibung. (Sim.)

Märckl [Märkel], P. Franz (Bohem.), geb. 6. Mai 1698 zu Karlsbad („Thermae Carol."), eingetr. 9. Oct. 1717, ging 1729 nach den Philippinen (Ankunft 1732), lehrte in Manila mehrere Jahre canonisches Recht mit „besonderem Ruhm seiner Gelehrsamkeit und Nutzen für seine Schüler" (W.-B. Nr. 653, 49), wirkte als Missionär auf Mindanao und an andern Orten. Er starb auf Cebu (?) 5. Dec. 1754. (W.-B. Nr. 609. 610; Nr. 616, 81; Cat.) — Schriften: Brief vom 4. Mai 1732 aus Mexico im W.-B. Nr. 512.

Maisler [Maysler], Br. Georg (Germ. Sup.), geb. 29. März 1679 zu Rapersdorf, vielleicht Rabelsdorf (Diöc. Regensburg), eingetr. 19. Jan. 1707, Apotheker, ging 1717 nach den Philippinen, wo er „mit dem Nachruf eines geistreichen und sehr nützlichen Ordensmannes" 15. Dec. 1721 zu Manila starb. (W.-B. Nr. 212, 42. Lang a. a. O. 86, der ihn fälschlich als Pater bezeichnet, falls er nicht, was mit deutschen Brüdern öfters geschah, wirklich zum Priesterthum befördert wurde; Cat.)

Malinsky, P. Anton Xaverius (Bohem.), geb. zu Prag 1. Mai 1703, eingetr. 9. Oct. 1718, ging 1729 nach den Philippinen und starb 24. März 1746. Er rechnet sich selbst zu den deutschen Missionären, wirkte auf den sogen. „Schwarzen Inseln", war seit 1735 Oberer der Mission St. Franz Xaver, kam später nach den Inseln Bohol, Lehte und dann nach Manila. (Wiener Verz.; Cat.) — Schriften: Sechs Briefe im W.-B. Nr. 537. 609 bis 611. 652—653.

Mancker, P. Andreas [spanisch: Alfonso de Castro de Vienna] (Austr.), geb. zu Herzogenburg in Niederösterreich 25. Nov. 1640, eingetr. 31. Oct. 1664, Professor der Grammatik und Humanität, reiste 1678, für die Philippinen bestimmt, ab. Er litt vor Cadiz Schiffbruch, setzte dann die Reise „ohne Sack und Pack, ohne Mantel und Hut, ohne Brevier, ja ohne einen Mitgesellen auf einem andern Schiffe" fort, gelangte über Mexico glücklich nach den Philippinen, bat hier die Obern um die chinesische Mission und ging auf der Fahrt dahin durch Schiffbruch unter im Juni 1682. — Schriften: Zwei Briefe aus Mexico (1681) und den Philippinen (1682) im W.-B. Nr. 12 und 30.

Marcellus, P. (Germ. Sup.), ging 1717 nach den Philippinen. (Lang 86.)

Maurer, P. Joseph (Austr.), geb. 25. März 1721 zu Wien, eingetr. 9. Oct. 1738, kam 1752 nach den Philippinen, lebte noch 1787. (Cat.)

Mesola, Br. Franz (Austr.), geb. 2. Oct. 1724 in Mähren („Niscespurgensis", vielleicht Nikolsburg?), eingetr. 9. Oct. 1740, kam 1749 nach den Philippinen. (Cat.)

Obrecht, Br. Nikolaus (Germ. Sup.), um 1735 auf den Philippinen. (Friedrich, Beiträge 26; Cat.)

Pauer [Paber, Sim. Paser], P. Joseph (Bohem.), geb. 1. Juni 1722 zu Brünn in Mähren, eingetr. 9. Oct. 1739, kam nach den Philippinen 1752, lebte noch 1768. (Cat.; Sim.)

Pechtl, P. Franz Xaver (Austr.), geb. zu Pottenborf (Niederösterreich) 29. Sept. 1702, eingetr. 14. Oct. 1720, ging 1734 nach den Philippinen, wirkte auf der Insel Leyte (W.-B. Nr. 617), war Rector in Dapitan (Minbanao), starb 17. Mai 1752. (Vgl. W.-B. 36. Thl., Vorrede.)

Rauscher [Sim. Rausier], P. Anton (Austr.), geb. in Kärnten (al. „Regtenberg", Diöc. Salzburg) 4. Jan. 1704, eingetr. 14. Oct. 1720, ging 1730 nach den Philippinen (Ankunft 1734), wirkte in Manila (1737), „wo er nicht allein ein eifriger Prediger ist, sondern noch hierüber die Unsrigen in denen literis humanioribus unterweiset" (W.-B. Nr. 590, 113), später auf Samar, einer der Visayas-Inseln (ebb. Nr. 617), und unter den wilden Stämmen von Luzon als Oberer von Taytay. Wurde später nach Europa deportirt und starb zu Klagenfurt. (Cat.; Sim.) — Schriften: Auszüge aus mehreren Briefen im W.-B. Nr. 665.

Reittenberger [Reitemberg], P. Franz Xaver (Bohem.), geb. 19. Juni 1708 zu Prag, eingetr. 9. Oct. 1722, ging 1735 nach den Philippinen, war 1740 auf der Insel Rota (Marianen) thätig; 1755 noch am Leben. (W.-B. Nr. 617, 84; Cat.; Wiener Verz.)

Riebl [Rielt], Br. Jakob (Austr.), geb. 24. (al. 8.) Juli 1708 (al. 1709) zu Dachau (Diöc. Freising) in Bayern, eingetr. 27. Oct. 1735, Baber und Apotheker, kam 1748 nach den Philippinen, lebte noch 1755. (Cat.)

Rossi, P. Johann (Austr.), geb. zu Kostelez in Böhmen 27. Sept. (al. Dec.) 1700, eingetr. 9. Oct. 1717, Professor der Humanität, ging 1729 nach den Philippinen (Ankunft 1732), wo er „unermüdet gearbeitet" hat und bereits 1733 infolge unkluger Ueberanstrengung voll von Verdiensten starb. (Cat.; W.-B. Nr. 610, 69; Nr. 616.) — Schriften: Fünf Briefe im W.-B. Nr. 448, I—IV und Anhang des 22. Theils S. 176.

Schenk, Br. Leopold (Germ. Sup.), geb. 25. März 1696 zu Würzburg, mit 26 Jahren zu Altötting aufgenommen 31. April 1722, hatte Logik studirt, war dann Apotheker geworden, wurde 1722 für Chile bestimmt, findet sich aber 1731—1734 auf den Philippinen, später in Mexico. (Handschr. Information; Sulzb. Kal. 1890, 7; Cat.)

Schirmeisen [Schirmayser], P. Johann (Bohem.), geb. zu Neiße in Schlesien 17. Jan. 1657, eingetr. 27. April 1677, kam 1687 nach den Philippinen, war 30 Jahre Missionär auf den Marianen, „ein wahrhaftig apostolischer und bewährter Mann aus der böhmischen Provinz", starb 20. Febr. 1719 auf der Insel Rota. (Wiener Verz.; W.-B. Nr. 151, 4.) — Schriften: Handschr. Bericht über ihn an den Provincial der Philippinen vom 27. Mai 1720 im Wiener Staats-Archiv, Geistl. Angel. Nr. 415, VI.

Schmitz, P. Bernhard (Rhen. Inf.), geb. zu Doesburg, Provinz Gelderland (Holland), 18. Nov. 1683, eingetr. 18. Mai 1708, ging nach den Philippinen 1721 (Ankunft 1723), wirkte in Manila, dann 8 Jahre auf Mindanao, 3 Jahre als Rector des Collegs zu Samboangan, dann Oberer der Mission auf den „Schwarzen Inseln" (Y[l]og), Commissär des Bischofs von Cebu und Protector der Indianer; stirbt um 1747. Im W.-B. Nr. 609, 65 wird er genannt „ein in Holland geborener Teutscher und nicht weniger von seinem adelichen (!) Herkommen als apostolischen Tugenden höchst ansehnlicher Mann". — Schriften: Brief vom 20. April 1733 im W.-B. Nr. 538.

Sonnenberg, v. [span. (de) Monte], P. Ignaz (Germ. Sup.), geb. 20. Juli 1612 zu Luzern, eingetr. 7. Sept. 1628, kam 1676 nach China (siehe ebd.), ging später, nach den Cat. zu urtheilen, nach den Philippinen, wird als Missionär bei den Indern und zweimal als Rector von Selan aufgeführt; scheint nach China zurückgekehrt zu sein. (Cat.)

Stainbeck, P. Wolfgang (Germ. Sup.), geb. 24. Dec. 1699 in der Diöc. Salzburg („Oberetiensis"?), eingetr. 14. Sept. 1719, kam 1755 in die Mission, wird 1761 als Rector des Collegium Agannaiense auf den Marianen aufgeführt. (Cat.)

Steinhauser [span. Juan de Pedrosa], P. Adolf (Austr.), geb. 29. Nov. 1613 zu Laibach („Labacum") in der Krain, eingetr. 17. Nov. 1630, kam 1642 in die Mission. (Cat.)

Stengel, P. Franz (Bohem.), geb. 1. Juni 1733 zu Preßnitz (Breßnitz) in Böhmen, eingetr. 9. Oct. 1739, kam 1752 in die Mission, lebte noch 1768. (Cat.)

Sterzl [Sterzel, Br. Franz], P. Franz (Bohem.), ging nach dem Wiener Berz. 1722 in die Mission, findet sich 1749—1763 in den Cat. derselben.

Stiller, P. Matthäus (Bohem.), geb. 1. Sept. 1720 in Mähren (Diöc. Olmütz), eingetr. 9. Oct. 1738, kam 1752 in die Mission. (Cat.)

Strobach [Strohbach; von den Spaniern Carlos Calvanese umgetauft], P. Augustin (Bohem.), geb. 1. Jan. 1649 (al. 12. März 1646) zu Iglau in Mähren, eingetr. 23. Aug. (al. 14. Oct.) 1667, Professor der Humanität, kam 1682 nach den Philippinen, wirkte dann auf den Marianen mit außerordentlichem Segen, ward Sept. 1698 (al. Aug. 1684) auf der Insel Tinian von den Wilden erschlagen. Der Leichnam wurde nach Sevilla gebracht und in der dortigen Jesuitenkirche beigesetzt. (Platzweg 111 ff.; handschr. Brief und Berichte über sein Martyrium im Wiener Staats-Archiv, Geistl. Angel. Nr. 419; Vita P. Strobach von P. E. de Boye im W.-B. Nr. 4; vgl. W.-B. Nr. 4, 6; Nr. 8, 18; Nr. 30, 88; Nr. 31, 101; Nr. 36, 2; Nr. 52, 74; Nr. 151, 4; Carayon, Bibl. histor. n. 2624, p. 354; Elogium V. P. Aug. Strobach, handschr. in Privatbesitz; Ménol. II, 134; Le Gobien, Hist. des Isles Marianes l. 9, p. 388 ss.; Ortiz, Istoria delle Isole Mariane 634; Pelzel 99.) — Schriften: Brief und ausführliche Berichte im W.-B. Nr. 4—6.

Tilpe, P. Johann (Bohem.), geb. zu Neiße in Schlesien 10. Oct. 1644, eingetr. 14. Oct. 1666, ging 1678 nach den Philippinen, 1683 nach den Marianen und starb dort 9. Juli 1710. Sein spanischer Deckname war Luis

Turcotti de Nissa de Austria. Wird im W.-B. Nr. 52, 73 als Oberer der Marianischen Missionen aufgeführt. (Cat.; Pelzel 128.) — Schriften: Drei Briefe im W.-B. Nr. 3. 64. 81.

Urfahrer [Urfarer, Uhrfahrer], P. Franz Xaver (Germ. Sup.), aus Regensburg, geb. 28. (al. 18.) Febr. 1691, eingetr. 7. (al. 22.) Sept. 1707, kam nach den Philippinen 1723, wirkte auf den Marianen 1760—1766, wird W.-B. Nr. 539, 73 als eifriger und arbeitsamer Missionär, trefflicher Musiker, Rector des Knabenseminars auf den Marianen gerühmt; vgl. W.-B. Nr. 300, 98. Die Spanier nannten ihn einfach P. Francesco Xavier. (Cat.; Sulzb. Kal. 1890, 15.)

Victorin, Br. Franz (Bohem.), geb. 10. Oct. 1714 zu Glatz (?„Glattoviensis") in Schlesien, eingetr. 23. Oct. 1742, kam nach den Philippinen 1747. (Cat.)

Walter, P. Victor (Germ. Sup.), geb. in der Diöc. Brixen 14. Aug. 1689, eingetr. 24. (al. 18.) Sept 1708, ging nach Lang im Jahre 1721 nach Südamerika, wirkte am Marañon (?), kam dann 1724 nach den Marianen, machte von hier aus zweimal den Versuch, auf den Karolinen Fuß zu fassen, war 1736 Visitator der Marianen und Vice-Provincial. Er starb 12. Dec. 1745. (Notizen im W.-B. Nr. 43, 300; Nr. 533; Nr. 540, 77 ff.; Delgado 128 sg.; Cat.) — Schriften: Brief im W.-B. Nr. 608.

Wilhelmi, P. Joseph (Rhen. Inf.), geb. zu Linz am Rhein 20. März 1710 (al. 19. März 1716), eingetr. 19. Oct. 1729, reist 1740 nach Spanien, wird hier von P. Jakob Heipel in der spanischen und indianischen Sprache unterrichtet und geht am 1. Febr 1744 unter Segel nach Mexico und weiter nach den Philippinen, wo er im Juli 1745 anlangt. Wirkt in der Mission von Zamboanga auf der Insel Mindanao mit apostolischer Hingabe und großem Erfolge und starb 1748 im Dienste ansteckender Kranken auf den Jolo-(Sulu-)Inseln, wo er sich die Freundschaft und das Vertrauen eines mohammedanischen kleinen Sultans erworben hatte. (W.-B. Nr. 663, 122 f.; Ménol. I, 523: Platzweg 192—198.) — Schriften: Neun Briefe im W.-B. Nr. 654—662. Er verfaßte nach W.-B. Nr. 661, 105 auch mehrere Schriften in den einheimischen Sprachen.

Zanzini [span. Sanchez], P. Joseph (Austr.), geb. zu Triest 6. März 1616, eingetr. 25. Jan. 1632, kam um 1640 nach den Philippinen, lehrte hier 4 Jahre Rhetorik, wirkte dann 14 Jahre lang als Missionär, war 9 Jahre Rector in Dapitan, ebensolang in Bohol, 3 Jahre Vice-Provincial, Provincial und starb zu Manila 1692. — Schriften: Brief von 1670 im W.-B. Nr. 11.

B. Portugiesisch und Französisch Ostindien.

1. Vorderindien.

Provinz von Goa.

Errichtet durch den hl. Franz Xaver 1549, zählte (1616: 280) 1750: 150 Jesuiten (103 Priester) und 46 Niederlassungen: 1 Profeßhaus, 10 Collegien, 1 Noviciat, 3 Seminarien und Convicte, 3 Residenzen, 28 Missionen, die über einen großen Theil Süb- und Norbindiens bis nach Tibet hin zerstreut lagen. Besonders zu nennen ist die Mission im Reiche des Großmoguls mit Stationen in Agra, Delhi, Lahor, Patna ꝛc.

Provinz von Malabar.

Von Goa getrennt um 1610, zählte (1616: 150) 1750: 47 Jesuiten (46 Priester) und besaß 49 Niederlassungen (8 Collegien, 2 Seminarien und Convicte, 25 Residenzen und 14 Missionen), die über Malabar, die Fischerküste, Travancor, Mabura, Tanjaour, Ceylon, Birma, Bengalen ꝛc. hin zerstreut lagen. Die französischen Patres (1750: 22) bildeten in Bengalen, Carical, Carnate, Ponbichery eine eigene Mission unter französischem Protectorat.

Hier wirkten:

Benber, P. Georg (Rhen. Inf.), geb. in Bingen 13. Oct. (al. 18. Dec.) 1723, eingetr. 17. Oct. 1740, reist nach Ostindien 1752, stirbt in der malabarischen Mission 16. Dec. 1769. (Cat.)

Bischopinc, P. Bernard (Rhen. Inf.), geb. 31. Jan. 1692 zu Borlen (Westfalen), eingetr. 23. Mai 1708, Professor der Humanität, ging 1726 nach Ostindien, wirkte an der Malabarküste, war Rector von Ambalacate und ebendort Professor der Philosophie und Theologie, starb um 1746. (Cat.) — Schriften: Brief im W.-B. Nr. 601; Auszüge Nr. 739. Dictionarium Malabar. et Samscr. damicolusitanum, cui praefixa est grammatica P. E. Hanxleden S. J. et in fine addita catechesis christiana lingua malabarica. Omnia descripsit accurate P. Jos. Hausegger, Ungarus e S. J. Siehe unten bei Hanxleben und bei Sommerv. s. v. und VIII, c. 1843.

Bosquetto, P. Daniel (Germ. Sup.), geb. 25. März 1663 in Friaul, eingetr. zu Landsberg 27. Jan. 1681, wirkte vier Jahre in der Mission von Mabura, ging 1705 nach Meliapor und dann nach Ponbichery. Er starb am 1. Juni 1706.

Bremer, P. Stephan Joseph (Rhen. Inf.), geb. 30. April 1660 zu Wüschheim („Wuschemii") im Jülicherland, eingetr. 2. Mai 1679, wirkte an der Malabarküste, war Professor der Theologie und Vice-Rector von Ambalacate, ging 1705 im Auftrag des Erzbischofs von Cranganor nach Rom. (Cat.)

Cesqui, P. Anton (Germ. Sup.), starb im Reich des Großmoguls 1656. Handschr. Verz. in Arch. Prov. Germ.

Charanby [Charanbius], P. Johann Bapt. (Germ. Sup.), geb. 11. Dec. 1650 in Solothurn (Schweiz), eingetr. 8. Juli 1680, ging 1692 nach Ostindien, starb auf der Seereise. (Franco, Syn.; Arch. Prov. Germ. IX. T.)

Czech, siehe Zech.

Deistermann, P. Georg (Rhen. Inf.), geb. 11. Mai 1692 im Münsterschen, eingetr. 7. Juni 1710, begleitete P. Bischopinc nach Indien, war Oberer der Missionsgemeinden an der Küste von Travancor, starb 1740 in Bengalen. (Cat.)

Emmerich, P. Georg (Germ. Sup.), geb. 23. Mai 1669 in der Diöc. Mainz, eingetr. 13. Juli 1688, ging 1700 nach Ostindien, starb aber auf der Fahrt. (Cat.; W.-B. Nr. 93, 50.)

Freysleben [bei Franco Fruileber], P. Benedikt (Germ. Sup.), geb. 4. Nov. 1669 zu Neustadt an der Saale (Bayern), eingetr. 28. Sept. 1687, ging 1700 nach Ostindien und wirkte an der Küste von Malabar. Starb zwischen 1708—1711. (Sulzb. Kal. 1889, 121; W.-B. Nr. 93, 59; Cat.) Von Franco l. c. fälschlich als Italus bezeichnet.

Gabelsberger, P. Anton (Germ. Sup.), geb. 10. Sept. 1704 zu Mainburg, Diöc. Regensburg (Niederbayern), eingetr. 9. Oct. 1719, ging um 1736 nach Ostindien, zog in Begleitung des P. Strobl 1738 ins Reich des Großmoguls, starb aber schon um 1740 im Reich des Königs Savaï-Jaepor. (Vgl. W.-B. Nr. 639, 127; Nr. 643; Müllbauer, Gesch. der kathol. Mission in Ostindien [München 1851], 287.) Lang läßt G. fälschlich nach Amerika gehen.

Gast, P. Chrysostomus, ging 1629 über Lissabon nach Ostindien. (Franco l. c.)

Hanxleben, P. Johann Ernst, geb. zu Ostercappeln bei Osnabrück 1681, eingetr. 30. Nov. 1699, machte sein Noviziat während seiner Reise nach Ostindien als Reisegefährte der Patres Wilhelm Weber und Wilhelm Mayer, die beide auf der Reise starben. H. gelangte nach einer abenteuerlichen Reise durch Syrien, Armenien, Persien glücklich in Goa an. „Er hat über 30 Jahre im Malabarischen Weinberg unermüdet gearbeitet, hat sich durch seine ungemeine Tugend, Wissenschaft und Dienstfertigkeit bey allen ein unvergleichliches Lob und ruhmwürdigsten Nachruhm erworben." (W.-B. Nr. 601, 197.) Er starb 20. März 1732 in Palur (Pashur). — Schriften: H. war ein bedeutendes Sprachtalent und ist als ein Begründer und Bahnbrecher der Sanskritstudien zu betrachten. „Er verfaßte die erste Grammatik, welche in Europa im Druck erschien, und in Verbindung mit P. Pimentel auch ein malabar-sanskrit-portugiesisches Wörterbuch" (Müllbauer 289; vgl. oben S. 88 f.). Eine Reihe handschriftlicher Werke in gebundener und ungebundener Rede wird in der Propaganda-Bibliothek aufbewahrt. Vgl. Examen Hist.-Crit. Indicorum librorum bibl. S. Congr. de prop. fide. Auct. P. Paulino a S. Bartholomeo, Carm. Disc. . . . Romae 1792, p. 51. 55. 77, und India Orientalis Christ. desselben Verfassers p. 191. (Siehe auch Dahlmann a. a. O. S. 16 f. und Sommerv.) Notizen bei Platzweg 66 ff.; W.-B. Nr. 93, 59; M. Müller, Vorlesungen über die Wissenschaft der Sprache, 1. Bd., 2. Aufl. 1866, 429. Hervas, Catálogo de las Lenguas II, p. 132 sg., sagt von ihm: „Este jesuita, segun me ha dicho el referido Fray Paulino, llegó á hablar la lengua malabar, y á entender la samscreda con mayor perfeccion que los Brahmanes, como lo demuestran sus insignes manuscritos en dichas lenguas." Bei Müller a. a. O.

Hartmann, P. Jakob (Rhen. Inf.), geb. 1. Mai 1705 zu Habamar im Nassauischen, eingetr. 18. Oct. 1725, ging 1737 nach Ostindien, wirkte in der Mission von Madura im District Malcibipatti (W.-B. Nr. 603, 41; Nr. 634, 104); 1752 noch am Leben. (Cat.)

Hausegger, P. Jakob (Austr.), geb. 9. März 1700 zu Schemniß in Ungarn, eingetr. 27. Oct. 1715, Professor der Humanität und Rhetorik, ging 1730 nach Ostindien, wirkte an der Malabarküste in Meliapor und Travancor, war Rector des Collegs von Ambalacate; starb 1765. (Cat.; W.-B. Nr. 585, 75.) — Schriften: Zwölf Briefe im W.-B. Nr. 636. 724—736. Vgl. Sommerv. s. v. und sub Bischopink.

Hütlin [Hütlein, Hütli], P. Anton (Germ. Sup.), geb. zu Konstanz 6. März 1700, eingetr. 8. Oct. 1715, Professor der Humanität und Rhetorik, ging 1730 nach Malabar, wo er 12 Jahre arbeitete, war u. a. Vice-Rector „Collegii Bengalensis", Oberer der Pfarreien an der Küste von Travancor, dann Missionär im District Talla an der Fischerküste, ging um 1740 nach Europa, um für die Mission Almosen zu sammeln, blieb, wie es scheint, in Deutschland zurück, docirte Moraltheologie und canonisches Recht in Amberg, München und Trient und starb als Studienpräfect zu Landshut 31. März 1761. (Vgl. Lang 198; W.-B. Nr. 636, 111; Cat.: Sommerv.) — Schriften: Ein Brief im W.-B. Nr. 605.

Jackesch, P. Joachim (Bohem.), findet sich 1739 als Professor der Theologie im Colleg von Ambalacate in der Mission von Malabar. (W.-B. Nr. 634, 104.) Hatte wahrscheinlich einen andern Namen angenommen.

Kette, Br. Johann, ein Tiroler, geb. um 1720, eingetr. 1751, 1756 im Colleg von Rachol (Provinz Goa) Sacristan und Kleiderverwahrer. (Cat.)

Koch [Roc], P. Franz Borgia (Austr.), geb. zu Klagenfurt 10. Oct. 1678, eingetr. 20. Oct. 1695, Professor der Humanität, ging nach Vorderindien um 1705, wurde für die Mission von Tibet bestimmt, dessen König um Missionäre gebeten hatte, starb aber schon bald in Agra 8. Oct. 1711. (Cat.) — Schriften: Brief von Goa 1706 im W.-B. Nr. 117.

Köning [Königs], P. Martin (Rhen. Inf.), geb. zu Köln 14. Jan. 1704, eingetr. 19. Oct. 1724, Professor der Humanität und Rhetorik, ging nach der Mission von Madura 1737, wirkte in Travancor (W.-B. Nr. 634, 104), mußte beim Krieg gegen die Holländer im portugiesischen Heere als Soldat mitbienen (ebb. 604), starb 4. Juli 1741 an der Küste von Travancor („in pago Iacum"). — Schriften: Briefe im W.-B. Nr. 604. 788. Vgl. Sommerv.

Kopff [Koph, bei Franco Kephet], P. Joseph (Germ. Sup.), geb. 21. Nov. 1666 zu Bamberg in Bayern, eingetr. 21. Sept. 1688, geht 1690 nach Ostindien, wirkte an der Malabarküste. (Franco 406; Cat.)

Krening [Kreningh, irrthümlich auch Kroning, Khrening], P. Joseph (Rhen. Inf.), geb. zu Lille 9. Febr. 1705, eingetr. 8. Oct. 1725, Professor der Humanität und Rhetorik, ging 1737 nach Malabar, war Professor der Theologie im Colleg von Ambalacate (W.-B. Nr. 634, 104), diente im Krieg den portugiesischen Truppen als Feldkaplan auf der Festung Travancor und wirkte im District Cotale. Er starb um 1789. (Cat.) — Schriften: Conquistas na India em Apostolicas Missoens da Comp. de Jesus . . . até o anno de 1744. . . . Lisboa 1750. 4°, p. 56. Vgl. Sommerv.

Mahl, P. Peter (Rhen. Inf.), aus Ilbenstadt (Diöc. Mainz), geb. 19. Sept. 1709, eingetr. 17. Oct. 1740, geht 1752 nach Ostindien und stirbt auf der Insel Ceylon 26. Sept. 1765. (Cat. mscr.)

Manes [Mansi], P. Vigilius (Germ. Sup.), geb. 12. Juni 1666 in Tirol (Diöc. Trient), eingetr. 27. Sept. 1684, kam in die Mission von Malabar 1701, kehrte 1721 zurück und starb 19. Oct. 1743 zu Trient. (Cat.)

Matter [Mattern, Matern, bei Franco Mater], Br., später P. Christoph (Bohem.), geb. zu Grischau in Böhmen (nach Pelzel 135 in Schlesien) 13. Dec. 1661, eingetr. 9. Oct. 1681 als Bruder, Apotheker, ging 1708 nach Lissabon, wo er zeitweise am Hofe festgehalten wurde, reiste 1709 nach Goa, wo er das europäische Apothekerwesen einführte und hochgeschätzt war (siehe oben S. 81 f.). Um 1719 wurde er Priester und starb zu Goa 21. Mai 1721. (Cat.; Wiener Berz.; Franco l. c.) — Schriften: Ein Brief vom 28. Dec. 1710 im W.-B. Nr. 508. Handschriftl. Brief vom 15. Jan. 1717 und 20. Jan. 1719 aus Goa im Wiener Staats-Archiv, Geistl. Angel., Nr. 415, VI.

Maur, P. Thomas (Rhen. Inf.), aus Hammerstein (Diöc. Trier), geb. 19. Nov. 1716, eingetr. 17. Oct. 1740, geht 1753 nach Malabar, lebt noch 1770. (Cat. mscr.)

Mautner [Mauther], P. Joseph, geb. in Olmütz (Mähren) um 1730, eingetr. 1750 zu Rom, wirkte bis zur Vertreibung u. a. in missione ad flumina Senner (?), starb 7. Mai 1761 auf der gewaltsamen Deportation von Goa nach Lissabon auf hoher See. (Vgl. Carayon IX, 248; Handschr. Berz.; Murr, Journ. IX, 228.)

Mahr [Meher], P. Wilhelm (Germ. Sup.), geb. zu Deggendorf an der Donau (Bayern) 14. März 1661, eingetr. 15. Aug. 1682, reiste 1699 als Begleiter P. Wilhelm Webers (siehe unten) nach Ostindien und starb auf der Reise 28. Nov. 1700. (Vgl. Platzweg 58 ff.; W.-B. Nr. 93, 60. 65; Sulzb. Kal. 1889, 4.)

Müller, Br. Jakob (Rhen. Inf.), geb. zu Köln 16. Jan. 1717, eingetr. 30. April 1738, Apotheker, reiste 1750 nach Goa und wirkte bis zur Vertreibung 1759, schmachtete längere Zeit in den Kerkern von St. Julian zu Lissabon, wurde 1767 befreit und lebte später im Colleg „tribus a Coronis" als Krankenwärter. 1770 noch dort. (Vgl. Kathol. Missionen 1891, 137 ff.; „Jakob Müllers Erlebnisse und Leiden" . . . nach einem Bericht im Arch. Prov. Germ. S. VII. F. E.[1]; Murr, Journ. VIII, 184. 269.)

Obsizierer, P. Wilhelm (Bohem.), geb. 9. Juni 1716 zu Schwersenz in Posen („Schwerccensis"), eingetr. 8. Jan. 1734, kam 1748 für Paraguay bestimmt nach Lissabon, wurde aber als Professor der Theologie nach Goa gesandt (Bauce 704); findet sich dort 1752 als primarius professor Theologiae, 1756 auch als Studienpräfect im Colleg St. Paul zu Goa. (Cat.)

Pfleger, P. Franz (Germ. Sup.), geb. 1. Oct. 1708 zu München, eingetr. 13. Sept. 1724, ging 1737 nach Ostindien, wirkte an der Fischerküste und wird 1739 als todt gemeldet. (W.-B. Nr. 634, 104; Cat.)

Przikril [Prickril, Pizikril, Prickil, Preitwil], P. Karl (Bohem.), geb. 7. Dec. 1718 zu Prag, eingetr. 9. Oct. 1734, Professor der Humanität, Professor und Kanzler an der Universität Prag, ging 1748, anfangs für Paraguay bestimmt (Bauce 704) nach Goa, docirte hier Theologie („lector extraordinarius"), war lange Jahre Studienpräfect im dortigen Colleg und wirkte bis zur Vertreibung 1759. P. verblieb dann bis zum 10. Juli 1767 im Kerker von St. Julian, war nach seiner Rückkehr in die Heimat Instructor III. anni, Rector des Collegs zu Königgrätz und nach Aufhebung der Gesellschaft Spiritual im dortigen Seminar. Er starb 8. (al. 18.) Jan. 1785. (Menol. I, 23; Litt. ann. Prov. Bohem. 1740; Pelzel 177.) — Schriften: Briefe bei Carayon II, 716 in Vita P. Camerini. Handschr. Brief aus dem Kerker von St. Julian von 1766 im Arch. Prov. Germ. IV. A. 18. „P. P. benützte die Kerkerhaft von St. Julian, um eine Grammatik (Grammatica linguae Canarinae, quam gentiles Goani et circumiacentes ethnici inter se loquuntur) und ein Wörterbuch der Kanaresischen Sprache auszuarbeiten. Den Stoff hatte er während seiner Missionsthätigkeit im Kanari-Gebiete gesammelt und bei der Verbannung glücklich nach Europa gebracht (Dahlmann 16). Ebendort verfaßte er Dramen und Gedichte und arbeitete an einer griech.-latein. Grammatik. Weitere Notizen bei Murr, Journ. VIII, 183; IX, 239; XIV, 298 ff.; Pelzel 236; Murr, Geschichte II, 191.

Ratkay, P. Nikolaus (Austr.), Bruder des P. Johannes R. (siehe unter Mexico), aus Pettau (Steiermark), ging um 1660? nach Ostindien. „Beide (Brüder) sind nicht ohne Nachruhm der Heiligkeit gestorben" (W.-B. Nr. 20, Schlußnote).

Renon, P. Anton (Rhen. Inf.), geb. 18. Dec. 1723 zu Bonn, eingetr. 21. Oct. 1741, ging 1754 nach Ostindien, wirkte noch 1770 als Missionär an der Malabarküste.

Riebler, P. Joseph (Germ. Sup.), geb. 1. Sept. 1678 zu München, eingetr. 21. Sept. 1695, reiste 1714 mit P. Mittermayr nach Ostindien und ging, wie es scheint, wie dieser bei einem Schiffbruch unter. (Cat.; Franco, Syn. 450.)

Roth [Robius], P. Heinrich (Germ. Sup.), geb. zu Dillingen 18. Dec. 1620, eingetr. 25. Oct. 1639, ging 1650, für Aethiopien (Abessinien) bestimmt (siehe Anhang), nach dem Orient, war 1651 in Smyrna, reiste dann nach Indien, war Pfarrer in Salsette, Rector in Agra. „Hat sehr viele Landschafften in Asien öffters durchreiset und sich endtlich zu Agra in der Haupt- und Residenzstadt des Groß-Mogols oder des Indianischen Kaysers beyläuffig Anno 1653 vest gesetzt, von wannen er gewisser Geschäfte und absonderlich neuer Gehülffen wegen nach Rom zurückgekehrt und mit solchen wieder zu gedachtem Agra angelangt: letztlich aber daselbst nach so langwierig als fruchtbarer Mühverwaltungen voll des geistlichen Trostes den 20. Junii 1668 gottselig verschieden ist." (W.-B. Nr. 35; Sulzb. Kal. 1890, 3; Ménol. I, 530; Max Müller a. a. O. 427; vgl. oben S. 89.) — Schriften: Schriften über die Lehre der Brahminen und über die Sanskrit-Sprache wurden von seinem gelehrten Ordensbruder P. Athanasius Kircher veröffentlicht. Relatio rerum notabilium Regni Mogor ... (Aschaffenburg 1664 und 1668). 4°, 15 pag.; Briefe im W.-B. Nr. 35; bei Scherer, Atl. Novus II, 70; Variae relationes de regno Mogol, dum Neoburgi adesset, handschr. in der Bibl. Royale zu Brüssel, n. 6828/29, fol. 415.

Scherpenseel, P. Matthias (Rhen. Inf.), geb. 16. Jan. 1720 in Jülich, eingetr. 20. Oct. 1738, ging 1752 nach Ostindien. (Cat.)

Souveles [bei Franco Savelit], P. Sebastian (Rhen. Sup.), ein Luxemburger („Alanticensis"), geb. 10. Mai 1662, eingetr. 20. Juli 1683 zu Mainz, Professor der Rhetorik, ging 1698 nach Ostindien. (Cat.; W.-B. Nr. 93, 59; Franco l. c.)

Stocker [Stoker], P. Franz Xaver (Bohem. oder Germ. Sup.), geb. 29. Juli 1706 zu Eichstädt in Bayern, eingetr. 20. Sept. 1723, ging 1737 nach Ostindien, wirkte nach einem Briefe vom Jahre 1739 „an den Fischer-Küsten auf den Missionen" (W.-B. Nr. 634, 104 und Nr. 636, 111; Müllbauer 289), wurde 1742 nach Europa zurückberufen und starb zu Amberg 4. April 1762. (Cat.; Lang 199.)

Strobl [Strobel], P. Andreas (Germ. Sup.), geb. 23. Jan. 1703 zu Schwandorf in Bayern, eingetr. 30. Sept. 1721, Professor der Humanität, ging 1736 nach Ostindien, folgte 1740 einem Ruf des heidnischen Fürsten von Jaepor in dessen Land, kam 1743 nach Agra, 1745 zum Großmogul nach Delhi, der ihn mit Ehren empfing und wegen seiner Kenntnisse und Leistungen in der Mathematik, Astronomie, Mechanik und Gnomonik hochschätzte. Er lebte hier sehr arm, disputirte fleißig mit den mohammedanischen Mollas, wurde 1749 nach Narwar versetzt und starb um 1770. (Müllbauer 287; Sulzb. Kal. 1690, 4; Cat.) — Schriften: Zwölf Briefe im M.-B. Nr. 641—650; Nr. 806—807.

Tanglerner, P. Paul (Austr.), geb. 1710/11 zu Millstadt in Kärnten („Millestadii"), eingetr. 1731, kam 1748 nach Goa, wirkte 8 Jahre lang in der Mission von Maissur und war 1756 dort Oberer.

Tieffenthaler, P. Joseph (Germ. Sup.), geb. zu Bozen (Tirol) 27. April 1710, eingetr. 9. Oct. 1729, Professor der Humanität, ging 1740 nach Ostindien, kam 1743 ins Reich des Großmogul, war Rector des Collegs in Agra, starb um 1770. (Bibl. Univ.; Müllbauer 287.) — Schriften: T. war ein ausgezeichneter Kenner der indischen Literatur, Geographie, Naturgeschichte, stand in wissenschaftlicher Correspondenz mit Anquetil Du Perron, Krutzenstein (Professor der Medicin in Kopenhagen) u. a. Ein Theil dieser Correspondenz wurde von Bernouilli herausgegeben. „Des P. J. T. histor.-geograph. Beschreibung von Hindustan" (mit Karten und Figuren). 3 Bde. 4°, Berlin und Gotha 1785—1788; Auszug ebb. 1785 bis 1786, zwei Bände in 8°; franz. Ausgabe Berlin 1786—1788; der zweite Band enthält Briefe und kartographische Arbeiten T.s. Band II, 2. Theil S. 419 enthält den Katalog der an Krutzenstein gesandten wissenschaftlichen Arbeiten, über dreißig an der Zahl. Ein Brief im M.-B. Nr. 651. Vgl. auch Journal des Savants XVII, 17; Hunter, Gaz. of India I, 386; V, 140; VIII, 132; IX, 151 f.; X, 82; XII, 332. Des Fra Paolino da San Bartolomeo Reise nach Ostindien. Aus dem Französ. von J. R. Forster, Berlin 1798, S. 235 f. Carte Générale du cours du Gange et du Gagra dressée par les cartes particulières du P. Tieffenthaler par M. Anquetil du Perron à Paris 1784.

Weber, P. Wilhelm (Germ. Sup.), geb. 21. Aug. 1663 zu Erfurt, eingetr. 15. Juli 1685, ging am 3. Nov. 1699 von Livorno aus nach Ostindien. Der Weg ging über Cypern, Aleppo, Mesopotamien und dann unter aufregenden Abenteuern quer durch Armenien und Persien nach Bender-Abbas am Persischen Meerbusen und von hier (3. Nov. 1700) zu Schiff nach Goa. Auf der Seereise brach an Bord eine ansteckende Krankheit aus, die auch W., der durch die Strapazen der Landreise und die hingebende Krankenpflege geschwächt war, am 25. Mai 1700 hinwegraffte. (Vgl. oben S. 48 Anm.; Platzweg 54 ff.; M.-B. Nr. 93; Sulzb. Kal. 1889, 121. „Ostindische Reisebeschreibung des Herrn Joh. Kaspar Schillinger." Nürnberg 1707.)

Weiß, P. Franz, geb. zu Zellingen in Franken (Diöc. Würzburg) 15. Mai 1672, war zeitweise Feldkaplan der deutschen Truppen in Genua, ging 1699 nach Lissabon und trat 11. April 1699 ins Noviziat zu Evora ein, reiste 25. März 1700 nach Ostindien, wirkte in der goanischen Provinz bis 1743. (Sulzb. Kal. 1889, 121; M.-B. Nr. 93, 59; Cat.)

Wendel, P. Franz, ein Deutscher, 1751 mit 25 Jahren zu Florenz aufgenommen, war 1756 im Colleg von Diu in der Provinz von Goa.

Barth, P. Albert, geb. um 1716 zu Blankenberg, eingetr. 1737, findet sich 1758 als Missionär in Kittar, Provinz Goa. (Cat.)

Zech [Czech], P. Friedrich (Germ. Sup.), geb. 28. Febr. 1673 zu München, eingetr. 20. Sept. 1695, seit 1700 in Ostindien, wirkte an der Fischerküste (Ramesuram), war 1718 Rector in Meliapor, 1722 Rector Collegii Bengalensis, scheint um 1729 gestorben zu sein. (Cat.) — Schriften: Zwei Briefe im W.-B. Nr. 62 und 74.

2. Hinterindien.

Vice-Provinz von Japan.

Die alte Provinz Japan, 1612 errichtet, bestand nach der furchtbaren Verfolgung seit dem Beginn des 17. Jahrhunderts und der Vertreibung aller Missionäre (um 1650) nur mehr nominell weiter und umfaßte nun außer Macao und dem portugiesischen Besitz in China die Länder Hinterindiens: Tonking, Cochinchina, Cambodscha, Siam und später Malacca. Sie zählte 1750: 57 Jesuiten (41 Priester), 18 Residenzen, 1 Colleg und eine größere Anzahl Missionsstationen.

Hier wirkten:

Bürgin [span. Borges], P. Onuphrius (Germ. Sup.), aus Luzern (Schweiz), geb. 1614, eingetr. 1630, Lehrer am Colleg zu Innsbruck, geht 1638 (1640) in die Mission von Japan, von dort nach wenigen Jahren nach Tonking, wo er 1648 Oberer der Mission wird. Zehn Jahre später bei Ausbruch der Verfolgung war B. abermals Missionsoberer und durfte allein mit P. Tissanier zurückbleiben. Nach achtzehnjähriger Wirksamkeit in Tonking 1663 vertrieben, starb er kurz darauf zu Jacatara 18. Jan. 1664. Bald darauf traf vom General in Rom seine Ernennung zum Provincial von Japan ein. (Franco, Syn.; W.-B. Nr. 10, 29; P. de Montéron, Missions de la Cochinch. et du Tonquin 1658, u. a. O. p. 191; Arch. Prov. Germ. IX. T.; Pachtler, Das Christenthum in Tonking 116 ff.; Ménol. II, 28, wo als Todesjahr fälschlich 1633 steht; Cat.) — Schriften: Brief aus Tonking bei Kropf, Hist. Prov. Germ. Sup. Dec. 10, n. 227.

Enggers [Engers], P. Hermann (Rhen. Inf.), aus Salzkotten (Diöc. Paderborn), geb. 4. März 1708, eingetr. 19. Oct. 1727, starb auf der Reise von Macao nach Tonking 2. Dec. 1740 im Kerker zu Kincheu. (Pachtler 287 Anm. und 314; W.-B. Nr. 708, 67; vgl. Nr. 705, 41. „In ihm ist unserem lieben Teutschland eine neue Zierde zugewachsen." W.-B. Nr. 676, 49.)

Gietl, P. Theodor (Germ. Sup.), geb. 9. Nov. 1738 zu Neuburg, Diöc. Augsburg (Bayern), eingetr. 9. Oct. 1755, Professor und Subregens am Convict St. Ignaz zu Ingolstadt, reiste 1772 in die Mission von Tonking ab, wo er 1786 starb. (Cat.; Sulzb. Kal. 1890, 11.)

Graff, P. Jakob (Rhen. Inf.), geb. zu Niederberg (Diöc. Trier) 13. Aug. 1709, eingetr. 19. Oct. 1727, ging 1738 in die Mission, docirte zu Macao Philosophie, erlitt auf der Fahrt nach Siam 1743 Schiffbruch, blieb und wirkte in Cochinchina bis 1750, war Oberer der Mission (W.-B. Nr. 715, 94), später Procurator der japan.-chines. Provinz, Rector des Collegs von Macao, Socius des Provinzials und Consultor des Visitators. Nach der Vertreibung 1762 kam er nach

Lissabon, kehrte nach seiner Befreiung 10. Juli 1767 nach der Heimat zurück und starb in Trier 28. Febr. 1773. (Cat.; Platzweg 329; Kathol. Missionen 1891, 198. 231; Pachtler 240; Carayon IX., 121. 164. 244; W.-B. Nr. 713, 30.) — Schriften: Latein. Bericht über seine Abführung von Macao über Bahia nach Lissabon bei Murr, Journ. VIII, 244. 251 ff. Brief vom 5. Juli 1762 bei Carayon l. c. Auszug aus zwei Briefen im W.-B. Nr. 712.

Gruber [Grueber], P. Johann (Bohem.), geb. 8. Oct. 1708 zu Nimburg in Böhmen, eingetr. 21. Oct. 1725, ging 1737 in die Mission (W.-B. Nr. 590, 100), wirkte in Cochinchina (ebb. Nr. 594) und starb dort 23. Juli 1741 als Opfer seines Uebereifers, indem er trotz schlimmer Erkrankung zwei Tagereisen weit zu einem Sterbenden eilt. Ein Franziskaner nennt ihn einen „büßenden Engel“, und P. Siebert (siehe diesen Namen) lobt ihn wegen seiner bewunderungswürdigen Geduld, Demuth, Abtöttung und seines Seeleneifers. (W.-B. Nr. 707, 51.)

Gumb, P. Simon (Rhen. Sup.), geb. in Tirol 28. Oct. 1708, eingetr. 28. Sept. 1735, kam 1751 nach Tonking. Trotz der Verfolgung hielt er mit mehreren Mitbrüdern muthig aus bis zur gewaltsamen Vertreibung. Er hatte, um am Hofe Zutritt zu erlangen, eigens Mathematik und die Feuerwerkkunst gelernt und sich aus Europa auch Bücher über die Büchsenmacherkunst verschrieben. Er starb bei der Deportation auf der Fahrt von Goa nach Lissabon 17. März 1761. (Vgl. Murr, Journ. VIII, 181; IX, 228; Carayon IX, 244; Pachtler 289. 345.) — Schriften: Ein Brief im W.-B. Nr. 697.

Hoppe, P. Johann (Bohem.), geb. zu Schweidnitz in Schlesien 12. Juli 1708, eingetr. 20. Oct. 1724, war 1737 in Japan und kam von dort 1740 nach Cochinchina, wurde 1750 mit andern Missionären festgenommen, gefoltert, verbannt, ging nach Macao und von dort nach Tonking, wo er bis zu seinem Tode 1783 unter den schwierigsten Verhältnissen aushielt. (Vgl. W.-B. Nr. 707; Pachtler 253. 289. 340 ff.) — Schriften: Zwei Briefe im W.-B. Nr. 713. 720.

Kayser [Kaiser, Keiser], P. Joseph Johann (Germ. Sup.), geb. zu Burghausen in Bayern 8. Jan. 1706, eingetr. 21. Sept. 1727, ging 1738 nach Cochinchina, wurde auf dem Wege dahin an der Grenze Tonkings festgenommen und zu Kincheu eingekerkert, kam dann nach Macao und von hier nach Tonking, wo er 1764 starb. (Vgl. W.-B. Nr. 705, 41; Nr. 676, 49; Pachtler 289. 340 ff.) — Schriften: Ein Brief im W.-B. Nr. 708. Handschr. Brief aus Macao, 14. Nov. 1741, im Arch. Prov. Germ. S. IV. F. A. 15.

Koffler, P. Johann (Bohem.), geb. zu Prag 19. Juni 1711, eingetr. 10. Nov. 1726, reiste 1739 über Goa nach Macao, wo er 26. Juli 1740 anlangte, kam 1740 nach Cochinchina, gewann durch seine medicinischen Kenntnisse großen Einfluß, wurde 1747 als königl. Leibarzt an den Hof gerufen, mit dem Titel Nhiem, d. h. „tiefer und verschwiegener Lehrmeister“, ausgezeichnet und beim Ausbruch der Verfolgung 1750 allein von allen Missionären am Hofe zurückgehalten, mußte die einheimischen Christen unter den schwierigsten Verhältnissen zusammenzuhalten und neue zu gewinnen, bis 1755 auch er dem Sturme weichen mußte und nach Macao ging. Nach der Vertreibung duldete er lange in den Kerkern von St. Julian, wo er sein Werk Hist. Cochinchinae descriptio verfaßte, das Ch. v. Murr 1803 zu Nürnberg herausgab. 10. Juli 1767 als österreichischer Unterthan in Freiheit gesetzt, begab er sich über Italien nach Oesterreich und arbeitete bis zu seinem

Tode 1780 in Siebenbürgen. (Vgl. Pachtler 241 ff.; Murr, Journ. VIII, 244. 248; IX, 247; Duhr, Pombal 147; Notizen im W.-B. Nr. 707. 716. 719 ff.; Carayon IX, 133. 149. 246.) — Schriften: Briefe im W.-B. Nr. 710. 714. 717. 721. 722. Handschr. Brief vom 16. Aug. 1750 im Wiener Staats-Archiv, Geistl. Angel. Nr. 415. Ein Brief von 1765 bei Carayon IX, 133. 246. „Olim Ulissipone in carcere S. Juliani monachus Vallis Umbrosae", schrieb er scherzhaft auf ein Bildchen an P. Karl S. J., Provincial von Oesterreich (Carayon IX, 261, Note). — Der P. „Roßler" bei Carayon l. c. 149 ist wohl Druckfehler für Koffler.

Kratz [Cratz], P. Johann Kaspar, geb. am 14. Sept. 1698 in Golzheim (Jülicherland), trat nach einem sehr bewegten Vorleben — er war Offizier der niederländischen Armee auf Java, dann Kaufmann — ins Noviziat zu Macao in China am 27. Oct. 1730. Er kam 1735 nach Tonking, wurde gleich nach seiner Ankunft mit seinen vier portugiesischen Begleitern und Mitbrüdern ins Gefängniß geworfen und dann nach Macao zurückexpedirt, ging im folgenden Jahre abermals nach Tonking und wurde hier nach langer Gefangenschaft und grausamen Mißhandlungen am 12. Januar 1737 mit drei portugiesischen Patres und mehreren Christen durchs Schwert hingerichtet. (Vgl. Platzweg 285—330; Kathol. Missionen 1881, 217; Annalen des Histor. Vereins für den Niederrhein, 35. Heft, 1880, S. 93 ff.; Franc. Ortmann S. J., Liber de vita et pretiosa morte V. P. J. Caspari Cratz . . . Aug. Vind. et Oenip. 1770; W.-B. Nr. 527 und Anhang; Pachtler 283 ff.; Lettres édif.; Ménol. I, 33 ss.; siehe auch oben S. 97.)

Le Clerc, P. Titus (Germ. Sup.), geb. zu Vassy (? „Vasiacensis") in Burgund 4. Jan. 1741, nach Deutschland eingewandert, eingetr. 6. Sept. 1758, ging kurz vor der Aufhebung der Gesellschaft nach Tonking. (Cat. Germ. Sup. 1772/73.)

Messari, P. Joh. Bapt. (Austr.), geb. zu Görz in Friaul (al. Göritz) 12. Aug. 1673, eingetr. 7. Dec. 1701 als Priester, ging 1705 zuerst nach China (siehe dort), dann 1715 nach Tonking, wo er segensreich wirkte, bis er bei der Verfolgung 1721 in den Kerker geworfen wurde und hier nach unzähligen Leiden starb 25. Juni 1723. (W.-B. Nr. 108, 55; Nr. 160, 43; Nr. 201, 24; Pachtler 288 ff.; Bonbardi, Undeni Graecenses . . . s. v.) — Schriften: Brief aus China von 1715 im W.-B. Nr. 137, bei Pachtler 266 ff.

Mittermayer [Müttermayer, bei Franco Mittermayo], P. Franz Xaver (Germ. Sup.), geb. 28. März 1686 zu Neu-Oetting (Bayern), eingetr. 28. Sept. 1702, ging 1715, ursprünglich für die Mission am Marañon bestimmt, auf den Wunsch der Königin von Portugal mit P. Riedler nach China, von dort nach Cochinchina, erlitt aber Schiffbruch („ad Chumoium in littore Cochinchinensi") und starb 7. Mai 1717. (Franco, Syn. 450. 456; Sulzb. Kal. 1839, 125; W.-B. Nr. 706, 43; Handschr. Verz. im Arch. Prov. Germ.; Cat.)

Nebel, P. Anton (Rhen. Sup.), geb. 15. März 1711 zu Bamberg in Bayern, eingetr. 28. Sept. 1730, ging 1745 in die Mission von Tonking-Cochinchina, kehrte aber im folgenden Jahre zurück. (Cat.)

Neugebauer, Br. Joseph (Austr.), geb. zu Frankenstein (Schlesien) 14. Mai 1706, eingetr. 27. Oct. 1729 als Bruder; Schreiner und Baumeister. Er ging 1736 nach Macao, wurde wegen seiner Talente zum Priesterthum befördert und kam 1740 nach Cochinchina, wo er theils am Hofe als Mathematiker und

Astronom, theils auf der Landmission thätig war. Im Jahre 1750 verbannt, ging er nach Siam, dann nach Macao; 1759 noch am Leben. (Notizen im W.-B. Nr. 587, 82; Nr. 677, 53; Nr. 709, 74; Pachtler 199. 236 u. a.) — Schriften: Zwölf Briefe im W.-B. Nr. 701—705. 715—716. 718—719. 723.

Palaczek [Palazek], P. Wenceslaus (Bohem.), geb. 10. Juni 1704 zu Prag, eingetr. 20. Oct. 1721, guter Prediger, ging 1738 von Goa, für die japanische Provinz bestimmt, unter Segel (W.-B. Nr. 590, 100), reiste dann von Macao aus den Landweg nehmend nach Tonking, wo er 1742 anlangte. Durch Entzifferung der Inschrift einer holländischen Kanone im Arsenal des Königs Trinh-Dau erwarb er dessen Gunst in hohem Grade, zum großen Heil der hart verfolgten Christen. P. war zeitweise Oberer der ganzen Mission. (W.-B. Nr. 656; Nr. 715, 99; Pachtler 287 ff.)

Siebert, P. Johann (Bohem.), geb. zu Iglau in Mähren 28. Mai 1708, eingetr. 10. Oct. 1723, einer der bedeutendsten Missionäre von Cochinchina; anfangs für China bestimmt, wurde er 1738 von Macao nach Cochinchina gesandt, dessen König einen in der Mathematik und Arzneikunde bewanderten Europäer gewünscht hatte. S. gewann die vollste Gunst des Königs, wurde zum Mandarinen erhoben und mit Auszeichnungen überhäuft; entwickelte neben seinen Arbeiten als königl. Leibarzt, Hofmathematiker, Lehrer der physikalischen Wissenschaften, Hausarzt und Rathgeber der Hofmandarine ꝛc. eine aufreibende Thätigkeit zum Besten der Mission und hielt auf lange Zeit die drohende Verfolgung auf. Er starb zu Hue 12. Sept. 1745. (Pachtler 198—241; Demontézon, Mission de la Cochinchine, Paris 1858, 261 ss.; W.-B. Nr. 589, 89; 594, 135; 609, 2 ff.; 705, 40 ff.; 708, 64 ff.) — Schriften: Briefe im W.-B. Nr. 549. 706. 707. 709. 711.

Slamenski, P. Karl, aus Böhmen [al. Ungarn], studirte Medicin, diente im „O'Donischen Dragonerregiment" als Oberfeldscherer in Ungarn und Siebenbürgen, reiste über Danzig nach Amsterdam-Lissabon, schloß sich dort den deutschen für Goa bestimmten Missionären an und machte in Goa sein Noviziat. Er kam 1746 nach Cochinchina, wurde hier zum Priesterthum befördert (W.-B. Nr. 714, 91), trat März 1747 als königl. Leibarzt am Hofe an Stelle P. Sieberts, starb aber schon am 7. Juni desselben Jahres zu Hue. (W.-B. Nr. 587, 81; Pachtler 241 u. a.)

Zwerger, P. Sebastian (Germ. Sup.), geb. 22. Jan. 1719 zu München, eingetr. 17. Sept. 1725 (al. 1728), ging um 1746 zuerst nach China und von dort um 1757 nach Siam und wirkte dort als Rector des siamesischen Collegs (1761 bis 1767) und Visitator. (Sulzb. Kal. 1890, 8 und 12; Lang a. a. O.; Cat.) Das Verzeichniß von Sim. versetzt ihn nach den Philippinen.

3. China.

Vice-Provinz von China.

Von Japan als eigene Vice-Provinz getrennt 1619, zählte (1610: 30, 1703: 70) 1750: 49 Jesuiten (37 Priester), wozu noch 23 französische Jesuiten kamen, die seit 1684 unter dem Protectorat Ludwigs XIV. eine eigene französische Mission bildeten. Es bestanden 45 Niederlassungen, darunter 1 Noviziat, 1 Seminar und

1 Residenz. Die Gesamtzahl der Christen in China (die Missionen der Franziskaner u. s. w. eingeschlossen) betrug um 1720, vor Ausbruch der Verfolgungen,
rund 800 000 [1].

Hier wirkten:

Aigenler [bei Franco **Agenler** und „Aigenius"], P. **Adam** (Germ.
Sup.), geb. 14. Oct. 1633 (al. 1635) zu Tramin in Tirol (Diöc. Trient), eingetr.
14. Oct. 1653, Professor der Mathematik und des Hebräischen an der Universität
Ingolstadt, ging 1671 nach China (siehe unter Amrhyn), starb aber auf der
Fahrt im Dienste der Pestkranken an Bord 26. Aug. 1673. (Vgl. Franco, Syn.;
Arch. Prov. Germ. IX. T. [in Vita brevis P. Amrhyn]; Cat.) — Schriften
bei Sommerv. Vgl. Mederer, Annal. Acad. Ingolst. II, 384; Prantl II, 505.

Albericus [Alberico, wahrscheinlich **Alberich**], P. **Johann** (Germ.
Sup.), verließ 1619 mit P. Trigault den Hafen von Lissabon, um nach China
zu gehen, starb aber mit vier andern Missionären auf der Fahrt an einer ansteckenden
Krankheit. (Kropf, Hist. Prov. Germ. Sup. Dec. VIII, 262; Colombel, Hist. de
la Miss. du Kiang-nan [Changhai 1899] I, 283; Franco, Syn. l. c.)

Amrhyn [Amrhein, **Amhrym**], P. **Beat** (Germ. Sup.), geb. 31. Oct.
1632 in Luzern, eingetr. 28. Jan. 1649, docirte 10 Jahre lang (1661—1671)
Philosophie und Theologie an der Universität von Ingolstadt, ging, für China
bestimmt, 1671 (al. 1673) mit 27 Ordensgenossen, darunter dem sel. Johannes
Britto, nach Indien, starb aber noch vor Umsegelung des Kaps der Guten Hoffnung im Dienste der Kranken auf dem Schiffe im April 1673. Bald darauf starb
auch sein Gefährte, der Tiroler P. Adam Aigenler (siehe unter diesem Namen).
Ueber beide schrieb aus Evora, 17. Juni 1678, P. Konrad Pfeil, ein Konstanzer:
„PP. nostri Adamus et Beatus p. m. ita celebres adhuc per omnem Lusitaniam
et aestimati longe supra caeteros suos missionarios sunt, ut deplorent serio eos,
velut exstincta virtutum et scientiarum prodigia et Germaniae lumina spesque
Orientis inclytas." Hohes Lob spendet beiden auch Mederer, Annal. Acad. Ingolst. II,
ad a. 1671. Danach hatte die theologische Facultät den beiden durch einstimmigen
Beschluß 50 Gulden Reisegeld votirt. Balthasar, Histor. Aufschriften S. 7, läßt den
P. Beat in China vieles zur größern Ehre Gottes leiden, bis er als Opfer der
Liebe dort gestorben sei. So auch in der 1. Aufl. des Cat. Sin. (1873) und Kathol.
Missionen 1878, 187, wonach A. 1693 in China starb. Die Angabe ist irrig.
(Vgl. auch Franco, Syn. 353; Cat. Sin. 1892, 135; Sulzb. Kal. 1889, 122; Leu,
Helv. Lexikon I, 208; Jöcher, Gelehrten-Lexikon I, 141.) — Philosoph. Schriften
siehe bei Sommerv.

Bahr, P. **Florian** [chines. **Wei**], aus der böhmischen Provinz, geb.
16. Aug. 1706 in Falkenberg (Schlesien), eingetr. 9. Oct. 1726, kam nach China
1738, war hier thätig als Hofmusicus in Peking, später als Missionär in Pao-si-
hien, dann wieder in Peking, zeitweise als Superior des dortigen Collegs. „Darf
sich auf der Orgel und in der musikalischen Componirkunst einen Meister nennen"
(W.-B. Nr. 587, 91), arbeitete mit an einem „weitläufigen Wörterbuch von Lateinisch,
Französisch, Wälsch, Portugiesisch und Teutsch" (ebb. Nr. 695, 124). B. wird bei
Murr, Journ. I, 98, als „oberster Vorsteher oder Provincial (?) aller Jesuiten in

---

[1] *Louvet*, Les Missions Cath. au XIXe siècle (Lyon 1894) p. 215.

Sina" bezeichnet, in einem handschr. Brief vom 30. Sept. 1764 an Gräfin Fugger (Wiener Staats-Archiv [Fil.] 416, fol. 3) als Visitator der japanischen und chinesischen Mission. Er starb 7. Juni 1771 zu Peking (Cat. Sin. 846; Colombel II, 783 ss.). Ehrenvoller Nachruf im W.-B. Nr. 682, 80 ff. — Schriften: Handschr. Briefe in Wien (siehe oben). Ein handschr. Bericht vom 27. Oct. 1768, 4°, 11 S., in St. Andreä, Kärnten. Acht Briefe im W.-B. Nr. 594. 629—630. 684. 692—693. 695. 742. Andere Schriften, wie ein chinesisches Leben des hl. Joh. von Nepomuk und eine chinesische Erklärung des Offic. B. V. M., siehe bei Sommerv.

Bakovsky [bei Franco Bakouski, Pol., chines. T'ai], P. Joh. Bapt. (Austr.), geb. 22. Juli 1672 in Polen („Viclonensis"), eingetr. 29. Oct. 1693, seit 1708 in China, flüchtete während der Verfolgung nach den Philippinen und starb zu Manila 1731. (W.-B. Nr. 108, 55; Nr. 448, 114; Colombel I, 689.) — Schriften: Briefe im W.-B. Nr. 102 und 200. Brief aus Kanton von 1721 in den Mém. hist. sur les affaires des Jésuites . . . par l'Abbé Platel (Lisbonne 1766) IV, 234. Vgl. Sommerv.

Balbermann, P. Michael (Austr.), geb. zu Wien 10. Aug. 1741, eingetr. 18. Oct. 1756, Professor der Humanität und Rhetorik, scheint kurz vor der Aufhebung in China angelangt zu sein; er starb 1788 in Wien. — Schriften: Sinenses litterae ad P. L. Belvald, 1773, handschr. in der Bibliothek der Benediktiner auf dem Martinsberg bei Raab.

[Benedikt, P. (?), ein geborener Schlesier. „Schreiben eines gebohrenen Schlesiers an seine Freunde in Deutschland, gegeben aus dem großen Kaiserthum China und desselben Residenzstadt Pekin", Augsburg 1771, 8°. Es sind drei Schreiben vom 25. Oct. 1768, von 1769 und vom 13. Oct. 1770. Angeführt bei Murr, Journ. I, 96 Anm., und IV, 231. Sommervogel vermuthet, daß dieser „Benedikt" identisch sei mit P. Fl. Bahr, siehe oben.]

Brac [Bracus, vielleicht „Brach"], Br. Christoph, geb. 20. April 1652 zu Rottenburg, eingetr. 10. Juli 1672, Baumeister, reiste 1692 über Lissabon nach China; scheint auf der Reise gestorben zu sein, da er sich in dem chinesischen Cat. nicht findet. (Franco, Syn.; Cat.)

Calmes [chines. Kin], P. Joachim, geb. 1652 zu Hamburg, eingetr. 1678 in die portug. Provinz. Kam als protestantischer Kaufmann nach Lissabon, ging hier zufällig in die Kirche der Hieronymiten in Belem, hörte dem Chorgesang der Mönche zu, wurde durch ihre Andacht tief ergriffen, erkannte die landläufigen protestantischen Ausfälle als Verleumdungen, ließ sich unterrichten, convertirte und trat zu Coimbra ins Noviziat der Gesellschaft Jesu. „Brevi sic virtutibus excelluit, ut esset omnibus spectabile exemplum. Illius semi-Lusitana et rudia verba ad permovendos animos habebant vim maiorem. Non multum vixit in India" (Franco, Syn. 372, 5). C. ging 1682 nach China, war in Kanton, dann auf der Insel Hai-nan, wo er 8. Oct. 1636 starb. „Habet multum talentum ad missiones", heißt es von ihm im Cat. Iapon. 1685. (Cat. Sin. 151.)

Castner, siehe Kastner.

Diestel [chines. Su], P. Bernhard („Germanus"), geb. 1619, eingetr. 1638, kam 1650 nach China, war „Procurator Indiae orient.", starb 13. Sept. 1660 in Tsi-nan-fu. (Cat. Sin.) — Schriften: Relatio quorundam mirabilium facta a P. B. Diestell, Soc. Jes. Procurat. Ind. orient., 11 p. fol. („Haec sunt quae P. B. D., dum *Brunae* [Brünn] moratus est, narravit"), handschr. in Brüssel, Bibl. Royale, n. 6828/29, fol. 403.

Dimer [bei Franco Domer, bei Colombel Primer], P. Jakob ("Alemanus"), ging 1657 über Lissabon nach China, starb aber während der Reise auf der Insel Celebes 1658. (Franco, Syn.; Colombel II, 137.) Erwähnt in einem handschr. Brief des P. Konrad Pfeil aus Evora. Arch. Prov. Germ. ser. IV, fasc. C. 3.

Fiva [bei Franco Viva, chines. Siu], P. Nikolaus (Germ. Sup.), geb. 1609 zu Freiburg in der Schweiz, eingetr. 20. März 1628, ging 1635 von Lissabon aus mit 32 Gefährten unter Führung des P. Marcell Mastrilli nach Ostindien und weiter nach China, wo er 1638 anlangte und bereits 1640 zu Hang-tscheu starb. (Franco, Syn. ad a. 1635; Cat. Sin. 76; Arch. Prov. Germ. IX. T.; Colombel I, 428.) — Schriften bei Sommerv. [1]

Franchi, P. Hieronymus (Austr.), geb. zu Brescia 1667, eingetr. 1687, kam nach China 1701, wirkte segensreich an verschiedenen Posten der französischen Nord- und portugiesischen Südmission, war zeitweise am Hof, später zu Tsi-nan-fu in Schantung thätig und starb daselbst 13. Febr. 1718. — Schriften: F. sandte regelmäßige Berichte an Kaiser Leopold I. Im W.-B. zwölf Briefe: Nr. 67. 68. 82. 85. 86. 100. 104. 105. 108. 133. 134. 154. Handschr. in der Wiener Staats-Bibliothek: Epistola ex Sinis und Iter Cantone Nangasachum et excerpta ex eius 2 epistolis 19. Oct. 1707. (Cat. Mss. [Schwandiner] II, n. 1117; Misc. Sinica fol. 99. 117. 543.) Vgl. Sommerv.

Fribelli [eigentlich Friebel, chines. Fei, bei Franco P. Xavier Emberto], P. Ehrenbert Xaver (Austr.), geb. 11. März 1673 zu Linz an der Donau, eingetr. 12. Oct. 1688, kam 1705 nach China, war u. a. Rector des Collegs in Peking, nach dem Zeugniß des P. Dominik Pinheyro "ein kostbarer Mann und ein um diese Mission hochverdienter Apostel" (W.-B. Nr. 682). Er starb 4. Juni 1743. (Cat. Sin. 270; W.-B. Nr. 292, 69 ff.; Nr. 587, 91; Nr. 594, 135; Colombel II, 687; Franco, Syn.) — Schriften: Mitarbeiter an dem großen von P. Regis herausgegebenen chinesischen Kartenwerke, Peking 1718 (vgl. W.-B. Nr. 154; v. Richthofen, China I, 682; Sommerv. s. v. Regis). Handschr. Bericht in der Wiener Staats-Bibliothek Nr. 1117. Briefe im W.-B. Nr. 103. 116. 194. 589. 674.

Gogeisl [Goggeisl, chines. Pao], P. Anton (Germ. Sup.), aus Siegenburg in Bayern, geb. 30. Oct. 1701, eingetr. 13. (al. 14.) Sept. 1720, glänzend begabt für mathematische Studien, ging 1736 nach China (Ankunft 1738), wird Mandarin, folgt P. Hallerstein in der Stellung eines Kien-fu oder Beisitzers des astronomischen Tribunals (W.-B. Nr. 688, 4), später Vorstand der kaiserlichen Sternwarte in Peking, deren Instrumente er selbst zum Theil verfertigte. "Ein in der

---

[1] In dem Sammelwerke: Astronomia Europaea sub imperatore Tartaro Sinico Cam III appellato ex umbra in lucem revocata a P. Ferd. Verbiest S. J., acad. astron. in Regia Pekinensi Praefecto (Dillingae 1687, 4°), werden als die ersten deutschen Missionäre in China genannt die Deutschen PP. Terenz, Schall, Michael Walta, Nikolaus Fiva, Andreas Koffler, Bernhard Diestel, Joh. Grueber, Christ. Herbtrich.

Astronomia Practica bewanberter Mann" (W.-B. Nr. 590, 114). „Er ließ einen
Cuabranten burch Sinenser verfertigen, ber zum Observiren noch besser befunben
wurbe als ber parisische auf ber Sternwarte zu Peking" (Murr, Journ. I, 97,
Anm.; vgl. ebb. IV, 233). G. starb 12. Oct. 1771 zu Peking. (W.-B. Nr. 681 u. a.;
Lang 87 unb 202; Colombel II, 704. 709. 784; Cat. Sin.; Sulzb. Kal. 1890, 7.) —
Schriften: Ein Brief vom 28. Nov. 1746 im W.-B. Nr. 688. G. war Mit-
verfasser bes großen astronomischen Werkes: I siang kao tscheng, 1756, 35 Bbe.
Vgl. Sommerv.

Grueber [chines. Pe], P. Johann (Austr.), geb. 28. Oct. 1623 zu Linz
an ber Donau, eingetr. 18. Oct. 1641, ging nach China (Ankunft 1659), kam
wegen seiner mathematischen Kenntnisse an ben Hof zu Peking, war hier brei Jahre
lang ber Gehilfe P. Schalls, wurbe 1661 vom General ber Gesellschaft zur Berathung
nach Rom berufen, nahm, ba alle Häfen von ben Holländern besetzt waren, ben
Lanbweg unb gelangte burch bas Lanb ber Tataren über Inbien, Persien, Kleinasien, Messina glücklich nach Rom. Auf bem Rückweg über Rußland wurbe er
aufgehalten, ging nach Konstantinopel, wurbe hier krank, kehrte um, kam bis Patak
in Ungarn unb starb hier 30. Sept. 1665 (al. in Florenz). (Bibl. Univ.; Ménol.
II, 253; Colombel II, 93.) Er ist einer ber kühnsten Reisenben ber ältern Zeit.
(Vgl. oben S. 17; v. Richthofen, China I, 671, wo auch auf Tafel 11 seine Reise-
route verzeichnet ist; Kircher, China monum. illustr., Prooem.) — Schriften:
Ein Brief aus Surat vom 7. März 1658 im W.-B. Nr. 34. Briefe unb Reise-
berichte in Kircher's China monum. illustr., Pars II, c. 2, Pars V, c. 1. Drei
anbere Briefe bei Thevenot, Relations de divers voyages (Paris 1673), unb
Prévôt, Hist. de voyages (Paris 1750) t. VII; besgleichen bei Anzi, Il Genio
Vagante III, 341 sgg. Travels from China to Europe 1661. By John Grueber,
Jesuit (Astley's Collect. vol. IV). Vgl. Sommerv.

Hallerstein [Allerstain, chines. Liäu], P. Augustin v. (Austr.),
geb. 2. (al. 18. 27.) Aug. 1703 aus gräflicher Familie zu Laibach (Krain), eingetr.
28. Oct. 1721, ging nach China 1735, bilbete sich zunächst in Lissabon in ber Astronomie weiter aus, versah währenb seines Aufenthalts in Mozambique bas Amt
eines Novizenmeisters, nahm sich zu Malacca ber verlassenen beutschen Katholiken
an (W.-B. Nr. 587, 82 ff.; Nr. 590, 109) unb erreichte 1738 China. Hier kam er
wegen seines Rufes als Mathematiker an ben Hof von Peking, wurbe Mandarin
zweiten Ranges unb nach bem Tobe P. Köglers Präsibent bes mathematischen
Tribunals, unternahm im Auftrage bes Kaisers verschiebene wissenschaftliche Reisen
zum Zweck topographischer Aufnahmen, verfaßte eine Reihe wichtiger mathematischer,
astronomischer, kartographischer Arbeiten, theils allein, theils mit ben PP. Kögler
unb Pereyra. (Vgl. v. Richthofen I, 690; v. Hellwalb, Kulturgesch., 3. Aufl. II, 449;
Maynard, Des études et de l'enseignement des Jésuites à l'époque de leur suppression [Paris 1853], wo bie Zeugnisse Lalanbes unb Montuclas stehen [vgl. oben
S. 86 ff.]; Mähler, Himmelskunbe I, 334 ff.) H. war 1751 Visitator ber Mission
unb 1757—1762 unb 1766—1773 Provincial ber chinesischen Vice-Provinz. Er
starb 29. Oct. 1774 zu Peking infolge eines Schlaganfalls, ber bei ber Trauerkunbe
von ber Aufhebung ber Gesellschaft Jesu ihn traf. (Vgl. W.-B. Nr. 590, 109;
Nr. 683, 91; Nr. 688, 4; Nr. 697, 130; Colombel II, 784 ss. 837 u. a.; Platzweg 282.) — Schriften: Sieben Briefe im W.-B. Nr. 584. 586—588. 675.
681. 696. Anbere in bem Werk Pray, P. Georg S. J., Imposturae CCCXVIII.
In dissertatione R. P. B. Cetto, C. R. Piarum Schol., de Sinensium imposturis

detectae convulsae. Accedunt Epistolae Anecdotae R. P. A. Hallerstein S. J.
(Budae 1781) pag. 1. 17. 20. 33. 40. 45. 49. Eine Reihe Abhandlungen und
Beobachtungen H.s sind aufgenommen in den Mémoires concernant l'histoire des
chinois (Paris) tom. IX, 440; in den Philosophical Transactions (London 1746)
pag. 381; 1747, 383; 1749/50, 305; 1751, 219. 819. 377; 1752, 376 u. s. w.;
endlich in den Petersburger Novi Commentar. Acad. Petropolitanae tom. XIX
[Histor.], 70; [Mem.] 630; 1762,63, 503; Additamentum ad Nova Acta Petrop.
Acad tom. III. Eine Reihe Beobachtungen H.s gab P. Maxim. Hell S. J., der
berühmte Astronom, in Wien heraus (siehe Maynard l. c.). Handschr. Observat.
astron. (206 fol.) in der Wiener Hofbibliothek Nr. 10144. Vgl. Murr, Journ.
I, 98; IV, 229. 230. Sommerv. s. v. und unter Prah, G.

Herbtrich [Hertrich, bei Franco Christianus Henriques (Enri-
quez), chines. Ngen], P. Christian Wolfgang (Austr.), geb. 25. Juni 1625
zu Graz, eingetr. 27. Oct. 1641, Professor der Humanität und Rhetorik, ging 1656
in die Mission, arbeitete zwei Jahre in Macassar auf Celebes, kam 1660 nach
China, wirkte zuerst in der Provinz Schansi, erbaute in Kaisan (?), der Hauptstadt Honans, eine neue Kirche, mußte 1669 mit andern nach Kanton in die Verbannung, wurde 1671 als Mathematiker an den Hof berufen, wo er fünf Jahre
blieb. Ausgezeichnet durch seine Sprachkenntnisse und wissenschaftlichen Leistungen.
Starb Juni (al. Juli) 1684 zu Kiang-tscheu, Provinz Schansi, wo er neun Jahre
Oberer gewesen. Der Kaiser verfaßte für ihn mit eigener Hand die Grabschrift.
(W.-B. Nr. 16; Franco, Syn.; Cat. Sin. 118.) — Schriften: H. ist Mitarbeiter
des großen Werkes: Confucius Sinarum Philosophus sive Scientia sinensis latine
exposita, Parisiis 1687 (vgl. Dahlmann, Die Sprachkunde und die Missionen 32),
Verfasser eines großen chines.-latein. Wörterbuches (ebd. 33 und 37). Briefe in
Intorcetta, Compendiosa Narrazione (Roma 1672); Greslon, Histoire de la
Chine 56. Handschr. Brief vom 23. Nov. 1610, aus dem Kerker zu Kanton
(14 Folioseiten), im Arch. Prov. Germ. IV. A. 2.

Hinderer [bei Franco Heberer], P. Romanus (Germ. Sup.), geb. zu
Reiningen bei Mülhausen im Elsaß 21. Sept. 1668 (al. 1669), trat am 6. Sept.
1688 (al. 29. Sept. 1686) ins Noviziat zu Landsberg in Bayern (wird daher in Cat.
Patrum ac Fratrum S. J. qui . . . in Sinis adlaboraverunt [Chang-Hai 1892] mit
Unrecht als „Gallus" aufgeführt), kam 1707 nach China, gelangte durch seine
mathematischen und kartographischen Arbeiten bei Kaiser Kang-hi in große Gunst,
durchreiste in dessen Auftrag zur Aufnahme einer allgemeinen Landkarte von China
das Reich (v. Richthofen I, 682) und entfaltete 40 Jahre lang eine großartige, allseitige
Thätigkeit. Nach eigenen Aufzeichnungen taufte er allein vom 1. Aug. 1740 bis
31. Juli 1741 1222 Erwachsene und Kinder und hörte 11505 Beichten. Zweimal
war er Visitator der chinesischen Mission. H. brachte auch die Andacht zum göttlichen
Herzen in China zu großer Blüthe. Er starb hochverdient am 24. Aug. 1744 zu
Schang-ho in Kiang-nan. (Vgl. Platzweg 199—211, wo auch ein Brief an den
Provincial der oberdeutschen Provinz mitgetheilt ist; Nilles, De ratione festor.
SS. Cord. [ed. 5] I, 323; Letierze, Étude sur le Sacré-Cœur [Paris 1891] II, 104;
Ménol. II, 156; Colombel, passim; Ein ausführliches Lebensbild schrieb P. Theo-
bor Chanet S. J.: Vie du P. Romain Hinderer de la Comp. de Jésus, l'Apôtre
du Sacré-Cœur dans l'Église de Chine . . . [Tournay 1889]; vgl. W.-B. Nr. 669.
685.) — Schriften: Acht Briefe im W.-B. Nr. 161. 199. 209. 293. 294. 548. 580.
Handschr. Brief im Wiener Staats-Archiv, Geistl. Angel., Nr. 419, IV; Friedrich

(Abhandl. der königl. Akademie der Wissensch., III. Klasse, 13. Bd., 2. Abtheilung); Beiträge zur Kirchengesch. des 18. Jahrh. S. 15.

Kaftner [Castner, Casner, chines. P'ang], P. **Kaspar** (Germ. Sup.), geb. zu München 7. Oct. 1665, eingetr. 17. Sept. 1681, Professor der Philosophie zu Regensburg, ging 1696 nach China, wurde Vorsitzender des mathematischen Instituts und Hofmeister der kaiserlichen Prinzen, machte 1703 im Auftrag des Apostol. Vicars von Nanking eine Reise nach Rom, brachte viele Raritäten mit und kehrte 1706 mit neugeworbenen Missionären, und zwar auf der von ihm der portugiesischen Regierung vorgeschlagenen neuen kürzern Reiseroute, nach China zurück (siehe oben S. 43). Er starb 9. Nov. 1709 zu Peking, „vir apud Sinas Mathesis professione admodum clarus", wie Franco 398. 424 schreibt. (Lipowsky, Geschichte der Jesuiten in Bayern II, 256; Sulzb. Kal. 1889, 123; 1890, 103; W.-B. Nr. 66, 17; Nr. 83, 16; Colombel, passim; Cat. Sin. 210.) — Schriften: Bericht von der Grab-Statt des Heiligen Indianer Apostels S. Franc. Xav. auf der Insel Sancian (W.-B. Nr. 309). Eine Reihe Schriften über die chinesische Ritenfrage siehe bei Sommerv. und Murr, Journ. VI, 165 ff. Handschr.: Miss. Sinens. Hist. relat. controvers. de ritibus aliquot Sin.; Status Miss. Chin. a. 1705, in der Münchener Staatsbibliothek Nr. 8689, 64 S.

Kirwitzer [bei Franco **Pantaleon Kobizer**], P. **Wenceslaus Pantaleon** (Austr.), geb. 1588 zu Kaaden (Böhmen), eingetr. 1606, ging 1618 nach China, wo er 1620 anlangte. (Angeblich soll er einige Zeit auch in Japan gewesen sein.) Er starb in Kai-föng-fu 1642 (al. 22. Mai 1626 zu Macao). Nennt sich selbst gewöhnlich Wenceslaus Pantaleon. Bei Kircher, Magnes (ed. 1654) p. 315 wird er Kobizer genannt. (Franco l. c.; Cat. Sin. 44.) — Schriften: Von ihm stammt ein Bericht über den Martertod des P. Machado in Japan (Antwerpen 1622). Observationes Cometarum Anni 1618 factae a Nostris in India Orientali, Aschafenburgi 1620, 4°. Auszüge aus Briefen in Narration véritable de la persécution . . . (Paris 1620) 56 ss.; in Relazione delle cose piu notabili . . . negli anni 1619—1621, Roma 1624, pag. 62; Lettera della China dell' anno 1624 in Lettere annue del Tibet del 1626, Roma 1628, pag. 59 sq. Handschr. Briefe in der Bibliothèque de Bourgogne in Brüssel, Ms. 4169—4171 und in der Bibliothek des Grafen Aponi. Siehe Sommerv. und Pelzel 18.

Kögler [chines. Tai], P. **Ignaz** (Germ. Sup.), geb. 11. Mai 1680 zu Landsberg in Bayern, eingetr. 4. Oct. 1696, drei Jahre lang Professor der Mathematik und der orientalischen Sprachen an der Universität Ingolstadt, seit 1716 in China. Er genoß am Hofe wegen seiner ausgezeichneten Gelehrsamkeit hohes Ansehen, bekleidete 30 Jahre lang die Würde eines Präsidenten des mathematischen Tribunals, war Mandarin zweiter Klasse und wurde 1731 sogar Beisitzer des „obersten Sittengerichtes", „dergleichen hohe Ehrenstelle noch keinem unserer Vorfahren zu theil geworden" (P. v. Laimbeckhoven im W.-B. Nr. 676). Er nahm die Ehrenämter an, wies aber alle Einkünfte derselben zurück (ebb. Nr. 280, 83). Hallerstein rechnet ihn unter die „gelehrtesten Köpfe, so jemals in diese Länder gekommen sind" (ebb. Nr. 587, 91). Neben Schall war K. jedenfalls der bedeutendste deutsche Jesuit in China. Er war zweimal Visitator der Mission und Provincial der chines.-japan. Provinz und zur Zeit der Verfolgung die Hauptstütze der schwer bedrängten Mission, die er am Hofe ebenso klug als fest vertrat. Er starb 29. (al. 30.) März 1749 (al. 1745. 1746). (Biographisches siehe in: Sulzb. Kal. 1889, 121; 1890,

103; Bibliogr. Univ.; Plaßweg 272; Ménol. I, 292; Feller, Dictionnaire hist. III, 478; v. Richthofen I, 688; Mederer, Annal. Acad. Ingolst. III, 130 sq.; v. Lipowsky II, 259 und Anhang Nr. 3 und 4; W.-B. Nr. 185; Nr. 292, 65. 70 ff.; Nr. 295, 83 f.; Nr. 684, 101; Nr. 686, 112 f.; Nr. 688; Nr. 689, 26; 696, 128; Murr, Journ. VII, 240 ff.; IX, 81 f.; Neues Journ. I, 147 ff.; II, 303 ff.; Colombel II, 778 u. a.; Revue des Questions Hist. 1881, tom. XXIX, p. 525 u. a.; Gützlaff, Gesch. des chinesischen Reiches, Stuttgart 1847, S. 691 ff. — Schriften: Zehn Briefe im W.-B. Nr. 157. 162. 190. 196. 198. 202. 228. 575. 578. 669. Brief vom 20. Nov. 1740 an den deutschen Assistenten zu Rom bei v. Lipowsky II, Anhang. Brief vom 15. Nov. 1734 bei Laimbeckhoven, Reiß-Beschreibung 47. Briefstücke in Miscell. Berolin. 1737, V, 185 sqq.; Miscell. Sinica III, 289. Handschr. Briefe im Wiener Staats-Archiv, Geistl. Angel., Nr. 419, IV. Eine Reihe Briefe aus den Münchener Handschriften citirt von Friedrich, Beiträge S. 14. 97. 103. 105. 107. 108. 110. 111. Ein handschr. Brief vom 22. Oct. 1710 auch in Arch. Prov. Germ. S. IV, Fasc. A. 14. Litterae patentes Imperatoris Sinarum Kang-Hi sinice et latine. Cum interpretatione P. Ign. Kegleri S. J. ed. Christ. Murr, Norimbergae 1802. Observationes Eclepsium variarumque coelestium congressuum habitae in Sinis a R. P. Ignatio Kegler in Imperiali Acad. Pechin. Astron. Praeside aliisque PP. Soc. Jesu, Lucae 1745; bildet den zweiten Theil der Scientia Eclipsium ex imperio et commercio Sinarum illustrata, Lucae 1745. Das Verzeichniß der wissenschaftlichen, astronomischen, mathematischen und historischen Schriften K.s füllt bei Sommervogel drei Spalten.

Koffler [in China: **Andreas Xavier**], P. **Andreas Wolfgang**, geb. 1603 in Krems bei Wien von protestantischen Eltern, convertirte, trat 1627 in die Gesellschaft Jesu, landete 1642 in **China**, erlangte durch seine mathematisch-astronomischen Kenntnisse großen Einfluß, war Oberer der Submission (Nanking), bekehrte und taufte u. a. drei Kaiserinnen (die regierende, die Kaiserin-Mutter und eine Kaiserin-Wittwe) und den Kronprinzen Konstantin. Ueber den Tod P. K.s lautet der wahrscheinlichste Bericht, daß er auf der Reise von einer Schar Tataren überfallen und um des Glaubens willen erschlagen wurde am 12. Dec. 1652, unweit Tien-tscheu, in der Provinz Kwangsi. (Vgl. W.-B. Nr. 13, 43 ff.; Nr. 35, 114; bes. Nr. 219, 2 f.; Kathol. Missionen 1878, 134; Plaßweg 42 ff.; Bonbardi, Undeni Graecenses ... 108; Stöger, Script. 190; Colombel I, 486. 497. 506 s. u. a.; Ménol. II, 465.) — **Schriften**: Brief aus Batavia vom 3. Dec. 1642 im W.-B. Nr. 10. Andere Briefe in Cort begrijp van den Staet van het groot Rijck van China ... van het Jaer 1637 ..., t' Antwerpen 1651, 62 vv. 67 vv. Vgl. die Angaben über weitere Befunde bei Sommerv.

Laimbeckhoven [chines. **Nan**], R. R. D. D., **Gottfried Xaver v.** (Austr.), geb. zu Wien 9. Jan. 1707, eingetr. 26. Jan. 1722, kam 1738 nach **China**, wo er nahezu 50 Jahre thätig war. Er war 1748 Visitator der Mission, wurde 1756 Bischof von Nanking und bald darauf Administrator von Peking und verwaltete beide Sprengel 30 Jahre lang. „C'était un Prélat de premier mérite. Esprit ferme et élevé, zèle ardent, constance etc. Il avoit tout. Il a fourni une carrière d'un demi siècle dans les travaux de l'Apostolat. Il aimoit tendrement sa bonne Mère, la Compagnie, et il en observoit encore fidèlement les Règles, comme il me l'a écrit lui-même" (P. Fr. Bourgeois bei Murr, Neues Journ. I, 125). Er starb 22. Mai 1787 in Tong-kia-hang bei Su-tscheu. (Cat. Sin. 349; Ménol. I, 463; Colombel II, 858 ss. u. a.) — **Schriften**: Neue umständliche Reiß-

Beschreibung . . . von Wien nach China, Wien 1740. Werthvolle Briefe und Berichte im W.-B. Nr. 554. 555. 590—592. 672—673. 676—678. 680. 691. 698. Brief von 1780 bei Murr, Journ. XI, 193—208; vgl. XIII, 172; Neues Journ. I, 104 ff. 119 ff. Siebzehn handschr. Briefe und Acten im Archiv der Jesuiten zu Schanghai. Vgl. Stöger 201.

Siebstain [chinef. Le], P. Leopold (Bohem.), geb. 20. Jan. 1667 zu Neiße in Schlesien („Nissensis"), eingetr. 14. Oct. 1685, Professor der Humanität und Philosophie, kam 1707 nach China, wirkte am kaiserlichen Hofe zu Peking (W.-B. Nr. 152) und starb dort 26. April 1711. (Cat. Sin. 274; Colombel II, 583 u. a.; Franco l. c.) — Schriften: Ein Brief vom 14. Nov. 1710 im W.-B. Nr. 109.

Martini [chinef. Wei], P. Martin (Austr.), geb. zu Trient 1614, eingetr. 8. Oct. 1631, kam nach China 1643, durchreiste als Missionär und Forscher einen großen Theil des Riesenreiches und war „der bedeutendste Geograph der chinesischen Mission" (v. Richthofen I, 674). Auch als Missionär hochverdient; war sechs Jahre lang Superior, Socius Visit. Iapon. et Sin., wurde 1650 als Procurator Missionis nach Rom gesandt, verhandelte dort wegen der Ritenfrage und brachte 1658 einen vorläufig günstigen Bescheid zurück. Er starb 6. Juni 1661 zu Hantscheu. (Feller, Dict. hist. IV, 363; Bibl. Univ.; Ménol. II, 6. Juni; Patrignani, Menologio, 6. Juni; Colombel I, 584 ss.; II, 120. 132 u. a.; Kathol. Missionen 1878, 167; W.-B. Nr. 34, 111.) — Schriften: Novus Atlas Sinensis (Wien 1655; vgl. über den hohen Werth dieses eminenten Werkes v. Richthofen oben S. 86). Martini Martinii . . . Sinicae Historiae Decas I, Monachii 1658. Auszüge aus Briefen bei Kircher, Magnes (ed. III, Romae 1654) p. 316. 318 (verdruckt 204). 348. Vgl. auch Sommerv.

Messari, P. Joh. Bapt. (Austr.), kam um 1705 nach China, wirkte u. a. mehrere Jahre in Macao (W.-B. Nr. 108, 55; Nr. 160, 43), ging April 1715 nach Tonking (siehe oben).

Miller, P. Balthasar (Austr.), geb. 17. Juli 1688 im Friaulschen (al. Görz?), eingetr. 27. Oct. 1702, kam nach China 1718, wirkte dort bis 1727, war nach seiner Rückkehr in Ungarn thätig und starb 1. Aug. 1742 in Posseg (Pozzega?) (Cat. Sin. 298; Franco, Syn. 455). — Schriften: Drei Briefe im W.-B. Nr. 160. 297. 435; handschr. in der Wiener Hofbibliothek Nr. 5885, 2. Relatio hist. Chin. anno Kambi 45°, adiectis variis decretis d. d. Pragae, 25. Iulii 1709, fol. 32—58. Vgl. Wiener Staatsarchiv 415, Nr. VI.

Moers [bei Franco Moest und Moersius], P. Jakob (Rhen. Inf.), geb. 2. Jan. (Juni) 1658 zu Köln, eingetr. 27. April 1674, Professor der Philosophie, ging 1691 nach China, stirbt auf dem Wege dahin in Moçambique 3. Oct. 1691. (Franco l. c.; Cat. Rhen. Inf.; Cat. Sin. 184 läßt ihn fälschlich 1694 in China ankommen. Handschr. Vita Vener. servi Dei P. Iacobi Moers, Miss. Sin., mortui in itinere Mosambici 1691. Latine scripta a Petro Moers fratre germano. Vgl. Hartzheim, Bibl. Coloniensis s. v. und Sommerv.)

Moriz [Moritz], P. Alois (Germ. Sup.), geb. 8. April 1738 zu Landeck (Tirol), eingetr. 9. Oct. 1756, Professor der Grammatik und Humanität, ging 1772 nach China (Cat. Germ. Sup. 1772/73), lehrte 1776 nach Deutschland zurück, schloß sich 1786 den Jesuiten in Weiß-Rußland an, docirte zu Polozk kanonisches Recht und starb zu Tonkoß (?) 24. Jan. 1805. (Fehlt im Cat. Sin.) — Schriften: Brieffragmente bei Murr, Journ. IV, 237 ff.; XVII, 233 f. Vgl. Sommerv.

Moser [chines. Luo], P. Franz (Germ. Sup.), aus Bayern, geb. 24. Sept. 1711, eingetr. 8. Oct. 1732, seit 1751 in China. (Lang 87; Colombel II, 792 u. a.; Cat. Sin. 391.) — Schriften: Handschr. Brief (14. Juni 1758) im Arch. Prov. Germ.

Schall von Bell [al. Schaal, Schale, Scial, latinisirt Scaliger, chines. Tang, bei Franco einfach P. Joannes Adam], P. Adam, geb. 1. Mai 1592 (al. 1591) zu Köln aus freiherrlichem Geschlechte (A. Fahne, Geschichte der Kölnischen, Jülichschen und Bergischen Geschlechter [Köln und Bonn 1848] I, 377), kam 24. Juli 1608 ins Colleg. German. nach Rom, vollendete hier mit Auszeichnung sein philosophisches Triennium, trat 21. Oct. 1611 zu Rom in die Gesellschaft Jesu, bereitete sich durch das Studium der Mathematik, Physik und Astronomie für die chinesische Mission vor, schiffte sich 1618 zu Lissabon ein (Franco l. c.) und langte im Sommer 1619 in Macao an; dort machte er die Belagerung durch die Holländer durch und nahm einen holländischen Kapitän gefangen (Carayon, Doc. inéd. IV. Doc. D. p. 43). Nach zweijährigem Aufenthalt daselbst wirkte er längere Zeit in Signanfu (Provinz Schenfi), kam dann 1631 an den Hof von Peking und übernahm hier gemeinsam mit dem Mailänder P. Jakob Rho die Reform des chinesischen Kalenders, die er nach acht Jahren glücklich vollendete. Gleichzeitig richtete er die kaiserliche Sternwarte neu ein. Durch seine Gelehrsamkeit und seinen Charakter gewann er in hohem Grade die Gunst des Kaisers Tschung-Tschin, des letzten aus der Ming-Dynastie, und nicht weniger die des ersten Tatarenkaisers Schun-Tschi. Er wurde der Reihe nach Präsident des mathematischen Tribunals, mit dem Titel eines „Meisters himmlischer Geheimnisse", Vorsitzender des Großen Tribunals Tschamfu mit dem Titel eines „großen Mannes des berühmten Rathes", Mandarin erster Klasse mit dem Range unmittelbar nach den Reichsfürsten und wurde sogar in den erblichen Adelsstand erhoben. (Eine Reihe Verzeichnisse der erhaltenen Titel und kaiserlichen Gunstbezeigungen und Panegyrici Mandarinorum Sinensium aliorumque virorum, in laudem P. J. Adami Schall S. J. . . . in der Universitäts-Bibliothek München, Urbansche Sammlung. Die päpstliche Erlaubniß [4. April 1664] zur Uebernahme dieser Würden siehe in Acta S. Sedis in causa S. J., Lovanii 1895, p. 381, n. 81.) Der junge Kaiser ehrte ihn wie einen Vater, zog ihn über die wichtigsten Staatsangelegenheiten zu Rathe und übertrug ihm später die Erziehung seines Sohnes, des spätern Kaisers Kang-hi. Sch. gebrauchte seinen Einfluß allein zum Besten der heiligen Religion, die auch am Hofe und im Schoß der kaiserlichen Familie festen Boden faßte. Der Kaiser selbst war dem Christenthum aufrichtig gewogen. Er baute Sch. zu-liebe eine „herrliche Kirche, welche mit denen schönsten Gottes-Häusern in Europa kann verglichen werden; so viel, ja alles gilt dieser teutsche Jesuiter an dem Hof und in demselbigen Reich, welcher nächst Gott allda eine Grund-Veste und Zuflucht aller Christgläubigen ist" (W.-B. Nr. 35, 114). Nach dem Tode des Kaisers, an dessen Bekehrung Sch. eifrig gearbeitet, fiel er den Hofintriguen zum Opfer, wurde als hülfloser Greis eingekerkert, zum Tode verurtheilt, aber wieder befreit und starb 15. Aug. 1666 (al. 1665. 1669). — Sch. war nicht bloß ein ausgezeichneter Mathematiker und Astronom, sondern auch ein technisches Genie ersten Ranges, verfertigte die verschiedenartigsten optischen und astronomischen Instrumente, Uhren, mechanische Kunstwerke aller Art, goß Kanonen, baute Schiffe u. s. w. Dabei blieb er ein ausgezeichneter Ordensmann und ſeeleneifriger Miſſionär. — Biographiſches: Platzweg 220 ff. 263 ff. Leben des P. Schall (Leben ausgezeichneter Katholiken von A. Werfer, 11. Bd.), Schaffhauſen 1854. Ricci und Schall, Miſſionäre in China, in: Lebensbilder aus der Geſellſchaft Jeſu von Graf Theodor v. Scherer, Schaff-hauſen 1854. Colombel a. a. O., wo die erſte quellenmäßige Darſtellung. Civiltà catt. ser. IV, tom. X (1873), p. 239 sgg. Kathol. Miſſionen 1873, 11 ff. J. S. v. Mannsegg, Geſchichte der chineſiſchen Miſſion, Wien 1834, eine Bearbeitung des lateiniſchen Werkes: J. Ad. Schall, Historica narratio de initio et progressu missionis . . . in Regno Chin., Viennae 1665; Ratisb. 1672. Fries, Geſchicht Chinas, Wien 1894, 267. Le Comte, Das heutige Sina, aus dem Franzöſiſchen überſetzt, Frank-furt 1699, 94 (Kupferſtiche der Sternwarte und Inſtrumente). Publications de l'école des langues orient. vivantes. H. Cordier. Biblioth. Sinica, Paris. 1878. Hartsheim, Bibl. Colon. 156. Kircher, China Monum. illustr. 104 sqq. Du Halde, Descr. de la Chine III, 104 ss. De Rougemont, Hist. Tartar.-Sinica nova, Lovanii 1673, 84. Bartoli, La Cina, Firenze 1829, l. 4, P. 3, n. 283, pag. 71. Stein-huber, Geſch. des Collegium Germanicum I, 384. Ménol. II, 123. Jahrbücher des Vereins von Alterthumsfreunden im Rheinland LXI (1877), 88. Annalen des hiſtoriſchen Vereins für den Niederrhein XXXIII (1879), 154. v. Richthofen, China I, 657 f. Hist. des Voyages, Pariſer Ausgabe in 16°. (Vgl. den Regiſterband, wo Schaal und Scaliger fälſchlich unterſchieden werden.) Siehe betr. Artikel in Bibl. Univ., Kirchenlexikon und Zedler, Univerſallexikon aller Wiſſenſchaften und Künſte (Leipzig-Halle 1742), Bd. 34, Spalte 831 ff. R. Wolf, Geſch. der Aſtronomie, München 1877, 437. Allgemeine deutſche Biographie s. v. v. Lipowsky II, 261 Anm. (läßt Sch. fälſchlich hingerichtet werden). Schlegel, Kirchengeſch. des 18. Jahrh., Heil-bronn 1784, I, 51 ff. Heinſius, Unparteiiſche Kirchengeſch. III, passim. W.-B. u. a. Nr. 69, 26, wo P. Fouquet Sch. „jenen weltberühmten . . . Missionarius" nennt; ebd. Nr. 14, 15; Nr. 680, 72 ff.; Nr. 681, 75. Murr, Journ. XII, 252, wo Berichte eines Dominikaners. Duhr, Jeſuitenfabeln 319 ff. Cornely in Stimmen aus Maria-Laach III (1872), 280ff. Rémusat, Nouv. Mélanges Asiat. II, 262 ss. Chinese Repository X, 668 ff. Scherer, Atlas Novus I, 181. Abbildungen Sch.s: bei Kircher; Du Halde, Histor. Relatio l. c.: Jules Guiffrey, Hist. gén. de la Tapisserie, Paris 1881, pl. 1, fol. 48, p. 138. — Schriften: Das Verzeichniß ſeiner aſtro-nomiſchen, mathematiſchen, apologetiſchen Schriften bei Sommerv. umfaßt etwa 30 Nummern; gemeinſam mit P. Rho ſoll er etwa 150 größere und kleinere Schriften verfaßt haben. Die Vaticaniſche Bibliothek beſitzt angeblich 14 Quartbände von ihm, die P. Proſp. Intorquetta dahin gebracht hat. In der Urbanſchen Sammlung der Univerſitäts-Bibliothek zu München ſind fünf Bücher mit dem Katalogvermerk von 1774: Volumen hoc continens V Libellos Chinensi Charactere in Charta Chinensi impressos, Roma huc Ingolstadium est allatum 27. Iulii 1671. Collegio isti a R. P. J. Adamo Schall ex ipsa China dono missum. Quo anno non constat. In vol. exterius adscripta Latina haec verba, propria ut apparet ipsius manu: Colleg. Engolstadiano S. J. P. J. Adamus Schall, Colon. S. J.

Sibin [bei Franco Sibim], P. Philipp (Rhen. Inf.), geb. 22. Dec. 1678 zu Neuhaus bei Bentheim (Weſtfalen), eingetr. 10. Mai 1697, kam 1716 nach China, wirkte hier ſehr ſegensreich, war Provincial und Viſitator der japaniſch-chineſiſchen Provinz, beſuchte die armen verlaſſenen Katholiken auf Java und ſtärkte die bedrängten Miſſionen von Siam, Malacca, Cochinchina und Ton-king, wo er zeitweiſe im Kerker ſchmachtete. Er ſtarb 30. Nov. 1759 zu Macao.

(Platzweg 206 Anm.; Pachtler a. a. O. 199; Colombel II, 689 u. a. Franco, Syn.; W.-B. Nr. 160, 43 u. a.) — Schriften: Zwei Briefe im W.-B. Nr. 43, 668. Brief des Ehrw. P. Ph. Sibin an Se. Churfürstliche Durchlaucht zu Cöllen ..., Cölln 1737, 4⁰, 9 S.; vgl. v. Lipowsky II. Anh. 336; IV. Epist. de miss. Sinica, 11. Nov. 1721, handschr. zu Stonyhurst (England) A. I. 27. Auszüge aus Briefen vom Jahre 1717 im Arch. Prov. Germ. IV. A. 12.

Sidelpart [Sichelbart, Sichelbard, chines. Ngai], P. Ignaz (Böhm.), geb. 26. Sept. 1708 in Böhmen („Neodecensis"), eingetr. 20. Oct. 1736, in China seit 1745, geschickter Maler, nahm nach Br. Castigliones Tod dessen Platz am kaiserlichen Hofe ein, stand in hoher Gunst beim Kaiser, ward zum Mandarin erhoben und starb 6. Oct. 1780 zu Peking. (Kathol. Missionen 1878, 185; Cat. Sin. 379; W.-B. Nr. 686, 112; Murr, Journ. I, 98; VII, 262 ff.; IX, 93 ff.; Colombel II. 786 u. a.)

Slawiczet, P. Karl (Böhm.), geb. 24. Dec. 1678 in Böhmen (al. in Mähren, „Gimaroviensis"), eingetr. 9. Oct. 1694, der Reihe nach Professor der Humanität, Mathematik, des Hebräischen und der Philosophie, ging 1715 nach China, gewann durch seine musikalischen und mathematischen Kenntnisse vielen Einfluß am Kaiserhofe von Peking. Er starb 24. Aug. 1737. (Franco, Syn.: Lang 85; Colombel II, 687 u. a.; Cat. Sin. 276; W.-B. Nr. 576, 35; v. Richthofen I, 688.) — Schriften: Fünf werthvolle Briefe im W.-B. Nr. 155. 156. 203. 295. 413. Handschr. Brief im Observatorium von Paris, Portef. 150; in der Bibl. Nat. ebb. Nr. 17239; Wiener Staats-Archiv, Geistl. Angel. 415 Nr. VI. Ueber seine mathematisch-astronomischen Schriften siehe P. Ét. Souciet S. J., Observations mathém. I, 37. 44. 50. 52; Miscell. Berol. V, Berol. 1723, 4⁰; Bayer, De Horis Sinicis ..., Petropoll 1735, 4⁰. Manuscript über chinesische Musik in Bibl. Germ. Bd. 40, 198. Vgl. Sommerv. und Pelzel 174.

Sonnenberg, v. [latinisirt Ignatius a Monte, span. Montes, chines. Ho], P. Walther, aus einer alten Familie Luzerns, geb. 12. Juli 1612, eingetr. 1628, ging 1644 in die Missionen, soll in Indien, „Aethiopien", China, Japan und auf den Philippinen das Evangelium gepredigt haben. Nach Cat. Sin. 142 kam er nach China 1678 und starb 1682 zu Fu-tscheu. (Vgl. Kathol. Missionen 1878, 187.) Er sprach mehrere asiatische Sprachen und war ein Mann von großer Charakterstärke und feurigem Seeleneifer. (Vgl. Leu, Schweiz. Lexikon; Balthasar, Histor. Aufschriften 219; Arch. Prov. Germ. IX. T.; Cat. Sin. Wahrscheinlich werden in den Berichten die beiden Ignaz und Walther v. Sonnenberg (siehe unter Philippinen) mehrfach verwechselt. — Schriften: Sechs handschr. Briefe, u. a. einer vom 7. Aug. 1644 aus den Philippinen, in welchem er den Pater General um die Erlaubniß bittet, nach Japan zu gehen.

Stadelin [Städelin, Stablin, chines. Lin], Br. Franz Ludwig (Böhm.), geb 18. Juli 1658 zu Zug in der Schweiz, durchwanderte als Uhrmacher ganz Deutschland, trat am 28. Sept. 1688 ins Noviziat der böhmischen Provinz zu Prag ein und ging 1707 nach China. Hier wurde er Hof-Uhrenmacher des Kaisers Kang-hi und ein besonderer Liebling des Monarchen, der den Bruder oft in seiner Werkstatt besuchte und mit ihm sich unterhielt. St. war eine überaus fromme, kindlich fröhliche Seele. „Obschon er die Muttersprache verloren, hat er doch die deutsche Redlichkeit nicht abgelegt" (P. Hallerstein, W.-B. Nr. 587, 10). Drei Jahre vor seinem Tod wurde er durch einen Schlaganfall theilweise gelähmt. Er starb zu Peking am

13. (al. 14.) April 1740 im 82. Lebensjahre. (Vgl. Platzweg 212—219; Chaney, Vie du P. Hinderer 151; W.-B. Nr. 588, 95 [Nachruf von P. Rögler], vgl. 30. Theil, S. 95; Cat. Sin. 275; Arch. Prov. Germ. IX. T.; Franco, Syn.; Ménol. I, 348; Colbmbel II, 580. 687 u. a.)

Stumpf [portugies. bei Franco Es t um, chines. Ki], P. Kilian (Germ. Sup.), geb. 14. Sept. (al. 13. März) 1655 zu Würzburg, eingetr. 11. (al 2.) Juli 1673, kam nach China 1694. Ueber ihn schreibt sein Mitbruder P. Karl v. Gallenfels: „In Peking ist den 24. Juli 1720 selig im Herrn verschieden P. Kilian Stumpf S. J., aus der oberrheinischen Provinz, ein sehr verehrungs- würdiger Mann, Präsident des mathematischen Tribunals, eine feste Säule der ganzen chinesischen Mission, besonders in diesen wirren Zeiten, auch Visitator der Gesellschaft Jesu daselbst (1718), welchen der Kaiser wegen seiner herrlichen Eigen- schaften hoch achtete und den alle Christen in Peking wie einen Vater verehrten und liebten." — „P. Stumpf, ein von Würzburg in Francken gebürtiger Jesuiter, hat die Sinische Mission, da sie begunne zu wancken, so mächtig unterstützt, daß sie ihme ihre Beharrlichkeit zu dancken hat. Sein unüberwindlicher Muth, kluger Eyfer und heiliges Leben werden sein Lob bey der Nachwelt verewigen" (P. Stöcklein, Vor- rede zum 8. Theil des W.-B.). (Vgl. W.-B. Nr. 152. 193; Nr. 198, 21; Platz- weg 267. 271; Sulzb. Kal. 1889, 121; Franco, Syn. 387, nennt ihn „magnum fidei columen apud eas gentes"; Cat Sin. 191; Mémorial du P. K. Stumpf ... in Anecdotes de l'état de la religion dans la Chine [1733] II, 35 ss.; vgl III, 888; handschr. Nachruf in der Wiener Staats-Bibliothek III, 371; Colombel II, 579. 612 u. a.) — Schriften: Documenta selecta, quae R. P. K. Stumpf S. J. .... 1717 ... in Europam transcripsit, in der Wiener Staats-Bibliothek; Misc. Sinica tom. II, fol. 294 sqq. Vgl. Marc. di Civezza, Saggio di Bibliogr. Sanfrancescana, Prato 1879, 187. Eine Reihe die Ritenfrage betreffende Schriften in Rom; vgl. Sommerv. Handschr. Brief von 1712 im Arch. Prov. Germ. ser. IV, fasc. A. 10.

Terenz [Terrenz, Terentius, Terenzio, Terrenzius, chines. Teng], P. Johann, ein Schweizer, geb. 1576 in der Diöc. Konstanz, eingetr. in Rom 1. Nov. (al. 4. Dec.) 1611 als Mediciner und als Philosoph und Mathe- matiker von Namen, ging 1617 nach Ostasien, wirkte vorübergehend in Indien, Cochinchina, auf Sumatra, kam 1621 nach China, wurde vom Kaiser mit der Reform des chinesischen Kalenders beauftragt, starb aber über der Arbeit 13. Mai (al. März) 1630 zu Peking. „Terentius" war die lateinische Form seines deutschen Namens „Schreck". T. war ein vielseitiger Gelehrter. „Non incongrue", sagt Kircher von ihm, „Plinium Indicum appellem ob insignem viri istius in omni scientiarum genere, potissimum medicinae ac Chymiae perfectam notitiam, quae apud ipsos Sinas tantum potuit, ut instar coelestis oraculi ac ipsa Sinica voce Chotampuo, quasi dicas Genius naturae, diceretur" (Magnes [ed. 3, Romae 1654] p. 315). (Carutti, Mem. della R. Accad. dei Lincei, Classe di scienze morali, storiche e filologiche, ser. III, vol. I [1877]; Kathol. Missionen 1878, Sept.; Arch. Prov. Germ. IX. T.: Cat. Sin. 42; Cordara, Hist. Soc. Jesu Pars 6, lib. 15, n. 246; Bartoli, La Cina l. 4, P. 2, n. 136; Juvencius, Hist. manuscr. Soc. Jesu ab anno 1616—1646, Miss. Sin. 177: Colombel I, 574 u. a.; Ménol. I, 436.) — Schriften: Sommerv. zählt u. a. acht chinesische Werke über Mathematik, Astronomie, Mechanik und Medicin auf, welche T. mit Beihilfe des chinesischen Gelehrten Wang verfaßte und, wie es scheint, in Peking herausgab. Außerdem unterhielt T. eine rege wissenschaftliche Correspondenz mit Europa, die zum Theil erhalten ift, u. a.: J. Terrentii e S. J. Epistolium ex regno Sinarum ad Mathematicos Europaeos missum. Cum Commentatiuncula *Joannis Keppleri*, Mathematici . . ., Sagani Silesiae 1630. Eine Reihe handfchr. Berichte und Abhandlungen über China und Japan verfchiedenen Inhaltes in der Bibl. de l'Ecole de médecine de Montpellier, n. 104 und 461. Handfchr. Briefe an verfchiedene europäifche Gelehrte in Paris, Bibl. Nat., Fonds franç. No. 14688, Brüffel, Bibl. de Bourgogne No. 4169—4170 und Bibl. des Bollandistes. Siehe Sommerv.

Tillifch, Thillifch, Tillist, bei Franco Tiliscus, chinef. Dang], P. Franz (Bohem.), geb. zu Breslau 16. Jan. 1670, eingetr. 1. Oct. 1684, Profeffor der Humanität, Mathematik, Philofophie, ging 1709 nach China (Ankunft 1710), war Hof-Mathematicus Kaifer Kang-his, machte in deffen Auftrag topographifche Aufnahmen; „ein in Mathesi und Theologia, wie auch in feinem auferbaulichen Wandel vortrefflicher Mann . . . alle, die ihn kennen, miffen ihn fchmerzlich als ein jetzt umgeftoßene vorhin vefte Säule der Miffion" (P. K. Stumpf im W.-B. Nr. 155, 17). Er ftarb 8. Sept. 1716 zu Peking. (Franco, Syn.; Colombel II, 580. 624 u. a.; Cat. Sin. 280; Pelzel 145.) — Schriften: Brief aus der Oft-Tartarei im W.-B. Nr. 152. Vgl. ebb. Nr. 135, 25; 7. Theil, Vorrede.

Ureman, P. Johann [chinef. U], geb. zu Spalato in Dalmatien 1582, eingetr. 1600, wie es fcheint, in eine deutfche Provinz, kam nach China 1620, ftarb aber fchon bald nach feiner Ankunft infolge der erlittenen Mühfale 29. April 1621 zu Nanking. (Ménol. I, 328; Cat. Sin. 39; Cordara, Hist. Soc. Jesu p. 6, l. 5, n. 190; Bartoli, La Cina l. 3, P. 2, n. 134; Patrignani, Menologio, 14. Apr., p. 128.)

Walta [Valta, bei Franco Uvalba, chinef. Wau], P. Michael (Germ. Sup.), geb. 1606 zu München, eingetr. 1623, kam nach China 1638, wirkte erft in Peking als Affiftent des P. Schall, dann in der Provinz Schanfi und ftarb 1643 (al. 1644) bei der Erftürmung von Pu-tfchou. (Franco, Syn. ad a. 1635 und p. 266; Sulzb. Kal. 1889, 122; Cat. Sin. 77; Arch. Prov. Germ. IX. T. in Vita P. Fiva. Colombel I, 425. 467 u. a.)

Walter [chinef. Su], P. Johann (Bohem.), geb. 6. Jan. 1708 zu Bilin in Böhmen, eingetr. 16. Oct. 1729, ging 1737 nach Malabar, von dort nach China, wo er 1741 anlangte, ein tüchtiger Mufiker, war lang am kaiferlichen Hofe und ftarb 27. Juni 1759 zu Peking. (Cat. Sin. 363; Pelzel 220; W.-B. Nr. 594, 135; Colombel II, 780 u. a.) — Schriften: Sieben Briefe im W.-B. Nr. 633—635. 680. 683. 686. 690. Handfchr. Brief aus Peking vom 20. Nov. 1754 im Arch. Prov. Germ. ser. IV, fasc. A. 16.

Werdmahfter [Werkmaifter], P. Benedikt (Germ. Sup.), geb. 26. Jan. 1676 zu Augsburg, eingetr. 9. Oct. 1691, ging um 1708 nach China, wird auf der Fahrt nach Oftindien an die Küfte Brafiliens verfchlagen und fchreibt von hier 8. Aug. 1708 aus Bahia einen Brief an den deutfchen Affiftenten (Murr, Journ. VI, 168 ff.); weitere Daten fehlen. (Ob nicht identifch mit P. Benedict. f. oben S. 185.)

Wit [bei Franco corrumpirt Viut], P. Bernhard de (Rhen. Inf.?), geb. 1658 zu Emmerich, eingetr. 21. Aug. 1677, ging mit P. Stumpf und P. Moers 1691 nach China, fcheint auf der Reife geftorben zu fein. (Cat.; fehlt wie der vorige im Cat. Sin.; Franco, Syn.)

Zallinger, P. Joseph, geb. in Bayern 16. Febr. 1701, starb 1736 in Peking (China), wo er vor kurzem erst angelangt war. „Ein Mann, welcher wegen seiner ausnehmenden Tugenden, seiner sonderbaren Natur-Gaben und vielen diesen Missionen höchst anständigen Wissenschaften eine Stütze derselben einstens werden sollte. Wir haben mit ihm große Hoffnungen zu Grabe getragen" (P. Kögler in einem Brief von 1736 im W.-B. Nr. 577. Cat. Sin. 338.)

III. Afrika.

Portugiesische Kolonien in West- und Südafrika.

Zur portugiesischen Provinz gehörten die Missionen von Angola (1 Colleg zu Loanda, 2 Residenzen, 1 Mission), die am Kongo (1 Residenz, 1 Mission) und die von „Aethiopien" (Abessinien); zur Provinz Goa: Moçambique mit 1 Colleg und die Stationen oder Residenzen von Quilimane, Tete, Sena, Cuama, Luabo, Inhambane.

Hier wirkten:

Berner, Br. Johann (Germ. Sup.), findet sich 1701—1753 in der Mission von Angola, Westafrika. (Cat. Prov. Germ. 1750,51.)

Höchstetter, Br. Innocenz (Germ. Sup.), geb. 17. Aug. 1691 zu Mindelheim (Diöc. Augsburg), eingetr. 11. April 1722, hatte Philosophie und Moraltheologie studirt, war dann Apotheker geworden und in seiner Kunst sehr erfahren, wurde 1722 für Chile bestimmt, kam aber, vielleicht später, nach Angola, wo er 1731—1734 thätig war. (Sulzb. Kal. 1890, 7; handschr. Verzeichniß.)

Kuenz, Br. Johann (Germ. Sup.), 1750 in der Mission von Angola, Westafrika. (Cat. Germ. Sup. 1750,51.)

Storer [Storrer], P. Franz (Germ. Sup.), geb. zu Konstanz 17. Jan. 1617, eingetr. 3. Sept. 1635, Professor der Humanität, dann der Mathematik, des Hebräischen und der Exegese zu Ingolstadt, ging 1655 mit P. H. Roth nach „Aethiopien" und starb dort 1662; „ein teutscher Jesuit, so unter dem Nahmen eines Wund-Arztes nicht allein in das Reich Aethiopien eingedrungen, sondern auch in die Kayserliche Haupt- und Hofstadt, ja in den Abyssinischen Hof selbst eingedrungen ist" (W.-B. Nr. 34, 112. Sommerv.).

Thoman, P. Moriz, geb. am 19. April 1722 zu Langenargen (jetzt Württemberg) von ehemals lutherischen Eltern, Doctor der Medicin, trat am 13. Dec. 1750 zu Rom in die Gesellschaft, ging 1753 nach Ostindien (Goa) und von hier 1757 nach Moçambique; arbeitete in der Kaffermission am Sambesi bis zur gewaltsamen Vertreibung 1759, wurde 1760 mit zahlreichen Mitbrüdern nach Lissabon transportirt, lag hier bis 1777 im Kerker, kam dann nach Wien und Bozen und starb hier 1790 (al. 19. Dec. 1805). (Vgl. Platzweg 348—362; Dr. Ph. H. Kälb, Geschichte der Missionsreisen nach Afrika, Regensburg 1863, III, 2. Abth., Kap. 6—9; Mauriz Thomans, ehemal. Jes. und Miss. in Asien und Afrika, Reise- und Lebensbeschreibungen, Augsburg 1788. Neu aufgelegt: Ein Exjesuit. Eine Selbstbiographie. Herausgegeben von J. B. Kempf, Regensburg 1867; Katholische Flugschriften zur Wehr und Lehr Nr. 36. 38. 39, Berlin 1891; Murr, Journ. VIII, 188; Allgemeine deutsche Biographie Bd. 38, S. 64; Staffler, Tirol und Vorarlberg, Innsbruck 1847, II, 881 ff.

Winterer, Br. Georg (Germ. Sup.), geb. 20. April 1695 zu Mötz in Tirol (Diöc. Brixen), eingetr. 18. April 1722, Kunstschreiner, wird in einer handschriftlichen Information sehr günstig beurtheilt, wurde nach derselben 1722 nach Chile geschickt, findet sich aber im Cat. Germ. Sup. 1750/51 als Missionär in Angola.

IV. Türkei und Persien.

Mission des Orients.

Sie stand unter französischem Protectorat und umfaßte 1750 den griechischen Archipel mit 7 Stationen und 25 Jesuiten; die Mission von Syrien und Aegypten mit Stationen in Aleppo, Antura, Kairo, Damaskus, Saida, Tripoli und 17 Jesuiten; die Mission von Persien mit Stationen in Julfa (Ispahan) und Resch und 7 Jesuiten. Die Missionen in Armenien und in der Krim, welche im Anfang des 18. Jahrhunderts blühten, scheinen später eingegangen zu sein.

Hier wirkten:

Bauman (Buman), P. Franz (Germ. Sup.?), aus Freiburg in der Schweiz, geb. 1644, eingetr. 1662, Missionär in Aegypten. (Arch. Prov. Germ. IX. T.)

Beugen, Br. Wilhelm Volrab, jedenfalls ein Deutscher, am Ende des 17. Jahrhunderts Missionär in Syrien (Damaskus); verstand sechs Sprachen: Deutsch, Niederländisch, Arabisch, Griechisch, Italienisch und Französisch. (W.-B. Nr. 273, 40.)

Cachob [Cachoub], P. Johann (Germ. Sup.), aus Trehvaux, Kanton Freiburg (Schweiz), geb. 1658, eingetr. 1677, ging um die Wende des 17. Jahrhunderts in die Mission von Konstantinopel. P. Tarillon nennt ihn in den Lettres édif. I (Paris 1841), 19 s. „denjenigen Jesuiten, der von Gott ein ganz besonderes Talent erhalten habe zur Bekehrung der Armenier in Stambul". In dem einen Jahre 1712 bekehrte er an 400 Schismatiker. Er heißt der „Vater der Armenier" und „Vater der Sklaven". Letztern Namen verdiente er sich in hingebendem Dienste der christlichen Galeerensträflinge in Konstantinopel und Malta. E. starb am 30. Aug. 1726 zu Konstantinopel. Weitere Einzelheiten über sein Wirken berichtet P. Reisacher (siehe diesen Namen) in einem Briefe von 1712 aus Konstantinopel, der mit zwei Briefen P. Cs. im Arch. Germ. Sup. (ser. IV, fasc. G. 2—4) liegt, und P. Jos. Lovina in einem Brief von 1724 (W.-B. Nr. 217; vgl. Nr. 238). Ueber seinen Tod im Dienste der Pestkranken (30. Aug. 1726) siehe Vorrede zum W.-B. 9. Theil und P. Holberman ebb. Nr. 114; Arch. Prov. Germ. XI. T.; Ménol. II, 169.

Cetti, P. Andreas (Germ. Sup.), geb. zu Schlettstadt (Diöc. Straßburg) 1719, eingetr. 1739, findet sich 1750/51 als Missionär in Syrien, wird später im Cat. angeführt als „15 Jahre in der indischen Mission". Er starb 20. Febr. 1774. (Cat.)

Erbschlager, P. **Christian** (Austr.), geb. zu Wien 1699, eingetr. 1717, war 4 Jahre lang auf den griechischen Inseln thätig. Er starb 2. März 1741 zu Steyr bei der Pflege der Pestkranken. E. kannte fast alle Sprachen Europas (Litt. ann. Prov. Austr. 1741; Stöger 69; Ménol. I, 194; Sommerv.). — Schriften: Von ihm stammt das anonyme Werk: „Erbauliche und angenehme Geschichten deren **Chiquitos**"..., Wien 1729; eine Bearbeitung nach französischen und spanischen Quellen.

Keller [bei Sommerv. **Heller**], P. **Jos. Franz Dominicus** (zuletzt in der Germ. Sup.), aus **Schwyz** (Schweiz), geb. 1. Oct. 1706, eingetr. 13. Sept. 1725, in Frankreich Professor der Philosophie, dann 22 Jahre lang Missionär in **Griechenland**, 17 davon als Oberer; starb 5. April 1767 (al. 1769) zu Luzern. (Arch. Prov. Germ. IX. T.) — Schriften: Ein Brief (4. Aug. 1751) aus Konstantinopel. Siehe Sommerv.

Liechtle, P. **Ignaz** (Germ. Sup.), geb. in Pruntrut (Schweiz) 2. Febr. 1721, eingetr. 3. Oct. 1736, ging 1752 als Missionär nach **Griechenland** (Archipel), wo er auch nach Aufhebung der Gesellschaft verblieb. Nach Bautrey (Hist. du Coll. de Porrentruy) verfaßte L. eine geographisch-historische Beschreibung des Archipels mit Plänen und Karten. 1797 lebte er noch als geistlicher Vater der Ursulinen, die auf den Inseln so Großes gewirkt, und hochgeehrt von jedermann (Arch. Prov. Germ. IX. T.). Nach Sommerv. existirt von ihm eine Chronik der Insel Naxos im Kloster St. Lazarus daselbst. (Vgl. Roß, Reise auf den griechischen Inseln des Aegäischen Meeres [Stuttgart 1840] I, 27; II, 220.)

Lodina, P. **Joseph** (Austr.), aus **Eibers** (al. Brig) in Kanton Wallis (Schweiz), geb. 19. März 1674, eingetr. 14. Oct. 1692 in die österreichische Provinz, diente 15 Jahre in den Bagnos von Venedig, begleitete den kaiserlichen Gesandten nach Konstantinopel, war hier lange Jahre sehr segensreich thätig und starb zu Wien 31. März 1742. (Arch. Prov. Germ. IX. T.; Stöger 210; Sommerv.) — Schriften: Brief über seine Gesandtschaftsreise und sein Wirken im W.-B. Nr. 217.

Meyer, P. **Kaspar** (Rhen. Inf.), eingetr. 5. Juli 1648, gest. 17. Jan. 1688, Missionär im Orient.

Reisacher, P. **Anton** (Germ. Sup.), aus **Vilshofen** in Bayern, geb. 23. Jan. 1676, eingetr. 30. Sept. 1694, Missionär auf den Cykladen 1731 bis 1736. (Sulzb. Kal. 1890.) — Schriften: Handschr. Brief aus Konstantinopel von 1716. Arch. Prov. Germ. ser. IV, fasc. G. 4.

Renschmid, P. **Florian,** aus Göttlkofen (? vielleicht Göttelhöf) in Bayern, geb. 1718, eingetr. 1735, Missionär in **Syrien** 1753—1755, dann 1756—1757 in **Kairo, Aegypten.** Nach Lang reist P. R. 1750 von Neuburg über Livorno nach **Syrien.** (Sulzb. Kal. 1890 a. a. O.)

Richelius [Chikelio], P. **Georg,** geb. zu **Straßburg** 23. April 1611, eingetr. 1628, wirkte lange Jahre sehr segensreich in **Syrien,** war in den Naturwissenschaften, in Astronomie und Medicin sehr erfahren und gewann durch seine Liebe und Gefälligkeit das Vertrauen auch von Schismatikern und Türken in hohem Grade. Er starb 21. Juni 1670 bei Sibon. (Ménol. I, 534; Patrignani, der ihn Chifelio nennt; Nouv. Mémoires du Levant IV, 98.)

Roux, P. Spiritus, geb. zu Anniviers im Kanton Wallis (Schweiz), Missionär in Persien, wo er Oberer der Mission Ispahan war. Er starb 11. (al. 12.) Sept. 1686 in Eriwan (Armenien). (Ueber sein Wirken vgl. Lettres édif. Mémoire de la Mission d'Érivan; Furrer, Statistik von Wallis II, 823; Arch. Prov. Germ. IX T.; W.-B. Nr. 264, 3.)

V. Ergänzungen und zweifelhafte oder nicht näher bestimmbare Namen.

Archs, P. Joseph, zur Zeit der Vertreibung in Neu-Granada, vermuthlich ein Deutscher. (Borda, Hist. de la Compañía de Jesús en la Nueva Granada, Poissy 1872, II, 91).

Bohubrasky [Poruhrabiski], Br. Simon (Bohem.), ging 1678 nach Mexico. (Wiener Verz.; W.-B. Nr. 81, 101. Identisch mit Br. Simon, siehe S. 115.)

P. Franz Borgias („Germanus"), ging 1709 nach „Indien". (Franco, Syn.) Wohl identisch mit Koch, Fr. Borgias, S. 176.

Brentano, P. Karl (siehe unter Quito). Verhandlungen mit der Regierung behufs Theilung des Missionsgebietes am obern Marañon siehe bei R. Cáceres S. J., La Provincia Oriental de la República del Ecuador, Quito 1892, p. 23.

Chespue [Chespius], P. Johann, ging 1845 nach „Indien". (Franco, Syn.) Der Name jedenfalls corrumpirt.

Cotter, P. Christian (Germ. Sup.), aus Anniviers im Kanton Wallis („Anniviensis"), geb. 1698, eingetr. 1722, ging in die auswärtigen Missionen. Nichts Näheres bekannt, als daß er bereits vor 1739 starb. (Arch. Prov. Germ. X. T.)

Creutzberg, P. Matth. (Ren. Inf.), geb. 17. Oct. 1706 zu Dernau, Erzdiöc. Köln („Dernaw."), eingetr. 16. Oct. 1730, ging 1738 nach „Indien" starb auf der Reise. (Cat.)

Cuculinus, Matthias (siehe Seite 65), war Oberer auf den Marianen, nicht in Paraguay.

Dobrizhoffer, P. Martin (siehe unter Paraguay). Wolfgang Menzel (Die deutsche Literatur, Stuttgart 1836, III, 110) kommt da, wo er von der deutschen Reiseliteratur des 18. Jahrhunderts redet, auch auf die Jesuiten (speciell auf Dobrizhoffer und Tieffenthaler) zu sprechen und sagt von ihnen: „Am merkwürdigsten waren die deutschen Jesuiten, die als Missionäre nach Amerika und China kamen, weil der schlaue Orden die Erfahrung gemacht hatte, daß deutsche Gelehrsamkeit, Ausdauer und Gutmütigkeit zu dem schwierigen Missionsgeschäft am besten taugen. . . . Dobrizhoffer ertheilt uns die ersten genauen Nachrichten von Südamerika . . ."

Falencio, P. Johann, aus Konstanz, ging 1618 über Lissabon nach „Indien" (Franco, Syn.) Vermuthlich Druckfehler für Terenzio, siehe oben S. 195.

Faltius, P. Franz (Bohem.), ging 1723 nach „Indien". (Wiener Verz.) — Vielleicht identisch mit P. Franz Faltrei in Peru.

Folch, P. Matthäus, zur Zeit der Vertreibung in Popayan, Provinz Quito, vermuthlich ein Deutscher. (Borda II, 90.)

Franc, Br. Sebastian („de Suebia"), zur Zeit der Vertreibung in Quito. (Borda II, 95.) — Wohl identisch mit Franck, Sebastian, siehe S. 168.

Fribelli, Embert (siehe unter China, S. 187). Vgl. Ritter, Erdkunde (Asien) III, 4. Abschnitt, § 62, S. 467.

Fritz, P. Samuel (siehe unter Quito). Vgl. de Ulloa, Voyage histor. de l'Amérique méridionale, fait par ordre du Roi d'Espagne (Amsterd. et Leipz. 1752), I, 324—328, wo den wissenschaftlichen Arbeiten des deutschen Missionärs warme Anerkennung gezollt wird.

Gastner, P. Peter (siehe unter Quito). Vgl. Lettres édif. V, 170.

Gruber, P. Johann (s. S. 187). Vgl. Ritter a. a. O. 453 ff.: „Aus dessen [P. G.s] Munde hat der berühmte M. Thevenot selbst, der ihn im Jahre 1665, Ende Februar, auf dessen Durchreise in Konstantinopel besuchte, dessen Reisebericht (Peking-Tibet-Hindostan) aufgezeichnet, wobei er dem 45jährigen vielgewanderten Pater das Zeugniß eines heitern, redlichen Deutschen (sincérité allemande) gibt."

Honczicz, Br. Wenceslaus (Bohem.), siehe unten unter Vocht.

Jannske, P. Daniel (Bohem.), ging 1691 nach „Indien". (Wiener Verz.)

Keller, P. Joh. Paul (Germ. Sup.?), aus Tirol, starb 4. April 1761 auf dem Weg von Goa nach Lissabon. (Handschr. Verz.; Murr, Journ. IX, 229.)

Kino [Kühn], P. Franz (siehe unter Mexico S. 108). Vgl. G. vom Rath. Arizona (Sammlung von Vorträgen, herausgegeben von M. Frommel und Friedrich Pfaff, XIV, 7 und 8), Heidelberg 1885, S. 68 ff. Der protestantische Verfasser spricht mit großer Anerkennung von den deutschen Jesuiten, die in Arizona (dem alten Sonora) gewirkt, vergleicht K. mit Las Casas, schreibt ihm die Gründung von acht blühenden Missionen zu. — Alex. v. Humboldt, Versuch über die politischen Zustände des Königreichs Neu-Spanien, Tübingen 1810, S. 227; Father Eusebio Kino S. J. and the Jesuit Missions in Arizona, in American Eccles. Review XXI [1899], 44 ff.

Kögler, Ignaz (siehe S. 189). Vg. Ritter a. a. O. 471. 474.

König, P. Johann [João dos Reys], aus Solothurn, geb. 1639, eingetr. 1657, um 1690 auf dem Weg nach „Indien". War sechs Jahre lang Professor der Mathematik und des Hebräischen in Coimbra. — Schriften: Briefe aus Lissabon und Coimbra vom 15. Oct. 1683, 26. Febr. 1684, 8. Sept. 1687 bei Friedrich, Beiträge 35. Brief vom 20. Sept. 1686 in der Wiener Staats-Bibliothek (Fil.) Nr. 419. Brief von 1689 aus Lissabon im Arch. Prov. Germ. IX. T. Vgl. auch Sommerv.

Lansperg, P., war 1718 in der Reduction St. Anna, Mozos-Mission, Peru. (Handschr. Verz.)

Lewacker, Br. Johann (Rhen. Inf.), geb. 6. Jan. 1727 zu Deutz bei Köln, eingetr. 18. Mai 1751, starb in „Indien". (Cat.)

Maiz, Br. Ludwig (Alois), zur Zeit der Vertreibung in Neu-Granada, vermuthlich ein Deutscher. (Borda II, 86.)

Meills, P. Anton, zur Zeit der Vertreibung in Neu-Granada, vermuthlich ein Deutscher. (Borda II, 86; vgl. S. 153.)

Meyer, Br. Franz Joseph (Rhen. Inf.?), geb. zu Freiburg i. B. 23. Jan. 1698, wurde nach Absolvirung seiner Lateinstudien und der Philosophie Maurer und Steinmetz, ging 1722 nach „Indien", warscheinlich Südamerika. Ist vielleicht identisch mit Mayer, P. Joseph, siehe S. 120. (Handschr. Information.)

Muns, Br. Ignaz, zur Zeit der Vertreibung in Quito, vermuthlich ein Deutscher. (Borda II, 100.)

Muther, P. Jakob, aus Köln, Missionär in „Indien". (Misc.)

Nemesdt, P. Franz, aus Sachsen („Saxon."), ging 1698 nach „Indien". (Franco, Syn.) Name jedenfalls corrumpirt.

Nogler, P. Ignaz, ging 1716 über Lissabon nach „Indien". (Franco, Syn.) Wahrscheinlich verdruckt statt Kögler, siehe S. 189.

Ostler, P. Johann (Bohem.), siehe unter Vocht.

Paravicini. Br. Franz (Bohem.), ging 1684 nach „Indien". (Wiener Verz.)

Pizl, Matthias (S. 153), wohl identisch mit Piller (S. 160) und Bizel (S. 166).

Pfitzer, P. Kaspar (siehe unter Paraguay). Vgl. Kathol. Missionen 28. Jahrgang, 84.

Prenincel, P. Stephan, ging 1698 über Lissabon nach „Indien". (Franco, Syn.) Name jedenfalls corrumpirt.

Ren [Reen], Franz (siehe unter Quito, S. 127), starb bei der Deportation kurz nach der Ankunft in Cadix, 28. April 1768. (Letters and Notices, Roehampton 1875, 363.)

Rebell, P. Thomas (Austr.), ging 1686 nach „Indien", wahrscheinlich Südamerika. „Zwar in den Niederlanden geboren, aber in der österreichischen Provinz in die Societät aufgenommen" (W.-B. Nr. 31, 101).

Reyter, Br. Kaspar, zur Zeit der Vertreibung in Neu-Granada. (Borda II, 82.)

Rissen, P. Bernhard (Rhen. Inf.), geb. Juli 1653 zu Paderborn, eingetr. 2. Oct. 1672, starb 21. Oct. 1699 zu Villanueva in Spanien, wie es scheint, auf dem Wege nach „Indien". (Cat.)

Roel, P. Bernhard, zur Zeit der Vertreibung in Neu-Granada, vermuthlich ein Deutscher. (Borda II, 81.)

Roel, P. Dominicus, zur Zeit der Vertreibung in Neu-Granada, vermuthlich ein Deutscher. (Borda II, 84.)

Roux, P. ?, aus Luc (nach Mülinen, Helv. Sacra II, 56, aus Grimenz), Kanton Wallis, ging in die ostindische Mission und starb dort nach opfervollem Wirken als Martyrer. Boccard (Hist. du Valais 347) nennt ihn einen „berühmten Missionär". Nach Mülinen l. c. wäre sein eigentlicher Name Rua oder Ruba, woraus französisch Roux entstanden sei. (Furrer, Statistik von Wallis II, 323; Arch. Prov. Germ. IX. T.)

Schabel, P. Michael (Bohem.), ging 1693 nach „Indien". (Wiener Verz.)

Schermer, Br. Simon, zur Zeit der Vertreibung in Neu-Granaba. (Borda II, 90.)

Schevel, Br. Levin, Begleiter des P. Victor Walter bei seiner Expedition nach den Karolinen, allem Anschein nach ein Deutscher. (Delgado, Hist. general . . . de las Islas Filipinas, Manila 1892, 128.) — Vielleicht identisch mit Br. Leopold Schenk (siehe unter Philippinen). Aehnliche Verschreibungen und Corruptionen sind nicht ungewöhnlich.

Schuech, P., jedenfalls ein Deutscher, wird als Reisebegleiter des P. Phil. Grimalbi (gest. 8. Nov. 1712) bezeichnet, starb in Persien. (W.-B.- Nr. 49, 61.)

Sellens, Br. Anton, zur Zeit der Vertreibung in Neu-Granaba, vermuthlich ein Deutscher. (Borda II, 88.)

Sepp, P. Anton (siehe unter Paraguay), erwähnt bei Friedrich, Beiträge 27.

Shuarc (wahrscheinlich für Schwarz), Br. Aolan („Aleman"), zur Zeit der Vertreibung in Quito. (Borda II, 95.) Vermuthlich identisch mit Schwarz, P. Julian (S. 160).

Staubacc, P. Johann („Fuldensis"), ging 1690 nach „Indien", zeitweise Professor der Mathematik in Lissabon. (Franco, Syn. 384.)

Stulz, Johann, aus Stans, Kanton Unterwalben (Schweiz), geb. 1612, eingetr. 1682, Missionär in „Indien". (Arch. Prov. Germ. IX. T.)

Tieffenthaler, P. Joseph (siehe unter Vorderindien, S. 179). „T. war der erste unter den Reisenden des 18. Jahrhunderts, welcher die Aufmerksamkeit auf die kolossalste Gebirgsgruppe der ganzen Erde, auf die Riesen des Dhawalagiri, gerichtet hat" (Ritter a. a. O. 456; vgl. Menzel a. a. O.).

Ubens, P. Franz, wird von Franco, Syn., als „deutscher" Missionär angeführt, der 1790 nach „Indien" reiste. Der Name Ubens ist niederländisch.

Valcans, P. Wenceslaus, zur Zeit der Vertreibung in Neu-Granaba, wahrscheinlich ein Deutscher. (Borda II, 91.)

Vergel, Br. Raimund, zur Zeit der Vertreibung in Neu-Granaba, wahrscheinlich ein Deutscher. (Borda II, 84.)

Vilhelm, Br. Leonarb, zur Zeit der Vertreibung in Neu-Granaba. (Borda II, 83.)

Vocht, P. Franz (Bohem.), war um 1709 mit P. Johann Ostler und Br. Wenceslaus Honczicz aus der böhmischen Provinz nach Spanien gekommen. Hier verging ihnen die Lust, nach „Indien" abzusegeln. „Vielleicht werden sie nach Böhmen zurückkehren, wenn ihnen nicht belieben sollte, nach Brasilien zu segeln" (aus dem Briefe des Br. Christoph Mattern vom 26. Dec. 1710, W.-B. Nr. 508, 111.)

Weißenbach, P. Franz, aus Zug (Schweiz), geht, für „Indien" bestimmt, nach Spanien, stirbt aber im Februar 1648 in Sevilla. (Arch. Prov. Germ. IX. T.)

Welseberger, Br. Marcus (Rhen. Sup.), geb. 2. Febr. 1697 zu Imst in Tirol, Maurer und Steinmetz, ging 1722 nach „Indien". (Handschr. Inform.)

Wolf, P. Jakob (Diego), zur Zeit der Vertreibung in Peru. (Borda II, 104.)

Wolff, P. Bartholomäus (Rhen. Inf.), siehe oben unter Mexico S. 117, starb nach der Rückkehr aus Indien in Portu S. Mariae 1769. (Handschr. Cat. Prov. Rhen. Inf.)

Xenofosen, P. Franz, ging 1690 über Lissabon nach „Indien". Der Name ist corrumpirt. (Franco, Syn.)

* * *

Außerdem war eine ziemliche Anzahl deutscher Jesuitenmissionäre im Verbande anderer Provinzen, wie der französischen, belgischen und besonders polnischen. Letztere erstreckte sich bis an die Ostsee und umfaßte einen großen Theil deutschen Gebietes. Von den deutschen Missionären der polnischen Provinz seien kurz genannt: Bartsch, P. Jakob (Abreise 1696, Bestimmung: China); Brichius, P. Joseph (1695, China); Chtler, P. Martin (1654, Persien und Indien); Herlacher, Br. Ignaz (1722, „Indien"); Hutter, Br. Th. (1722, „Indien"); Roborff, P. Alex. (1722, „Indien"); Los, P. Franz (1723, „Indien"); Pinter, P. J. (1679, „Indien"); Preußhoff, P. J. (1695, China); Protman, P. Andreas (1660, „Indien"); Reuth, P. J. (1697, Persien, China)[1].

---

[1] Der Verfasser erlaubt sich an dieser Stelle die Bitte auszusprechen, ihm allenfalsige Berichtigungen und Ergänzungen zur Liste deutscher Jesuitenmissionäre gütigst zukommen zu lassen und ihm von etwa in Privatbesitz vorhandenen Briefen und Handschriften derselben Kunde zu geben.

Anhang.

I. Bittgesuche deutscher Jesuiten an den Ordensgeneral.

1. Brief des P. Ad. Schall an A. R. P. Mutius Vitelleschi, 2. Jan. 1616.
(Er bittet um die chinesische Mission.)

Admodum R̄ in Christo Pater Noster.

Ego Adamus Schall quamvis indignissimus, confisus tamen in eadem Dei benignitate qua vocari me sentio, expono desiderium meum, quod est proficisci ad Indos Orientales, praecipue vero ad Sinas, quod a multo jam tempore summopere optavi, cum scilicet adhuc essem Novitius. Itaque cum jam non videatur amplius celandum, post maturam considerationem, et multas orationes ac opera pia, quae Deo in hunc finem obtuli, post exercitia spiritualia quae istis diebus ad eundem finem direxi, patefacio id R. P. V. sperans me non aegre id impetraturum ad quod a Spiritu Sancto tantopere mihi videor impelli: syncere enim fateor non humanas ab causas moveri me, sed potius Dei gloriae et animarum salutis desiderio; nam humanas rationes attendere si voluero, illae potius in Germaniam me reverti suadent. Verum obedire Deo satius duxi, hoc enim me facere arbitror cum vocationem meam aperio. Offero igitur me et resigno in manus R. P. V. et cum animo prompto, vires simul corporis, et sanitatem bonam offero. A. R. P. V. nutu in utrumque paratus pendo. Quam Deus etc.

Anno 1616, 2. Ian.

Idem ego
Adam Schall.

2. Brief des Kölner P. Joh. Gommersbach an A. R. P. Mutius Vitelleschi, 11. Mai 1617.
(Er bittet um die indische oder chinesische Mission.)

Admodum Reverende Pater.

Pax Christi.

Nolui hactenus, adeoque nec ausus Reverendae admodum V^{ae} Paternitati meis litteris molestus esse tum, quod zelum isthunc, quo in Ethnicorum conversionem jam ab aliquot annis flagravi, puerilem atque indiscretum, subverebar: tum vero maxime, quod aliquorum sermonibus, qui *germanis spem omnem in Chinam vel Indos proficiscendi aiebant praecisam*, absterritus, huc usque moestus sane meoque cum dolore tacui. Cum tandem, nescio quo fato, P. Ioanni Terrensio ex itinere ad nos divertenti Bambergam cogitationes meas aperire non

erubui, et ne quid attentarem temerario ausu, eundem Patrem hac super re in
consilium adhibui. Suasit ille duo: Orationem ad Deum, litteras et libellum
supplicem ad R^{dam} admodum V^{am} Paternitatem. Ecce, R^{de} Pater, neutri defui:
prius enim quam hasce exararem, ad preces confugi. Quocirca admodum R^{de}
Pater, quod si ad divinam gloriam maiorem, et ad meam proximorumque salutem
spectare judicabit, rogo supplex et ad genua Paternitatis V^{ae} prostratus obsecro,
ne vota mea in ventos abire patiatur, neve tam humili meae petitioni deesse
velit. Spem impetrandi ab admodum R^{da} V^{a} Paternitate P. Ioannes Terrensius
summa animi mei laetitia, ostendit: et vero difficilem, si rem serio [?] Paternitas
V^{a} animadverteret, negabat. O, quanto beneficio, praeter alia, Deo Paternitati-
que V^{ae} obstrictus forem, si divino nutu, vel pedissequum eorum quinquaginta,
qui jam tum ad Chinenses destinati, esse me contingeret! Anne spes aliqua?
O annue Deus! annuat Paternitas V^{a}. Conterraneorum meorum unus *Adamus
Schal* [sic!] Coloniensis, me aetate minor impetravit: et ego, qui quartum iam
annum, post biennium novitiatus et trieteridem in Philosophico pulvere Herbipoli
exactam pervarios scholasticos et labores et sudores exercitus sum, desperem?
absit ut ea sim erga V^{am} Paternitatem diffidentia. Quare iterum, iterumque
Reverende pater, pulso. aperi. Respice, Pater, obsecro, ardens meum desiderium,
votum respice pium, respice mentem seriam et sinceram. At vela contraho,
ne importunus audire merear, et R^{dae} admodum V^{ae} Paternitatis SS. sacrificiis
me demississime commendo.

Adm. R^{dae} V^{ae} Patern^{ti}

Humillimus servulus
Ioannes Gommersbach, Soc^{tis} religiosus.

Bambergae 5. Idus Maij 1617.

3. **Briefe des P. Kilian Stumpf an A. R. P. Thyrsus Gonsalez, 1. April 1688
und 19. Mai 1689.**

(Er bittet um die Missionen.)

Admodum Reverende Pater.

P. Cb.

Placuit divinae bonitati me undequaque indignissimum homuncionem
singulari quodam favore prosequi et contra omnia mea demerita iam a com-
pluribus annis ad transmarinas S. Evangelii expeditiones vocare: ea enim mihi
mens fuit cum S. Societatis nostrae tyrocinium subii, eadem nunc est, totum
me cum voluntate Superiorum Indorum saluti promovendae superimpendere.
Tempore Novitiatus quidem animus meus in re tanta quasi dubius nutabat, sed
de die in diem ad hanc usque horam constantissime firmabar. Aperio igitur
Adm. Rdae Paternitati vestrae cor meum, et quod pius Iesus a me petere
dignatur, id ego ab adm. Rdã paternitate vestra suplex de genibus et cum
lacrymis peto.

Ah! Ad. Rd^{e} Pater, liceat mihi vocante Domino, annuente Paternitate
vestra, aliquando illuc ire, ubi seminem cum fletu, aut introeam in aliorum
labores et congregem cum exultatione in horream Ecclesiae. Nihil peto nisi

tantis viris ad Dei gloriam et animarum salutem non socius sed famulus fieri, iisque in abjectissimis laboribus convivere et gravissimis periculis commori. Haec mea vota Admodum R. P. Carolus [Noyelle] p. m. rata habuit anno 1683, confirmavit 1685 et 1686. Reverendi item PP. Philippus Coupplet et Alexander Ciceri procuratores Sinarum benigne acceptarunt, unde me votorum meorum compotem fore hactenus speravi. Sed hac spe ne excidam per Iesum nostrum atque Indorum redemptorem, perque D. Xaverium earum gentium apostolum flagrantissimo cordis affectu oro.

Badenae 1. Aprilis, Anno 1688.

Adm. R. Paternitatis Vestrae

servus in Christo
Chilianus Stumpf.

Am 23. Juni besselben Jahres bankt Stumpf mit innigen Worten für die Hoffnung, die ihm gemacht worden. Er erneuert dann, 2. April 1689, von Bamberg aus bemüthig seine Bitte. Er wurde auf spätere Zeiten vertröstet. Darauf erwiderte er 18. Mai 1689:

Adm. Reverende in Christo Pater.

P. Ch.

Responsorias Adm. Rdae Paternitatis Vestrae debita cum submissione exosculatus sum, quae frigidam, imo calidam aestuanti ad Indos desiderio affuderunt: calidissimo enim lacrymarum imbre dolens immadui, cum spem meam tam longe a me factam esse cognovi. reliquum est, ut tota anima in obsequium s. obedientiae captivata, ignem illum, quem coelitus immissum credidi, quemque annos pene 16 constanter alui, fletu exstinguam, aut exstinguar eodem. Dignetur, obsecro, Adm. Rda Paternitas Vestra impatienti calamo, quos in his aut nuperis barbarismos teutonicos commisit, paterne indulgere, et mei benigne meminisse, ubi occasio iter sinense aperuerit. Ego interim Missionem Hungaricam aut castrensem, tanquam secundum Indipetarum tyrocinium, a superioribus meis impetrare laborabo, ut vel sic per gravia ad graviora eluctari cum bono Deo valeam. Commendo me Adm. Rdae Paternitatis Vestrae paternae dispositioni.

Unter diesen Brief schrieb der General Thyrsus Gonsalez, wie es scheint, mit eigener Hand: Pulchrae litterae. Facienda est apes huic viro, magna spes obtinendae Missionis Indicae.

4. Briefe des Br. Martin Motsch an A. R. P. Michael Angelus Tamburini, 25. Juli und 19. Dec. 1722.
(Bietet sich an für die Missionen.)

Admodum Reverende Pater Noster in Christo Pater Generalis.

Euer Hochw. kann ich nicht verbergen mein herzinnigliches Anliegen, welches ich von einer geraumen Zeit in meinem Herzen empfunden, und für einen warhafftigen göttlichen Beruff und Einsprechen erkönne und annehme.

Denselben nun Euer Hochw. zu entdecken, gebe ich deroselben Undterthänigst zu Vernehmen, daß mein Vatter am hochfürstlichen baabtischen Hoff zu dter Zeit bauwwerkmeister geweßen undt noch biß dato ist, und mich von Kindtheit auff zu der Architectur, undt dieser schöne Bauw-Kunst gezogen undt embsig unterricht, undt zwar nit, ohn meinen großen fortgang undt Nußen. Dann gleich wie ich ein große Lieb dazu gehabt, also hab ich mich mit allem Ernst darauff begeben, selbe recht zu begreiffen. Hab auch | kans in warheit sagen | so vill zugenohmen, daß ich mich getrauw, ainen Bauw der Kunst nach auffzuführen. Ich hab auch, wie bey Unß gebräuchlich, mich zu perfectioniron, nach dem rath Meines Vatters, auff schwer reißen begeben, undt ahn Undterschidtlichen Königlichen, Churfürstlichen und hochfürstlichen Höffen, da dergleichen Kostbahr gebäuw auffgeführt worden, gearbeithet und in specie zu Rastatt ahn der hochfürstlichen baabtischen Recidenß, ahn dem Churfürstlichen Schloß zu Pomersfeldt (Pommersfelden) nit weit von Bamberg, auch in der Churfürstl. Residenßstatt Maynß, ahn dem hochfürstl. Schloß zu Hessen-Cassel, ahn dem Königlichen Hoff zu Berlin, in der Churfürstl. Statt Cöllen, undt ahn Vielen andteren Orten unter lauther vornehmen Meistern, da ich dann überall meine Kunst gezeigt und Satisfaction gethann, hab mich auch gleich- sam mit Gewalt von meinen Bau-Meistern abreißen müssen, da ich Anno 1714 mich in die Societet Jesu begeben, ein heiliges Leben darinnen zu führen. Dießes hab ich Euer hochw. endtecken wollen, damit sie erkönnen, daß ich in der ameri- kanischen Mission die Apostolische Arbeit R. R. P. P. Missionariorum mit meiner von Gott mitgetheilten Kunst undterstüßen und befürdren hoffen könnte. Ich hab aber gleich vom Noviatiat ahn ein Verlangen getragen in Indien zu reissen, welches ich denn R. P. Nicolao Pottu, alß bazumahlen P. Provinciall in der Rechenschafft des Gewissens offenbahret, welcher mir dann dissen Trost geben: es könne mit der Zeit geschehen. Welche Zeit weilen ich darvor halt ißt erschienen zu sein, sondter- lich da ich vernehm, baß auch andtere auf dieser Unserer oder Rheinischen Provinß, sowohl Patres alß Brüdter in Americam sich zu begeben auff dem Weg sein. Also bitte Euer Hochw. umb Gottes willen, sie geruhen doch dieses Mein anligen Vätterlich zu beherßigen, undt mir zu erlauben meinen ohne Zweiffel göttlichen Beruff nach zu kommen mit andteren in Americam zu vereisen, und der Bekehrung der Indianer meiner Profession nach mit zu würden, damit der allerhöchst Gott von allen Völckern erkant, ahngebett, verehrt, geliebt und glorisiciret werdte. Himit befehle ich mich in den göttlichen Schuß und Willen, der mir durch Euer Hochw. wird intimirt werdten und verbleib Euer Hochw.

allergeringster Diner
Martinus Motsch
S. J.

Heiligenstadt, ben 25. Julii 1722.

In einem andern Schreiben vom 19. December 1722 bankt der gute Bruder für den erhaltenen freundlichen Antwortbrief, „der mir so lieb geweßen, alß er vom Himmel kohme, indem sie mir die nahe Hoffnung gemacht, mich durch ihre gnadenvolle Disposition dahin zu befördern. Bin auch von Unßerem R. P. Pro- vincial also balb meines Ambts entlassen und von Heiligenstatt naher Baaden verschickt worden. Die weilen ich aber zu Kochen wiber mein Verhoffen wiber — applicirt worden bin, alba 2 Jahr alß Koch der Societet gedienet. Bey welchem ambt ich offt kränklich geweßen, wie mir dann die Herrn Medici zu Speyer auß- trücklich gesagt, ich werde babey nit gesund bleiben, da ich doch, so lang ich in der

welt Meiner profession nach gelebt, unb in ber Societet anbern ambtern ab=
gewarthet, burch bie gnab Gottes allezeith bin ftarď, frifch unb gefunb geweffen,
auch fobalb ich vom Herb unbt Feuer hin weg fommen werbe, meine vorige ge=
funbheit unb ftarď wieber zu erhalten hoffe, ja fittlicher menfchlicher weiß zu reben,
verfichert bin. Alßo bitt ich Euer Hochwürben umb Gottes willen, mich bavon
burch frafftigen Befelch ahn Unfern R. P. Provincialem zu erlöffen unb nicht auff=
zuhalten, alß ban werben Euer Hochwürben fehen, bas, waß ich hier gefchriben,
wirb burch bie gnab Gottes wahr werben, unb mich ber liebe Gott wirb ftarcken,
bieße an fich fchwehre Miffion, wenn mich Euer Hochwürben bazu gnäbig deftiniren
wirb, glücklich auff mich zu nehmen unb zu gröfferer Glory bes allmächtigen Gottes
glücklich zu vollbringen, wie ich bann in bißer Hoffnung Euer Hochwürben gnäbige
Difposition mit höchftem Verlangen erwart, unb verharr zu fein,

Euer Hochwürben

Unberthänigfter Knecht
Martiny Motsch S. I.

Baaben, ben 17. Decemb. 1722.

II. Zulaffung beutfcher Miffionäre in bie fpanifchen Kolonien.

Schreiben bes Orbensgeuerals A. R. P. Paulus Oliva, 29. Nov. 1664.

Accipio laetum nuntium *ex Hispania*, quo veluti classico excitabuntur
plures ad Indias Hispanicas sive occidentales expetendas, id est, paraquariam
philippinas, mexicum, peruanam, chilensem et novi regni. Interclusus erat ab
annis pluribus ad illas aditus omnibus aliis praeter Hispanos. Nunc aliquid
laxamenti obtentum est, non sine spe extendendae circumscriptae nunc non-
nihil facultatis. Iam plurium literis ad me perfertur quod Indicum Catholicae
suae majestatis consilium revocato priore decreto exteris nostris pro Indica
missione veniam concesserit ea lege ut quarta cujusvis missionis pars constare
possit e subditis regis Catholici ac etiam Imperatoris aut cujusvis principis
austriaci, quo in numero fere omnes qui sunt in provincia Austriae Bohemiae
Flandro-Belgicae Gallo-Belgicae ac etiam Germaniae superioris illa pars quae
austriacis Archiducibus Oenipontanis paret. Idem aiunt extendi ad subditos
aliorum principum domui Austriacae addictorum. Quocirca R. Vestram vo-
candam censui in partem laetitiae meae; ut suppetias ferant regionibus albis
ad messem ii, quos eo vocat magnus paterfamilias, cujus filii familias sumus
omnes in Societate Jesu. Ut autem fiant omnia cum delectu, ii, qui se desiderio
illo ardere sentiant, dent ad R. V. literas, et R. Vᵃ eorum nomina ad me
mittat una cum suo judicio quid de singulorum habilitatibus sentiat, circa vires
corporis animaeque, nam et valetudine et virtute firma illic opus esse videmus
experimentis in dies manifestis. Si qui vero aspirent ex glorioso illo calore ad
iter tam longinquum, sed sanctae obedientiae id est Dei manu retineantur in
provincia, ostendant domi quales fuissent fores, utrinque Xaverii.

29. Nov. 1664.

[Provincialibus Austriae, Flandriae, Gallo-Belgicae, Bohemiae, Germaniae
superioris.]

403

14 *

III. Das kaiserliche Patronat für den Landweg nach Indien.

Brief des Kaisers Leopold I. an den Ordensgeneral A. R. P. Paulus Oliva, 17. Sept. 1664.

Honorabili Religioso Devoto Nobis Dilecto Patri Ioanni Paulo Oliuae Societatis Jesu Praeposito Generali [außen als Adresse].

Leopoldus Divinâ favente Clementiâ Electus Romanorum Imperator semper Augustus etc.

Honorabilis, Religiose, Devote, Dilecte. Habuerunt semper Avus et Genitor Noster Colendissimi Ferdinandus Secundus et Ferdinandus Tertius felicissimae recordationis in votis, ut Evangelium Christi quam latissime inter gentes divulgaretur, maxime vero in vastissimo regno Chinarum, pro quo etiam Ferdinandus Tertius ante decem annos aliquam summam pecuniae, mille videlicet florenos annuos assignaverat, ut Patres Societatis ad illam missionem mitti possent in eaque sustentari, hinc est quod unice gaudeamus hoc tempore viam esse apertam multo meliorem securioremque ad Evangelium Christi non solum Chinensibus sed etiam plurimis aliis Barbaris annunciandum. Verum cum aliunde intelligamus passus omnes maritimos per quos Operarii Apostolici ad illas Missiones submitti deberent, ab Haereticis Hollandis esse interclusos, et pecuniam destinatam ad ejusdem Missionis subsidium per mare sine evidenti periculo mitti non posse, econtra vero Patres aliquos Societatis feliciter itinere terrestri ex Europa in Chinas et inde in Europam iterum venisse, optimum e re fore credimus si imposterum pecunia quotannis pendi solita ad hoc iter terrestre applicetur, nec ex ea quidquam amplius in Lusitaniam mittatur, sed tota ab Assistentia Germaniae administretur, quod etiam omnino habere volumus. Ut autem hoc firmius stabiliatur hisce nos Fundatorem ac Protectorem hujus itineris terrestris ad illas Missiones declaramus quod olim felicissimae memoriae dicti Ferdinandus Secundus et Ferdinandus Tertius per Societatis Jesu homines aperiri unice peroptabant, pronti hanc nostram piissimam mentem peculiaribus literis ad Summum Pontificem exponimus petimusque Sedis Apostolicae confirmationem, ut hoc tam insigne opus Evangelii tanto solidius promoveatur, ac impedimenta quae fortasse objici possent auctoritate Summae Sedis amoveantur. Sed ut hoc eo melius et felicius peragi et consolidari possit, vos perbenigne requirimus, ut hanc nostram tam sanctam Fundationem Vos quoque omni modo promovere, et non solum assistentiae Germaniae administrationem memoratorum annuorum millium florenorum eo quo desideramus modo injungere, sed etiam quamprimum Patres modo in Chinas destinati per Moscoviam in Persiam propere transierint, socios qui vel per Moscoviam vel per Turciam sequantur, assignare ac tandem ut haec omnia melius geri possint, quendam Patrem Viennae constituere velitis qui ibidem resideat totoque conatu negotia missionis Chinensis promoveat et pecuniam ad eum finem assignatam administret. Quae omnia Vos omnino facturos confidimus cum ea ad Majorem Dei gloriam, Evangelii propagationem, plurimam animarum salutem, nec non nostram singularem satisfactionem et Societatis Vestrae honorem atque augmentum meritumque apud Deum majus cedant, a Vobis desuper proxime responsum expectantes. Interea Vos totamque Nobis amantissimam Societatem solitâ eaque singulari gratiâ nostra Caesarea intense complectentes. Datum in arce nostra Ebersdorffj, decimâ septima die Mensis Septembris, Anno Millesimo sexcentesimo sexagesimo quarto Regnorum Nostrorum Romani septimo, Hungarici decimo Bohemici vero nono.

Leopoldus.

Ioannes Ioachimus Comes a Sinzendorff.
Christophorus Abele D.

IV. Instructio [A. R. P. Generalis Francisci Piccolomini] pro P. Henrico Roth Ingolstadio ad Missionem Aethiopicam profecturo[1].

Cum Divina Providentia Rᵃᵐ Vᵃᵐ ad Missionem Aethiopicam laboresque pro Christo subeundos prae tot aliis praestantibus candidatis elegerit, necessarium duxi ad hunc scopum melius attingendum, perbrevi hac Rᵃᵐ Vᵃᵐ instructione praemunire, quae ad finem propositum multum fortassis conducet.

1. Iter Rᵃ Vᵃ non solum habitu dissimulato aggredietur et conficiet, sed etiam statu Sacerdotali et religione Societatis nemini indicatis. necesse erit ab Sacrificio Missae per Turciam et Persiam, et toto itinere a controversiis fidei atque disputationibus abstinere.

2. Accuratam curet vitae, periculorum, commoditatum proficiscendi et aliarum rerum huc spectantium a Patribus nostris seu Smirnae, seu Alepi, seu alibi accipere instructionem; nec temere caput periculis obiiciendum zelo indiscreto. moderatam rationem valetudinis habeat, nec eam afflictionibus corporis indiscrete atterat, ut missionis laboribus par sit ad majus Dei obsequium.

3. Mochae seu Moccae[2] Rᵃ Vᵃ diligenter in militem D. Torquatum Parisianum inquiret; est is Pater e nostris et fere cum Anglis commoratur, curatque Missionem Aethiopicam; ab eo consilia et de rebus Aethiopicis notitiam accipiet.

4. Quod si D. Torquatus Parisiensis Goam discesserit, Rᵃ Vᵃ recta Dium vel Surratum[3] perget, ubi tam diu subsistet, donec a P. Provinciali Goano responsum habeat, et interea linguas necessarias addiscet, explorabitque prudenter omnia, quae ad missionem seu Aethiopicam seu Mogorensem pertinent.

5. Quotiescumque occasio erit in Europam ad nos scribendi, id ne omittat: etiam duplicatas aut triplicatas diversis viis destinet.

6. Ubique caute et prudenter incedendum, nulli nimium fidendum; exemplo suo omnibus prodesse conetur: omnes comitate, humanitate et obsequio religioso sibi devinciat.

7. In laboribus missionis ad conatus nostros divinam opem crebro implorare oportebit, nec despondendus animus, si operae pretium non ferat.

8. Ad extremum patientia obfirmandus animus ad crucem Domini ferendam nec ita in alienam salutem procurandam effundendus, ut propria obliviscamur:

---

[1] Solche Jnstructionen wurden regelmäßig ausgestellt, wo es sich um lleber-nahme neuer, schwieriger Missionen und Unternehmungen handelte.

[2] Mokha an der Südwestecke Arabiens.

[3] Diu an der Südspitze der gleichnamigen Insel im Süden der Halbinsel Gujarat, und Surat unweit des Golfs von Cambay, beides wichtige portugiesische Plätze.

Quid enim prodest homini, si universum mundum lucretur etc. Cogitet Deum ubique praesentem, se Societatis esse membrum, Jesu Socium, ad gloriam eius ubique propagandam. Benignissimus Jesus euntem R^{am} V^{am} et strenue laborantem copiosa sua gratia comitetur et plurimis olim meritis auctam coronet.

2. Julii 1650.

V. Schreiben Alfons' VI. von Portugal (1656—1667) an den Ordensgeneral A. R. P. Goswin Nickel[1].

(Der König beklagt sich, daß manche ausländische Jesuiten nicht über Portugal in die Missionen reisten, und verlangt, daß Portugiesen, und nicht Ausländer, zu Obern in den Missionsgebieten gemacht würden.)

Rex Lusitaniae.   Admodum Reverendo Patri Nostro.   17. Julii. 1644.
Ulyssipone.

Geral da Companhia de Jesus. Eu el Rey vos envio muito saudar. Son informado, que as partes da India Oriental passaó Religiosos da Vossa Companhia por diversos Caminhos, que se introducem por terra, sem virem embarcarse deste Reino de Portugal, como sempre foi costume com tanta gloria de Dios e credito da mesma Companhia. E tambem me chigaó noticias, de que assi Religiosos, que vaó per aquelles caminhos, como alguns dos Extrangeros, que se vem embarcar neste Reino procedem nas ditas partes muito contra meu serviço e a o que se deue a esta Minha Coroa, falando e intrometendose em materias seculares, com grande paixão per el Rey de Castella, contra o que se pudera esperar de Religiosos e muito em particular dos da Companhia de Jesus.

Estes inconvenientes pedem remedio, nao só per lo temporal do Estado, mas juntamente per lo augmento da fee, que he o vosso intento principal porque he certo que os Pregadores evangelicos, que vaó per ordem e com favor dos meus ministros de quellas partes saó mais respeitados e assy melhor ouvidos: e per lo contrario vendoos a quellas gentes odiosas a Portugal e apaixonadas, como nao deveró alem de os estimarem menos, em lugar de exemplo conçibem escandalo de sus procedimentos; per lo que me pareceo [sic] dezervos que tomem [?] que por nenhum caso consintaes, que religioso algun vosso subdito passe ao Oriente sem vir a este Reino seguir o caminho e as pizadas de tantos varoes insignes que devem imitar. E que não ... [?] somente o não consintaes, mas ainda entendendo que [vaó?] sem consentimento vosso, procureis con todas as diligencias impedirlos. Tenho ordinado que os Religiosos extrangeiros que neste Reino se vierem embarcar per a India nao seiao de naçoes Vassallos e dos dominios de Castella. e com esta advertencia elegereis os que hao de hir. Tudo isto vos encomendo muito por ser materia de tantas consequencias que fazerse o contrario me abrigaria a hum grande sentimento.

---

[1] Das Actenstück ist nach einer Abschrift, die von einem schwer leserlichen Original genommen wurde. Das erklärt die stellenweise schwierige Lesart.

E quando eu dezeio fazer em tudo favor e merce a esta Religiao sentiria mais o darseme causa para não ser assy. A India manda orden a o Padre Martino Martines e alguns outros religiosos, que neste particular nao proçedem conforme seu instituto, serað buscados e remetidos a este Reino e quero que assi o tenhaes entendido. E para que se veija quanto Eu estimo na quellas partes a quellos, de que nao ha esta queixa, estimarei que se Jacinto de Magistris quizer tornar a ellas, lhe deis todo o favor esso, por que se gera segundo as informaciões, que tenho nao fez contra meu serviço.

Tambem não posso deixar de vos dezir, que ·ha neste Reino desconsolacião dos muitos Vexitadores e superiores estranguieros, que nomeais para as Provincias delle. Vos sabeis quantos homens grandes delle sahirao e hese pella bondade de Deos. Me parece que os ha de talento e virtude grande. Encomendouos muito ponhaes neste ponto remedio conveniente para que cesse esta quieixa tanque justa de toda a nacion. E per que de vossa prudencia e zelo espero, que a tudo avedereis como pede o serviço di Deos, bem da vossa Religiao e meu serviço vos nao encareco mais estas materias.

A carta que mi escrivestes em 4 de Novembro passado que mei fui dada ha poucos dias Vos manderei responder brevemente con todo o de | parte | e di quelle faça, o que mais convem a o serviço de Deos e satisfaseo de todos.

Escrita en Lisbᵃ 17 de Julho de 1664.

Rey.

Personenregister.

(Die Namen der deutschen Missionäre sind gesperrt gedruckt.)

Ortsregister.